CLASSIQUES JAUNES

Essais

Le Miroir des désillusions

Jérémy Guedj

Le Miroir des désillusions

Les Juifs de France et l'Italie fasciste
(1922-1939)

PARIS
CLASSIQUES GARNIER
2023

Jérémy Guedj, maître de conférences en histoire contemporaine à l'université Côte d'Azur et membre du Centre de la Méditerranée moderne et contemporaine (CMMC), est spécialiste de l'histoire des minorités et de l'immigration au xxᵉ siècle. Il a notamment codirigé *Réalité(s) du communautarisme religieux* et travaille à la publication de *Gouverner ou choisir. La IVᵉ République et l'immigration.*

Couverture : « La prison de l'esprit » par The-Baron-simba. Source : redbubble.com.

ISBN 978-2-406-14396-3
ISSN 2417-6400

PRÉFACE

Retracer les grands mouvements de l'opinion qui a prévalu dans la période antérieure aux sondages ne se révèle pas tâche aisée. Aujourd'hui, où gouverner revient souvent à sonder, ceux qui veulent connaître les idées et les orientations du public demandent à des entreprises spécialisées et utilisant des méthodes réputées scientifiques d'interroger des échantillons d'individus représentatifs. Les résultats, malgré quelques surprises, apparaissent généralement probants.

C'est dire combien il est délicat de reconstituer les idées professées dans le passé par un groupe donné, puisque le chercheur ne peut mobiliser les sources et les instruments dont disposent les analystes contemporains. Dans le cas de la présente étude, le projet se révèle encore plus périlleux car l'auteur, Jérémy Guedj, mène son investigation au sein d'une petite minorité, les Juifs de France, qui, dans l'entre-deux-guerres, formaient moins de 1% de la population totale et ne s'exprimaient couramment pas dans les grands médias. La difficulté s'accroît quand on considère que ce groupe modeste par ses effectifs ne constituait pas une communauté au sens courant du terme. Une communauté présente en effet certains caractères d'unité qui contribuent à uniformiser plus ou moins ses idées et ses actes. Or, dans le cas des Juifs vivant en France, la diversité l'emportait, sur le plan ethnique, sur le plan religieux car voisinaient tous les degrés de croyance et d'incroyance, d'adhésion à la Loi et aux institutions juives, sur le plan culturel puisque se côtoyaient de multiples traditions, choix idéologiques, comportements sociaux.

Malgré tous les obstacles, Jérémy Guedj a largement remporté son pari et offre une étude très convaincante. En historien averti, il a dépouillé toutes les sources existantes, archives, particulièrement puisées à l'Alliance israélite universelle et au Centre de documentation juive contemporaine, presse, souvenirs et témoignages anciens, juifs et non juifs, français et étrangers, philosémites et antisémites. Avec beaucoup de finesse Jérémy Guedj à démêlé un écheveau complexe d'informations laconiques ou profuses, clairvoyantes ou erronées, complémentaires ou contradictoires. Il en résulte un ouvrage d'une exceptionnelle richesse qui devrait encourager tous les chercheurs hésitant à se lancer dans un travail aux résultats a priori aléatoires.

Cette étude méticuleuse met en évidence divers niveaux de perception chez les israélites. D'une manière globale, les Juifs de France considéraient en majorité et de longue date l'Italie avec la plus grande sympathie. Ils se sentaient très proches de leurs coreligionnaires de la péninsule vus comme la plus ancienne communauté d'Europe, assumant sans difficultés une double identité, juive et italienne. Les Juifs avaient du pays voisin une image idéalisée : c'était une terre d'art, de culture, d'humanisme, une incarnation de la fraternité méditerranéenne et latine. Les contacts étroits noués entre les deux nations, les voyages, les réseaux intellectuels nombreux semblaient garantir une bonne connaissance de la réalité péninsulaire et nourrissaient un bilan très positif. On peut sans exagérer parler d'une espèce de fascination exercée par l'Italie sur les israélites de France.

Pendant de longues années, l'installation du fascisme au pouvoir ne remit guère en question le jugement favorable porté sur la sœur latine. Les Français se montraient d'autant plus rassurés que les Juifs italiens s'accommodaient du nouveau régime et que beaucoup adhéraient même au parti unique. Les Français n'étaient pas portés à s'interroger plus que leurs frères d'outre monts sur la véritable nature de l'idéologie fasciste. D'ailleurs celle-ci, très malléable et opportuniste, ne se laissait pas définir facilement, au moins au début. Les Juifs, toujours attentifs à la condition de leurs coreligionnaires, trouvaient que Mussolini menait à l'égard de ceux-ci une politique positive, qu'il affichait une attitude philosémite en Italie, en Europe, en Palestine, que les dérapages antisémites enregistrés en Afrique du Nord étaient le fait des fascistes locaux et non du pouvoir central.

Cependant, certains constats pouvaient laisser prévoir une évolution ultérieure de l'opinion juive. En effet, la majorité comprenait bien que le Duce avait imposé une dictature. Un intellectuel comme Benjamin Crémieux qualifiait le fascisme de « vif, direct, brutal ». La politique extérieure de l'Italie était jugée brouillonne et versatile. Si le consistoire et les modérés restaient bien disposés dans le présent et prudents quant à l'avenir, les Juifs engagés à gauche assuraient que le fascisme possédait un fond antisémite qui se manifesterait un jour.

De fait, au milieu des années 1930, une mutation survint dans la perception de l'Italie mussolinienne, mutation parfois imperceptible, voire inconsciente, mais aboutissant à ébranler quelques certitudes.

Ainsi, dans divers pays européens, la formation d'organisations fascistes antisémites se réclamant de leur inspirateur de Rome pouvait ternir l'image de l'Italie. Beaucoup de Français se rassuraient encore en objectant que Mussolini restait fidèle à son philosémitisme, mais les intellectuels israélites se disaient souvent convaincus qu'il existait une parenté entre le fascisme italien et le nazisme, ce dernier affichant ouvertement et d'emblée sa haine des Juifs.

La politique extérieure de l'Italie ouvrit brutalement les yeux des Juifs français. Ceux-ci désapprouvèrent majoritairement l'attaque de l'Éthiopie et les actes racistes dont ce pays fut le théâtre. L'abandon du camp des démocraties par Mussolini se trouva confirmé par l'alliance nouée avec Hitler et la collaboration des deux dictatures dans la guerre civile d'Espagne. Peu avant le deuxième conflit mondial, l'adoption d'une législation antisémite de l'autre côté des Alpes acheva de briser l'image d'une Italie généreuse et humaniste. Certains essayèrent encore de relativiser l'événement en formulant l'hypothèse que le revirement du Duce constituait seulement un alignement tactique sur son nouvel allié, mais beaucoup d'autres, plus pessimistes, pensèrent que la marginalisation légale des Juifs prouvait l'opposition fondamentale, jusque-là dissimulée, du fascisme et du judaïsme. Les progressistes du *Droit de Vivre*, organe de la Ligue internationale contre l'antisémitisme, triomphèrent et rappelèrent : « Depuis dix ans nous avions raison : Mussolini avoue son racisme » (21 juillet 1938). André Suarès, dans ses *Vues sur l'Europe*, publiées en 1939, résuma l'opinion majoritaire du judaïsme français qui avait longtemps idéalisé la fraternité latine et devait avec tristesse enregistrer l'effondrement des illusions anciennes : « Une sœur merveilleuse […] ? Mais de quoi de plus funeste et de plus injuste qu'une sœur ennemie ? »

Jérémy Guedj traite ce sujet délicat avec toute la finesse et les nuances nécessaires. Ainsi il distingue soigneusement la population juive et l'opinion juive. Il différencie avec rigueur ce qu'il nomme les pôles de l'opinion : les autorités consistoriales, les modérés, les militants de gauche, les intellectuels parmi lesquels figurent des personnalités de premier plan comme André Suarès, Benjamin Crémieux, Jean-Richard Bloch, Philippe Erlanger, les frères Halévy, Pierre Paraf, Hippolyte Prague… Chaque groupe se trouve très précisément défini par ses choix, caractérisé par ses comportements, comparé aux autres représentants de l'opinion juive. Cette analyse érudite fait apparaître l'écheveau embrouillé des perceptions et de leur expression publique. Les variations de l'opinion obéissent à des rythmes et à des pulsations propres à chaque groupe social. Les grilles d'analyse pré-fascistes ayant fourni aux Juifs nombre de certitudes sont longues à se disloquer. La confrontation des certitudes bien établies et d'une réalité contredisant les valeurs anciennes engendre des traumatismes, des refus, des évolutions longtemps mal saisies par les intéressés.

De la sorte, l'auteur, au terme d'une étude fouillée, aide à mieux comprendre des notions aussi complexes que l'opinion publique, l'identité, les représentations, l'univers mental, l'inconscient collectif, la judéité, « l'âme des peuples » pour reprendre la formule d'André Siegfried ou « l'archipel » humain pour paraphraser Élie Faure. Jérémy Guedj éclaire ces concepts grâce aux développements subtils qu'il consacre à la formation des idées, à l'expression de celles-ci, à leur confrontation avec une réalité toujours mouvante, au choc de l'imaginaire et de la vie concrète, de l'idéal et du pragmatisme, de la réflexion théorique et de l'événement brutal.

En définitive, les Juifs de France, en essayant de définir l'identité italienne à l'époque de Mussolini révélaient surtout leur nature profonde. En vérité ils peignaient le judaïsme du pays voisin à leur propre image, celle d'un groupe à la fois fidèle à ses origines et intégré à sa patrie. Ils représentaient l'Italie comme ils souhaitaient qu'elle fût et comme ils se voyaient eux-mêmes, façonnés par des valeurs humanistes, démocratiques, pacifiques. La fraternité culturelle latine était censée aplanir toutes les difficultés. La force de ces convictions explique qu'il fallut beaucoup de temps aux Juifs pour ouvrir les yeux sur une réalité qui contredisait les rêves poursuivis de longue date par la majorité d'entre eux.

Les études sur l'identité conduisent souvent à des conclusions superficielles, contingentes ou erronées. Mais, menées avec pénétration et selon des méthodes scientifiques, comme c'est le cas dans le présent ouvrage, elles apparaissent fécondes et éclairent les réalités contemporaines. L'histoire a besoin de sérénité. Grâce au recul nécessaire et dépassionné dont il fait preuve, Jérémy Guedj passe derrière le décor, décrypte des discours et dévoile l'identité profonde des Juifs de France. Ceux-ci ne se laissèrent jamais emporter par des opinions médiocres. Même quand ils se trompèrent, ils restèrent nobles et émouvants car ils voulaient malgré tout croire en l'homme.

Ralph SCHOR
Université de Nice – Sophia-Antipolis
Centre de la Méditerranée moderne
et contemporaine (CMMC)

INTRODUCTION

Rome, 1921. À la veille du triomphe des faisceaux, un illustre Juif italien, Dante Lattès, tout à la fois rabbin, intellectuel et journaliste ne parvient pas à retenir l'inquiétude et l'angoisse qui l'assaillent face à la percée, toute relative en réalité mais d'une ampleur inédite à ses yeux, des ennemis italiens d'Israël. Dans la presse, sur la place publique il est vrai, les langues hostiles se délient. La littérature raciste peut s'enorgueillir de la floraison d'essais, opuscules et traductions déversant, toujours plus nombreux, un flot de haine sur la si tolérante Italie. Dante Lattès vient d'apprendre que le pamphlet intitulé *Le Péril juif*, maladroite compilation élaborée par le moine russe Sergeï Aleksandrovich Nilus, plus connue sous le nom de *Protocoles des Sages de Sion*, est en cours de traduction en Italie. Ne percevant que trop les dangers de son éventuelle diffusion et ceux de l'inaction, Lattès s'adresse à ses coreligionnaires français par le biais de l'Alliance israélite universelle à qui il réclame un soutien : « C'est le commencement d'une campagne antijuive *bien organisée*, qu'on a l'intention dans certains milieux de conduire en Italie, afin qu'aucun pays ne reste désormais libre de cette épidémie. Les Juifs d'Italie doivent être mis en condition de se défendre[1] ». À qui mieux qu'aux Juifs français, ces frères par la foi et la culture en qui le souvenir de la fanatique stigmatisation brûlait encore ardemment, Dante Lattès pouvait-il réclamer les armes du combat contre l'antijudaïsme et l'antisémitisme ? Et sa requête ne resta pas sans réponse. Une note manuscrite en marge du document original, sans doute rédigée par les plus hautes instances de l'Alliance, engageait les correspondants français du rabbin italien à lui fournir les documents et ouvrages nécessaires à une réfutation en bonne et due forme du pamphlet antisémite. Rien de plus semble-t-il. Nul écho ne fut donné à cet appel. Ce qui apparaît à l'observateur du passé qui jouit du recul du temps comme un insigne – et rare à cette date – accent de clairvoyance de la part du rabbin, auquel l'histoire donnera plus tard

---

1   Archives de l'Alliance israélite universelle (ci-après AIU), Italie I – C 3. Lettre de Dante Lattès à l'Alliance israélite universelle, de Rome le 15 mars 1921 (souligné dans le texte).

raison, passa sans doute pour un pessimisme extrême aux yeux de ses coreligionnaires français qui n'avaient pas l'ombre d'une raison sérieuse de céder à l'inquiétude. Bien au contraire, l'engouement suscité par l'Italie, véritable seconde patrie spirituelle et culturelle pour de très nombreux Juifs français, conduisait ceux-ci à la sérénité et confortait la certitude que leurs coreligionnaires transalpins couleraient définitivement des jours paisibles sous le ciel italien.

Pour les Juifs français comme pour une vaste fraction de leurs compatriotes, l'Italie n'était pas un pays comme les autres. C'était une terre unique, resplendissante, si proche par la distance et par le cœur. C'était l'Italie « sans pareille », comme disait Musset. L'eussent-ils souhaité, les Juifs de France, au même titre que les autres Français, n'auraient pu se désintéresser du sort de l'Italie. Trop de facteurs comme la proximité géographique et culturelle, le jeu des alliances diplomatiques, ou encore, le caractère inédit des bouleversements politiques qu'eut à connaître la péninsule au lendemain de la Grande Guerre piquaient la curiosité et l'intérêt de ce côté des Alpes. Mais il y avait plus. Se déroulait alors un véritable « moment » italien du judaïsme français, dont on pourrait trouver des traces et signes annonciateurs dès la fin du XIXe siècle mais qui connut un âge d'or dans l'entre-deux-guerres, à l'heure du fascisme triomphant paradoxalement, avant que l'avènement de l'antisémitisme comme politique d'État outre-monts et l'éclatement de la guerre ne vinssent transformer celui-ci en âge de fer. Ce moment italien se nourrissait de relations spirituelles, intellectuelles et culturelles entre des Juifs français et l'Italie, d'échanges de correspondance – la lettre de Dante Lattès en est un des innombrables exemples –, et d'imprimés, rencontres, de voyages, de réflexions érudites sur la situation italienne...

L'effet de mode était clair tandis que renaissait l'idée latine, sans être omniprésent ; il transparaissait d'écrits, discours, postures, apparaissait parfois en filigrane mais constituait un puissant motif de l'univers mental de nombreux Juifs français. Sans doute concernait-il en premier lieu une élite juive intellectuelle et culturelle assimilée, pour reprendre un vocable de l'époque. Il était en tout cas bien plus qu'une toquade éphémère. Son puissant ancrage historique et social ne fait pas de doute ; il accompagnait la marche des Juifs français vers l'intégration. Présents sur le sol national depuis des temps reculés, ceux-ci avaient en effet connu des moments de calme et de tempête. La Révolution avait proclamé leur émancipation civique et politique, faisant d'eux des citoyens à part entière. Le culte juif fut reconnu en 1808. Leur reconnaissance progressait, poussée par des moments convulsifs, comme la Monarchie de Juillet, qui instaura le salariat des rabbins et vota la suppression du serment spécial *more judaico*, le Second Empire, la Troisième République, avec des phases de stagnation toutefois. Cette émancipation était cependant loin de s'accompagner d'une parfaite intégration à la société française. Tant s'en faut. Le vent de l'antijudaïsme et de l'antisémitisme multiforme, mêlant souvent des origines religieuse, politique et sociale, encore vigoureux, emporta les espoirs de nombreux Juifs au moment paroxystique de l'Affaire Dreyfus, même si, on l'oublie trop souvent, la République et la tolérance finirent par triompher. L'occasion de connaître massivement une véritable intégration à l'échelle nationale s'offrit à eux lors de la Grande Guerre : l'important rôle qu'ils jouèrent fut gage d'un succès payé par l'effort et le sang[1]. Pour autant, « l'immense désir de *francité*[2] », au sens identitaire du terme, dont l'écrasante majorité des Israélites faisaient montre ne s'était pas éteint. L'intégration totale à l'échelle du groupe, l'assimilation à celle de l'individu, ils les estimaient résolument possibles. Encore restait-il à convaincre les indécis, juifs et non juifs. C'est là qu'intervenait l'Italie. Quel meilleur paradigme que la patrie de Dante pouvait s'offrir à eux afin de constater et prouver qu'appartenance intégrale à la nation et pratique d'un culte minoritaire, loin de s'exclure mutuellement, coïncidaient en harmonie ?

D'autres pays auraient assurément pu servir d'exemples. Celui de l'Italie paraissait cependant aux Juifs français le plus abouti, le plus riche d'enseignements par sa force et son ancienneté. Les judaïsmes français et italien passant pour les plus proches de l'Europe – l'on parlait de plus en plus de Juifs « méditerranéens » et « latins » –, le modèle italien, car c'est bien de cela qu'il s'agissait, était celui dont on pouvait le plus pertinemment s'inspirer. Et la fascination suscitée par le judaïsme italien se comprend à maints égards. Cette petite communauté juive, la plus ancienne d'Europe dont parlent Suétone ou Juvénal, était parvenue à se maintenir dans son pays à travers les siècles, renouvelée par de nombreuses vagues d'immigration juive en provenance de zones où la situation d'Israël était moins clémente. Son identité profondément italienne et profondément juive avait été érigée en exemple de par l'Europe. L'Italie

---

1 7 500 Juifs, dont 2 400 venaient d'Algérie et 1 600 volontaires, périrent sur le front. Philippe-E. Landau, « Les Juifs de France et la Première Guerre mondiale », dans Jean-Jacques Becker, Annette Wieviorka (dir.), *Les Juifs en France de la Révolution française à nos jours*, Paris, Liana-Lévi, 1998, p. 20.

2 Michel Winock, *La France et les Juifs de 1789 à nos jours*, Paris, Le Seuil, 2004, p. 172.

était même devenue un foyer juif de premier ordre ; le célèbre rabbin et théologien Yaakov Ben Meïr, plus connu sous le surnom de Rabbenou Tam et petit-fils du grand exégète Rachi n'avait-il pas déclaré au XIIe siècle, en faisant allusion au verset d'Isaïe : « c'est de Bari que nous viendra la Tora et la parole de Dieu sera délivrée à Otrante[1] » ? De cette communauté étaient nés les érudits et rabbins tels que, jusqu'au début du XXe siècle, Nathan Ben Yehiel Anav, Ovadia Sforno, Simone Luzzatto, Léon de Modène, Samuel David Luzzatto, Élie Benamozegh, les hommes politiques Luigi Luzzatti, Ernesto Nathan, Giuseppe Ottolenghi, entre une multitude d'exemples… Ces juifs italiens, les *italkim* comme dit le terme hébreu, avaient fait également l'expérience des discriminations, des humiliations répétées, des expulsions et, les premiers, du ghetto, ce que les Juifs de France oubliaient bien vite ou du moins minimisaient fréquemment. Ils avaient aussi écrit des pages glorieuses de l'histoire du judaïsme, faites de souffrances et de bonheurs. Les Juifs français avaient donc bien choisi leur exemple.

Rien que de classique jusque-là dans cette admiration enthousiaste pour un modèle se diffusant par le biais des influences réciproques à l'œuvre entre communautés. L'Espagne, l'Allemagne avaient pu jouer un rôle semblable dans des cadres et des époques différents. Mais dans le cas italien et dans le contexte de l'entre-deux-guerres, les questions politiques n'étaient pas loin. Portés par leur enthousiasme presque sans bornes pour l'Italie, certains Juifs français vinrent à considérer le fascisme avec une neutralité bienveillante. Non qu'ils y vissent la traduction de leurs idées politiques ou le soutinssent, quelques individualités confirmant la règle mises à part. Disons plutôt que le philosémitisme affiché, et dans une certaine mesure réel et perçu comme tel par les contemporains, – même s'il comportait une part de calcul, reposait paradoxalement sur un fonds de préjugés antijuifs, et souffrait de nombreux accrocs – à quoi s'ajoutait une compréhension vacillante du phénomène fasciste et un désir de réserve en matière politique, *a fortiori* extérieure, conduisirent les Juifs français, les plus progressistes exceptés, à ne pas saisir l'essence réelle du fascisme et à soutenir quelques-unes de ses actions. Jusqu'en 1938 du moins. Les intellectuels prenaient quant à eux souvent la mesure réelle de la situation. Pour une majorité, les inquiétudes existaient, mais elles étaient somme toute modérées. Certains voyaient tout au plus dans

---

1 Cité par Simha Emanuel, « Les liens entre les *Hakhamin* de France et les *Hakhamin* d'Italie aux XIe et XIIe siècles », dans René-Samuel Sirat (dir.), *Héritages de Rachi*, Paris, L'Éclat, 2006, p. 60.

le fascisme après 1922 une parenthèse désagréable sur le point de se refermer ; ils durent revenir sur leur impression initiale. D'autres, parfois les mêmes, ne prenaient quelquefois pas le régime au sérieux, avant les années 1930, et le faisaient savoir publiquement, sans que l'on sache s'il s'agissait d'une certitude profonde ou d'une attitude feinte, destinée à l'apaisement. Tous peinaient en tout cas à cerner la ligne directrice et les objectifs poursuivis par Mussolini. Bienheureux qui parvenait à voir clair dans la politique d'un régime proclamant : « Notre doctrine, c'est le fait ». La doctrine fasciste semblait à beaucoup d'observateurs contemporains tout entière dans l'action, ce qui rendait sa perception malaisée. Excellent connaisseur de l'Italie et intellectuel juif de renom, Benjamin Crémieux reconnaissait lui-même cette difficulté :

> Nous commençons à avoir quelques idées nettes sur la genèse du fascisme, sur les circonstances historiques qui l'ont aidé à naître, à se développer, à triompher, sur les dangers aussi qui, depuis son triomphe le menacent. Mais une théorie, une doctrine spirituelle du fascisme faisait jusqu'ici défaut. Ou plutôt le fascisme se vantait de n'être pas théorique, de pratiquer un réalisme tout empirique. On a pu voir, en effet, le fascisme appliquer successivement des doctrines d'origines opposées, se proclamer libéral en matière financière, nationaliste en politique étrangère, interventionniste en matière sociale et de conflit entre capital et travail[1].

Pour qui voulait les voir, et Crémieux était de ceux-là, il existait bien des traits formant une « idéologie » fasciste, rempart contre le rationalisme considéré comme l'attribut de la démocratie. Instinct en était le maître-mot : d'où l'insistance sur les ressorts de l'enthousiasme, de la colère et de la peur. Le peuple devait communier avec le régime mais se borner à « croire, obéir, combattre », la propagande et la répression faisant leur effet. Le fascisme s'adonnait en fait à une « normalisation de l'extrémisme[2] », qu'abhorraient les Juifs français. Les débats sur la nature et les manifestations du fascisme italien sont loin d'être clos ; aucun consensus n'est atteint ; les interprétations du fascisme ne se déprennent souvent pas des visions politiques manifestées par les acteurs du débat, tant les enjeux sont cruciaux[3]. Les questions les plus épineuses se posent

---

1   Benjamin Crémieux, préface à Curzio Malaparte, *L'Italie contre l'Europe*, Paris, Félix Alcan, 1927, p. I.
2   Luigi Salvatorelli, Giovanni Mira, *Storia d'Italia nel periodo fascista*, Turin, Einaudi, 1964, p. 388.
3   Sur ces débats et leurs fréquentes instrumentalisations, Pierre Milza, « Penser le fascisme », dans André Versaille (dir.), *Penser le XXᵉ siècle*, Bruxelles, Complexe, 1990, p. 66 *sqq.* ;

notamment autour du consensus du peuple face au régime, de la place de l'antisémitisme et du racisme fasciste, centrale ici.

Les débats s'ouvrirent d'ailleurs dès 1922 et les Juifs français y participèrent activement, intellectuels en première ligne. Les valeurs susmentionnées que prônait le fascisme se trouvaient certes aux antipodes de celles professées par l'immense majorité de la judaïcité française. L'erreur serait pourtant grande de conclure à l'existence d'une quelconque « allergie[1] » juive au fascisme italien, en France comme ailleurs. Qu'il suffise de se rappeler le nombre de Juifs italiens fascistes ou indifférents au fascisme pour s'en convaincre. L'attitude des Juifs français en constitue, on le verra, une preuve supplémentaire. Forgée par les Juifs progressistes antifascistes qui opposaient intrinsèquement judaïsme et fascisme, par les antisémites qui assimilaient Israël au bolchevisme, et par le régime fasciste italien lui-même progressivement à partir du milieu des années 1930 afin de justifier les discriminations frappant avec une croissance inexorable les Juifs italiens, cette image succombe ainsi d'elle-même à un examen minutieux de la réalité. Et l'on aurait *a priori* des raisons de penser l'antinomie entre judaïsme et fascisme : si l'on se focalise sur la fin des années 1930 et la Seconde Guerre mondiale, pendant lesquelles les Juifs souffrirent du fascisme, les indices d'une aversion réciproque entre ces deux entités se multiplient. L'ombre portée du nazisme joue également son rôle. Cela revient pourtant à adopter un point de vue partiel et, en certains points, téléologique de la question. Or, comme le notait Pierre Vidal-Naquet, « pour comprendre le réel historique, il faut parfois ne pas connaître la fin[2] ». Généralisations et raccourcis suscitent confusion. L'Italie n'était pas l'Allemagne. L'antisémitisme n'était pas accolé au fascisme italien comme il le fut au nazisme, dans la réalité comme dans l'esprit des observateurs de l'époque. D'où l'intérêt, et la nécessité même, de remonter à 1922 pour étudier l'attitude des Juifs de France face au fascisme, démarche permettant de comprendre que pour l'immense majorité de ceux-ci, l'antisémitisme d'État italien proclamé

Antonio Bechelloni, « Le débat historiographique autour du fascisme et de l'antifascisme », *Matériaux pour l'histoire de notre temps*, n° 68, 2002, p. 35-41.

1   Le terme est employé par Serge Berstein en référence à l'attitude de la société française face aux groupes français fascistes et fascisants : « La France des années trente allergique au fascisme. À propos d'un livre de Zeev Sternhell », *Vingtième Siècle*, n° 2, 1984, p. 83-94.

2   Pierre Vidal-Naquet, *Les juifs, la mémoire et le présent*, Paris, La Découverte, 1991, p. 88. Cité par Marie-Anne Matard-Bonucci, « D'une persécution l'autre : racisme colonial et antisémitisme dans l'Italie fasciste », *Revue d'Histoire moderne et contemporaine*, n° 55-3, juillet-septembre 2008, p. 121.

en 1938 constitua un effroyable étonnement, et non pas la concrétisation d'une inévitable évolution. Avant cette date fatidique, d'aucuns parlèrent même sans y déceler d'antinomie de « Juifs fascistes », moins pour désigner les fils d'Israël partisans du régime mussolinien en Italie ou ceux, très rares, qui s'en réclamaient en France, que pour qualifier les sionistes révisionnistes. Fréquentes étaient les allusions à un « fascisme juif » qu'aurait mis en place Zeev Jabotinsky[1]. Pour *Le Droit de Vivre*, journal de l'antifasciste Ligue internationale contre l'antisémitisme (LICA), le mouvement de Jabotinsky semblait plus proche du nazisme ; il titrait en 1934, non sans provocation : « Heil Jabotinsky[2] ! ». Mais aux yeux d'une majorité, les accointances avec l'Italie paraissaient plus nettes ; Abba Ahiméir, journaliste russe sioniste révisionniste ayant émigré en Palestine dès 1924 et grand admirateur de Mussolini, voyait d'ailleurs en Jabotinsky un « Duce sioniste », ce qui cependant déplut à l'intéressé[3]. Collaborateur à l'hebdomadaire juif *Samedi*, un sioniste révisionniste proche du mouvement de Jabotinsky, affirmait que si les siens n'étaient pas fascistes, la raison provenait de ce qu'il ne fallait pas introduire en Palestine les divisions partisanes inspirées de l'Europe. Les motifs n'en étaient pas idéologiques et l'accusation de fascisme ne semblait en définitive que très peu choquante :

> Toutes les fois que j'ai eu l'occasion de dire que je suis révisionniste, les gens affectaient un petit air de mépris : « Ah oui, vous êtes un de ces fascistes juifs, avec votre dictateur de Jabotinsky. Enfin quoi ! des petits exaltés qui veulent faire la guerre au monde ». Il est inutile de dire que nous ne sommes pas fascistes : je dirais simplement à ceux qui se servent de cette épithète pour nous railler, que nous n'avons ni le temps, ni moralement le droit d'introduire en Eretz Israël ce genre de discordes que sont les partis européens[4].

Que fascisme et judaïsme – ou sionisme – se rejetassent intrinsèquement ne constituait pas une explication pour beaucoup d'Israélites. Il n'existait donc pas de méfiance initiale des Juifs à l'endroit du fascisme. Bien plus, peu de cas brouillent autant les catégories et lignes de clivage que le singulier exemple italien, où « les Juifs étaient souvent fascistes et

---

1   Sur cette question aussi épineuse que cruciale, et sur les rapports entre Jabontinsky et le fascisme italien, *cf.* Alberto Bianco, « Les sionistes révisionnistes et l'Italie : histoire d'une amitié très discrète (1932-1938) », *Bulletin du Centre de recherche français de Jérusalem*, n° 13, automne 2003, p. 22-45. L'inspiration fasciste de Jabotinsky est source de débats.

2   « Heil Jabotinsky ! », *Le Droit de Vivre*, 25 mai 1934.

3   Marius Schattner, *Histoire de la Droite israélienne de Jabotinsky à Shamir*, Bruxelles, Complexe, 1991, p. 97.

4   J.M. « Que veulent les révisionnistes ? », *Samedi*, 30 mai 1936.

où les fascistes aidèrent souvent à sauver les Juifs[1] ». Phénomène qui se
traduisit par des incertitudes et hésitations nombreuses dans l'esprit des
Juifs français, et invite, loin de tout manichéisme, à la nuance comme
à la prudence.

On comprend dès lors sur quel terreau a pu lever le paradigme italien. Exemple que l'on méditait savamment, l'Italie était un miroir pour
les Juifs de France, qui reflétait l'image de leur condition et de leurs
espoirs. Un miroir laissant apparaître ce à quoi Israël pouvait aspirer :
l'intégration totale. Si un régime comme celui qu'abritait l'Italie pouvait
réserver une place si élevée aux Juifs, à coup sûr la France, à condition
que les Juifs poursuivissent leurs efforts, pourrait connaître semblable
situation. Le retard français semblait s'expliquer par la permanence
d'un obscurantisme haineux diffus dans une fraction de la société, aux
antipodes du comportement qui caractérisait, comme le voulait l'image
populaire, le « bon Italien ». Car c'était bien souvent avant tout à travers
le prisme de la judéité que l'on abordait l'Italie, encore qu'il faille tenter
chaque fois de déterminer, autant que faire se peut, quelle part celle-
ci tenait à proprement parler dans l'attitude et l'engagement devant
l'Italie. Comment expliquer sinon que les Juifs français, trop démocrates,
républicains et ennemis de l'extrémisme pour éprouver valablement
la moindre sympathie envers le régime fasciste, aient manifesté, dans
leur majorité, tant d'aveuglement, de fourvoiement et de bienveillance
à l'égard de la sœur latine ? La clé semble résider dans le philosémitisme italien, qui rendait possible les plus grandes espérances quant à
l'assimilation juive. Apparaissait ainsi clairement la « persistance de
l'ethnicité » à l'œuvre parmi les Juifs, selon l'expression de Phyllis Cohen
Albert[2]. Mais l'image reflétée outre-monts se ternissait, à mesure que
grondait l'orage des périls : l'Italie devenait le miroir des désillusions.
Elle prouvait que les Juifs ne pouvaient jamais être à l'abri de la haine
ou de la stigmatisation, en raison de leur seule naissance, non de leurs
actions. Tragique leçon et préfiguration de l'avenir français et européen,
comme le perçurent de rares esprits.

C'est donc à cette tranche d'histoire intime, passionnée, éclatante puis
douloureuse, complexe, on l'a vu, et surtout méconnue, celle des rapports

---

1   Alexander Stille, « The Double Bind of Italian Jews : Acceptance and Assimilation »,
     dans Joshua D. Zimmerman (dir.), *Jews in Italy under Fascist and Nazi Rule (1922-1945)*,
     Cambridge, Cambridge University Press, 2005, p. 23.

2   Phyllis Cohen Albert, « L'intégration et la persistance de l'ethnicité chez les Juifs dans la
     France moderne », dans Pierre Birnbaum (dir.), *Histoire politique des juifs de France*, Paris,
     Presses de la Fondation nationale des sciences politiques, 1991, p. 221-243.

entre les Juifs de France et l'Italie fasciste de l'avènement du régime mussolinien à l'ouverture de la guerre, qu'est consacré cet ouvrage[1]. Plusieurs historiens du judaïsme de l'entre-deux-guerres, Ralph Schor, Richard Millman et Diane Afoumado, l'ont évoquée en certains points pour la période de l'immédiat-avant-guerre[2]; les biographes de Juifs illustres vivant à cette époque (comme Daniel Halévy, André Suarès ou Victor Basch) en ont donné quelque aperçu et certains « gros plans », car presque tous les chemins des intellectuels, journalistes, hommes politiques et artistes juifs, au même titre que des Français de tous horizons d'ailleurs, menaient à Rome. De ces lectures est née l'idée d'aller plus avant et de réaliser une étude systématique de cette question. Encore plus qu'un parent pauvre, ce sujet fait figure de zone d'ombre de l'historiographie. En 1974, l'historien américain David H. Weinberg ouvrait son étude incontournable et pionnière sur *Les Juifs à Paris de 1933 à 1939* par un regret historiographique : « On a beaucoup débattu, ces dernières années, du problème de la réaction des Juifs européens face au nazisme. [...] On a prêté peu d'attention à la période qui précède immédiatement la guerre, au cours de laquelle l'attitude des Juifs européens s'est modelée en réponse à la menace grandissante du nazisme », écrivait-il[3]. Plus de trente ans plus tard, l'on pourrait sans mal dresser un constat analogue, et ce pour tout l'entre-deux-guerres, concernant la réaction au fascisme italien, qui, il est vrai, constituait toutefois un enjeu de second ordre.

Analyser les réactions et actions des Juifs de France face à l'Italie fasciste vise ainsi trois objectifs s'inscrivant dans autant de champs épistémologiques et historiographiques. Tout d'abord, c'est l'« opinion juive », notion éminemment complexe, qui constitue en premier lieu, pour reprendre les termes de René Rémond, « à la fois la matière et l'objet[4] » de cette enquête, sans que l'on s'interdise d'observer en cer-

---

1   Seront principalement étudiés les Juifs français se rattachant au groupe des « Israélites », selon le vocable de l'époque ; la voix de leurs coreligionnaires immigrés, qui ne s'inscrivaient pas dans ce « moment » italien et dont le rapport à l'Italie se trouvait dicté par des considérations et un héritage différents, sera naturellement convoquée de manière récurrente mais ne fera pas l'objet d'un traitement spécifique.

2   Ralph Schor, *L'Antisémitisme en France pendant les années trente. Prélude à Vichy*, Bruxelles, Complexe, 1992 ; Richard Millman, *La Question juive entre les deux guerres. Ligues de droite et antisémitisme en France*, Paris, Armand Colin, 1992 ; Diane Afoumado, *Conscience, attitudes et comportement des Juifs en France entre 1936 et 1944*, Thèse de doctorat d'histoire sous la direction de Jean-Jacques Becker, Université Paris-X, 1997.

3   David H. Weinberg, *Les Juifs à Paris de 1933 à 1939*, Paris, Calmann-Lévy, 1974, p. 7.

4   René Rémond, *Les États-Unis devant l'opinion française, 1815-1852*, t. I, Paris, Armand Colin, 1962, p. 3.

taines occasions la réception du regard porté par cette opinion de l'autre côté des Alpes. À travers l'opinion juive, se manifestait, autre élément complexe, l'identité juive. Sur un sujet relevant des liens avec l'étranger, comme celui de l'Italie, qui ne comptait pas au rang des questions proprement juives, cette identité ne s'exprimait pas de manière passive, par ce que pouvaient en dire les Juifs eux-mêmes – sauf lorsqu'il s'agissait de s'interroger sur l'identité juive italienne qui conduisait à un inévitable retour sur soi. Elle constituait, semble-t-il au contraire un moteur dynamique d'action, inconscient peut-être et sans aucun doute variable selon les individus. En d'autres termes, se donnait à voir une identité en action, plutôt qu'une identité réflexive.

À un tout autre plan, l'intérêt porté aux rapports entre les Juifs français et leurs coreligionnaires italiens, perspective centrale puisqu'elle permet de prendre la mesure de l'intimité qui liait les premiers à l'Italie, s'inscrit quant à lui dans le domaine des relations intercommunautaires juives à l'échelle de l'Europe et de la Méditerranée. Gisement d'une richesse encore très peu exploitée[1], qui peut participer d'une histoire dynamique des Juifs s'affranchissant du strict cadre national, même si celui-ci demeure, pour étudier l'entre-deux-guerres, un incontournable référent. L'étude des relations juives transnationales aide en outre à saisir le poids des influences s'exerçant réciproquement entre communautés et le rôle des Juifs hors des frontières nationales. Les relations de ces derniers ne les menant pas vers leurs seuls coreligionnaires sous d'autres cieux, c'est tout un ensemble de réseaux parallèles ou imbriqués qui s'éclaire. Et l'on sait que les Juifs de France furent curieux des affaires du monde, que la dimension confessionnelle intervînt ou non[2].

Ces questionnements peuvent enfin, semble-t-il, contribuer à l'histoire des représentations extérieures du fascisme italien, l'angle religieux

---

1   On signalera cependant, outre les riches et nombreuses études portant sur l'Alliance israélite universelle, l'ouvrage pionnier : *Les Relations intercommunautaires juives en Méditerranée occidentale, XIIIe-XXe siècles*, sous la direction de Jean-Louis Miège, Paris, Éditions du CNRS, 1984. Dans le remarquable bilan historiographique dressé par Perrine Simon-Nahum il y a une quinzaine d'années, l'on relève l'écrasante prééminence du cadre national dans les études menées, ce qui reste valable, exceptées, une nouvelle fois, les études sur l'Alliance : « Dix ans d'historiographie du judaïsme français. Bilans et perspectives », *Annales, HSS*, vol. 49, n° 5, septembre-octobre 1994, p. 1 171-1 182.

2   *Cf.* par exemple, Ruth Tolédano-Attias, « L'image des Juifs séfarades en France au XIXe siècle », *Archives Juives*, n° 42/2, 2e semestre 2009, p. 10-24 ; et, sous un autre angle, David Cohen, « Une souscription des Juifs de France en faveur des Chrétiens d'Orient en 1860 », *Revue d'Histoire moderne et contemporaine*, n° 24, juillet-septembre 1977, p. 439-454.

ouvrant une richesse particulière de perspectives[1]. À cette occasion, l'on peut d'ailleurs pleinement mesurer comment s'est forgé le mythe des « *Italiani brava gente* », dans lequel les Juifs français versaient à plein.

Tout cela fait cependant appel à un soubassement de notions complexes (l'opinion, l'identité, la judéité…) qui font problème et débat. Elles méritent au préalable un examen attentif.

ENTRE ENGAGEMENT CITOYEN ET EXPRESSION IDENTITAIRE : L'OPINION JUIVE

« L'opinion publique… Entre les doigts de l'historien, la notion s'échappe comme du sable », écrivait Jean-Noël Jeanneney[2]. C'est le même sentiment qui envahit quiconque s'intéresse à l'opinion juive. De nombreux historiens emploient cette notion[3], mais sa caractérisation demeure chaque fois tout sauf aisée. Même en reprenant la nécessaire précision suivant laquelle il n'existe pas une mais des opinions, l'objet reste difficile à saisir, d'autant que le référent auquel il renvoie fait lui aussi problème : l'opinion juive ne saurait ainsi être considérée comme le mode d'expression d'un groupe clairement identifié et identifiable qui serait, en l'occurrence, une « communauté » juive. Selon André Kaspi, la notion de « communauté » juive vient gonfler le rang des « idées fausses » véhiculées sur et quelquefois par les Juifs, comme en témoigne le tableau d'avant-guerre qu'il dépeint :

> Au sens étymologique, la communauté juive n'existe pas. Elle n'est pas religieuse, car le Consistoire des israélites de France et d'Algérie ne peut parler au nom de tous les israélites, fussent-ils pratiquants. Elle n'est pas ethnique : beaucoup rejettent la notion de peuple juif. Elle n'est pas davantage culturelle. Chaque organisation rassemble des personnalités actives, des esprits combattifs qui marquent de leur empreinte l'évolution du groupe. Aucune ne saurait

---

1 Ce champ a été ouvert de longue date concernant le catholicisme et connaît actuellement un profond renouvellement, comme en témoigne la tenue à Rome en septembre 2010 d'un colloque intitulé « Catholicism and Fascism(s) in Europe, 1918-1945 », organisé par l'Academia Belgica.

2 Jean-Noël Jeanneney, « Comment ont-ils tenu ? L'opinion et la Grande Guerre », *L'Histoire*, n° 39, novembre 1981, p. 77. Cité par Jean-Jacques Becker, « L'opinion », dans René Rémond (dir.), *Pour une histoire politique*, Paris, Le Seuil, 1988, p. 163.

3 Philippe Landau est toutefois le seul, à notre connaissance, qui ait consacré une étude à ce sujet en tant que tel : *L'Opinion juive et l'Affaire Dreyfus*, Paris, Albin Michel, 1995.

être le porte-parole des autres. La communauté, on en parle pourtant dans les milieux juifs comme si elle existait, mais on ne parvient pas à la définir[1].

Le socle sur lequel repose l'opinion juive et dont elle émane se révèle ainsi incertain, fuyant, bancal par certains aspects et variable selon les angles d'approche et les sujets considérés. Qu'elle renvoie à un groupe confessionnel accroît la difficulté puisque les Juifs, à l'instar de toute collectivité, ne forment pas une « communauté exclusive d'autres appartenances[2] » et les influences extérieures qu'ils subissaient de même que les autres identités et affiliations dont ils se réclamaient doivent systématiquement être prises en compte. Ceux qui donnaient matière à l'opinion juive pouvaient appartenir à d'autres groupes d'opinion et s'y exprimer également. L'opinion juive, dans l'entre-deux-guerres et par-delà cette période, apparaissait ainsi comme un sous-groupe d'opinion, au sens de division de l'opinion publique. Elle s'adossait à d'autres groupes d'opinion aussi nombreux que les tendances des Juifs qui la composaient et s'en nourrissait également. Plus un groupe particulier à la physionomie précise qu'un reflet miniaturisé de l'opinion française en générale, l'opinion juive ne se mouvait pas à tout moment et sur tout sujet mais se distinguait par sa fugacité et l'inégalité de ses manifestations. Bien plus, les pôles constituant l'opinion juive intervenaient variablement et se faisaient, pour reprendre la terminologie employée par Pierre Milza au sujet de l'« opinion immédiate[3] », tantôt *activistes*, clairement pour ou contre, *concernés*, c'est-à-dire « modérément pour » ou « modérément contre[4] », ou *indifférents*[5]. L'on n'ira pas jusqu'à dire, à la manière de Bourdieu, que parfois l'opinion juive n'existait pas, mais force est de reconnaître à ce phénomène des modalités et une temporalité à part. Pour qu'il y ait opinion, nul besoin d'uniformité mais d'un courant principal, en l'occurrence représenté par les tenants du judaïsme officiel, sans que les autres tendances, minoritaires mais tout aussi essentielles pour qui veut saisir la couleur des sentiments de l'époque, ne se fédérassent autour. Pierre Laborie écrit ainsi :

---

1   André Kaspi, *Les Juifs pendant l'Occupation*, Paris, Le Seuil, 1991, p. 17.

2   René Rémond, « Les Églises et la politique extérieure », dans *Opinion publique et politique extérieure*, t. 2 : *1915-1940*, Rome, École française de Rome, 1984, p. 313.

3   C'est-à-dire l'opinion publique quand elle réagit « à chaud » à un événement.

4   Jean-Baptiste Duroselle, « Opinion, attitude, mentalité, mythe, idéologie : essai de clarification », *Relations Internationales*, n° 2, novembre 1974, p. 3 *sqq.* Distinctions reprises par Pierre Milza.

5   Pierre Milza, *Le Fascisme italien et la presse française, 1920-1940*, Bruxelles, Complexe, 1987, p. 18. *Cf.* également Pierre Guillen, « Opinion publique et politique extérieure en France (1914-1940) », dans *Opinion publique et politique extérieure, op. cit.*, p. 37-56.

L'opinion publique est un phénomène collectif, reflet et affirmation d'une position dominante à l'intérieur d'un groupe social. Elle doit, comme telle, être nettement différenciée de l'expression conflictuelle de divers courants minoritaires, sans que l'on puisse cependant méconnaître l'interaction de leurs effets : ils pèsent sur l'évolution de l'opinion commune et l'un d'entre eux peut porter en germe une attitude potentiellement majoritaire. Ainsi entendue, cette « opinion du plus grand nombre » existe par elle-même, de manière autonome, sans que cela implique toutefois de sa part la conscience de sa propre existence. Cela signifie seulement que son existence forme un tout non réductible à la simple arithmétique d'une somme d'avis particuliers[1].

Toutes caractéristiques que l'on retrouve dans l'opinion juive, dont l'étude devra ainsi se révéler prudente[2]. Loin d'une histoire événementielle des idées et des représentations mais dans une perspective tentant de mettre en relief des moments de continuité, de rupture et de silence également parce qu'ils se révèlent souvent éloquents, l'on pourra ainsi, grâce à une variété de supports archivistiques, se demander comment l'on a pu passer de quelques évocations admiratives de l'Italie à la création d'un modèle italien d'intégration, comment les esprits s'alarmant ou se rassurant devant la situation de la question juive outre-monts ont pu ouvrir sur un intérêt partagé pour la « question italienne ». L'on se situait souvent à mi-chemin entre des considérations citoyennes, en tant que français, et communautaires, en tant que juif, entre l'universel et le particulier.

Certaines limites et impasses se présentent toutefois et toutes ne peuvent être surmontées. Demeure parfois flou l'envers de ce qui fait l'opinion : face à l'Italie comme à d'autres sujets, l'on pouvait s'exprimer sincèrement, ou encore pour convaincre sans être soi-même totalement convaincu, et même pour se convaincre. Le travail de contextualisation et de recoupement des sources permet toutefois dans de nombreux cas de dépasser cet obstacle. Il convient dès lors de se garder d'en déduire que les prises de position traduisaient fidèlement le for intérieur des Juifs ;

---

1   Pierre Laborie, « De l'opinion publique à l'imaginaire social », *Vingtième Siècle*, n° 18, avril-juin 1988, p. 103-104.

2   Sur la notion d'opinion et ses caractéristiques épistémologiques, voir, outre les articles de Pierre Laborie et Jean-Jacques Becker, les récentes polémiques constructives qui ont agité la revue *Le Mouvement Social*, lesquelles ont révélé de nombreuses pistes : Brigitte Gaïti, « L'opinion publique dans l'histoire politique : impasses et bifurcations », n° 221, octobre-décembre 2007, p. 95-104 ; la critique de Gabriel Galvez-Behar, « Le constructivisme de l'historien : retour sur un texte de Brigitte Gaïti », n° 229, octobre-décembre 2009, p. 103-113 ; et la réponse de Brigitte Gaïti, « Comment écrire une histoire qui tient ? À propos de l'opinion publique », n° 230, janvier-mars 2010, p. 145-150.

elles étaient plutôt le reflet de leur expression dans l'espace public. Le profil de cet investissement ne peut cependant qu'être esquissé car il se révèle impossible de cerner la « majorité silencieuse » des Juifs face à l'Italie : peut-être d'ailleurs cette majorité est-elle vouée au silence par les sources dont on dispose qui n'ont pas gardé trace de sa parole. Doit-on alors, en l'absence d'indices, en inférer qu'il s'agissait là d'une opinion silencieuse mais concernée, ou indifférente ? Rien ne permet de s'engouffrer avec assurance dans l'une ou l'autre voie. Les conjectures font alors office de réponse. L'on aurait aimé procéder à une enquête du type de celle réalisée sous la direction d'Emmanuel Debono visant à peser l'« emprise sociale de l'antisémitisme » au-delà du témoignage majeur et central des discours[1], dans la France des années 1930. L'enracinement réel de la question italienne parmi les Juifs demeure cependant imperceptible : la voix de ceux qui ne s'exprimaient pas à travers ce qui fait source pour l'observateur du passé est inaudible et se mêle indistinctement au cortège des silencieux, qui ne s'étaient, quant à eux, effectivement pas manifestés.

Une question surgit alors légitimement : l'intérêt pour l'Italie n'était-il pas l'affaire de l'élite juive ? Plusieurs indices invitent à repousser une interprétation réductrice. Trois paramètres présidaient dans l'ensemble à l'intérêt que les Israélites français pouvaient porter à l'Italie : le degré de culture, l'attention portée au monde extérieur et le niveau de sensibilité à la question juive. Il est certain qu'une vaste culture facilitait la connaissance et la compréhension d'un tel sujet. L'on peut ainsi se demander si les sources dont on dispose reflètent avec fidélité l'état d'esprit de la grande majorité des Juifs de France ou celui d'un cénacle d'érudits, si l'image de l'Italie n'était pas projetée à travers le prisme d'une fine culture souvent étrangère au plus grand nombre. Une étude réalisée par Jean-Pierre Viallet, avec laquelle peut s'établir un parallèle, consacrée à la représentation de la sœur latine dans les revues de droite des années 1920, a montré que, par exemple, la *Revue de Paris* publia, en 1919, les notes de voyage en Italie d'un « modeste paysan du Limousin », lequel avait servi sur le front italien, et que les codes de lecture culturels traditionnels s'appliquant à l'Italie – la Rome antique, la Rome des Papes, le berceau de la Renaissance, puis celle du *Risorgimento* – lui étaient tout à fait étrangers. L'historien parvenait à la conclusion selon laquelle « l'image traditionnelle de l'Italie [...] reposait sur la transmission d'une

---

1   Dossier « Années trente : l'emprise sociale de l'antisémitisme », *Archives Juives*, n° 43/1, 1er semestre 2010, p. 4-95.

culture humaniste, qui faisait à peu près totalement défaut à notre paysan limousin[1] ». Il paraît hautement vraisemblable que le même phénomène se produisît concernant les Juifs. Certaines revues juives ne faisaient d'ailleurs pas mystère de leur vocation élitiste et s'adressaient en premier lieu à un public cultivé ; les *Archives Israélites* ainsi, s'interrogeant sur le nombre de périodiques juifs proportionnellement à celui de leur lectorat, s'exprimaient en ces termes : « Peut-on dire que le nombre de publications juives et l'importance de leur tirage soient en rapport avec le chiffre de la population israélite, nous ne parlons pas de la totale, mais de la classe cultivée[2] ? ». Une semblable et aussi claire prise de position ne peut manquer d'appeler à la circonspection et à ne pas confondre opinion juive et population juive[3].

Mais la culture ne faisait pas tout. D'autres facteurs intervenaient. Plusieurs esprits, même parmi les plus éclairés et érudits, ne scrutaient pas au-delà des confins français et manifestaient une curiosité mineure ou inexistante à ce qui leur paraissait lointain, non immédiatement lié à leur sort. Retraçant ses souvenirs de jeunesse, Edgar Morin se souvenait que ses « horizons politiques ne dépassaient pas la France[4] » avant la guerre. Qu'un jeune homme pétri de culture et doté d'une nette conscience politique, comme celui qui devint plus tard l'intellectuel réputé que l'on sait, se désintéressât du monde extérieur, laisse penser à plus forte raison que nombre de Juifs moins cultivés ou peu aguerris à la chose politique se trouvaient dans la même situation. La même réserve se pose concernant le niveau de sensibilité à la question juive. Ceux dont l'appétit de connaissance à l'égard du monde juif paraissait maigre, parce qu'ils étaient déjudaïsés, évoluaient loin des leurs ou ne s'intéressaient pas de près à ce qui avait trait à la judaïcité, se situaient à la marge de l'opinion juive. Là encore, le niveau social ou culturel n'y

---

1 Jean-Pierre Viallet, « L'Italie des années vingt dans les revues de la droite française », dans Enrico Decleva, Pierre Milza (a cura di), *La Francia e l'Italia negli anni venti : tra politica e cultura*, Milan, Franco Angeli, 1996, p. 144-146. À propos de Louis Lefebvre, « En Italie. Confessions d'un paysan français », *Revue de Paris*, 15 mai 1919.

2 Hippolyte Prague, « Un vœu », *Archives Israélites*, 5 janvier 1922.

3 L'on pourrait également poser cette question concernant le rapport entre Paris et la province. Les sources sur notre sujet concernant cette dernière demeurent extrêmement lacunaires, mais le fait que la presse juive fût lue à travers l'ensemble des communautés juives de France (*L'Univers Israélite* ou *Le Droit de Vivre* accordaient dans chacune de leurs livraisons une place à la situation et l'action des Juifs de province) et l'existence de structures communautaires dans de nombreuses villes invitent à penser que ce sujet était loin de concerner les seuls parisiens. *Cf.* également, sur ce point, *Pour tuer l'antisémitisme*, Paris, Éditions de la LICA, p. 4-5.

4 Edgar Morin, *Autocritique*, Paris, Julliard, 1959, p. 22.

prenait qu'une part secondaire. En demi-teinte, le sentiment devant l'antisémitisme éprouvé par Philippe Erlanger, attaché à sa judéité mais dont les préoccupations le menaient sur d'autres fronts, apparaît révélateur de l'effet modéré et pourtant fort complexe que pouvait entraîner la question juive parmi les Juifs de l'époque :

> L'antisémitisme, ce monstre indestructible qui ravage les pays de l'Est et avait déjà empoisonné certains secteurs de l'opinion française, l'antisémitisme m'a donc rattrapé ! Candidement je m'en étonne. Dieu sait que, depuis l'avènement d'Hitler, ce problème m'a préoccupé, mais je ne me sentais pas personnellement concerné. Ainsi que les accidents d'auto, ce genre de calamités, c'est toujours pour les autres. À la vérité, je n'y crois pas encore vraiment[1].

Cela ne signifie pas pour autant que tous ceux qui se montraient concernés par la question juive s'intéressaient à leurs coreligionnaires des pays étrangers. L'on peut postuler que c'était le cas, mais des exceptions existaient. David Weinberg rapporte qu'à la veille de la guerre, tandis que la situation s'assombrissait inexorablement pour Israël, des Juifs français s'irritèrent de ce que la presse juive ne rapportât que des informations sombres relativement à leurs coreligionnaires d'autres pays. Une illustration parue en février 1938 dans *L'Univers Israélite* présentait un Juif français feuilletant ce journal avec emportement et s'écriant : « Après l'Allemagne, la Pologne, après la Pologne, la Roumanie, si ça continue, je me désabonne[2] ! ». Les lecteurs de ce type avaient soif de nouvelles les concernant en premier lieu. Sans doute certains montrèrent-ils une humeur semblable face aux chroniques italiennes qui, cependant, ne furent alarmantes que très tardivement.

Cette gamme complexe de réactions, aux fils enchevêtrés et parfois difficilement démêlables, donne à voir la délicatesse de l'approche. Sans la minimiser, il ne faudrait pas amplifier l'attention réelle portée à l'Italie parmi les Juifs. On retrouve ici les interrogations posées par Marc Ferro visant à savoir quelle est l'attitude des masses face aux mouvements de l'histoire dont elles sont souvent coupées : « La plupart des gens ne vivent pas dans l'Histoire, dans l'actualité : au vrai, ils vivent leur vie. Telle est l'histoire anonyme, celle des gens ordinaires »,écrit-il[3]. C'est

---

1   Philippe Erlanger, *La France sans étoile. Souvenirs de l'avant-guerre et du temps de l'occupation*, Paris, Plon, 1974, p. 39.

2   David. H. Weinberg, *op. cit.*, p. 212.

3   Marc Ferro, *Les Individus face aux crises du* XXe *siècle. L'histoire anonyme*, Paris, Odile Jacob, 2005, p. 5.

cette réalité qu'il convient de garder à l'esprit et qui se cache derrière le vocable d'« opinion juive », face à l'Italie.

Plus qu'un émetteur et réceptacle de représentations, l'opinion juive fut un acteur à part entière des relations franco-italiennes. De là à en inférer qu'elle constituait un groupe d'influence, infléchissant la politique française à l'égard de l'Italie, comme le disaient les antisémites, il n'y a qu'un pas, que l'on se gardera de franchir. À titre individuel, plusieurs Juifs avaient ce pouvoir, mais, naturellement, l'on ne saurait le prêter à l'ensemble de l'opinion juive. Celle-ci était semble-t-il entendue, et beaucoup le savaient : les *Archives Israélites* ne se présentaient-elles pas comme l'un des « organes de l'opinion publique[1] » ? L'opinion juive ne participait donc pas au « règne » de l'opinion française générale, au sens où Pascal parlait de « reine du monde[2] », si tant est que l'on puisse appliquer cette métaphore à l'entre-deux-guerres. Bien plus, dans son étude monumentale sur l'opinion publique au moment de Munich, Yvon Lacaze ne classe pas les Juifs au rang des groupes minoritaires exerçant une quelconque influence auprès de l'opinion ou du gouvernement[3]. L'opinion juive française pouvait-elle peser à une autre échelle ? Auprès de Mussolini, sans doute. Prêtant le flanc au mythe du pouvoir juif mondial, caractéristique de l'« *ebraismo internazionale* », « Mussolini ne cessa de vouloir rassurer ce qu'il considérait comme une "opinion juive" susceptible de peser dans les relations internationales », ainsi que le note Marie-Anne Matard-Bonucci[4]. L'on ne dispose que de quelques bribes signalant l'intérêt porté par Mussolini à l'opinion juive de France, mais il demeure fort vraisemblable qu'il était attentif aux réactions de celle-ci.

Objet difficilement saisissable donc, presque sibyllin que l'opinion juive. Si tout groupe d'opinion embarrasse l'analyse, l'écueil se double ici d'une gêne : celle de caractériser avec précision les tenants de l'opinion juive. Les obstacles qui se posent pour le tout valent également pour la partie. Surgit alors l'éternelle question : qu'est-ce qu'un Juif ? Qui doit-on inclure dans l'opinion juive ? Qui doit-on en exclure ? C'est la notion même de judéité qu'il faut questionner.

---

1   Hippolyte Prague, art. cit.
2   *Cf.* Jacques Julliard, *La Reine du monde. Essai sur la démocratie d'opinion*, Paris, Flammarion, 2008.
3   Yvon Lacaze, *L'Opinion publique française et la crise de Munich*, Berne, Peter Lang, 1991.
4   Marie-Anne Matard-Bonucci, *L'Italie fasciste et la persécution des Juifs*, Paris, Perrin, 2007, p. 120.

À LA RECHERCHE DE LA JUDÉITÉ

L'identité relève du construit. Vouloir interroger l'attitude d'un groupe d'individus face à l'Italie en retenant comme critère le rattachement de ceux-ci à une identité, une appartenance religieuse, c'est courir le risque de la réification d'une réalité faisant problème. Il ne s'agit pourtant pas, ce faisant, d'isoler les Juifs du reste de la communauté nationale, mais d'appréhender leurs attitudes à travers le prisme d'une spécificité, d'une particularité, d'un particularisme. Sans nécessairement jouer le rôle de moteur, ce trait distinctif, cette affiliation à une religion minoritaire, n'était pourtant jamais absente et assignait aux Juifs une place singulière et souvent mal comprise par l'ensemble de la société, car « entre l'exclusivité et l'exclusion, la distance n'est pas immense[1] ». L'on parle bien ainsi, pour reprendre l'expression de Muriel Pichon, de « Français avant tout et juifs tout de même[2] » ; c'est un pan à part entière de l'opinion française qui réagit à la fois en fonction de considérations semblables à celles de leurs compatriotes et mû par des valeurs, des espérances et des craintes propres. Dans sa réflexion sur *L'Identité juive*, le philosophe et rabbin André Neher écrivait que « l'homme juif n'est pas un homme *tout simplement*, mais que quelque chose *complique* la simplicité de sa condition humaine[3] ». Face à l'Italie, les Juifs étaient-ils donc des Français « tout simplement » ? En quelle mesure leur judéité pouvait-elle intervenir ?

La loi juive stipule que la religion se transmet par le sang maternel. Cette règle, qui vaut pour la sphère religieuse, ne saurait faire office de critère sélectif en histoire. Une observation quelque peu attentive offre l'exemple d'individus ayant seulement un père juif et se sentant entièrement juifs, et d'autres, de mère juive ou de parents tous deux juifs, qui rejettent leur judéité ou la tiennent pour négligeable. On s'imaginerait mal rejeter les tenants du premier cas dans une étude historique et l'on peut poser que le sentiment de judéité importe plus que la judéité effective, au sens où l'entend la *Halakhah*, la loi juive. L'antifasciste italien exilé

---

1   Raphaël Draï, « Juifs et autres », dans Bertrand Badie, Marc Sadoun (dir.), *L'Autre. Études réunies pour Alfred Grosser*, Paris, Presses de Sciences Po, 1996, p. 25.

2   Muriel Pichon, *Les Français juifs, 1914-1950. Récit d'un désenchantement*, Toulouse, Presses universitaires du Mirail, 2009, p. 82.

3   André Neher, *L'Identité juive* [1977], rééd. Paris, Payot, 2007, p. 8 (en italique dans le texte).

en France Camillo Berneri, consacra dans les années 1930 un ouvrage
au titre aussi frappant que paradoxal, *Le Juif antisémite*, à la question des
critères de la judéité et à ceux dont le combat résidait dans l'effacement
ou l'abandon de cette judéité. Cas extrêmes, certes. Il proposait néanmoins une définition intéressante : « Je considère comme Juif quiconque
se considère comme tel[1] » ; mais insuffisante. C'est que, dans le contexte
de l'époque, il fallait compter avec les antisémites : choisir ou bannir
sa judéité ne se cantonnait pas à la sphère privée. Ainsi en allait-il de
l'écrivain André Suarès, qui entretenait des relations tourmentées avec
son identité religieuse et s'exclamait : « Je passe pour antisémite chez
les Juifs ; et l'on assure que j'appartiens à Israël, chez les antisémites[2] ».
Être juif revenait ainsi à ces deux dimensions avant la guerre, et encore
après : une option personnelle et/ou une désignation extérieure. Michel
Winock met en relief cet entremêlement à propos des Juifs :

> Ce sont les Français (ou les étrangers, à une certaine époque, vivant en France)
> qui se désignent eux-mêmes comme juifs (par la religion, ou la culture, ou
> l'ascendance) ou que les autres ont définis comme juifs quand ils se sont
> mêlés de les identifier[3].

Plusieurs nuances viennent s'ajouter. Quelquefois, le doute intérieur
planait dans l'esprit de certains Juifs. La judéité leur apparaissait floue :
se traduisait-elle par une pratique religieuse, une éducation culturelle
ou un sentiment d'appartenance ? Il faut tenir compte de la complexité
des itinéraires personnels. Chacun réagissait selon sa sensibilité. Le poète
André Spire, porte-flambeau et haut nom de la culture juive française,
n'en fut pas exempt dans sa jeunesse :

> Le judaïsme qui se réveillait en moi était encore de qualité assez floue.
> Pas religieux en tout cas. [...] Je ne me sentais pas encore un Juif tel que
> l'antijudaïsme montant m'a contraint peu à peu à le devenir. Mais un israélite,
> un juif avec un petit j[4].

Comme les autres religions, le judaïsme français se sécularisait :
beaucoup de ses membres, même ceux qui se revendiquaient juifs,

---

1   Camillo Berneri, *Le Juif antisémite*, Paris, Vita, 1935, p. 25.
2   André Suarès, *Vues sur l'Europe*, Paris, Grasset, 1939, p. 266. L'on pourrait également
    citer entre autres l'exemple plus connu de Jean Zay, protestant par sa mère, juif par son
    père, qui était tenu pour entièrement juif par les antisémites qui faisaient fi de la réalité.
    Cf. Ralph Schor, *op. cit.*, p. 98.
3   Michel Winock, *op. cit.*, p. 8.
4   André Spire, *Souvenirs à bâtons rompus*, Paris, Albin Michel, 1961, p. 36.

« ne ressentaient que peu ou pas d'attachement pour la vie juive[1] ». Reconnaître sa judéité n'impliquait ainsi pas nécessairement d'être marqué en profondeur par elle et relevait parfois du simple constat. Tel Raymond Aron qui se souvient d'en avoir simplement pris acte, ne la mettant pas particulièrement en avant ni ne la cachant : « J'adoptai une fois pour toutes une attitude qui me semble la seule convenable : ne jamais dissimuler mon appartenance, sans ostentation, sans humilité, sans surcompensation de fierté[2] ». L'on ne retiendra cependant pas ici le seul sentiment de l'appartenance et posera comme critère une judéité large. Ne sélectionner que ceux qui se proclamaient eux-mêmes juifs risque d'appauvrir le tableau de l'opinion juive de l'époque, de le faire perdre en complexité et en épaisseur. La question se pose concernant par exemple des intellectuels tels que Daniel et Élie Halévy que l'on serait tenté de ne pas inclure dans l'étude. On suivra cependant Perrine Simon-Nahum qui fait valoir l'intérêt de leur prise en compte ; elle revient sur l'engagement dreyfusard des deux frères en ces termes : « Le lien entre l'engagement dreyfusard et l'intérêt pour la question sociale est [...] sensible chez les deux frères Halévy, Élie et Daniel, que leurs origines et leur situation sociale placent à l'extrême limite de la communauté. En dépit de leurs prises de position montrant qu'ils se considèrent comme juifs, leur ascendance protestante conduit souvent les historiens du judaïsme français à les écarter de leur champ d'étude. Or c'est justement cette situation limite, à cheval sur deux communautés, qui en rend l'analyse de leur œuvre significative[3] ».

Dissipons cependant immédiatement une ambiguïté : il ne saurait s'agir de sous-entendre qu'un Juif adoptant une position produisait, comme par un enchaînement déterministe nauséabond, un « point de vue juif ». Face à l'Italie comme à d'autres sujets, l'on ne cherche pas à savoir comment les Juifs réagissaient, précisément parce qu'ils étaient juifs, mais alors qu'ils l'étaient, ce qui introduit une nuance. Sur la question du lien entre judéité et attitude quotidienne, les Juifs étaient d'ailleurs divisés. Aux yeux des plus nombreux, la religion relevait de la sphère privée et ne devait pas s'inviter dans le champ public. Le Juif allemand réfugié en France, Hanns-Erich Kaminski, levait sur ce point toute ambiguïté :

---

1   David H. Weinberg, *op. cit.*, p. 9.
2   Raymond Aron, *Mémoires*, Paris, Julliard, 1983, p. 84.
3   Perrine Simon-Nahum, *La Cité investie. La « Science du Judaïsme » français et la République*, Paris, Le Cerf, 1991, p. 301. *Cf.* également Nadia Malinovich, *French and Jewish. Culture and the Politics of Identity in Early-Twentieth Century France*, Oxford, Littman Library of Jewish Civilization, 2008, p. 39.

« Que je sois juif, c'est un fait et je ne le cache pas. Jamais cependant cela ne m'a amené à prendre une position quelconque[1] ». Edgar Morin le reconnaissait dans son autobiographie ; il avouait même avoir été jusqu'à se ranger, dans sa jeunesse, dans le camp réputé opposé à celui des Juifs, et ce de plein gré :

> Ma détermination juive pèse curieusement sur moi à l'époque. Déjà, avant guerre, j'avais peur de réagir en juif aux événements politiques, et j'étais heureux de m'opposer, pacifiste, au « bellicisme » de la plupart des autres juifs[2].

De même, Raymond Aron encore, dans ses *Mémoires*, évoquait le fait que s'il s'opposait à Hitler, la raison n'en était pas ou peu imputable à ses convictions religieuses : « Ma judéité y était pour quelque chose mais moins que l'on pourrait croire[3] ». En 1933, il était pourtant revenu bouleversé d'outre-Rhin et éprouva ce sentiment : « le contact avec l'Allemagne antisémite [entraîna] une prise de conscience et une décision. Prise de conscience d'accepter mon destin de Juif[4] ». Par analogie, on peut soutenir qu'il en allait probablement de même à l'égard de l'Italie fasciste. En outre, que Léon Blum pratiquât un judaïsme traditionnel ne fait pas de doute, ses propres déclarations et attitudes en attestent[5] : est-ce à dire pour autant que le Léon Blum chef de file de la SFIO et rédacteur du *Populaire* se plaçait sur le même plan que l'autre Léon Blum, rédacteur des *Souvenirs sur l'Affaire*, ouvertement porté sur les questions juives et prêtant sa plume à *La Terre Retrouvée*, la revue du fonds sioniste *Keren Kayemeth* ? La vigilance s'impose. La voix des non Juifs philosémites[6] qui s'exprimaient dans les revues juives ou participaient aux manifestations organisées par les Israélites sur la question de l'antisémitisme ou de la montée des périls peut

---

1 Hanns-Erich Kaminski, *Céline en chemise brune ou le mal du présent*, Paris, Excelsior, 1938, p. 57.

2 Edgar Morin, *op. cit.*, p. 28.

3 Raymond Aron, *op. cit.*, p. 62.

4 Raymond Aron, *Le Spectateur engagé, entretien avec Jean-Louis Missika et Dominique Wolton* [1981], rééd. Paris, Press Pocket, 1991, p. 44. Cité par Muriel Pichon, *op. cit.*, p. 105.

5 *Cf.* notamment Serge Berstein, *Léon Blum*, Paris, Fayard, 2006, p. 15-21. Léon Blum célébrait les grandes fêtes juives et observait les préceptes les plus importants du judaïsme. Il s'était successivement marié avec trois femmes juives, mais avait refusé que son fils fût circoncis.

6 Particulièrement sur le philosémitisme chrétien, *cf.* Pierre Pierrard, *Juifs et catholiques français de Drumont à Jules Isaac, 1886-1994*, Paris, Le Cerf, nouvelle édition 1997 ; ainsi que, plus largement, le dossier « Philosémites chrétiens », *Archives Juives*, n° 40/1, 1er semestre 2007.

aussi être prise en considération car cela montre que face aux enjeux de leurs temps, les Juifs, même lorsqu'ils s'exprimaient au sein et au nom d'organisations communautaires, n'évoluaient ni n'agissaient en vase-clos. Tandis que montaient les bruits de guerre, le Révérend M. L. Perlzweig avait formulé le lien entre Juifs et chrétiens en ces termes : « Ce n'est pas seulement le peuple juif qui est en péril. Si le Juif succombe, le Chrétien, le démocrate et le libéral, sont condamnés à subir le même sort. La liberté est indivisible[1] ». Importe aussi l'opinion de certains convertis, qu'ils cherchassent à rejoindre, comme Aimé Pallière, ou à quitter le judaïsme, à l'instar d'un Maurice Sachs qui déclarait : « La religion dans laquelle on a été élevé a toujours du prix et du charme[2] ». De tels individus, célèbres ou anonymes, concourraient tous à la richesse de la vie juive, ont toute leur place dans une telle étude et montrent l'étendue des réactions qui s'exprimaient face à l'Italie.

Ces questions d'identité, ardues en soi, firent d'ailleurs à l'époque l'objet d'une réexploration, dans le cadre d'un intense mouvement de renaissance juive. En 1930, l'écrivain Edmond Cahen publia un roman dont le titre constituait à lui seul une éclatante profession de foi : *Juif, non !... Israélite*[3]. Tout était dit. Simon Lévy, riche officier juif, y épousait Suzanne, une chrétienne. Le fil de l'ouvrage déroule la prise de conscience progressive de la protagoniste : son mari ne correspondait en rien à ses préjugés, forgés à la connaissance d'autres « Juifs » ; Simon, pour sa part, était un « Israélite ». Il y avait là bien plus qu'une coquetterie sémantique, mais le reflet d'« une doctrine, une tradition, une époque[4] ». Beaucoup de Juifs soutenaient en effet que le terme de « Juif », trop péjorativement connoté, devait être abandonné au profit de celui d'« Israélite », plus noble. Choisir cette étiquette relevait à l'époque autant d'une inclination personnelle que d'un choix social – et même politique – à part entière, relevant d'une certaine vision de la judéité[5]. Armand Lipman donnait de la distinction entre « Israélite » et « Juif » un brillant exposé, le faisant remonter aux temps bibliques :

1   AIU, Comité de Vigilance (CDV), Ms 150, Boîte 6, dossier 16. Discours du Révérend M. L. Perlzweig au Congrès Juif mondial, 16 janvier 1939.

2   Maurice Sachs, *Le Sabbat. Souvenirs d'une jeunesse orageuse*, Paris, Corrêa, 1946, p. 144 (ouvrage écrit dans les années 1930).

3   Edmond Cahen, *Juif, non !... Israélite*, Paris, Librairie de France, 1930.

4   Georges Wormser, *Français israélites. Une doctrine, une tradition, une époque*, Paris, Éditions de Minuit, 1963. *Cf.* également l'ouvrage classique de Dominique Schnapper, *Juifs et Israélites*, Paris, Gallimard, 1980.

5   Pour des raisons stylistiques, il arrivera que ces expressions soient utilisées indépendamment du sens exact qu'elles revêtaient précisément à l'époque, sauf quand ces désignations

Israël ou Jacob fut le père de Juda. La tribu de Juda n'était que l'une, la plus nombreuse il est vrai, des douze tribus d'Israël. Après la chute de l'impie royaume du Nord, le royaume de Juda demeura seul représentant des descendants de Jacob ; et les Romains de Pompée trouvèrent cette situation, quand ils posèrent les premiers jalons de la *Judée* romaine. Puis le sombre moyen âge, héritier de l'empire démembré, ne connut plus que des *Juifs*.

Mais ces Juifs, conscients de la sainteté de leurs origines et de la grandeur de leur mission, ne l'entendirent pas ainsi et ils gardèrent, comme leur titre le plus glorieux, les noms d'Israël. [...] Pendant ce temps, par une singulière coïncidence, les peuples païens, puis chrétiens, faisaient de l'appellation « juif » une désignation méprisante, sinon injurieuse, qui ouvrit tous les droits aux persécutions des déicides.

Le grand Sanhédrin de 1807 était donc dans la vérité historique en le bannissant résolument de ses « Décisions doctrinales », pour ne se servir que du terme d'« israélite ».

Il a plu au Sionisme, fondé à Bâle il y a trente ans, de se draper dans le mot de « juif » et d'afficher un profond dédain pour les « israélites », pour ces « assimilés » [...].

Les mots sont souvent des symboles : et plus que tout autre, le grand nom d'Israël[1].

Tous les enjeux y figuraient : l'ancienneté du terme d'« Israélite », sa dimension noble et respectable, ainsi que la critique de ceux qui récusaient cette désignation. Ces derniers, affirmant leur « ethnicité », parfois proches de leurs coreligionnaires immigrés ou du sionisme, intentaient aux « Israélites » un procès rude et acerbe, en faisant valoir l'argument selon lequel se faire appeler ainsi témoignait d'une honte de sa judéité. Organe de la LICA, *Le Droit de Vivre* formulait sa critique en ces termes :

Nous employons volontiers le mot *Juif*, que nous sentons mieux, mais, littéralement, nous lui signifions le même sens qu'*Israélite*.

D'autres préfèrent ce dernier, qu'ils estiment plus « aristocratique », moins plébéien [...].

Mais que les *Israélites* le veuillent ou non, ils sont tout de même Juifs, et, s'il existe un sang juif, il coule en eux, malgré eux[2].

Entre ces deux camps antagonistes, il existait une troisième voie, née de l'adversité. De plus en plus nombreux se révélaient ceux qui pensaient que ces diverses appellations présentaient plus de points communs que de divergences. Pierre Paraf, pourtant lui aussi membre de la LICA, se faisait le chantre de l'apaisement et soulignait que face à la haine

---

faisaient l'objet de querelles entre Juifs ; cela sera alors clairement indiqué.

1   Armand Lipman, « Israélite ou Juif ? », *Archives Israélites*, 27 septembre 1928.

2   « Juifs et Israélites », *Le Droit de Vivre*, février 1935.

antisémite, les querelles internes portant sur l'identité ne devaient plus avoir cours. « Juifs » et « Israélites » ne se retrouvaient-ils pas tous sous le même drapeau ? N'étaient-ils pas tous des Français ? *L'Univers Israélite* se fit le vecteur de son appel :

> Français..., Juif..., Israélite. Pour prévenir tout retour offensif de l'antisémitisme, il n'est que de porter dignement ces trois titres, d'être soi-même, sans forfanterie, mais sans abdication. Ne laissons tomber aucun de ces trois mots qui résument notre programme. [...]
> Français, Juif, Israélite, voilà la triple consigne qu'Israël, en 1931, donne à nos frères de France. Et ces trois mots, avec tout ce qu'ils contiennent d'espoir, de bonne volonté et de volonté, forment, comme disait le poète, une somme énorme d'humanité[1].

Ce débat s'estompa peu à peu. Il demeure néanmoins difficile de discerner si cela provient de la victoire de la thèse défendue par ceux qui partageaient l'opinion de Paraf et prônaient l'unité ou s'il ne s'agissait que de l'effet des grands problèmes qu'eut à affronter Israël dans les années 1930, laissant le débat en l'état. Les questions décisives n'éclipsèrent-elles pas les querelles pointilleuses ?

Au-delà de la glose identitaire, l'intérêt de saisir ces différentes façons de se sentir juif et d'exprimer l'identification de soi, revêt une importance cruciale car il permet de mieux comprendre la manière dont les Juifs français appréhendaient leurs coreligionnaires italiens et quels étaient les codes, grilles et valeurs des premiers quand ils scrutaient la condition des seconds.

On pourrait donc penser *in fine* qu'il existait autant de voies pour approcher l'Italie qu'il y avait de Juifs français, qu'aucune communauté de vues ne pouvait rassembler un nombre significatif d'individus, *a fortiori* concernant l'Italie fasciste, dont l'observation faisait nécessairement appel à des convictions politiques. Et pourtant, judéité et politique paraissaient immanquablement liées et s'articulaient selon diverses modalités, se rencontrant parfois en un point ténu ou allant chez certains jusqu'à se confondre.

---

1   Pierre Paraf, « Français,... Juif,... Israélite », *L'Univers Israélite*, 29 mai 1931.

ISRAËL DANS LA CITÉ : JUDÉITÉ ET POLITIQUE

> Il faut tout refuser aux Juifs comme nation et tout accorder aux Juifs comme individus ; il faut méconnaître leurs juges, ils ne doivent avoir que les nôtres ; il faut refuser la protection légale aux prétendues lois de leur corporation judaïque ; il faut qu'ils ne fassent plus dans l'État ni corps politique, ni ordre ; il faut qu'ils soient individuellement citoyens.

Ainsi s'exprimait en 1789, dans un discours demeuré gravé au sein de la mémoire collective, le comte de Clermont-Tonnerre[1]. On ne peut imaginer plus claire formulation de la doctrine d'assimilation à la française. Tout se passait comme si les Juifs de France avaient depuis lors constamment à l'esprit cet impératif et craignaient à tout moment d'y contrevenir. Cela valait notamment sur le plan politique. Comme pour les autres questions, la judaïcité française était loin de constituer un bloc monolithique. L'on ne saurait ainsi parler d'une quelconque « culture politique » juive, si l'on reprend la définition proposée par Jean-François Sirinelli selon lequel il s'agit d'« une sorte de code et [...] un ensemble de référents, formalisés, au sein d'un parti ou plus largement diffus au sein d'une famille ou d'une tradition politiques[2] ». Les Juifs ne formaient pas une « famille politique » mais, comme disait Maurice Barrès, une « famille spirituelle » dont l'identité religieuse ne supplantait nullement les convictions politiques. Les antisémites le croyaient. Ne connaissant que trop le grief haineux selon lequel les Juifs, comme s'ils étaient tous issus d'un moule unique, constituaient un « État dans l'État », les tenants du judaïsme officiel mettaient un point d'honneur à rappeler avec force et récurrence l'éclatement politique de l'opinion juive :

> Il semblerait indispensable qu'une déclaration publique soit faite ; que les israélites de France affirment hautement une fois de plus qu'il existe parmi eux des gens de différentes tendances et de différentes opinions, de même qu'il existe parmi les protestants ou les catholiques, des hommes d'opinions différentes[3].

---

1 Cité par Béatrice Philippe, *Être juif dans la société française*, Bruxelles, Complexe, 1999, p. 143.
2 Jean-François Sirinelli, *Histoire des droites en France*, t. II, Paris, Gallimard, 1992, p. 3-4. Cité par Serge Berstein, « Nature et fonction des cultures politiques », dans *Id.*, *Les Cultures politiques en France*, Paris, Le Seuil, 1999, p. 9.
3 AIU, CDV, Ms 650, boîte 6, dossier 16. Lettre de Georges Lang au Président du Consistoire de Paris, 4 avril 1938.

Si, effectivement, toutes les tendances voisinaient parmi les Juifs, leur distribution n'était en rien semblable à celle en vigueur chez l'ensemble des Français. Sans que cela ne fût érigé en règle, beaucoup d'observateurs contemporains postulèrent l'existence d'une sorte de tropisme progressiste manifesté par les Juifs, ce que les historiens américains nomment le « *Jewish liberalism* », au sens que ce terme revêt outre-Atlantique[1]. Hippolyte Prague l'annonçait sans ambages :

> En France, comme dans les autres pays, l'opinion israélite incline toujours vers la gauche, et même avancée. Cette tendance s'explique par diverses raisons tant historiques que sentimentales. Remontons, pour un instant, aux origines de la nation juive. C'est un État fédéral. La royauté n'apparaît que beaucoup plus tard. L'on sait que le prophète Samuel fit tous ses efforts pour détourner le peuple d'un système monarchique[2].

De ces explications originelles, il ressort que religion et politique entretenaient un lien étroit et pouvaient façonner en un certain sens la conscience et le comportement des Juifs dans la cité[3]. Nombre de valeurs au cœur de la pensée juive se trouvaient, de fait, incarnées par l'idéologie de gauche, au premier rang desquelles l'humanisme, ou encore le rejet des inégalités et des injustices. L'un des 613 commandements édictés par le judaïsme prescrit ainsi la *tzedaka*, l'aide aux plus démunis. Dans ces conditions, certains Juifs, sensibles aux questions sociales inclinèrent vers ceux qui prônaient la redistribution équitable des richesses ou l'assistance aux pauvres. Que valaient cependant ces préceptes bibliques pour des individus parfaitement sécularisés ou en voie de l'être, dont les lois de la Torah ne décidaient pas ou plus du comportement quotidien ?

Plus que dans la religion, il fallait puiser dans l'histoire les causes du penchant de certains Juifs pour la gauche. Beaucoup d'entre eux se souvenaient des rapports étroits qui unissaient la droite et l'Église catholique, relations nettement soulignées par l'Affaire Dreyfus. Et dans l'entre-deux-guerres, une importante partie de la droite catholique entretenait la flamme de l'antisémitisme, tandis que des ligues d'extrême droite, fascistes ou non – question centrale pour notre sujet – se livrèrent dans les années 1930 à des actions parfois violentes contre les

---

1   Alain Greilsammer, « Le Juif et la Cité : quatre approches théoriques », *Archives des Sciences sociales des Religions*, n° 46/1, juillet-septembre 1978, p. 136.

2   Hippolyte Prague, « Un peu de politique », *Archives Israélites*, 19 juin 1924. Pour un autre point de vue, mais plus tardif, Jean Sterne, « Judaïsme et opinions politiques », *L'Univers Israélite*, 24 avril 1936.

3   *Cf.* Aline Coutrot, « Religion et politique », dans René Rémond (dir.), *op. cit.*, p. 287.

Juifs et contribuèrent à repousser encore leurs victimes vers la gauche. Un Israélite se souvenait ainsi : « Pour nous à l'époque, droite, c'était synonyme d'antisémite. Voilà. Oui, toute la droite *grosso modo*. On le ressentait comme ça. On ne pouvait pas être de la droite, ce n'était pas possible. C'était contre nature[1] ». Par contraste, l'on observait que la gauche, héritière de l'émancipatrice Révolution, avait pris fait et cause pour Dreyfus et portait en elle les valeurs de l'égalité, de la justice et de la démocratie, aux sources mêmes de l'ascension sociale des Juifs français. Cette relative « gauchisation » de la judaïcité fut d'ailleurs encore accentuée par l'arrivée massive de Juifs en provenance d'Europe centrale et orientale, qui avaient eu, dans leurs contrées d'origine, à souffrir des persécutions décrétées par les forces de réaction, elles qui d'ailleurs leur avaient toujours refusé l'égalité des droits. Rompant avec les préceptes de l'assimilation, certains entendaient lier leur identité religieuse à leurs options et combats politiques. Le journaliste bien connu Wladimir Rabinovitch, dit Rabi, défendait ainsi dans la revue *Chalom* l'adoption d'une véritable « politique juive » aux antipodes de l'attitude de ses coreligionnaires qu'il jugeait timorée. Il réclamait :

> Le droit de raisonner et d'agir comme des Juifs en ce qui concerne les incidents de la vie politique, dans le cadre de la vie nationale des pays dans lesquels nous vivons. Quand nous penserons ainsi, alors nous aurons *notre* politique pacifiste, et *notre* politique économique[2].

Voilà qui devait renouveler le mode de réaction et d'action de la judaïcité française face à l'Italie fasciste, et qui avait tout pour irriter les tenants du judaïsme officiel, aux yeux desquels il paraissait incompréhensible et grave de conséquences de s'immiscer dans les querelles politiques ou, pis, d'œuvrer à ce que le gouvernement n'adoptât une politique servant l'intérêt des Juifs avant l'intérêt commun. Le Consistoire n'était pas le Vatican, remarquaient les *Archives Israélites* : « Grâce à Dieu, le corps rabbinique français s'est toujours abstenu avec un soin jaloux, de prendre part aux luttes politiques, et nous estimons que c'est infiniment préférable. La politique intérieure ou extérieure doit rester absolument étrangère aux ministres des cultes dont les préoccupations

---

1   Témoin interrogé en 2001 par Muriel Pichon et reproduit dans « Les Français israélites dans la crise des années trente : mémoires et usages de l'affaire Dreyfus », dans Jean-Marc Chouraqui, Gilles Dorival, Colette Zytnicki (dir.), *Enjeux d'histoire, jeux de mémoire. Les usages du passé juif*, Paris, Maisonneuve et Larose, 2006, p. 65.
2   Wladimir Rabinovitch, dit Rabi, *Chalom*, janvier 1933. Cité par David H. Weinberg, *op. cit.*, p. 128.

sont plus hautes[1] ». Cette ligne de conduite présentait surtout l'avantage d'apaiser, relativement, les foudres antisémites. L'historienne Paula Hyman saisit bien ce sentiment quand elle écrit fort à propos : « Conscients [des] préjugés antisémites, les dirigeants officiels de la communauté juive française mesuraient leurs propres décisions en fonction de leurs répercussions possibles dans le cadre de la collectivité nationale[2] ». Ces deux visions s'affrontèrent à propos de l'Italie.

Connaître l'ancrage politique des Juifs de France aide en effet à mieux cerner les ressorts de leurs réactions face au régime mussolinien. La question de la place du fascisme au sein des forces politiques traditionnelles, à mi-chemin entre révolution et réaction, fait problème et constitue le cœur de l'historiographie sur la question. Il n'en demeure pas moins que, si les Israélites appartenaient ainsi en majorité au camp progressiste, modéré ou socialement libéral, l'on comprend mal comment une vaste frange d'entre eux pût se sentir proche de l'Italie fasciste, non de son régime mais de son action, quand les doctrines que celle-ci professait paraissaient « infiniment plus propres à frapper l'âme des simples que les sentimentalités du libéralisme et de l'humanitarisme[3] ». C'est là tout le nœud du problème qui se pose ici.

Une catégorie de Juifs échappait pourtant à de telles considérations : les intellectuels. Si André Spire pensait qu'« il y a indéniablement des manières, des mœurs, des traditions, une pensée, une idéal juifs[4] », ce n'est pas la recherche de celles-ci qui doit ici guider l'analyse. À l'image de la démarche empruntée relativement aux intellectuels d'autres minorités, il ne s'agit pas de s'ingénier à trouver un « type idéal » d'« intellectuel juif », quête fort hasardeuse du reste[5]. Pour se cantonner à un seul exemple, Ricardo Calimani classe Julien Benda parmi les « membres éminents de l'école de pensée juive de Paris[6] » ; la judéité de ce dernier

---

1   Émile Cahen, « Le Vatican et la France », *Archives Israélites*, 5 juillet 1923.

2   Paula Hyman, *De Dreyfus à Vichy. L'évolution de la communauté juive en France, 1906-1939*, Paris, Fayard, 1985, p. 41.

3   Julien Benda, *La Trahison des clercs* [1927], rééd. Paris, Le Livre de Poche, 1977, p. 308.

4   André Spire, *op. cit.*, p. 99.

5   C'est le parti-pris retenu notamment par André Encrevé concernant les intellectuels protestants, selon lequel il n'en existe pas un « type idéal ». Il se penche sur leurs parcours pour en déterminer l'influence et l'évolution dans la société : « Qu'est-ce qu'un intellectuel protestant entre 1870 et 1940 ? », *Bulletin de la Société de l'Histoire du protestantisme*, n° 149, juillet 2003, p. 359-360 et 398.

6   Ricardo Calimani, *Destins et aventures de l'intellectuel juif en France, 1650-1945*, Toulouse, Privat, 2002, p. 218 (1996 pour l'édition italienne). Louis-Albert Reevah note encore : « À l'étude de l'œuvre et de la vie de Benda, il nous est apparu que la condition juive avait

ne fait pas de doute, mais l'on serait bien en mal, devant son œuvre, son engagement, ses déclarations, sa trajectoire d'en faire un « intellectuel juif ». On le verra concernant l'Italie, bien souvent les intellectuels et le reste de l'opinion juive paraissaient loin de partager une communauté de vues, de pensée et d'action ; les premiers ne constituaient en aucun cas les porte-parole de la seconde[1]. Ce qu'il convient de retenir en revanche, c'est que leur « statut » d'intellectuel les faisait entrer dans le champ politique et contribuait à mêler, en un sens, judéité et vie publique. Comme le notent Pascal Ory et Jean-François Sirinelli, l'intellectuel est un homme public, dont les idées sont largement véhiculées :

> L'intellectuel [est] donc *un homme du culturel, créateur ou médiateur, mis en situation d'homme du politique, producteur ou consommateur d'idéologie*. Ni une simple catégorie socioprofessionnelle, ni un simple personnage, irréductible. Il s'agit d'un *statut*, [...], mais transcendé par une *volonté* individuelle, [...], et tourné vers un *usage* collectif[2].

Les intellectuels juifs assuraient donc, selon les cas, une interface entre les Juifs et l'espace public. Existait-il une continuité entre leur dreyfusisme passé et la dénonciation des fascismes à laquelle se livraient Élie Halévy, Léon Brunschvicg, ou encore, parmi d'autres, Raymond Aron, en tant que ces deux engagements s'inscrivaient sous la bannière de valeurs identiques : la liberté, la démocratie, les droits de l'homme et, en partie, la lutte contre l'antisémitisme[3] ?

Tout présupposé est donc à écarter. C'est à travers le prisme de toutes ces dimensions de la judéité imbriquées entre elles, de ces interrogations, réserves, impasses quelquefois, qu'il convient d'engager l'étude visant à déterminer quels furent les cercles d'enracinement de réaction et d'action au sein de l'opinion juive relativement à la question italienne. Une vaste documentation, offrant des types de sources variés, permet d'ailleurs de varier les échelles de problématisation.

---

influencé celles-ci d'une manière déterminante, encore que complexe et contradictoire » : *Julien Benda : un misanthrope juif dans la France de Maurras*, Paris, Plon, 1991, p. 15.

1   L'appartenance sociale jouait également un rôle. *Cf.* Michael Löwy, « Les intellectuels juifs », dans Michel Trebitsch, Marie-Christine Granjon (dir.), *Pour une histoire comparée des intellectuels*, Bruxelles, Complexe, 1998, p. 129.

2   Pascal Ory, Jean-François Sirinelli, *Les Intellectuels en France de l'affaire Dreyfus à nos jours*, Paris, Armand Colin, 3ᵉ édition 2002, p. 10 (en italique dans le texte).

3   *Cf.* Vincent Duclert, « "Il y a de l'or dans cette poussière". L'intellectuel démocratique et la résistance aux tyrannies », *Archives Juives*, n° 38/1, 1ᵉʳ semestre 2005, p. 11.

AMPLEUR ET LIMITES ARCHIVISTIQUES

Les matériaux ne manquent pas, qui aident à la connaissance. Ils permettent d'embrasser toute la période. Les divers supports appellent chaque fois un traitement particulier.

Reflet de l'individu, les essais, pamphlets et récits de souvenirs, ouvrages à valeur de source, directement consacrés à l'Italie et au fascisme ou s'attachant de manière plus générale à l'Europe ainsi qu'à la situation du temps, constituent un support de grande valeur en ce que leurs auteurs, dont il conviendra chaque fois de repérer la sensibilité et les attaches politiques, sociales et culturelles, manifestaient souvent le souci de conférer à leur propos un arrière-plan détaillé, véritable vitrine de contextualisation. Ce qui s'avère précieux pour le lecteur d'aujourd'hui et que ne permet pas la fugacité de la presse. Les livres, par leur caractère réfléchi et abouti, permettent de mesurer le décalage entre l'événement proprement dit et l'opinion que l'on s'en faisait. S'y conjugue la complexité des itinéraires personnels qui pouvaient entraîner une prise de position particulière, parfois marginale par rapport à la tendance de l'opinion au sein de laquelle se classait un auteur donné. Ces ouvrages sont ainsi autant d'images du temps passé, avec ses mentalités, ses espoirs et ses craintes.

Bien plus réduit apparaît le champ d'interprétation des pamphlets et brochures de propagande, affiliés à des courants d'idées clairement identifiés. Outrant dans la plupart des cas le propos, ces documents témoignent des passions et des haines inspirées par les conjonctures et phénomènes de l'époque, comme le fascisme. Leur intérêt réside dans la batterie d'arguments déployés. Ces derniers étaient-ils fondés ou vraisemblables ? À qui s'adressaient-ils en premier et second lieu ? Quel écho rencontraient-ils ? Modelaient-ils réellement l'opinion ? Le traitement de ces sources doit s'accompagner de la plus vive circonspection.

Quant aux mémoires, livres de souvenirs et témoignages postérieurs, tout autant qu'ils concourent à la connaissance, ils fournissent le matériau d'une étude de la mémoire des Juifs français relative à l'Italie fasciste. Comme dans tout exercice de style, ils foisonnent de silences, d'approximations et d'exagérations. Il n'est pas rare que la plume transforme le tableau d'une vie maussade en une imposante fresque colorée ; se lance-t-on — les exceptions sont légion — dans l'écriture pour coucher sur le papier une série de souvenirs insipides au lecteur, ou pour dresser un bilan élogieux, ou du moins peu commun, de son expérience, ses engagements et son action passés ? Une fois ces remarques posées, l'analyse du contenu de ces ouvrages offre un luxe d'informations. Si, en effet, les grands noms du judaïsme immortalisèrent souvent leurs souvenirs, une vaste cohorte d'anonymes se livra elle aussi à cet exercice, à la suite de l'expérience traumatique de la guerre et de la Shoah. Certains auteurs étaient ainsi des inconnus avant 1945. Leur témoignage vaut en ce qu'il constitue un reflet de l'opinion « par le bas », celle composée d'une masse anonyme, ce qui confère à la notion d'opinion juive une épaisseur certaine en l'absence de sondages.

Autre source essentielle, mais partielle : les sources manuscrites, à l'échelle du groupe, de l'organisation, de l'institution. Essentielles, car elles permettent souvent de faire la lumière sur des événements relayés ou déformés par l'opinion. Elles fournissent dans de nombreux cas des informations relativement neutres ou exemptes de commentaires orientés. Lettres, rapports, procès verbaux, comptes-rendus, billets privés aident à la compréhension d'éléments parfois inconnus ou simplifiés par la sphère publique. C'est que l'on emploie un ton et des termes différents dans des documents non destinés à la publication. Les sources manuscrites, dans le présent cas, constituent souvent un véritable détecteur des approximations et manipulations auxquelles pouvait s'adonner la presse notamment. Néanmoins, elles demeurent partielles. Des sondages effectués dans les archives non communautaires, nationales ou départementales, n'ont pas été payants, car les pouvoirs publics n'évoquaient pas en tant que telle la réaction des Juifs face à l'Italie. Le sujet demeurait secondaire et l'on ne portait pas son intérêt sur les Juifs en particulier. Certaines archives communautaires ont par ailleurs été perdues. Les archives du Centre de documentation juive contemporaine (CDJC) contiennent cependant des copies de documents conservés en Italie à l'*Archivio centrale dello Stato*, et ont fourni des éléments non négligeables. Le gisement principal demeure cependant les archives de l'Alliance israélite universelle, d'une abondance notable du fait de l'existence de comités en Italie, en Libye et en Tunisie[1] et de la conservation des archives du Comité de Vigilance. Toutes sortes de documents y figurent, qui lèvent chaque fois le voile sur des réalités

---

1   Sur les étapes de la conservation de ces archives, *cf.* Jean-Claude Kuperminc, « La reconstruction de la bibliothèque de l'Alliance israélite universelle, 1945-1955 », *Archives Juives*, n° 34/1, 1er semestre 2001, p. 98-113.

parfois très concrètes de la relation des Juifs de France à l'Italie. La confrontation de ces traces du passé avec la presse a révélé d'importants écarts dans la perception et le traitement de l'actualité.

C'est bien la presse qui constitue en effet le support le plus riche de l'étude et vient pallier les nombreuses carences archivistiques. Source incontournable, parfois seule trace du passé mobilisable sur certains sujets, la presse juive française ne commence pourtant à être érigée en véritable objet historique que depuis une date assez récente. Elle n'est toutefois pas encore appréhendée comme un moyen de communication et de représentation liant les Juifs français à leurs coreligionnaires d'autres pays. Sur la question italienne par exemple, la presse recèle pourtant d'inestimables et parfois insoupçonnées richesses.

« Le journal israélite dans la plupart des familles a sa place marquée, et, en certaines, de prédilection », écrivait Hippolyte Prague en 1925, à l'occasion du 85e anniversaire des *Archives Israélites*[1]. À l'heure du « Réveil juif » en effet, la presse juive française atteignit un nombre pléthorique, avec la création de 223 titres pour la seule période postérieure à 1923, lesquels s'ajoutaient aux 151 déjà créés depuis 1789[2]. Il s'agit d'une source irremplaçable. Jean-Claude Kuperminc souligne ainsi que « le phénomène de la presse juive offre [...] un champ de réflexion important pour l'historien[3] ».

Assurément, le rôle de la presse communautaire dans la France de l'entre-deux-guerres n'avait aucune mesure avec celui de la presse générale et nationale, qui modelait dit-on souvent en un sens – effectivement ou potentiellement ?, l'on ne peut trancher – l'opinion publique[4]. Si la presse juive transmettait les grandes informations relatives à la France et au monde, son utilité est à chercher ailleurs : ne se voulant pas simplement un vecteur informatif, elle entendait assurer le lien entre les lecteurs juifs, le monde juif et certaines organisations et instances juives. L'état d'esprit de tels lecteurs pouvait se traduire en ces termes :

---

1   Hippolyte Prague, « La presse israélite en France », *Archives Israélites*, 1er janvier 1925.

2   Catherine Nicault, « Introduction » au dossier « Aspects de la presse juive entre les deux guerres », *Archives Juives*, n° 36/1, 1er semestre 2003, p. 5. L'auteur remarque cependant que les titres français ne représentaient qu' « une grosse minorité » (*ibid.*).

3   Jean-Claude Kuperminc, « La presse juive en France », dans Jean-Jacques Becker, Annette Wieviorka (dir.), *op. cit.*, p. 140.

4   Le débat, ouvert de longue date, est sans cesse renouvelé. *Cf.* Jacques Kayser, « Presse et opinion », dans G. Berger (dir.), *L'Opinion publique*, Paris, PUF, 1957, p. 229-241. Certains journaux juifs rappelaient également le pouvoir de la presse sur l'opinion. Voir « D'une "candeur" relative », *Samedi*, 17 octobre 1936.

> Je suis Juif, pensent beaucoup de nos coreligionnaires [...], et rien de ce qui touche le Judaïsme ne saurait me laisser indifférent et doit solliciter mon attention, la tenir éveillée en raison des liens m'attachant à mon culte et à mes coreligionnaires[1].

C'était donc bien à travers le prisme de la judaïcité, au sens de manière collective d'être juif, que la presse israélite livrait les informations à ses lecteurs. Elle donnait un point de vue juif sur les affaires du monde juif, les grands problèmes et sujets du temps non proprement liés à la question juive y trouvant également un certain écho. L'on ne lisait ainsi pas les périodiques juifs par strict besoin d'information[2], semble-t-il, mais souvent par réflexe identitaire. Catherine Nicault a bien mis en valeur la large portée de cette presse :

> Lien communautaire de type « ethnique » et/ou géographique, outil de communication générationnelle ou catégorielle, lieu privilégié du débat politique, presse « de substitution à la presse nationale » ou simplement « de complément », fenêtre plus ou moins largement ouverte sur le reste du monde juif, la presse juive répond au fond bien moins à une nécessité d'informations qu'à un besoin identitaire[3].

Aussi peut-on soutenir que ces périodiques juifs se consultaient après regard sur la presse nationale ou parallèlement à celui-ci. D'où l'existence de nombreux journaux communautaires de tendances variées qui, pour répondre à ce « besoin identitaire », ne se trouvaient pas moins engagés dans un camp politique plus ou moins précis mais connu du lectorat. Tout autant qu'elle remplissait cette fonction identitaire auprès de ses lecteurs, la presse juive apparaissait comme le fidèle reflet du paysage juif du temps :

> À l'évidence, ce foisonnement même non seulement illustre la complexité « ethnique » de la judéité française, avec ses strates successives d'immigrés qui se superposent et s'interpénètrent, mais traduit ses modes de fonctionnement, ses divisions infinies, en même temps que les problèmes et les difficultés rencontrés par une minorité juive dans une période troublée[4].

Nombre de titres ne connurent qu'une brève existence ou une faible audience. Il s'est avéré nécessaire de choisir, parmi la pléthore

---

1   Hippolyte Prague, art. cit.
2   Excepté dans le cas de la presse *yiddish* des immigrés d'Europe centrale et orientale, les plus récents y trouvant souvent l'unique accès à l'information en raison de leur mauvaise connaissance ou ignorance de la langue française.
3   Catherine Nicault, art. cit., p. 7-8.
4   *Ibid.*, p. 5.

de périodiques, ceux qui furent publiés pendant toute la période, afin de prendre la mesure de leurs évolutions, ou tenaient une place incontournable dans l'opinion juive. 10 titres ont été retenus, dont la moitié fut intégralement dépouillée : ces 5 derniers consacrèrent en tout 438 articles à l'Italie sur l'ensemble de la période. Aucune étude exhaustive ne porte malheureusement sur la presse juive. Dans la plupart des cas, l'on ne dispose pas du nombre de tirages des journaux, ce qui constitue un handicap pour qui veut mesurer le calibre des tendances de l'opinion. Sources contemporaines et témoignages permettent néanmoins de se faire une idée de la hiérarchie gouvernant la presse juive de l'époque. Il convient de présenter en détail les titres au cœur de cette source maîtresse, centrale pour cerner les orientations de l'opinion juive[1].

Pilier du paysage juif, les *Archives Israélites*, hebdomadaire portant le sous-titre « Recueil politique et religieux », tenaient le rôle d'aîné des périodiques communautaires. Créé en 1840, à un moment de vives tensions entre orthodoxes et réformistes[2], ce journal prit clairement parti pour les seconds. Les *Archives Israélites*, peu réceptives aux idées sionistes par la suite, tinrent durant toute leur existence une position « nettement réformatrice[3] ». C'est cette volonté de redéfinition des contours du judaïsme français qui constituait l'arrière-plan des prises de position du journal. Ainsi s'avère-t-il intéressant de chercher en quoi l'exemple italien pouvait étayer les arguments déployés par les tenants du judaïsme réformateur. À l'Italie, les *Archives Israélites* ne consacrèrent de 1922 à 1935, après leur fusion avec un autre titre, que relativement peu d'articles, 36, soit une moyenne d'un peu moins de 3 par an. Néanmoins, il s'agissait souvent d'articles revêtant une place de choix dans la revue, notamment dans les colonnes de première page, fruit de la plume du rédacteur en chef Hippolyte Prague[4], qui faisait chaque fois montre d'une fine analyse des enjeux du fascisme et de la place des Juifs en Italie. La faiblesse de ce chiffre s'explique par le fait que le journal avait disparu avant que la question juive se posât véritablement au grand jour en Italie, à partir de

---

1   *Cf.* Philippe-E. Landau, *L'Opinion juive et l'Affaire Dreyfus*, *op. cit.*, p. 16.
2   Le motif principal de la querelle résidait dans la volonté des libéraux de réformer et moderniser le culte israélite. Pour les orthodoxes, le judaïsme ne pouvait se maintenir qu'à condition de préserver la forme ancestrale du culte. Ces considérations se doublaient souvent de désaccords politiques. *Cf.* par exemple, Gilbert Roos, *Les Juifs de France sous la Monarchie de Juillet*, Paris, Honoré Champion, 2007, p. 307-309.
3   Jean-Claude Kuperminc, art. cit., p. 140.
4   Sur ce journaliste de renom, *cf.* Heidi Knörzer, « Hippolyte Prague, rédacteur en chef des *Archives israélites* », *Archives Juives*, n° 43/1, 1er semestre 2010, p. 140-143.

la seconde moitié des années trente. Les *Archives Israélites* s'éteignirent en effet en 1935, en même temps que leur rédacteur en chef.

Plus exactement, elles fusionnèrent avec *Le Journal Juif*[1] pour donner naissance à l'hebdomadaire *Samedi*, qui n'avait plus grand rapport avec les feuilles dont il était l'héritier. Clairement contestataire et de tendance sioniste révisionniste, *Samedi* se voulait l'organe de « l'opposition à l'autorité juive établie[2] », proche des immigrés juifs en provenance d'Allemagne et d'Europe de l'Est. Nombre de collaborateurs de ce journal appartenaient d'ailleurs à l'immigration juive ou en descendaient, tels Jacques Biélinky ou encore Wladimir Rabi. Dans son numéro inaugural, *Samedi* soulignait son « effort pour la connaissance et la défense du Judaïsme[3] » et précisait en ces termes la mission qu'il s'assignait :

> Ce que nous tentons, c'est de jeter un pont entre les éléments du Judaïsme de France d'hier et de demain, entre les laïques et les religieux, entre les jeunes et les aînés, entre ceux qui ne voient pas au sort précaire de nos frères d'autre solution que le Sionisme et ceux qui estiment que les Juifs peuvent être des citoyens heureux dans chaque pays[4].

En quatre ans, le journal accorda à l'Italie un nombre significatif d'articles – 71, soit une moyenne de plus de 17 par an – faisant appel à des plumes renommées. Globalement équilibré, le nombre d'articles atteignit naturellement son niveau le plus haut en 1938, année de la promulgation des lois antisémites outre-monts. *Samedi* s'attachait autant à l'analyse des grandes évolutions italiennes qu'à la relation de faits divers confinant parfois à l'anecdote mais illustrant, avec quelques différences selon les journalistes, la situation italienne dans sa diversité.

Plus traditionnel se révélait un autre titre majeur de la presse juive : *L'Univers Israélite*, hebdomadaire se présentant comme le « Journal des principes conservateurs du judaïsme ». Né en 1844, d'une scission avec les *Archives Israélites*, ce journal prit le parti des tenants de la tradition dans leur querelle avec les réformistes. Publication communautaire et généraliste, *L'Univers Israélite* se faisait l'écho de l'écrasante majorité des événements concernant les Juifs ou susceptibles d'exercer quelque

---

1   *Le Journal Juif* visait un public formé de la deuxième génération d'immigrés juifs, principalement russes. Il entendait faire naître un lien entre les Juifs français et immigrés.

2   Jean-Claude Kuperminc, *Un journal juif français dans l'avant-guerre : « Samedi », 1938-1939*, Mémoire de maîtrise d'histoire sous la direction de Serge Berstein, Université Paris-X, 1981, p. 1.

3   « Samedi », *Samedi*, 27 mars 1936.

4   *Ibid.*

influence sur eux. Sur un plan idéologique et social, « il présente la vision de la société bourgeoise[1] ». Ce fut de loin le périodique s'intéressant le plus à l'Italie, avec 211 articles, soit une moyenne de plus de 12 par an. Quantité ne signifie pour autant pas systématiquement qualité : nombre de ces articles sont constitués de brèves n'occupant pas plus de quelques lignes. Les longs articles de réflexion se firent cependant de plus en plus nombreux à mesure que l'on avançait vers la guerre. L'on trouvait par ailleurs dans *L'Univers Israélite* d'intéressantes revues de presse, accordant une large place à des titres peu connus aujourd'hui, qui permettent de saisir une multiplicité de points de vue repris et discutés par le judaïsme officiel[2].

Non loin de cette tendance, *Paix et Droit*, organe de l'Alliance israélite universelle, tient une place particulière dans la presse que l'on a pu consulter. Mensuel fondé en 1920, il s'agit d'une véritable revue accordant dans ses livraisons des articles extrêmement fouillés à l'Italie, quelquefois pétris de précieuses références bibliographiques et la plupart du temps issus de la plume magistrale d'Alfred Berl, le rédacteur en chef. Les articles jouissaient des informations précises qu'envoyaient à l'Alliance les comités locaux au fait de la réalité du terrain. Répondant aux objectifs de l'Alliance israélite universelle, « le relèvement social des israélites d'Orient, et, partout où elle leur est encore refusée, la conquête de l'émancipation civile et politique[3] », *Paix et Droit* ne se penchait pratiquement jamais sur des sujets proprement intérieurs et se voulait résolument ouvert sur le monde, tout en professant un « antisionisme sans failles[4] ». Telle était la mission de l'Alliance israélite universelle, à laquelle le journal entendait participer :

> La mission de l'*Alliance* n'est donc pas terminée : elle n'y faillira pas. Elle dénoncera inlassablement à la presse et à l'opinion du monde civilisé, aux gouvernements de l'Entente signataires et responsables des traités, enfin à la Société des Nations garante, dès qu'elle sera organisée avec les moyens et la

---

1   Claude Tencer, *L'Univers Israélite : une vision de la communauté juive de France, 1932-1936*, Mémoire de maîtrise d'histoire sous la direction de Béatrice Philippe, INALCO, 2000, p. 3.

2   À propos de *L'Univers Israélite*, David Weinberg évoque une « une source assez autorisée en ce qui concerne les attitudes des dirigeants juifs français dans les années trente » et ajoute qu'il « était lu avec le plus vif intérêt par les Juifs et les non-Juifs qui y voyaient un baromètre des réactions juives aux événements » (*op. cit.*, p. 11 et 40). Cela se vérifiait particulièrement relativement à l'Italie.

3   « Paix et Droit », *Paix et Droit*, janvier 1920.

4   Catherine Nicault, *La France et le sionisme, 1897-1948. Une rencontre manquée ?*, Paris, Calmann-Lévy, 1992, p. 146.

puissance d'action nécessaires, non seulement les violations flagrantes, mais encore les entorses sournoises, commises ou tentées contre les droits des juifs, tous les artifices destinés à leur enlever en fait et en détail, le bénéfice de l'égalité proclamée comme un dogme intangible et inscrite dans la loi[1].

Martelant que « la Paix sortira du Droit[2] », ce journal s'intéressait fortement à la situation italienne, ce que ne laisse pourtant pas entrevoir d'emblée le nombre d'articles lui étant consacrés, 40, un peu plus de deux par an. *Paix et Droit* accorda le plus de place à l'Italie en 1929, au moment de la réorganisation du culte israélite transalpin, en 1933, avec l'avènement du nazisme et après 1937, quand s'inaugura la campagne de presse antisémite de l'autre côté des Alpes. Cherchant à présenter une variété de points de vue et à toujours donner une version scrupuleusement exacte des événements, ce périodique présentait en outre l'intérêt de rappeler les réactions de l'Italie fasciste face aux évolutions de la conjoncture européenne (accession au pouvoir d'Hitler, antisémitisme en Europe…).

À la marge de ces journaux figurait le mensuel puis bimensuel *Le Droit de Vivre*, organe de la LICA, le seul périodique dont on connaisse le tirage[3]. Ce titre n'entendait toutefois pas s'adresser au seul lectorat juif et s'intitulait de ce fait le « Journal des Juifs et non-Juifs unis pour le rapprochement des peuples ». Ligue de gauche bien qu'elle affichât officiellement sa neutralité, la LICA mettait un point d'honneur à lutter contre *les* fascismes, ce terme semblant englober selon ses militants l'ensemble des forces d'extrême droite, en France et ailleurs. Conformément à son esprit d'ouverture, la LICA voulait que son journal s'ouvrît à tous les sujets, y compris ceux qui n'avaient un lien que très ténu avec la question juive ; de ce fait, *Le Droit de Vivre* était le seul à aborder certains sujets. Bernard Lecache, fondateur et président de la LICA, résumait dans une vibrante profession de foi les objectifs du *Droit de Vivre* :

Chaque mois – et bientôt, sans doute bimensuellement – nous affirmerons ici *le droit de vivre* pour tous les persécutés, pour tous les opprimés, en tête

---

1 « Paix et Droit », art. cit.
2 *Ibid.*
3 35 000 numéros en 1936, d'après Ralph Schor, *op. cit.*, p. 238. L'on connaît par ailleurs le nombre d'adhérents à la LICA : environ 10 000 en 1930, 20 000 en 1934, 30 000 en 1936, 40 000 en août 1938 et 50 000 en décembre 1938, d'après Emmanuel Debono, *Militer contre l'antisémitisme en France dans les années 1930 : l'exemple de la ligue internationale contre l'antisémitisme, 1927-1940*, Mémoire de DEA sous la direction de Serge Berstein, IEP Paris, 2000, p. 67.

desquels la *Ligue Internationale contre l'Antisémitisme* place, symboliquement et légitimement, les Juifs.

Chaque mois, nous combattrons pour *le droit de vivre*, pour la liberté de conscience, pour la liberté d'opinion, pour les libertés élémentaires qu'on refuse encore à des millions d'hommes.

Et, chaque mois, nous défendrons notre doctrine de tolérance, en l'étayant sur des faits et des idées.

Face à l'adversaire nombreux, nous présenterons les revendications essentielles des minorités nationales, et nous donnerons, à ceux qui sollicitent vainement l'audience des foules, une tribune sans contraintes.

Indépendants, nous accorderons l'indépendance à nos collaborateurs.

Fidèles à notre charte de neutralité politique, nous resterons dégagés de tous liens avec les Partis et confessions. Mais, sensibles à l'infortune, nous ne nous préoccuperons pas de son origine et nous ne lui réclamerons pas son passeport.

Dévoués à la vraie démocratie, estimant que rien n'est durable dans la justice, nous ne serons intraitables que devant l'arbitraire.

Passionnés, avec mesure, nous tâcherons de n'être jamais sectaires.

Nous n'exigeons pas la lune. Nous n'exigeons que *le droit de vivre*. Pourra-t-on nous le refuser ?

Le Droit de Vivre n'oubliera pas qu'il est né en 1932. Il ne laissera pas son époque à la porte. Tous les problèmes et toutes les idées seront, par lui, débattus, commentés[1].

Et, de fait, *Le Droit de Vivre* accorda un nombre important d'articles à l'Italie, d'ailleurs très fournis en données comme en idées : 80 sur 8 ans. Le journal s'intéressa particulièrement à l'Italie pendant la Guerre d'Éthiopie et après 1938. Contrairement aux autres titres retenus, celui-ci faisait appel, pour ses articles consacrés à l'Italie, à une vaste série de collaborateurs, toujours engagés dans l'antifascisme : à côté de Bernard Lecache, Pierre Paraf ou Charles-Auguste Bontemps, membres de la LICA, l'on trouvait les contributions de Francesco Nitti, G.A. Tedesco, ou Luigi Campolonghi, président de la LIDU, la Ligue italienne des Droits de l'Homme.

Cette ouverture, alliée à l'aspect politique de la Ligue et de son journal, déplaisait aux tenants d'un judaïsme français pleinement intégré et, de ce fait, se tenant éloigné des querelles politiques extérieures à la question juive. Aux yeux de ses détracteurs, la LICA et *Le Droit de Vivre* n'étaient en aucun cas les vecteurs d'un « point de vue juif » ; les critiques soutenaient qu'un mouvement politique se déclarant juif et professant des idées de gauche ne pouvait qu'alimenter la vague d'antisémitisme qui déferlait sur la France pendant les années 1930.

---

1   Bernard Lecache, « Nous réclamons le droit de vivre », *Le Droit de Vivre*, février 1932.

La revue *Samedi*, qui consacra ses efforts à mettre en garde la LICA, s'exclamait : « Pourquoi intituler "Juif" un groupement qui sert des idées distinctes du Judaïsme[1] ! ». Le journal revenait en ces termes sur l'évolution de la LICA vers un mouvement purement politique, distinct de ce que devait être un groupement juif :

> Les nécessités du temps présent inclinent facilement les organisations sociales vers des voies politiques. Peu à peu, la « Lica » perdit son caractère de Ligue de défense des Juifs. Des préoccupations proprement politiques la pénétraient. Elle fut « de gauche » puis d'extrême gauche, participant à des manifestations, à des actions où les buts initials [*sic*] de la Ligue n'étaient pas en cause. (Ceci, précisons-le n'est vrai que pour la section française de la Lica). Le journal qu'elle édite reflète bien ce nouvel état d'esprit. La place consacrée dans *Le Droit de Vivre* aux questions spécifiquement juives est de moins en moins importante, ces questions cédant le pas aux problèmes politiques généraux d'ordre intérieur ou extérieur. [...]
> Cet aspect proprement politique de la Lica, qui est allé en s'affirmant, pouvait donner lieu à de regrettables confusions. On peut parfaitement admettre que pour les « Licaïstes » le meilleur moyen de combattre l'antisémitisme est de se rallier à une certaine politique – mais ce qui serait moins défendable c'est qu'ils prétendent parler au nom d'une collectivité juive[2].

Sur ce point, les représentants du judaïsme officiel faisaient, une fois n'est pas coutume, chorus avec les journalistes de *Samedi*. Les membres du consistoire, tandis qu'ils cherchaient à « créer, *dans le cadre national français*, une association très large, susceptible de réunir le plus grand nombre possible de coreligionnaires patriotes et républicains, avec l'appui de nos compatriotes de toutes confessions, ou libre-penseurs[3] » – ce qui deviendrait le Comité de Vigilance (CDV) – cherchaient à barrer la route de la LICA et employaient des termes approchants ceux de *Samedi*. La LICA, affirmaient-ils, n'était pas habilitée à parler au nom des Israélites de France :

> Certes, une Ligue, qui s'intitule « de défense contre l'antisémitisme » s'est élevée contre l'Action Française, mais la dite Ligue, qui se déclare elle-même « internationale » n'a évidemment aucune qualité pour se faire le champion des israélites français[4].

---

1   « Confusion dangereuse », *Samedi*, 12 septembre 1936.
2   « Position de la Lica », *Samedi*, 6 décembre 1936.
3   AIU, CDV, Boîte 6, dossier 16. Lettre type de M. Joly, adressée en plusieurs exemplaires à nombre de personnalités juives et non-juives, 1er juillet 1936 (souligné dans le texte).
4   AIU, CDV, Boîte 16, dossier 16. « Pour un Groupement National et Républicain des Israélites de France en vue d'enrayer les dangers d'un mouvement antisémitique », document

L'analyse des articles publiés dans *Le Droit de Vivre* ainsi que la position de la LICA seront donc chaque fois à replacer dans ce contexte d'intenses querelles.

La distribution annuelle des articles parus dans les périodiques juifs dépouillés intégralement appelle plusieurs commentaires. Tout d'abord, dans l'ensemble, les plus forts taux d'articles consacrés à l'Italie ne correspondent pas aux grandes scansions de la conjoncture italienne générale, mais à celles de la question juive outre-monts, autour des années centrales de 1929 et 1938. Preuve en est le faible intérêt porté à l'Italie pendant l'année capitale de 1922. La question du « fascisme » en France et de ses liens avec l'Italie demeure par ailleurs somme toute peu présente[1]. De ce fait, la mise en regard des courbes de tous les journaux donne à voir une évolution non uniforme de la presse juive sur la question italienne. Si bien qu'il sera intéressant de se demander en quelle mesure les pics observés correspondent, ou non, aux sujets de prédilection d'un journal donné : tout article résultait d'un choix. Quel type d'article privilégiait-on ? Comment comprendre les écarts de traitement d'un journal à l'autre ? Le choix des articles s'expliquait-il par le seul intérêt manifesté à l'égard de l'Italie ou par la conjoncture française, la sœur latine revêtant alors son rôle de paradigme pour les Israélites de France ?

À l'ensemble de ces périodiques s'adjoignent ceux dépouillés partiellement, autres journaux juifs, de moindre envergure ou éloignés de l'Italie du fait de leurs préoccupations premières. Ils fournissent un complément ponctuel à l'analyse. *Le Journal Juif*, déjà évoqué, présentait l'avantage de conférer un écho aux voix de l'immigration juive, essentiellement d'origine russe, pleinement intégrée ou en passe de l'être, apportant par là un point de vue dicté par des considérations s'éloignant parfois de celles des Israélites français anciennement installés. Affiliée au fonds sioniste *Keren Kayemeth*, *La Terre Retrouvée* véhiculait l'opinion de ceux qui soutenaient le « foyer national juif » : c'est donc principalement sur les liens entre fascisme et sionisme que ce journal peut être convoqué. Tribune des anciens combattants, *Le Volontaire Juif*, fondé en 1931 et lu par environ un millier de personnes mensuellement, essentiellement à

---

joint à la lettre citée ci-dessus, 1ᵉʳ juillet 1936.

1   En ce qui concerne l'année 1934 ainsi, la forte proportion des articles publiés dans *L'Univers Israélite* ne doit pas faire illusion : les 25 articles ne concernaient pas essentiellement la question du « fascisme » français, notamment après les émeutes du 6 février, mais le journal s'était simplement davantage intéressé à la conjoncture italienne pendant cette année, particulièrement en relation avec le sionisme.

Paris, rassemblait nombre de « patriotes », français et surtout étrangers, qui entendaient combattre l'antisémitisme en mettant en valeur le rôle des Juifs dans la Grande Guerre[1]. Les tenants du *Volontaire Juif* s'opposaient à l'Union patriotique des Français israélites (UPFI), proche des ligues d'extrême droite, dont les Croix-de-Feu[2], qui s'exprimait quant à elle par le biais du *Bulletin de l'Union patriotique des Français israélites*, feuille non retenue ici en ce que le mouvement dont elle traduisait les idées « ne cherch[ait] pas à se faire connaître du public[3] », ce qui pourrait fausser l'image de l'opinion juive que l'on cherche à retracer.

Reflet des opinions et attitudes, la presse juive constituait un objet à part entière, témoin d'un intérêt et d'un engagement. Témoin de relations communautaires également ; il s'agissait d'un véritable trait d'union entre des Juifs habitant le même pays ou non. Entre Israélites italiens et français, le journal communautaire jouait le rôle de vecteur d'informations comme d'acteur des relations intercommunautaires, moyen d'identification et même de reconnaissance. Quand vint en Italie le temps de l'antisémitisme, le Juif triestin Gabriel Arié, s'adressant à l'Alliance israélite universelle, éditrice de *Paix et Droit*, formula, depuis la Bulgarie, la réclamation suivante :

> Je vous serais obligé de vouloir donner l'ordre qu'on arrête le service de *Paix et Droit* à mon frère M. Elia Arié de Trieste. La censure fasciste étant devenue tout à coup très sévère pour tout ce qui est d'origine israélite, la réception d'un journal israélite peut donc entraîner quelques ennuis pour son destinataire et mon frère aime mieux ne plus recevoir *Paix et Droit*. Il reste, bien entendu, un fidèle adhérent de l'Alliance[4].

Lire un journal juif pouvait ainsi passer pour un engagement identitaire.

Ces révélateurs du passé permettent de cerner avec fidélité l'attitude des Juifs de France face à l'Italie. Devant l'étendue chronologique du sujet, la très importante évolution de l'entité analysante – les Juifs de France – comme de l'objet considéré – l'Italie fasciste –, adopter une perspective évolutive s'impose. Celle-ci sera éclairée par des sections

---

1 *Cf.* Philippe-E. Landau, « La presse des anciens combattants juifs face aux défis des années trente », *Archives Juives*, n° 36/1, 1ᵉʳ semestre 2003, p. 10-24.

2 *Ibid.*, p. 15-16.

3 *Ibid.*, p. 17.

4 AIU, France VII – D 38. Lettre de Gabriel Arié, représentant en Bulgarie de la *Riunione Adriatica di Sicurtà-Trieste*, à Sylvain Halff, secrétaire général de l'Alliance israélite universelle, de Sofia, le 21 février 1938.

thématiques. Mais à tout sacrifier à la chronologie, on court le risque de perdre en intelligibilité. C'est pourquoi l'on peut inaugurer l'étude par un volet d'ouverture diachronique mettant en relief les permanences et transformations de l'opinion juive à l'égard des grands cadres constitutifs de l'Italie entre 1922 et 1939 : la culture, la religion et la politique. Cela permet de mettre en relief l'« univers mental », les tendances lourdes qui dominaient l'imaginaire collectif des Israélites français face à l'Italie.

Une fois ces cadres présents à l'esprit, il devient alors plus aisé d'examiner ce qui déterminait la perception des événements liés de près ou de loin à l'Italie. C'est là qu'intervient la démarche évolutive, avec trois grands moments : les années 1920 d'abord, qui se caractérisaient globalement par un consensus largement positif des Juifs. Les doutes s'accentuèrent de manière décisive à l'aube de l'ère nazie et la période qui courut de 1933 à 1935 plongea les observateurs dans l'incertitude, pris entre la face brillante de l'Italie, où se projetait l'image du pacifisme et du philosémitisme, et la face plus ou moins cachée, l'envers, marquée par le bellicisme et l'antisémitisme, se jouant sur arrière-plan de réel ou « imaginaire[1] » fascisme français. Les questions de politique intérieure et extérieure commençaient à s'entremêler. Puis ce fut la fin des illusions, au moment de la marche à la guerre et de la volte-face italienne, entre 1935 et l'entrée en guerre. Les Israélites français assistèrent à l'évolution des événements avec un sentiment mêlé d'étonnement et d'impuissance. Ils furent également touchés dans leur judéité car les années 1935 à 1939 rimèrent avec l'adoption d'une attitude et d'une législation antisémite outre-monts. Paralysés par la division, les Juifs français ne savaient que faire. Devaient-ils rompre avec la sœur latine tant aimée ? Se montrer solidaires de leurs coreligionnaires italiens ? Camper derrière la neutralité ? L'unanimité ne régnait plus que sur un seul et unique point : le rêve italien avait pris fin.

C'est à travers l'angle des représentations à l'extérieur qu'est ici abordée l'Italie fasciste. Que les observateurs fussent français constitue une approche intéressante. Qu'ils appartinssent au judaïsme ajoute à la richesse de la perspective. Examiner une situation de l'extérieur pouvait être un avantage. Si l'on reprend les mots de Benjamin Crémieux relatifs à la littérature, l'on peut penser que : « Favorisé par l'éloignement dans l'espace à défaut de recul dans le temps, un étranger était peut-être mieux placé qu'un Italien

---

1   D'après l'expression de Jacques Julliard, « Sur un fascisme imaginaire : à propos d'un livre de Zeev Sternhell », *Annales HSS*, vol. 39, n° 4, 1984, p. 849-861.

pour tenter [...] une synthèse provisoire[1] ». L'observateur attentif, posé et éloigné du tumulte des événements est parfois mieux disposé à percevoir les grandes mutations que ceux qui sont pris dans le courant de l'histoire ; Emil Ludwig, qui scrutait l'Europe entière, disait : « La révolution d'une planète n'est visible que d'une autre[2] ». L'éloignement crée aussi le handicap. Ne pas goûter au quotidien du pays observé peut amener à l'idéaliser ou à la diaboliser, loin de la complexité qui fait la vie humaine.

L'étude qui s'ouvre ici montre ainsi ce permanent va-et-vient d'individus qui se montraient capables de dresser sur l'Italie des tableaux exacts comme de céder aux préjugés les plus grossiers, nés de parti-pris multiples. Leur action n'en fut que plus difficile à mener. Il s'agit en fait d'un perpétuel voyage entre l'image et la réalité, devant une grave question qui agitait la Méditerranée. Cette Méditerranée compliquée.

C'est un plaisir, au moment d'achever cet ouvrage, que de témoigner ma gratitude à tous ceux qui m'ont aidé à sa réalisation.

Je tiens à remercier très sincèrement le professeur Ralph Schor, pour sa disponibilité, ses conseils et son investissement ; il m'a aidé à mieux comprendre la réalité juive de l'entre-deux-guerres.

Ma profonde reconnaissance va également au professeur Pierre-Yves Beaurepaire pour ses nombreuses et attentives relectures, ses précieux conseils et sa générosité.

Mener à bien cette recherche n'aurait pas été possible sans l'important et constant concours du Centre de la Méditerranée moderne et contemporaine (CMMC), de l'université de Nice–Sophia-Antipolis. J'y salue amicalement toute son équipe, et plus particulièrement, outre les personnes précédemment citées, sa directrice, le professeur Silvia Marzagalli, ainsi que Mmes Christine Perrey, Adeline Beaurepaire-Hernandez, Marieke Polfliet, MM. Jean-Paul Pellegrinetti, Jean-Charles Scagnetti, Alain Romey et mes ami(e)s doctorant(e)s. Qu'il me soit également permis de remercier Mme le professeur Catherine Nicault, grâce à qui j'ai pu présenter certaines des interprétations ici publiées.

À tous, je dédie cet ouvrage.

---

1   Benjamin Crémieux, *Essai sur l'évolution littéraire de l'Italie de 1870 à nos jours*, Paris, Kra, 1928, p. 7.
2   Emil Ludwig, *Les Dirigeants de l'Europe. Portraits d'après nature*, Paris, Gallimard, 1936.

PREMIÈRE PARTIE

LA SŒUR LATINE TELLE QU'EN ELLE-MÊME

L'ITALIE DANS L'« UNIVERS MENTAL »
DES JUIFS FRANÇAIS

Tout mouvement d'opinion réagit immédiatement, à chaud dit-on souvent, entraîné par la rapidité des convulsions historiques, devant un événement particulier, marquant et furtif. Les réactions apparaissent souvent passionnées, éphémères, parfois même irrationnelles. Celles-ci n'émergent cependant pas *ex nihilo* et puisent généralement leur source de jugements, d'images, d'idées qui ne sont pas sans se confondre en certaines occasions avec des préjugés, des stéréotypes, ou des *a priori*, images préconçues et figées qui peuvent d'ailleurs être aussi bien positives que négatives. Deux processus directement liés sont ainsi à l'œuvre au sein de l'opinion. Bien plus, il existe en un sens deux formes d'opinion : celle qui se meut devant l'événement, l'inédit, et dont les différentes tendances ne sont pas à l'abri de subir des évolutions contradictoires entre elles et en elles-mêmes. Et celle, moins nettement perceptible mais prépondérante, qui se construit sur le temps long et se nourrit de l'observation de grands thèmes – en l'occurrence l'esprit, la culture et les caractères politiques d'un pays –, observation qui confine parfois à l'image d'Épinal : c'est l'opinion structurée, plus stable. Ces deux formes d'opinion, qui se superposent dans les faits, s'irriguent l'une l'autre, même si l'opinion structurelle semble influer bien plus souvent sur l'opinion conjoncturelle que l'inverse ; tout au plus la seconde entraine-t-elle occasionnellement quelques inflexions et corrections ou conduit-elle à admettre quelques exceptions à des systèmes bien huilés. L'on peut ainsi se forger une image quasi-définitive d'un pays à la suite d'événements véritablement fondateurs, ou, surtout, juger d'une conjoncture à la lumière d'un solide arrière-plan idéologique. Celui-ci est forgé durant des décennies, voire des siècles, par des sources et traditions variées dont l'autorité inébranlable, indiscutable, provient avant tout de l'ancienneté. Se façonne ainsi, pour reprendre un terme classique, un « univers mental[1] » propre à un groupe ou partagés entre plusieurs, les contours de ces groupes étant parfois malaisés à identifier. C'est précisément l'ensemble de ces codes, cette grille de lecture et de représentation que façonnaient ou reprenaient les Juifs français à l'égard de l'Italie, que l'on souhaiterait explorer dans un premier temps.

---

1   *Cf.* André Burguière, « L'anthropologie historique », dans Jacques Le Goff (dir.), *La Nouvelle Histoire* [1978], Bruxelles, Complexe, 2006, p. 159.

Aborder l'Italie ne revenait en effet pas à s'intéresser uniquement ou avant tout aux diverses évolutions de ce pays sur le plan intérieur ou international, en somme à ce qui était le plus susceptible d'influer sur la situation française. À l'heure où régnait la « psychologie sociale », dans son acception d'époque, aussi appelée « psychosociologie », « ethnopsychologie » ou « psychologie collective », avec quelque nuance entre les termes, il s'agissait en fait de scruter, grâce à des méthodes présentées comme scientifiques, les caractères généraux qui déterminaient l'« âme des peuples », selon la classique expression d'André Siegfried[1]. Il fallait passer au crible tous les grands champs dans lesquels un peuple donnait la mesure de lui-même, ces champs constituant des référents structurels et structurants pour l'opinion.

Les Juifs de France, à leur manière, n'y échappaient pas et s'adonnaient à de telles analyses. Ils construisaient ou reprenaient à leur compte une vision globale des cadres généraux de l'Italie. Trois grands domaines faisaient l'objet de leur attention : la civilisation de la « sœur latine », la place qu'y occupait le fait religieux et l'évolution politique transalpine. Tous ces aspects, qui présentaient la caractéristique commune de se rapporter aux aspects intérieurs de l'Italie, n'occupaient certes pas tous une place égale dans les considérations. C'est dans une perspective diachronique, embrassant tout l'entre-deux-guerres, que l'on peut examiner ces grands systèmes de représentation pour en distinguer les permanences des mutations, ou du moins des frémissements d'évolution. L'Italie, dans l'« univers mental » des Juifs français comme de l'ensemble de leurs compatriotes, s'inscrivait en effet à la confluence entre des idées ou images atemporelles héritées de siècles de contacts et de représentations, et certains nouveaux traits, refonte provoquée par le bouleversement fasciste, comme si celui-ci sortait l'Italie de son horstemps et la réinsérait *hic et nunc*, dans le cours du temps contemporain.

L'Italie culturelle, l'Italie éternelle, telles étaient les images que nombre d'Israélites français, aux premiers rangs desquels les intellectuels, contribuaient à alimenter. À aucun moment ils n'oubliaient le passé transalpin, source d'admiration et d'inspiration unique. Soucieux de comparer leur condition à celle de leurs coreligionnaires d'outre-monts, ils dressaient un tableau complet du judaïsme italien, ainsi que des relations judéo-chrétiennes, desquelles semblait se distinguer un net philosémitisme. Il se révélait en revanche plus délicat pour eux de

---

1   André Siegfried, *L'Âme des peuples*, Paris, Hachette, 1950.

cerner l'évolution du fascisme, et certains échappaient difficilement à leurs propres contradictions.

Observateurs étrangers et attentifs, souvent hautement cultivés, les Juifs de France étaient-ils pour autant désintéressés et impartiaux ? L'image de l'Italie qu'ils véhiculaient servait-elle une démonstration, une idée, ou plus, un idéal ?

L'ITALIE CULTURELLE ET RELIGIEUSE : L'INVENTION DU MODÈLE D'INTÉGRATION ITALIEN

Heureux comme un Juif en Italie ? Ce célèbre proverbe, s'appliquant ordinairement à la France, aurait pu paraître parfaitement adapté à la « sœur latine », et, assurément, les Israélites français eux-mêmes n'en auraient pas disconvenu. Admirateurs de l'ouverture d'esprit proverbiale prêtée aux Italiens, tenue pour une vérité acquise et hors de discussion, infatigables laudateurs du haut degré d'assimilation de leurs coreligionnaires italiens, les Juifs français furent les concepteurs de l'idée selon laquelle il existait un modèle d'intégration italien, invention érigée en exemple qui, pour s'appuyer sur des données tangibles, semblait plus réifier des clichés positifs que se fonder sur une observation minutieuse de la réalité. Or ce modèle d'intégration paraissait indissociable de la culture, de la civilisation italienne et latine dont il semblait le fruit. Une telle perception est révélatrice de l'interpénétration à l'œuvre, ici dans le domaine des représentations, entre religion et culture[1], et sans doute explique-t-elle la vision éminemment culturelle que les Juifs de France avaient du fait religieux juif en Italie. Si, certes, tous ceux qui évoquaient la culture italienne, *a fortiori* quand il s'agissait d'intellectuels déjudaïsés ou n'entretenant qu'un rapport ténu, voire tendu, avec leur judéité, ne tiraient pas nécessairement ce sujet sur le champ de la religion juive, l'ensemble des observateurs portant leur intérêt sur les caractères ou la situation du judaïsme transalpin y voyaient en revanche un lien avec la culture environnante, laquelle transparaissait tout à la fois à travers les arts ou l'esprit transalpins constitutifs de l'italianité et, plus largement, de la latinité.

L'Italie ne constituait d'ailleurs pas un pays parmi tant d'autres aux yeux des Juifs français comme à ceux de beaucoup d'autres. Ils ne se

---

1   Sur cet aspect, voir la mise au point de Michel Lagrée, « Histoire religieuse, histoire culturelle », dans Jean-Pierre Rioux, Jean-François Sirinelli (dir.), *Pour une histoire culturelle*, Paris, Le Seuil, 1997, p. 387-406.

sentaient pas véritablement mus par un sentiment d'altérité à l'approche de l'Italie ou des Italiens. Sans que la similitude soit totale, la proximité semblait nette. Si l'on reprend l'analyse classique de François Hartog, l'on peut dire que l'entité « *a* » – les Juifs de France – n'employait nullement une « rhétorique de l'altérité[1] » à l'égard de l'entité « *b* », recouvrant indistinctement l'Italie et ses habitants. Bien au contraire, cette parenté consciente et magnifiée par beaucoup ouvrait pour certains sur un véritable désir d'identification des observateurs à l'égard d'une partie des observés, flagrant lorsque les Juifs français évoquaient leurs coreligionnaires italiens. Ces liens se vivifiaient et se renouvelaient au sein d'un puissant berceau relationnel franco-italien, au cœur de relations culturelles internationales souvent intenses[2], et nourri par la connaissance réciproque qu'instauraient des contacts multiples à l'origine de nombreux réseaux entretenus par des Israélites français avec des Italiens, de même religion ou non.

De fait, la multiplicité des affiliations, des appartenances et des identités invite à se demander quelle part tenait véritablement la judéité dans l'approche de l'Italie. Indéniable lorsqu'il était question du judaïsme italien, le poids de la judéité s'avérait discutable quand il s'agissait d'observer ou de décrire la culture transalpine, qui faisait l'objet d'un traitement séparé. La marque de la judéité sous-tendait-elle dès lors les comportements ? Existait-il une spécificité de l'attitude face à l'Italie, qui pouvait s'expliquer par l'appartenance confessionnelle des intéressés ?

L'ITALIE ÉTERNELLE OU L'ÉLOGE DE LA LATINITÉ

Berceau plusieurs fois millénaire de la culture européenne, « l'Italie a toujours passé pour le pays de l'art par excellence », rappelaient les *Archives Israélites*[3]. Tout y paraissait pétri de culture, des paysages éternels

---

1   François Hartog, *Le Miroir d'Hérodote. Essai sur la représentation de l'autre*, Paris, Gallimard, 1980, p. 225.

2   L'historiographie des relations culturelles internationales connaît actuellement un fertile renouvellement, notamment pour la période contemporaine : *cf.* Stéfanie Prezioso, Hans-Ulrich Jost (dir.), *Relations internationales, échanges culturels et réseaux intellectuels*, Lausanne, Éd. Antipodes, 2002 ; et Pascal Ory, Anne Dulphy et Marie-Anne Matard-Bonucci (dir.), *Les Relations culturelles internationales au XXe siècle*, Berne, Peter Lang, 2010. Voir aussi l'article pionnier de Pierre Milza, « Culture et relations internationales », *Relations internationales*, n° 24, hiver 1980, p. 361-379

3   « Coup d'œil sur les synagogues italiennes », *Archives Israélites*, 18 février 1932.

au paysan qui semblait sorti de l'Antiquité. C'était donc favorablement disposés que les Juifs s'attachaient à dépeindre l'esprit, la mentalité et la culture des Italiens, en cherchant à déceler les points communs unissant italianité, latinité, francité, et même, pour certains, judéité.

L'ESPRIT ITALIEN

En faisant ressortir la place centrale de la latinité, prisme à travers lequel était appréhendée l'Italie, s'instaurait d'emblée l'idée d'une proximité entre observateurs et observés. Le terme de latinité, de même que l'adjectif afférent, dont le sens paraît aujourd'hui flou et largement galvaudé, n'était pas un vain mot dans la bouche ou sous la plume des intellectuels d'alors. Renvoyant à une culture, à une civilisation clairement identifiées et, par métonymie, aux peuples qui s'y rattachaient comme à l'aire géographique où elle s'étendait, ce vocable connut dans l'entre-deux-guerres un important renouveau et une heureuse fortune ; sa charge sémantique traditionnelle se doubla d'une acception très clairement politique. Ressuscitée pour des besoins idéologiques quand, en 1915, France et Italie s'unirent dans le combat contre l'Allemagne – latinité s'opposait alors à germanité, assimilée à une barbarie impérialiste – cette idée-programme servit par la suite le rapprochement culturel franco-italien, ce qui n'était pas sans ambiguïté puisque les nationalistes, puis Mussolini, s'en emparèrent[1]. Le recueil de l'historien Guglielmo Ferrero, publié en France sous le titre *Le Génie latin et le monde moderne*[2], fit grand effet de ce côté des Alpes. Dans cette lignée, un flot de publications telles que par exemple le *Courrier franco-italien*, *France-Italie*, *Le Réveil de France et d'Italie*, *L'Unione franco-italiana*, ou encore *L'Idée latine*, de haute tenue intellectuelle[3], réunit les esprits français et italiens les plus éminents, à l'instar de Maurice Mignon, Gabriel Hanotaux, Paul Hazard ou Ezio Garibaldi, entre bien d'autres, et participa d'une véritable mode intellectuelle qui perdura pendant tout l'entre-deux-guerres et au-delà.

Au cœur de l'argumentation déployée par les penseurs de la latinité figurait une observation maîtresse : dotée d'une forte identité, la Méditerranée avait su, tel un puissant creuset, unifier une mosaïque

1 Salvo Mastellone, « L'idea di latinità (1914-1922) », dans Jean-Baptiste Duroselle, Enrico Serra (a cura di), *Italia e Francia dal 1919 al 1939*, Milan, Franco Angeli, 1981, p. 13-14.

2 Guglielmo Ferrero, *Le Génie latin et le monde moderne*, Paris, Grasset, 1917.

3 *Cf.* Ralph Schor, « L'Idée latine : une revue du rapprochement franco-italien dans les années trente », dans Jean-Baptiste Duroselle, Enrico Serra (a cura di), *Italia, Francia e Mediterraneo*, Milan, Franco Angeli, 1996, p. 14-32.

de peuples autour d'une seule et même civilisation se caractérisant par une culture, des valeurs, des croyances et des pratiques communes. Beaucoup de Juifs souscrivaient à ce constat et certains y ajoutaient un élément particulier : la fusion totale du peuple de Moïse avec cet esprit latin et méditerranéen. Et, d'une manière générale, l'Italie apparaissait couramment comme l'épicentre de la latinité, entre la France, à l'Ouest, et la Grèce, à l'Est ; Daniel Halévy notait ainsi : « La France et l'Italie, c'est un assez beau couple auquel on pourrait ajouter, proposerai-je, la Grèce[1] ». Dans ces conditions, l'Italie, plus que tout autre pays, passait pour le symbole de cette latinité, terme parfois interchangeable avec celui d'italianité, les deux se confondant souvent dans les esprits ou les écrits.

Chanter les louanges de l'italianité ne revenait-il ainsi pas, pour certains, à mettre en valeur, en creux, l'intégration totale des Juifs dans les sociétés méditerranéennes ? Dépeindre l'esprit italien ne devenait-il pas un moyen de décrire, à mots ouverts ou couverts, le génie juif ? Une série d'éléments permet d'avancer une réponse positive. De nombreux Juifs soutenaient en effet que si leur peuple avait pu entrer avec tant de facilité dans le creuset latin et méditerranéen, c'était en raison même de sa foi : il n'avait pas eu à renier son identité, mais simplement à l'adapter. L'intellectuel progressiste Pierre Paraf s'attachait de cette manière à dégager les similitudes entre les esprits italien et français d'une part, et juif d'autre part :

> Ce n'est pas en vain que la Méditerranée nous réunit. Même vivacité, même rapidité dans la compréhension, même amour de la clarté, même désir de synthétiser, de généraliser, même tendance à sacrifier l'accessoire au principal[2].

Italianité, francité, latinité et judéité entretenaient, ajoutait-il, le même humanisme, la même vision du monde, les mêmes aspirations universelles[3]. Il fallait donc chercher dans des raisons culturelles, non politiques, la propension méditerranéenne à l'assimilation des Juifs, de l'avis – non sans arrière-pensée – du critique d'art juif ouvertement profasciste, Waldemar-George : « L'attitude du Latin devant le problème juif ne s'inspire pas seulement des principes libéraux. Les Latins assimilent les Juifs spontanément », écrivait-il[4]. De sorte que, sans vouloir par trop forcer le trait et tout en gardant à l'esprit le fait que cela ne

---

1   Daniel Halévy, *Courrier d'Europe*, Paris, Grasset, 1933, p. 56.
2   Pierre Paraf, *Israël 1931*, Paris, Valois, 1931, p. 150.
3   *Ibid.*, p. 151.
4   Waldemar-George, *L'Humanisme et l'idée de patrie*, Paris, Fasquelle, 1936, p. 205.

valait que pour un cénacle réduit, fort cultivé de surcroît, l'on peut penser à la lecture de certaines sources que croire en la force unificatrice de la latinité, c'était pour certains affirmer son intégration. Il n'était pas anodin qu'un Juif originaire de Russie, le célèbre Élie Éberlin, se révélât si convaincu de la parenté entre latinité et judéité : « Le caractère juif a beaucoup d'affinité avec le caractère français, la mentalité du Juif étant celle du Latin[1] ». Et l'on verra quel usage les Juifs français tiraient de la latinité prêtée à leurs coreligionnaires d'outre-monts. Ainsi, s'intéresser à l'italianité, montrer que le Français se trouvait mieux placé que quiconque pour comprendre la nature profonde de l'Italien, c'était prouver la réussite de son intégration, c'était, pourrait-on aller jusqu'à dire, devenir soi-même un latin.

Reprenant à leur compte les théories de l'époque, inspirées de la « psychologie des peuples », qui prêtaient à l'ensemble d'un peuple ou d'une nation une palette de caractères collectivement partagés au sein d'une « personnalité nationale[2] », plusieurs observateurs s'employaient à dépeindre cet Italien, qui renvoyait l'image de soi et incarnait la latinité. Souvent pétris de références culturelles et jouissant d'une vaste gamme de grilles de lecture, les Israélites français, pour être élogieux, cernaient avec pertinence l'image de l'Italien, sans parfois échapper pour autant aux stéréotypes. Leur jugement, si ce n'est qu'il gonflait à l'extrême le capital de sympathie à l'égard des Italiens, ne se différenciait en définitive guère de celui émis par l'opinion française en général[3]. Il n'existait certes pas, nuançait-on, un type unique d'Italien : il y avait l'homme cultivé et le travailleur fruste mais bon et honnête, le riche et le pauvre, ou encore l'Italien du Nord et celui du Sud[4] ; c'était d'ailleurs bien là une

---

1   Élie Éberlin, *Les Juifs d'aujourd'hui*, Paris, Rieder, 1927, p. 69.
2   *Cf.* entre autres, Carole Reynaud-Paligot, *Races, racisme et antiracisme dans les années 1930*, Paris, PUF, 2007 ; l'étude diachronique de Geneviève Vermès, « Quelques étapes de la Psychologie des peuples (de la fin du XIXᵉ siècle aux années 1950) : esquisse pour une histoire de la psychologie intercultuelle », *L'Homme et la Société*, nᵒ 167-169, janvier 2008, p. 149-161 ; et plus généralement, Robert Frank, « Qu'est-ce qu'un stéréotype ? », dans Jean-Noël Jeanneney (dir.), *Une idée fausse est un fait vrai. Les stéréotypes nationaux en Europe*, Paris, Odile Jacob, 2000, p. 17-26.
3   Ralph Schor, *L'Opinion française et les étrangers, 1919-1939*, Paris, Publications de la Sorbonne, 1985, p. 140-142 ; ainsi que plus particulièrement, du même auteur, « L'image de l'Italien dans la France de l'entre-deux-guerres », dans Pierre Milza (dir.), *Les Italiens en France de 1914 à 1940*, Rome, École française de Rome, 1986, p. 89-109.
4   Voir en particulier Benjamin Crémieux, *Essai sur l'évolution littéraire de l'Italie de 1870 à nos jours*, Paris, Kra, 1928, p. 88. *Cf.* Pierre Guiral, « Les écrivains français et le Sud de l'Italie », dans Jean-Baptiste Duroselle, Enrico Serra (a cura di), *Il vincolo culturale tra Italia e Francia negli anni trenta e quaranta*, Milan, Franco Angeli, 1986, p. 158-169.

des rares fois que la donne géographique, pourtant incontournable dans le contexte transalpin, trouvait une expression aussi claire. Un ensemble de qualités communes les rassemblait cependant. Finesse, élégance et majesté caractérisaient l'Italien cultivé, de même que les qualités « d'ordre, de raison et de clarté », apanage de tout Latin[1]. L'image de ces « frères latins » tournait parfois au cliché, tel celui du romantique et éternel amoureux, vêtu de manière éclatante pour plaire à sa belle et prêt à tout pour la conquérir. Les fins connaisseurs, comme Benjamin Crémieux, en appelaient sur ce sujet à la fin « des préjugés et des idées fausses » présentant un « Italien d'exportation tout en gestes et en glapissements, tout en mauvais goût en en chansons napolitaines[2] ». Il était toutefois rare que la figure de l'Italien, prise dans son environnement d'origine, soit comparée à celle de l'immigré, évoluant sur le contexte français ; sans doute celui qui ne quittait pas sa terre natale paraissait-il plus fidèle aux traits traditionnellement véhiculés, en un sens plus « authentique » que celui qui, répondant à des contingences politiques ou matérielles, prenait le chemin de l'exil. Toujours était-il que l'Italien modeste semblait incarner les valeurs ancestrales, à l'image d'un vieux Romain de l'Antiquité resté insensible à la dépravation et se montrant travailleur et économe. Jéhouda Tchernoff, juif originaire de Russie, prêtait toutes ces qualités à une jeune paysanne qu'il avait hébergée à Paris, pendant la Grande Guerre :

> Je recueillis une Italienne, la brave Marguerite Perotte, une paysanne piémontaise, dure au travail, sobre et économe. Elle amassait une petite fortune, sou par sou, pour élever une fille, venue tard, avec l'espoir que, le petit magot une fois réuni, elle pourrait revenir dans son pays pour y finir sa vie.
> Elle trouva naturel que l'appartement qu'elle desservait manquât de confort, qu'elle passât des nuits dans une chambre de bonne, froide, sans chauffage, qu'elle fût debout de grand matin pour acheter – car elle connaissait les goûts du patron – quand celui-ci n'était pas debout le premier, des journaux à lire mais qu'elle n'éprouvait pas la moindre curiosité de lire avant ou après lui[3].

Tableau idyllique donc, que celui dépeint par les Juifs de France. À leurs yeux, ceux en qui soufflait l'esprit italien semblaient dotés de

1   Image récurrente rapportée par Jacques Biélinky, « "Judaïsme latin" ou "Judaïsme slave" », *L'Univers Israélite*, 30 novembre 1928.
2   Benjamin Crémieux, préface à Giuseppe Prezzolini, *La Culture italienne*, Paris, Félix Alcan, 1925, p. ix.
3   Jéhouda Tchernoff, *Dans le creuset des civilisations*, t. 4 : *Des prodromes du bolchevisme à une Société des Nations*, Paris, Rieder, 1938, p. 352. Même opinion dans Arthur Koestler, *La Lie de la Terre*, Paris, Charlot, 1947.

multiples qualités. Mais si une seule devait caractériser le mieux l'Italien archétypique, assurément, les Israélites français auraient répondu : la culture. Ce qui unissait de fait les différents types d'Italiens, c'était l'héritage commun d'un passé somptueux. Certains en étaient conscients, d'autres pas. Le lien entre la personnalité collective des Italiens et leur production culturelle passée et présente n'en apparaissait pas moins net.

LES ARTS ET LETTRES ITALIENS

Pas moins que pour dépeindre l'esprit italien, les Juifs ne se montraient avares d'éloges. L'on ne saurait cependant évacuer le caractère rituel qui présidait à l'approche et aux évocations de l'Italie. Invariant, passage obligé, véritable code social depuis des siècles, la description de l'Italie obéissait à un ensemble de motifs conventionnels qui se retrouvaient traditionnellement sous la plume de ceux qui traitaient de ce pays ou de ceux, très nombreux, qui s'y rendaient, pour une infinité de raisons comme on le verra. Qu'il suffise pour s'en convaincre de rappeler l'observation sans détour du critique d'art et écrivain Jean-Louis Vaudoyer, selon lequel : « Chez un écrivain de notre pays, l'amour de l'Italie n'est pas une exception, une originalité, tout au contraire. C'est bien plutôt une sorte d'obligation, de fatalité[1] ». Et cela valait pour les Juifs – l'appartenance religieuse ne tenant d'ailleurs ici qu'une part infime – comme pour tous. Cela n'empêchait pas cet amour d'être sincère, non feint ; celui-ci était toutefois formulé parfois de manière conventionnelle.

Le caractère reconnaissable de la culture transalpine, caractère latin et européen même, faisait l'objet de remarques récurrentes. Tous les champs de la culture italienne semblaient porter en eux l'Italie authentique. André Suarès, connu pour ses propos tranchés, affirmait qu'une grande culture formait une grande nation, et inversement. L'exemple de l'Italie, l'un des berceaux des arts et lettres européens, paraissait appuyer parfaitement cette thèse :

> Pour Rome, pour l'Occident et pour l'Europe, il n'est qu'un principe : celui de la culture. Tant vaut la loi d'un peuple, son art et sa poésie, tant vaut une nation. Celle qui n'a rien donné au monde, n'a point d'autre dignité que de se laisser enseigner par les déesses qui ont policé toute la terre[2].

---

1   Jean-Louis Vaudoyer, *Italiennes. Essais, impressions, souvenirs*, Paris, Plon, 1934, p. 166. Cité par Marie-Anne Matard-Bonucci, « Intellectuels français en Italie fasciste », dans Anne Dulphy, Yves Léonard, Marie-Anne Matard-Bonucci (dir.), *Intellectuels, artistes et militants. Le Voyage comme expérience de l'étranger*, Berne, Peter Lang, 2009, p. 32.
2   André Suarès, *Présences*, Paris, Émile-Paul Frères, 1926, p. 166.

Pareil principe semblait donner toute sa cohérence à la production culturelle transalpine, amenée à rayonner bien au-delà de ses frontières nationales. D'aucuns insistaient sur les influences culturelles réciproques entre Italie et France, ce qui ne retirait rien à la perception « nationale » de l'art transalpin, mais mettait en relief des traits culturels latins communs. Le célèbre intellectuel juif Jean-Richard Bloch développait ainsi le concept d'« irrédentisme » culturel français : là où d'autres pays réclamaient des terres qu'ils estimaient leurs, la France exigeait – élégamment – qu'on lui reconnût un certain magistère culturel sur la production, notamment intellectuelle, de certains pays étrangers : « Nous ne songeons plus à réclamer le retour dans nos frontières de la République Cisalpine, des "Bouches du Tibre" ou de celles de Cattaro, [...] notait-il. Mais il nous est impossible d'oublier qu'à Burgos, à Bruxelles, à Milan et à Berlin, il se rencontre une sorte de *Francia irredenta*, qui est la pensée française à l'étranger[1] ». Cela visait cependant moins à placer des barrières que des traits d'union entre les diverses cultures nationales, particulièrement française et italienne.

Dans le détail, et entre une kyrielle d'exemples, l'Italie du Moyen-Âge et de l'éclatant *Quattrocento* faisait l'objet des plus vibrantes louanges. Giotto, Masaccio, Piero della Francesca, Uccello, Botticelli, Mantegna, Donatello, Brunelleschi, Michel-Ange, Raphaël, et Le Titien... Ces noms avaient façonné l'art italien et l'avaient couvert de beauté, de luxe, et de majesté, se plaisait-on à répéter[2]. Sculpture, peinture et architecture s'étaient mêlées et se donnaient encore à voir aux yeux de tous, en de somptueux édifices qui forçaient l'attention et l'admiration. Se produisait ainsi pour les voyageurs français de toutes naissances et obédiences ce que Gilles Bertrand a appelé un « choc italien », constitutif d'une « culture de l'émoi[3] ». À proprement parler, ce choc ne renvoyait pas à un malaise, à une découverte née d'une « expérience de l'altérité[4] », mais, en l'espèce, de l'effet réel et retentissant de la perception effective d'images jusqu'alors connues virtuellement, ou, pour certains appartenant à un souvenir lointain. L'on a beaucoup insisté, dans le cadre de

---

1 Jean-Richard Bloch, *Carnaval est mort. Premiers essais pour mieux comprendre mon temps*, Paris, Éditions de la Nouvelle revue française, 1920, p. 63.

2 *Cf.* entre autres, André Suarès, *Voyage du Condottiere*, Paris, Émile-Paul Frères, 1927, p. 325. Il s'agit de la réédition d'un ouvrage paru en 1910.

3 Gilles Bertrand, *Le Grand Tour revisité. Pour une archéologie du tourisme : le voyage des Français en Italie, milieu XVIIIᵉ siècle-début XIXᵉ siècle*, Rome, École française de Rome, 2008, p. 250 et 249.

4 *Ibid.*, p. 250.

l'histoire des sensibilités grâce aux travaux d'Alain Corbin notamment, sur l'émotion ressentie par le voyageur à la vue de paysages – dans notre cas, de ce que l'on pourrait appeler des paysages artistiques – constitutifs de l'identité spatiale de pays étrangers[1]. Ainsi en allait-il lorsqu'invité pour un Congrès à la Farnésine, ancienne villa Chigi construite au XVIᵉ siècle et située au pied du Janicule, Daniel Halévy, entouré des joyaux de l'art italien, se sentait transporté dans la Rome du passé à tel point qu'il peinait à se concentrer devant un pareil émoi : « Quel enchantement ! », se souvenait-il[2]. De fait, c'était souvent à travers le prisme du passé qu'était abordée l'Italie. Marie-Anne Matard-Bonucci parle même, s'agissant des intellectuels français voyageant en Italie fasciste, d'une « stratégie d'évitement du présent[3] », tant l'on voulait s'inscrire avant tout dans la tradition du voyage culturel, avatar du Grand Tour de l'époque moderne. Déambulant dans la Ville éternelle, André Maurois tournait également ses regards vers le passé :

> Des jardins du Palatin, je regardais le Forum baigné dans une lumière sableuse et dorée. J'errai dans la campagne romaine à la poursuite de Chateaubriand et, la nuit, dans l'ombre du Colisée, évoquai l'ombre de Byron. Un cortège de fantômes m'accompagnait, si pressant que je ne vis guère les vivants[4].

Il est difficile dans ce cas précis de savoir si l'écrivain adoptait cette attitude à dessein ou de manière fortuite, comme un fruit de son humeur du moment. Ce qui demeure certain en revanche est que ceux qui s'intéressaient à la situation actuelle de l'Italie séparaient ces développements de ceux consacrés à l'art, alors que, sous la plume de certains, des allusions à la situation des Juifs italiens pouvaient s'y mêler. Mais la dimension de rupture et l'ancrage dans le présent y semblaient sans doute moins évidents que lorsque l'on traitait du fascisme.

L'art présent n'était pas éludé par les spécialistes et voyageurs, même s'il occupait une place beaucoup moins importante que celui du passé. Les observateurs ne pouvaient en effet pas complètement s'affranchir du présent. L'exemple de la perception que ceux-ci se forgeaient de Gabriele d'Annunzio est à plusieurs titres riche d'enseignements.

---

1   Alain Corbin, *Le Territoire du vide. L'Occident et le désir du rivage, 1750-1840*, Paris, Aubier, 1988 ; *Id.*, *L'Homme dans le paysage*, Paris, Textuel, 2001. Voir également, François Walter, *Les Figures paysagères de la nation. Territoire et paysage en Europe*, XVIᵉ-XXᵉ siècles, Paris, Éditions de l'EHESS, 2004.

2   Daniel Halévy, *op. cit.*, p. 291-292.

3   Marie-Anne Matard-Bonucci, art. cit., p. 35.

4   André Maurois, *Mémoires, 1885-1967*, Paris, Flammarion, 1970, p. 169-170.

Certes, il s'agissait du poète, non de l'homme engagé, mais ces deux facettes ne pouvaient, à moins de procéder à une description artificielle, paraître hermétiques l'une à l'autre dans les évocations. Qualifié peu après sa mort de poète « incomparable » par *Le Droit de Vivre*, hebdomadaire de la Ligue internationale contre l'antisémitisme (LICA)[1], d'Annunzio, dont on ne sait si les Juifs français avaient eu vent de l'attitude ambiguë concernant la question de l'antisémitisme[2], paraissait mû par l'italianité, mais une italianité aux accents politiques cette fois. Dans des développements qui sonnaient comme des dithyrambes, André Suarès l'évoquait avec emphase : « Il était né pour le seul amour de l'Italie et de l'empire ; et toute gloire pour lui fut toujours celle des Italiens. [...] La passion de Rome n'est pas un mot sonore et vide dans ce poète romain[3] ». Comparé à Maurice Barrès[4], le personnage littéraire – et en un sens politique – de d'Annunzio devait être, selon le grand italianiste Benjamin Crémieux, saisi dans toute sa complexité. À trop vouloir gonfler la place de l'italianité chez ce poète, l'on risquait d'appauvrir l'examen des influences et de l'œuvre de celui-ci en le privant de sa dimension européenne : « Quand on parle de Gabriele d'Annunzio, il importe avant tout de soigneusement distinguer le d'Annunzio des Italiens de celui des étrangers », notait Crémieux[5]. Contrairement au « d'Annunzio international », pâli par la simplicité d'analyse, le véritable d'Annunzio avait réussi une symbiose d'influences européennes variées, « de Nietzsche à Tolstoï, d'Ibsen à Dostoïevski, de Baudelaire à Walt Whitman[6] ». Il est frappant de remarquer à quel degré intellectuel se situaient les débats et à quel point s'élevait la connaissance de l'Italie.

Tout se conjugue ainsi pour aboutir à un clair constat : les Juifs de France, du moins leurs élites, qui n'étaient pourtant pas sans influencer souvent leurs coreligionnaires, aimaient l'Italie, culturellement et parfois même au-delà, comme une deuxième mère patrie. Parée des plus grandes qualités, la sœur latine renvoyait une image fortement positive,

---

1   « D'Annunzio tué par Mussolini ? », *Le Droit de Vivre*, 17 septembre 1938.
2   En 1919, tandis que certains comparses de Gabriele d'Annunzio avaient proféré, à Fiume, des discours antisémites, le poète manifesta sa désapprobation devant certains Israélites proches de lui, mais refusa de le faire publiquement, comme le lui avaient demandé des représentants du judaïsme italien. Michele Sarfatti, *Gli ebrei nell'Italia fascista. Vicende, identità, persecuzione*, Turin, Einaudi, 2007 (2000 pour la première édition), p. 18.
3   André Suarès, *Présences, op. cit.*, p. 164, 166 et 167.
4   *Cf.* Julien Benda, *La Trahison des clercs* [1927], Paris, Le Livre de Poche, 1977, p. 203.
5   Benjamin Crémieux, *Essai sur l'évolution littéraire..., op. cit.*, p. 143-144.
6   *Ibid.*, p. 144.

idéalisée même. L'Italie s'érigeait en modèle pour beaucoup. Certains observateurs ne s'arrêtaient pas là. Ils reliaient ces aspects culturels à des considérations religieuses, partant de l'idée que l'esprit et la culture d'un pays influaient sur l'attitude de ses sujets à l'égard des Juifs et tentaient de dresser, en rapport avec ce qui précédait, un tableau complet de la situation du judaïsme outre-monts. Soutenir que les évocations de l'Italie culturelle constituaient un prétexte relèverait de l'outrance ; il serait plus proche de la réalité de dire que celles-ci servaient parfois les intérêts d'une démonstration directement liée à la question juive. Observer l'art, tenter de discerner des caractéristiques culturelles et s'intéresser à la situation intérieure d'un pays constituaient pourtant deux exercices distincts : porter son regard sur des faits objectifs permettait-il de céder au même lyrisme ? Fidèles à leur imagier coutumier, les Juifs français distinguaient une nette parenté, voire une totale similitude, entre les judaïcités française et italienne. Mais ce judaïsme transalpin, décrit comme un véritable *alter ego*, n'était-il pas en réalité lui aussi un modèle, que les difficultés françaises rendaient plus dur à atteindre qu'on ne le disait ? N'avait-il pas joui, au cours de son histoire, de circonstances favorables inexistantes en France ? De telle sorte qu'une fois examinées les structures internes du judaïsme italien, les Israélites français cherchaient à déceler, dans la situation présente, l'héritage du passé et de la longue tradition libérale antérieure au fascisme. Ici se révèle flagrante la particularité de l'opinion par rapport à l'opinion française générale : pour la première, aborder l'Italie religieuse, c'était naturellement avant tout s'intéresser, pour une écrasante majorité, aux Juifs italiens, qui ne constituaient pourtant qu'une petite minorité outre-monts. Bien plus, quand on traitait du christianisme, c'était presque uniquement sous l'angle des rapports avec le judaïsme à travers les siècles[1]. Cette particularité, qui faisait dévier par rapport aux motifs traditionnels de

---

1 Si l'opinion juive apparaissait particulière par rapport à l'opinion française générale qui, par nature, embrasse tous les courants et s'intéresse à tous les aspects d'un objet, elle suivait les mêmes mécanismes que d'autres franges particulières de l'opinion ; l'objet de son intérêt, fort réduit concernant le champ religieux puisqu'il s'attachait presque essentiellement au judaïsme, se distinguait simplement par un plus grand particularisme que dans d'autres cas. En comparaison, sur la même question d'Italie, les catholiques sociaux et démocrates-chrétiens, tendances politico-religieuses, s'intéressaient ainsi de manière disproportionnée aux rapports entre le gouvernement fasciste et le Saint-Siège. On retrouve le penchant habituel pour un courant d'opinion, d'accorder la première place à ce qui touche le plus l'intérêt de ses acteurs. *Cf.* pour cette comparaison, Jean-Luc Pouthier, *Les Catholiques sociaux et les Démocrates-Chrétiens devant l'Italie fasciste, 1922-1935*, Thèse de 3ᵉ cycle d'histoire sous la direction de Jean-Marie Mayeur, IEP Paris, 1981, p. 175 *sqq.*

l'imaginaire français, laissait cependant transparaître à plusieurs égards une plus grande sensibilité, une plus grande sincérité.

« ANATOMIE DU JUDAÏSME ITALIEN[1] » : *ALTER EGO* OU *EXEMPLUM* ?

D'une manière générale, l'information que les Juifs français recevaient et véhiculaient concernant leurs coreligionnaires transalpins, et l'Italie dans son ensemble, se révélait sûre et puisée aux meilleures sources. S'il arrivait qu'on en tirât des interprétations erronées, cela provenait d'un défaut de contextualisation suffisante, non d'un socle de données bancal. Ce haut degré d'information s'expliquait par une excellente connaissance de l'Italie, que beaucoup fréquentaient assidument de l'intérieur.

LES CHEMINS DE LA CONNAISSANCE : CONTACTS AVEC L'ITALIE ET RÉSEAUX INTERCOMMUNAUTAIRES JUIFS FRANCO-ITALIENS

En 1930, un décret, qui s'inscrivait dans le sillage des accords de Latran et fixait le nouveau statut du judaïsme italien, enjoignait celui-ci de « maintenir des contacts spirituels et culturels avec les communautés israélites de l'étranger et particulièrement avec celles qui, par tradition, entretiennent des relations avec le judaïsme italien et avec l'Italie[2] ». Ce vœu du régime fasciste ne faisait en réalité que prendre acte de la forte interconnexion entre le judaïsme italien et les Juifs de l'étranger. Plus largement, les relations entre des Juifs français et des Italiens, de même religion ou non, étaient anciennes et ne s'interrompirent pas avec l'avènement du fascisme. Ces réseaux intellectuels, culturels, religieux – politiques parfois – au sein desquels la judéité jouait une nouvelle fois un rôle variable, s'articulaient selon des modalités hétéroclites. Il existait, de fait, bien des raisons et des manières d'être ce que Benjamin Crémieux, qui lui même en était, appelait des « agent[s] de liaison intellectuel[s] entre la France et l'Italie[3] », à l'échelle individuelle, communautaire, ou, à mi-chemin, lorsqu'il s'agissait

---

1	En référence à l'ouvrage de Wladimir Rabi, *Anatomie du judaïsme français*, Paris, Éditions de Minuit, 1962.

2	« Norme sulle Comunità israelitiche e sulla Unione della comunità medesime », article 37k, décret du 30 octobre 1930, *Gazzetta Ufficiale*, n° 11, 15 janvier 1931. Cité par Renzo De Felice, *Storia degli ebrei italiani sotto il fascismo* [1961], Turin, Einaudi, 1993, p. 497.

3	Benjamin Crémieux, préface à Giuseppe Prezzolini, *La Culture italienne*, *op. cit.*, p. V.

de Juifs qui, tout en agissant ou s'exprimant au nom d'une structure ou de leur communauté, tissaient sur place des liens personnels puissants.

Ces échanges, alimentés en grande partie par une élite, s'inscrivaient dans le cadre plus vaste des relations culturelles franco-italiennes nouées au niveau des États. Depuis la création, en 1910, du Bureau des Écoles et des Œuvres françaises à l'étranger, la France mit en effet en place une importante politique culturelle tournée vers l'étranger, et en premier lieu vers la Méditerranée. Ainsi, parmi les quatre instituts français installés sur le globe, qui dépendaient du Ministère de l'Instruction Publique et des Beaux-Arts, celui de Florence, créé en 1907 à l'initiative de Jean Luchaire et lié à l'Université de Grenoble, figurait en bonne place et contribua à la naissance d'un véritable « axe Paris-Florence[1] ». On pouvait suivre dans ce type d'établissement un ensemble de cours relatifs à tout ce qui avait trait à la civilisation française[2]. Au prestige de cet établissement s'ajoutait en outre celui de l'École française de Rome, fondée en 1875 et placée quant à elle sous la tutelle de l'Académie des Inscriptions et Belles-Lettres. Cet important tissu universitaire témoignait de la vitalité de la coopération culturelle franco-italienne, celle-ci se trouvant renforcée, en 1920, par la mise en place du Service des Œuvres françaises à l'étranger (SOFE), qui succéda au Bureau des Écoles[3]. Au début des années 1920, plusieurs projets allant dans le sens d'un nouveau rapprochement, dont celui proposé, entre autres exemples, par l'italophile Maurice Mignon, suscitèrent un vaste enthousiasme[4]. Tributaires d'un contexte politique souvent houleux, les relations culturelles franco-italiennes évoluèrent cependant en dents de scie pendant tout l'entre-deux-guerres.

En marge de ces structures ou en liaison avec elles, de nombreux Juifs participèrent activement à ces échanges. À côté de ceux qui, sans être de véritables spécialistes de l'Italie et même, parfois, sans connaître ce pays, pouvaient entretenir des liens à distance et, pour les intellectuels et érudits, écrivaient à propos de l'Italie, beaucoup étaient au cœur de divers réseaux franco-italiens. Le voyage constituait la première manière – et

---

1   Isabelle Renard, *L'Institut français de Florence (1900-1920) : un épisode des relations franco-italiennes au début du XXᵉ siècle*, Rome, École française de Rome, 2001, p. 81.

2   On voit bien, avec l'exemple de l'Institut français de Florence, l'imbrication du culturel et du politique car les efforts portaient sur deux objectifs : permettre une meilleure compréhension de l'esprit français, et surtout défaire les élites italiennes du puissant lien les unissant à l'intelligentsia allemande.

3   Maurice Vaïsse, « Les œuvres françaises en Italie dans les années 1930 », dans Jean-Baptiste Duroselle, Enrico Serra (a cura di), *Il vincolo culturale tra Italia e Francia…*, *op. cit.*, p. 95.

4   *Cf.* Pierre Guillen, « La politique culturelle de la France en Italie dans les années 1918-1922 », *Relations Internationales*, nᵒ 25, printemps 1981, p. 67-85.

la plus répandue – de connaître l'Italie. Pour une infinité de raisons, des Juifs étaient amenés à se rendre outre-monts, dans un but professionnel, culturel – dans le droit fil du complément d'éducation hérité du Grand Tour de l'époque moderne – et même politique, ces aspects étant loin de s'exclure mutuellement[1]. Quelques exemples représentatifs permettent d'en avoir une idée précise. Des origines italiennes pouvaient prédisposer à un rapprochement avec le pays qui portait, de manière plus ou moins récente, les racines familiales. Tel fut le cas de Philippe Erlanger (1903-1987), lequel ne dissimulait pas la fierté que lui inspiraient ses origines italiennes. Dans ses mémoires, il rendit hommage à Isaac de Camondo, son « trisaïeul qui travailla avec Cavour à la création du royaume d'Italie et dont cent mille personnes suivirent le convoi funèbre[2] ». Issu d'une famille célèbre – son père n'était autre que le compositeur Camille Erlanger – Philippe Erlanger avait suivi des études en droit et en lettres. Le cinéma, sa passion, le rapprocha de l'Italie où il fut souvent invité[3]. L'engagement culturel de cet ardent défenseur de l'amitié latine se mua très vite en action diplomatique et politique, au service du rapprochement italien. Nommé en 1938 directeur de l'Association française d'action artistique, il contribua au développement de la coopération entre France et Italie, mais se montra déçu par les agissements du gouvernement fasciste qui, la même année, invita la *Mostra* de Venise à récompenser *Les Dieux du Stade*, documentaire de propagande nazie réalisé par Leni Riefenstahl, *ex æquo* avec un film dirigé par le fils de Mussolini. En réaction à ce qu'il considérait comme une injustice, Philippe Erlanger créa le Festival de Cannes[4]. Le rapport d'Erlanger avec l'Italie se révéla double ; il était d'abord sentimental : « L'Italie… Combien je l'ai aimée ! J'y ai peut-être passé les moments les plus heureux de ma vie », se souvenait-il[5]. Mais

---

1   Sur le voyage, ses multiples modalités et implications, voir notamment : Gilles Bertrand, *op. cit.* ; Attilio Brilli, *Le Voyage d'Italie : histoire d'une grande tradition culturelle du XVIe au XIXe siècle*, Paris, Flammarion, 1989 ; Dominique Fernandez, *Le Voyage d'Italie*, Paris, Plon, 1997. Et, plus particulièrement, pour l'époque fasciste : Marie-Anne Matard-Bonucci, « Intellectuels français en Italie fasciste », art. cit., et Christophe Poupault, « Les voyages d'hommes de lettres en Italie fasciste : espoir de rapprochement franco-italien et culture de la latinité », *Vingtième Siècle*, n° 104, octobre-décembre 2009, p. 67-79.

2   Philippe Erlanger, *La France sans étoile. Souvenirs de l'avant-guerre et du temps de l'occupation*, Paris, Plon, 1974, p. 77.

3   *Cf. ibid.*, p. 30 *sqq.*

4   *Cf.* Loredana Latil, *Le Festival de Cannes, écho des relations internationales ? (De 1939 aux années 1980). Politique et cinéma*, Thèse d'histoire sous la direction de Ralph Schor, Université de Nice, 2002, p. 42 *sqq.*

5   Philippe Erlanger, *op. cit.*, p. 30.

s'y ajoutait un second aspect : la dimension des relations internationales où intervenait le diplomate. Autre descendant d'Italiens, qui entretenait des liens plus que contrariés avec sa judéité : l'écrivain André Suarès. D'origine juive italienne par une partie de sa famille, il préférait cependant se rattacher à une autre branche généalogique, celle des Bretons, auxquels il s'affiliait en écrivant parfois sous le pseudonyme de Caërdal. Né à Marseille en 1868, André Suarès s'estimait pourtant à ce titre profondément latin, ce qui n'était pas le moindre de ses paradoxes. Parmi ses grand-mères, il comptait une Marini, issue d'une famille juive italienne. Son enfance fut pétrie de culture latine, du fait de son ascendance et de son éducation :

> Mon père ne savait pas moins Dante que Virgile, et il en récitait bien les vers. Une de mes grand-mères était Marini en son nom, et sa famille venait de Venise. J'ai su que deux ou trois cousins éloignés ont conspiré pour la délivrance de l'Italie au temps du *Risorgimento*, et l'un d'eux au moins a payé son zèle de sa vie[1].

Suarès ne se revendiquait cependant pas de la judéité de ses aïeux et, on l'aura compris, comme en avertit Pierre Guiral, « ses origines juives n'interviendront pas ou interviendront peu dans son antimussolinisme[2] ». Ce qui demeure sûr en revanche, c'est que la relation de Suarès à l'Italie s'avéra marquée par le sceau de la passion la plus intense : « Que dirai-je encore de l'Italie ? Je l'ai chérie comme une sœur merveilleuse, qu'on aime assez pour en faire une maîtresse. Je l'aime toujours[3] ». L'Italie, certes, mais une Italie idéalisée ? Sans doute, du moins une Italie qui, si elle avait jamais existé, n'existait plus. C'était comme si Suarès essayait de lui redonner vie dans ses écrits :

> J'ai écrit sur l'Italie les livres de l'amour le plus ardent et le plus vrai, qui est tantôt celui du héros viril, tantôt celui de la jeune fille. *Voyage du Condottiere*, qu'on aime ou non cet ouvrage, est un grand poème en trois chants à la nature, à l'art, à l'éternelle beauté de l'Italie. Et j'y balaie avec ironie tout ce qui corrompt cette admirable image, tout ce qui l'abaisse, tout ce qui la rend vulgaire, et la ravale au goût mercenaire des sbires et de serfs avilis[4].

---

1   André Suarès, *Vues sur l'Europe*, Paris, Grasset, 1939, p. 230.
2   Pierre Guiral, « André Suarès, amoureux de l'Italie, ennemi du fascisme », dans Jean-Baptiste Duroselle, Enrico Serra (a cura di), *Il vincolo culturale tra Italia e Francia…*, *op. cit.*, p. 210.
3   André Suarès, *op. cit.*, p. 230.
4   *Ibid.*, p. 231.

Cette Italie, André Suarès la découvrit de l'intérieur : il s'y rendit en 1895, 1902, 1909, 1913, et une ultime fois en 1928[1] ; il y fréquenta Gabriele d'Annunzio, qu'il présenta à Claude Debussy. L'attitude de cet écrivain face à l'Italie se trouvait également dictée, on l'a vu, par la conjoncture internationale : en 1915, il publia un petit ouvrage, *Italie, Italie*, qui plaidait la cause des alliés et invitait la sœur latine à rejoindre leur camp. Puis, dans l'entre-deux-guerres, André Suarès s'engagea, à titre individuel toutefois, dans la voie du combat contre le fascisme. Voir le régime des faisceaux s'emparer de son pays de cœur constituait à ses yeux un véritable déchirement, qui se laisse percevoir dans ses *Vues sur l'Europe*. Le public de cet écrivain était toutefois réduit et celui-ci ne semble pas avoir exercé d'influence sur l'opinion.

Plus traditionnel mais tout aussi brillant s'avéra le parcours de Benjamin Crémieux. Né en 1888 à Narbonne, celui-ci demeura fortement marqué par ses origines méridionales, d'ailleurs anciennes puisque ses ancêtres se fixèrent en Languedoc dès le XIVᵉ siècle, comme en témoigne son roman autobiographique *Le Premier de la classe*[2]. Ce furent les circonstances qui présidèrent à la rencontre entre Crémieux et l'Italie : sous-lieutenant en 1916, il fut envoyé en Italie en 1917 afin de persuader ce pays de rejoindre la cause alliée. Il occupa, une fois les hostilités terminées, le poste de chef du Bureau italien des Affaires étrangères et dirigeait au Quai d'Orsay le *Bulletin périodique de la presse italienne*, avant de se consacrer aux études italiennes en soutenant, à l'Université de Grenoble, une thèse se voulant un *Panorama de la littérature italienne contemporaine*[3], puis une thèse secondaire, *Henri IV. Essai sur la dramaturgie de Pirandello*[4], auteur dont il devint l'éminent spécialiste. Ses contacts à l'Université de Grenoble l'amenèrent à enseigner à l'Institut français de Florence, de même qu'à l'*Istituto di studi superiori*. Dès lors, Benjamin Crémieux, esprit sûr et plein de finesse, contribua à faire connaître davantage l'Italie en France, aussi bien par le biais de la littérature, en faisant connaître des auteurs italiens anciens ou actuels[5],

1   Pierre Guiral, art. cit. *Cf.* également Robert Parienté, *André Suarès l'insurgé*, Paris, Robert Laffont, 1999.

2   Benjamin Crémieux, *Le Premier de la classe*, 1921, rééd. Paris, Grasset, 1945.

3   Plusieurs fois publiée, notamment sous le titre *Essai sur l'évolution littéraire de l'Italie de 1870 à nos jours, op. cit.*

4   Éditée sous le titre : *Henri IV et la dramaturgie de Luigi Pirandello*, Paris, Gallimard, 1928.

5   Crémieux fit notamment connaître aux éditions Kra ainsi qu'au public français l'écrivain antifasciste Leo Ferrero. Gilbert Bosetti, « Les lettres françaises sous le fascisme : le culte de la "NRF" dans l'entre-deux-guerres face à la francophobie fasciste », *Mélanges de l'École française de Rome. Moyen-Âge, Temps modernes*, n° 98-1, 1986, p. 387.

que sous l'angle historique. Le journaliste communiste italien Angelo Tasca voyait en son ami Benjamin Crémieux « un connaisseur averti de tous les aspects de la vie et de la culture italiennes », qui lui avait permis de publier son ouvrage, *La Naissance du fascisme*, aux éditions Gallimard[1]. Crémieux entra par ailleurs à la rédaction de la revue *L'Europe nouvelle*, de même qu'à celle du périodique *France-Italie* et de la *Revue des nations latines*[2]. Il manifestait lui aussi un profond amour pour sa seconde patrie. Parallèlement à sa spécialité principale, il montra un vigoureux intérêt pour le « Réveil juif » de l'entre-deux-guerres[3]. Intellectuel israélite et progressiste, ses valeurs profondes excluaient celles du fascisme auquel il s'opposa jusqu'à sa déportation au camp de Buchenwald où il mourut en avril 1944. De semblables idées étaient partagées par celui qui fut le collègue de Benjamin Crémieux à l'Institut français de Florence : l'écrivain Jean-Richard Bloch. Né en 1884 dans une famille de la bourgeoisie juive fortement assimilée, il ressentit très profondément les effets du cataclysme que représenta à ses yeux l'Affaire Dreyfus. Après avoir obtenu avec succès l'agrégation d'histoire en 1907, il épousa Marguerite Herzog, sœur d'un autre intellectuel juif de renom, André Maurois. Engagé dans les rangs du Parti socialiste unifié dont il devint en 1911 le secrétaire fédéral dans la Vienne, il fonda la revue *L'Effort libre*, qui se rattachait au courant unanimiste et proposait des réflexions poussées sur la culture et la politique[4]. Autre engagement de taille : Jean-Richard Bloch contribua à amorcer la « renaissance culturelle juive » en France, aux côtés, entre autres, d'André Spire, Edmond Fleg ou Henri Franck, en publiant un recueil de nouvelles, *Lévy* (1912), et, en 1917, *Et Compagnie*, fresque retraçant le destin d'une famille juive d'Alsace au XIXᵉ siècle. Ses liens avec l'Italie, il les tissa à Florence, puis dans les colonnes de *La Voce*, revue nationaliste italienne animée par Giovani Papini et Giuseppe Prezzolini, après quoi il se rapprocha nettement du futurisme et approcha Mussolini lui-même. Pour autant, son engagement socialiste l'amena à faire preuve d'un

---

1 Angelo Tasca, *La Naissance du fascisme. L'Italie de 1918 à 1922*, Paris, Gallimard, 1938, p. 374.

2 *Cf. L'Esprit des récentes élections italiennes et les grands courants politiques et sociaux*, Paris, Comité national d'études politiques et sociales, 1921 ; « L'émigration politique italienne en France sous la Monarchie de Juillet », *Revue des études italiennes*, nº 1, 1936, p. 249-259.

3 D'après Catherine Fhima, « Au cœur de la "renaissance juive" des années 1920 : littérature et judéité », *Archives Juives*, nº 39/1, 1ᵉʳ semestre 2006, p. 33-36.

4 *Cf.* Jean-Richard Bloch, *Carnaval est mort…*, *op. cit.*, p. 11-19 ; ainsi que Christophe Prochasson, « *L'Effort libre* de Jean-Richard Bloch (1910-1914) », *Cahiers George Sorel*, nº 5, 1987, p. 105-118.

vigoureux antifascisme, notamment au moment de la guerre d'Espagne. L'attitude et les réseaux de Jean-Richard Bloch peuvent ainsi s'analyser à travers le prisme de trois paramètres : un vibrant attrait pour l'Italie, l'appartenance au courant socialiste et la judéité[1]. Politiquement à l'opposé de cet écrivain, le critique d'art Waldemar-George, né Jerzy Waldemar Jarocinski dans la Pologne de 1893, mêlait également des facteurs culturels et politiques dans son rapport à l'Italie. Proche de la conseillère et maîtresse juive de Mussolini, Margherita Sarfatti, qu'il reçut à Paris, ainsi que du galeriste et critique d'art italien Pier Maria Bardi, il fut reçu par le Duce en mars 1933, et ne cacha pas son admiration pour le fascisme, qu'il liait également à des raisons tenant à son identité religieuse[2].

Et puis, parmi ces intimes de l'Italie, il y avait ceux que leurs pas avaient mené outre-monts par hasard, ou plutôt par curiosité, sans que cela répondît à une obligation, à une mission à remplir dans le pays voisin, ou fût dicté par des considérations politiques. Le cas des frères Halévy, déjudaïsés et évoluant hors d'Israël, mais qui se rattachaient à ce que l'on pourrait appeler une judéité d'héritage, apparaît à ce titre éloquent. Les relations personnelles jouaient leur rôle : dans ses mémoires, l'écrivain, journaliste et diplomate Curzio Malaparte rappelait ainsi la puissante amitié qui le liait à Daniel Halévy[3]. Comment oublier cependant la prédisposition qui frappait ce dernier, issu d'une famille illustre ? Né en 1872, d'une non moins célèbre lignée juive qui avait compté, parmi tant de noms, Ludovic Halévy, librettiste de *Carmen* et des opérettes d'Offenbach, ou Lucien-Anatole Prévost-Paradol, journaliste orléaniste opposant à Napoléon III, Daniel Halévy suivit les cours de l'École des langues orientales, avant de collaborer aux *Cahiers de la Quinzaine*, dirigés par Charles Péguy, et de devenir le directeur de la collection des « Cahiers Verts » chez Grasset, entre 1921 et 1937. Esprit d'abord libéral mais proche de Georges Sorel, Halévy abandonna rapidement son engagement dreyfusiste passé pour se rapprocher des idées conservatrices. Une constante demeurait cependant, mise en relief par son biographe Sébastien Laurent : « les relations intellectuelles de D. Halévy furent

---

1   *Cf.* sur ce point Michel Trebitsch, « "De la situation faite à l'écrivain juif dans le monde moderne" : Jean-Richard Bloch entre identité, littérature et engagement », *Archives Juives*, n° 36/2, 2ᵉ semestre 2003, p. 43-67.

2   Yves Chevrefils Desbiolles, « Le critique d'art Waldemar-George : les paradoxes d'un non-conformiste », *Archives Juives*, n° 41/2, 2ᵉ semestre 2008, p. 107 et 115.

3   Curzio Malaparte, *Journal d'un étranger à Paris*, Paris, Denoël, 1967, p. 28. L'auteur évoque par ailleurs également son amitié avec André Maurois.

principalement tournées vers l'Italie[1] ». Si Malaparte se rappelait ainsi le souvenir de son ami, c'était notamment parce qu'il avait envers lui une forte dette : il lui devait la publication en France de sa *Technique du coup d'État*, en 1931. Daniel Halévy comptait d'ailleurs d'autres connaissances prestigieuses parmi les Italiens, comme Giuseppe Prezzolini ou Gaetano Salvemini, antifasciste exilé en France qui contribua à la fondation de *Giustizia e Libertà*, et dont Halévy publia *Mussolini diplomate*, chez Grasset, en 1932. Cultivant plus loin encore l'échange culturel, Daniel Halévy se rendit à plusieurs reprises en Italie, notamment en novembre 1932, lorsqu'il fut invité à se rendre au *Convegno Volta*, célébration en grande pompe des dix ans du régime fasciste[2]. Cela ne témoignait cependant pas d'une attirance pour le fascisme, de même qu'il ne faut pas conclure de la fréquentation d'antifascistes notoires un engagement virulemment hostile au régime italien chez Halévy. En la circonstance, s'il répondit favorablement à l'invitation, cela correspondait moins à un désir de rencontrer les tenants du fascisme qu'à celui de s'intéresser aux problèmes européens, ainsi qu'il l'écrivit lui-même dans son *Courrier d'Europe* :

> Je croyais avoir terminé mes voyages. Or, l'Italie m'invite à un congrès. Je lis, relis cette invitation, je la médite et l'apprécie. Elle est généreuse : les invités seront transportés, logés, nourris, eux et leurs femmes. L'Italie a de belles traditions de mécénat, et son jeune État sait la manière de conduire une propagande. Le congrès aura un objectif précis : il examinera les problèmes de l'Europe[3].

« Quelle famille ! », s'exclamait François Furet au sujet de la dynastie Halévy[4]. C'est que Daniel Halévy, en plus d'une ascendance prestigieuse, avait un frère non moins – et même plus – illustre : Élie Halévy. Celui-ci, né en 1870, normalien et philosophe, put jouir d'un réseau italien semblable à celui de son frère, bien que ses préoccupations majeures le portassent davantage vers l'Angleterre, à laquelle il consacrait ses recherches. Nettement plus marqué par le progressisme que son frère, Élie Halévy manifesta très rapidement, dès ses deux voyages en Italie, en 1923 et

---

1   Sébastien Laurent, *Daniel Halévy, du libéralisme au traditionalisme*, Paris, Grasset, 2001, p. 357.
2   *Ibid.*, p. 358.
3   Daniel Halévy, *op. cit.*, p. 269.
4   François Furet, préface à la *Correspondance, 1891-1937*, textes réunis et présentés par Henriette Guy-Loë et annotés par Monique Canto-Sperber, Vincent Duclert et Henriette Guy-Loë, Paris, Éd. de Fallois, 1996. Cité par Jacques Julliard, « Élie Halévy, le témoin engagé », *Mil neuf cent*, n° 17, 1999, p. 27.

1924, des opinions antifascistes prononcées qui se traduisirent, aux côtés de ses amis Gaetano Salvemini et Carlo Rosselli, par une opposition à Mussolini. Les témoignages laissés par Élie Halévy sur l'Italie ne restituent ainsi pas la vision d'un spécialiste à proprement parler de ce pays, mais celle d'un bon connaisseur de la voisine transalpine : il semblait aborder l'Italie marqué par la force du « cosmopolitisme de l'époque[1] », comme un voyageur curieux, qui donnait une image de l'Italie au miroir de la France.

Quant à Aimé Pallière, il devait être l'un des rares à se rendre en Italie et y tisser des liens pour des raisons essentiellement spirituelles et religieuses. Parcours atypique que celui de ce brillant écrivain qui rencontra l'Italie par le biais de la foi. Donnée biographique essentielle : il naquit chrétien, en 1868. Sans aller jusqu'à la conversion totale, il devint, notamment par le rôle qu'il joua au sein de l'Union libérale israélite (ULI), l'« omnipré-sent demi-chrétien converti au Judaïsme[2] » ; d'aucuns préférant parler de « demi-Juif ». Outre-monts, Livourne accueillit d'abord ce personnage en quête de lui-même : dans cette ville, qui abritait depuis des siècles une importante communauté juive, Aimé Pallière se rapprocha du rabbin Élie Benamozegh, qui lui proposa d'adopter les principes dits « noachistes[3] ». Quand Aimé Pallière tournait ses regards vers la sœur latine, il évoquait autant l'Italie culturelle que l'Italie religieuse ; ces deux dimensions s'entremêlaient ainsi dans une description parue dans *L'Univers Israélite* :

> J'ai revu ma chère Italie, j'ai retrouvé la douceur du ciel de Toscane qui éclaire de sa pure lumière des paysages aux lignes si harmonieuses et comme baignées de religieuse mélancolie. Il faut, en effet, entre les noirs cyprès qui se découpent sur l'azur, il faut des robes de bure et que des cloches égrènent dans l'air calme l'appel à la prière éveillant, au fond des cloîtres aux fines colonnades, la voie majestueuse des orgues[4].

La production d'Aimé Pallière relative à l'Italie s'adressait essentiel-lement aux circuits communautaires juifs.

---

1 Jacques Julliard, art. cit., p. 32-33.
2 Paula Hyman, *De Dreyfus à Vichy. L'évolution de la communauté juive en France, 1906-1939*, Paris, Fayard, 1985, p. 265.
3 Le « noachisme », statut mis au point par la tradition orthodoxe juive, présente la possibilité de pratiquer les obligations dictées par le décalogue selon sa volonté propre. Cet ensemble de « lois de Noé », composé quant à lui de sept commandements, s'applique aux autres peuples que celui d'Israël. Il est possible à quiconque s'en réclame de respecter les règles (*mitsvot*) réservées aux Juifs. *Cf.* Aimé Pallière, *Le Sanctuaire inconnu : ma « conversion » au judaïsme*, Paris, Rieder, 1926 ; ainsi que Catherine Poujol, *Aimé Pallière, 1868-1949 : itinéraire d'un chrétien dans le judaïsme*, Paris, Desclée de Brouwer, 2003, p. 78-79.
4 Aimé Pallière, « Les conditions du Réveil », *L'Univers Israélite*, 1ᵉʳ juin 1923.

De cette galerie de portraits disparates, il ressort que nombre de Juifs jouaient, à titre individuel, un grand rôle dans les relations culturelles franco-italiennes. Il apparaissait toutefois que la judéité tenait une place diversement importante, sans jamais être absente. Un élément donnait à la dimension confessionnelle tout son poids : le passé dreyfusard ou dreyfusiste de beaucoup. L'Affaire Dreyfus avait ainsi souvent contribué à la prise de conscience par ces intellectuels de leur judéité, que celle-ci fût affirmée ou au contraire tourmentée. Tout engagement postérieur semblait porter en lui la marque de ce dreyfusisme passé. Pierre Paraf rappelait en ces termes le caractère révélateur que revêtit le moment Dreyfus sur le plan identitaire : « Le problème juif se posa pour la première fois aux Israélites de ma génération entre sept et douze ans, sous une forme assez vive[1] ». Génération : le terme était prononcé ; l'appartenance à cette génération de l'Affaire Dreyfus constituait un point commun de toutes ces trajectoires individuelles, en dépit des degrés divers d'engagement[2]. Tous, âgés au paroxysme de l'Affaire d'entre 10 et 30 ans, vécurent, à leur manière, l'événement comme un tournant majeur dans leur vie et dans la perception de leur identité. Cette donnée n'était ainsi pas complètement absente quand il s'agissait de scruter par-delà les Alpes.

De l'intellectuel éloigné de sa communauté au Juif investi aux côtés des siens, du voyageur poussé vers l'Italie par le hasard à celui qui s'y rendait dans un but précis, il existait donc bien une variété de situations présidant à l'élaboration de contacts plus ou moins solides avec l'Italie et les Italiens. Excepté dans le cas fort particulier d'Aimé Pallière, l'on appartenait à des réseaux culturels où toutes les confessions et obédiences se confondaient ; des Juifs français en venaient parfois à rencontrer certains de leurs coreligionnaires italiens en dehors des réseaux communautaires franco-italiens. Pourtant, ceux-ci existaient bel et bien, mais ne se superposaient ni ne se confondaient avec les circuits culturels auxquels appartenaient des Juifs dont l'identité religieuse ne constituait pas un ferment essentiel d'action en Italie. Une fois encore, l'époque de l'Affaire Dreyfus constitua, de part et d'autre des Alpes un moment de

---

1   Pierre Paraf, *op. cit.*, p. 15.
2   *Cf.* Michel Winock, « Les générations intellectuelles », *Vingtième Siècle*, n° 22, avril-juin 1989, p. 20 ; Vincent Duclert, « "Il y a de l'or dans cette poussière". L'intellectuel démocratique et la résistance aux tyrannies », *Archives Juives*, n° 38/1, 1er semestre 2005, p. 11-42. Ainsi que Muriel Pichon, « Les Français israélites dans la crise des années trente : mémoires et usages de l'affaire Dreyfus. Autour de quelques exemples biographiques », dans Jean-Marc Chouraqui, Gilles Dorival, Colette Zytnicki (dir.), *Enjeux d'histoire, jeux de mémoire. Les usages du passé juif*, Paris, Maisonneuve & Larose, 2006, p. 63-73.

prise de conscience de l'existence de ces relations intercommunautaires, peu étudiées de façon générale mais riches d'informations[1]. Et une fois encore, la complexité et l'ambiguïté s'invitaient au cœur de ce tissu relationnel. Que les communautés juives du monde aient embrassé, plus ou moins rapidement, la cause dreyfusiste paraît indiscutable. Le cas de l'Italie n'y fait pas défaut[2]. L'erreur serait pourtant de croire que le moteur en était seulement confessionnel, comme par un réflexe de solidarité. Lorsqu'on sait à quel point l'Italie a été dreyfusarde, au niveau incontestablement le plus élevé d'Europe[3], il apparaît légitime de se demander si les Juifs soutenaient Dreyfus et leurs coreligionnaires français au nom de leur foi, ou indépendamment d'elle, du fait d'autres considérations ou appartenances. Éternelle question, à laquelle on ne peut répondre, semble-t-il, que par de nouvelles interrogations qui complexifient le débat plus qu'elles ne permettent d'en faire émerger des pistes claires. L'intérêt des Juifs italiens n'a sans doute pas rencontré un écho aussi aiguisé qu'on pourrait le penser. L'un des deux principaux titres de la presse juive italienne, *Il Vessillo israelitico*, ne consacra d'articles à l'Affaire que trois ans après son déclenchement[4]. Les causes du soutien n'étaient parfois pas évidentes : Philippe Landau rappelle que le maire juif et franc-maçon de Rome, Ernesto Nathan, avait attendu de connaître la position du Grand Orient de France face à l'Affaire Dreyfus avant d'afficher son soutien[5]. Cet épisode prouve que les relations intercommunautaires juives franco-italiennes ne doivent pas être idéalisées. Elles ne sauraient non plus être minimisées.

1   Les jalons décisifs de ces relations furent posés à l'époque napoléonienne.

2   On peut renvoyer sur cette question au travail pionnier de Tullia Catalan, « Le reazioni dell'ebraismo italiano all'antisemitismo europeo (1880-1914) », dans Catherine Brice, Giovanni Miccoli (dir.), *Les Racines chrétiennes de l'antisémitisme politique (fin XIXᵉ-XXᵉ siècle)*, Rome, École française de Rome, 2003, p. 140 *sqq.*

3   Parmi une littérature de plus en plus abondante, voir Pierre Milza, *Français et Italiens à la fin du XIXᵉ siècle : aux origines du rapprochement franco-italien de 1900-1902*, Rome, École française de Rome, 1981, p. 810 ; Leonardo La Puma, « L'Affaire Dreyfus en Italie », dans Michel Denis, Michel Lagrée, Jean-Yves Veillard (dir.), *L'Affaire Dreyfus et l'opinion publique en France et à l'étranger*, Rennes, Presses universitaires de Rennes, 1995, p. 149-160 ; le recueil de Maurizio Raspi, *L'Affaire Dreyfus in Italia*, Pise, ETS, 1991 ; ainsi que l'article majeur d'Emilio Gentile, « The Struggle for Modernity : Echoes of the Dreyfus Affair in Italian Political Culture, 1898-1912 », *Journal of Contemporary History*, vol. 33, nº 4, octobre 1998, p. 497-511.

4   Angelina Procaccia, « Solidarietà e riflessione : la stampa ebraica italiana nei confronti dell'*affaire* Dreyfus », dans Pierre Milza, Roberto Balzani, Tullia Zevi (a cura di), *Dreyfus, l'Affaire e la Parigi « fin de siècle » nelle carte di un diplomatico italiano*, Rome, Lavoro, 1994, p. 221. *Il Vessillo israelitico* n'était cependant pas un périodique de très haute tenue.

5   Philippe-E. Landau, *L'Opinion juive et l'Affaire Dreyfus*, Paris, Albin Michel, 1995, p. 78.

Point nodal de ces liens, l'Alliance israélite universelle constituait le principal espace de rencontre et de rapprochement entre Juifs français et italiens. Cette institution avait pour but de porter assistance aux Juifs de par le monde et de raviver leur judéité, tout en œuvrant à la sauvegarde des droits des minorités et, plus généralement, des droits de l'homme, objectif qui se traduisait par une action éducative, spirituelle et culturelle qui ne s'interdisait pas d'investir les champs diplomatique et politique[1]. Avec l'Italie, l'Alliance entretenait depuis sa création un rapport privilégié. En 1861, soit un an après la création de l'organisation, l'Italie était même le seul pays étranger, Empire colonial excepté, à posséder des comités locaux de l'Alliance[2]. À la veille de la Grande Guerre, l'on dénombrait en tout 14 comités locaux dans la péninsule et un à Tripoli, possession italienne depuis 1911[3]. Il faut voir là, outre le poids des affinités, l'effet d'un élément particulier : l'Alliance n'intervenait pas seulement dans les relations extérieures du judaïsme italien mais faisait figure d'acteur incontournable de la vie juive à l'intérieur même de la péninsule, ce qui se comprend aisément dans le contexte italien. Comme le note en effet Marie-Anne Matard-Bonucci, « pendant plusieurs années, en l'absence d'institution centralisée, l'Alliance israélite universelle fut le seul trait d'union entre les principales communautés d'Italie[4] ». Toutes les communautés juives d'outre-monts — et elles étaient nombreuses —

---

1 L'Alliance israélite universelle fut créée à Paris en mai 1860 par 17 Israélites français marqués par les idées émancipatrices héritées de la Révolution. Parmi ses fondateurs, l'on trouve Adolphe Crémieux, le rabbin Élie-Aristide Astruc, du courant libéral, l'homme d'affaires Charles Netter, l'avocat Narcisse Leven, le professeur Isidore Cahen, qui fonda les *Archives Israélites*, le poète Eugène Manuel, ou encore l'ingénieur Jules Caravallo, entre autres, assistés des familles Rothschild, de Hirsch ou Goldschmidt. L'Alliance mit très rapidement en place un important réseau d'écoles ; aux missions initiales s'ajoutait celle de promouvoir la langue et la culture françaises. En un sens, la création de cette organisation fut une conséquence des affaires italiennes, puisqu'elle s'inscrivait dans la vague de protestations ayant suivi l'Affaire Mortara, qui avait éclaté en Italie en 1858. André Chouraqui, *L'Alliance israélite universelle et la renaissance juive contemporaine, 1860-1960*, Paris, PUF, 1965 ; Perrine Simon-Nahum, « Aux origines de l'Alliance », dans André Kaspi (dir.), *Histoire de l'Alliance israélite universelle de 1860 à nos jours*, Paris, Armand Colin, 2010, p. 11 *sqq*.

2 La France possédait 8 comités locaux, l'Algérie un, et l'Italie quatre. Georges Weill, « Les structures et les hommes », dans André Kaspi (dir.), *op. cit.*, p. 96.

3 Georges Weill, « L'Alliance israélite universelle et l'émancipation sociale et culturelle des communautés méditerranéennes », dans Jean-Louis Miège (dir.), *Les Relations intercommunautaires juives en Méditerranée, XIIᵉ-XXᵉ siècles*, Paris, Éditions du CNRS, 1984, p. 245.

4 Marie-Anne Matard-Bonucci, « L'Italie à la fin du XIXᵉ siècle : un Éden pour des Juifs de religion italienne ? », dans Ilana Y. Zinguer, Samuel W. Bloom (dir.), *L'Antisémitisme éclairé. Inclusion et exclusion depuis l'époque des Lumières jusqu'à l'Affaire Dreyfus*, Leiden, Brill, 2003, p. 401.

ne possédaient certes pas leur comité, mais grâce à l'Alliance beaucoup d'entre elles pouvaient entrer en contact au sein d'un tissu réticulaire naissant[1]. Dans ces conditions, la fondation du comité de Rome, au prix de nombreux efforts, fut ressentie et saluée comme un événement crucial dans l'organisation du judaïsme transalpin[2]. En Italie, l'action de cette structure semble avoir rencontré un sincère engouement, comme en atteste le message envoyé par Nissim Cori, un Israélite napolitain, aux instances parisiennes : « J'accepte avec grand plaisir de m'occuper de votre œuvre de charité en Italie et particulièrement à Naples[3] ». Dans les faits, les relations entre l'Alliance israélite et les Juifs italiens s'organisaient selon une riche gamme de modalités. Outre le maillage scolaire, les échanges intellectuels et culturels tenaient une place majeure. La circulation de la presse juive permettait de se tenir constamment informé des événements se déroulant de part et d'autre des Alpes[4] ; plus ponctuellement, l'on se communiquait des documents de toutes sortes pour répondre à une soif de curiosité comme à des interventions ou travaux précis : en 1927, il apparut naturel à l'historien Umberto Nahon, qui entamait une thèse sur *Les Juifs en Méditerranée*, de demander à l'Alliance un concours documentaire et bibliographique[5]. Autre exemple, lorsque Guido Bedarida fonda, en 1923, le *Circolo di Coltura ebraica* à Livourne, désireux « de faire connaître au grand public tous les problèmes de la vie d'Israël tout en défendant et en divulguant [*sic*] sa culture[6] », il promit d'expédier à la rédaction de *Paix et Droit* l'ensemble des publications du cercle. Si bien que le pays voisin entrait dans la vie quotidienne des Juifs italiens et français. C'était par le biais même de

---

1   Sur les étapes de cette formation, voir Tullia Catalan, « L'organizzazione delle comunità ebraiche italiane dall'Unità alla prima guerra mondiale », dans Corrado Vivanti (a cura di), *Storia d'Italia. Annali 11 : Gli ebrei in Italia*, t. 2 : *Dall'emancipazione a oggi*, Turin, Einaudi, 1997, p. 1 246 *sqq.*

2   *Cf.* Zosa Szajkowski, « La fondazione del Comitato dell'"Alliance israélite universelle" a Roma nel maggio 1873 », *Rassegna mensile di Israel*, vol. XXII, 1956, p. 27-33.

3   AIU, Italie IV – B 26, Naples. Lettre de Nissim Cori à Jacques Bigart, secrétaire de l'Alliance israélite universelle à Paris, de Naples, 6 janvier 1923.

4   *Paix et Droit*, mensuel de l'Alliance était diffusé en Italie à une échelle non négligeable tandis que le siège de l'organisation, à Paris, était abonné à plusieurs titres de la presse juive transalpine. *Cf.* AIU, Italie VI – B 32, Rome. Lettre du rabbin Dante Lattès au bureau central de l'Alliance à Paris, de Rome, 12 juillet 1918 ; ainsi que, pour un autre exemple, AIU, Italie IV – B 26, Naples. Billet de Nissim Cori à l'Alliance israélite universelle de Paris, de Naples, 2 mars 1932.

5   AIU, Italie III – B 21, Livourne. Lettre d'Umberto Nahon à l'Alliance israélite universelle, 17 août 1927.

6   AIU, Italie I – M 1, Livourne. Lettre de Guido Bedarida au directeur de la revue *Paix et Droit*, 9 janvier 1925.

l'Alliance que pouvaient se forger les représentations réciproques. Celle-ci soutenait d'ailleurs financièrement, de manière régulière ou ponctuelle des structures, publications ou manifestations, à l'échelle des comités ou des individus. À cette collaboration interne, qui concernait les seuls Juifs, faisaient face des initiatives publiques, touchant à la politique et à la diplomatie. Elles avaient commencé à fleurir dès le dernier tiers du XIXe siècle : l'on sait par exemple avec quelle ardeur Armand Lévy, membre de l'Alliance et un temps réfugié en Italie après la Commune, s'était opposé en 1878 à la ratification par les parlementaires transalpins d'un traité commercial entre l'Italie et la Roumanie, dont le droit en matière de commerce établissait des discriminations entre Juifs et non-Juifs[1]. L'Alliance israélite universelle, bien qu'elle ne traduisît pas les idées et convictions de l'ensemble de la judaïcité française, était ainsi un acteur central des relations intercommunautaires juives entre France et Italie durant tout l'entre-deux-guerres.

Au quotidien, le sentiment d'une proximité, à la fois réelle et fantasmée, semblait faciliter les contacts. La question de la langue en est tout à fait révélatrice. Le problème de la compréhension idiomatique de l'autre ne semblait pas se poser. Lorsque dans les années 1870, l'on envisagea la publication d'une édition italienne du *Bulletin de l'Alliance israélite universelle*, le comité de Modène, prenant acte du coût d'une telle entreprise en soulignait également l'inutilité puisque tous ses lecteurs potentiels comprenaient le français et pouvaient ainsi parfaitement lire la publication originale[2]. L'inverse était valable. Plus tard, Aimé Pallière confirmait : « Je me fais un devoir d'ajouter qu'au Français qui parlait leur langue [...] les Juifs italiens ont fait le meilleur accueil[3] ». Aucun obstacle ne semblait menacer la bonne marche de ce réseau confessionnel.

Qu'en était-il enfin des Juifs italiens installés en France pendant l'entre-deux-guerres ? On pourrait en effet penser que des contacts pouvaient s'établir avec leurs coreligionnaires français. Plusieurs indices invitent à penser que, intellectuels mis à part, il n'y avait *in fine* que très peu de liens de ce type. D'abord en raison du fait que peu de Juifs d'Italie émigrèrent avant 1938. Même en l'absence de statistiques précises – qui font sur cette question précise d'ailleurs toujours défaut aujourd'hui – le

---

1   Sur cet épisode, Marie-Anne Matard-Bonucci, art. cit., p. 413 ; Zosa Szajkowski, « L'attività di Armand Lévy in Italia a favore degli ebrei di Rumenia nel 1879 », *Rassegna mensile di Israel*, vol. XXII, n° 6, juin 1956, p. 245-251.

2   Zosa Szajkowski, « La fondazione del Comitato dell'"Alliance israélite universelle" a Roma nel maggio 1873 », art. cit., p. 27.

3   Aimé Pallière, « En Italie », *L'Univers Israélite*, 27 avril 1934.

rabbin Maurice Liber, qui écrivait sous le pseudonyme de Ben-Ammi, soulignait que « les pays qui nous envoient le plus d'étrangers sont ceux qui ne nous envoient pas de juifs[1] » ; or les Italiens formaient précisément la première nationalité immigrée à l'époque. N'ayant pas à souffrir du fascisme du fait de leur religion et ne manifestant, pour un grand nombre, pas d'hostilité à l'égard de Mussolini et de son régime, ils n'éprouvèrent en majorité ni l'envie ni la nécessité d'émigrer même si l'on enregistra la présence en France de grands noms du judaïsme italien comme le célèbre diplomate et homme d'affaires Angelo Donati[2]. S'il existait des *fuorusciti* juifs – comme les frères Rosselli – ils n'avaient pas agi en raison de leur identité religieuse ; les seuls rapprochements qui s'opérèrent le furent à l'extrême gauche.

Les Israélites français se trouvaient ainsi particulièrement bien placés pour dresser un tableau complet de la situation du judaïsme en Italie et désiraient comprendre par le menu les ressorts de ce qui leur apparaissait comme un modèle d'intégration, qu'ils avaient eux-mêmes plus créé, consciemment ou non, par idéalisation, que réellement observé. À cette occasion étaient projetés sur le cas italien les débats qui agitaient les Juifs français. L'inévitable question qui se posait consistait à savoir si l'on avait affaire à des « Italiens juifs » ou à des « Juifs italiens », en plaquant sur la réalité italienne le thème lui aussi éculé du Juif « français d'abord ». Le débat ne devait pourtant pas être posé en ces termes puisque sentiment d'appartenance à la nation et identité religieuse ne se juxtaposaient pas en Italie, mais avaient fusionné. Jusqu'à quel point ces traits caractéristiques pouvaient-ils être importés ou copiés en France ?

« JUIFS ITALIENS » OU « ITALIENS JUIFS » ?

Du portrait quasiment exhaustif dépeint en France se dégageait une observation fréquente, non minimisée mais sans doute pas saisie à sa juste importance : la faiblesse numérique de la population juive en Italie. Environ 45 000 Juifs peuplaient la péninsule[3], estimation proche de la réalité ; *L'Univers Israélite* livrait cependant en 1929 des chiffres qui gonflaient nettement l'importance réelle de la communauté juive

---

1   Ben-Ammi, « Les Juifs étrangers à Paris », *L'Univers Israélite*, 7 janvier 1921.

2   *Cf.* Dan V. Segre, « L'emigrazione ebraica sarà stata una emigrazione politica ? », dans *L'Émigration politique en Europe aux XIXe et XXe siècles*, Rome, École française de Rome, 1991, p. 99.

3   Pierre Paraf, *op. cit.*, p. 24.

italienne[1]. En 1931, l'*Istituto centrale di statistica del Regno d'Italia* recensa précisément 47 825 Israélites[2], tandis que des sources juives italiennes, dévoilées par le *Lunario israelitico per l'anno* 5698 (1938), parlaient de 51 950 Juifs[3], ce qui correspondait à un accroissement dû notamment à l'immigration juive après 1933. Cela représentait donc beaucoup moins d'1 % par rapport aux 40 millions d'Italiens. Le judaïsme italien apparaissait donc comme une minorité, au sens propre comme au figuré. Sa population était si fois moindre qu'en France qui abritait environ 300 000 Juifs. Sa structure même semblait différente : aux multiples communautés petites ou moyennes d'Italie, s'opposaient les quelques grands noyaux français comme Paris, Strasbourg, Metz, Lille, Marseille, Nice ou Bordeaux[4]. Or ces données objectives expliquaient en partie la spécificité italienne.

L'on préférait déceler des points communs sur le plan sociologique ; de ce point de vue, Juifs français et italiens semblaient en effet voisins. Dressant un profil des communautés juives du monde, Élie Éberlin rapprochait sociologiquement les Israélites des « sœurs latines » et les opposait à ceux d'Allemagne :

> En Italie, – nous n'avons pas de statistiques pour la France, mais la composition sociale de la population israélite non immigrée est à peu près identique dans les deux pays, – le rôle économique des Israélites est très anormal et tout à fait artificiel. Il n'y a guère de Juifs dans l'agriculture, ils ne sont que 9 % dans l'industrie, mais la moitié de la population israélite vit du commerce[5].

À la suite d'une enquête personnelle, il soumettait les chiffres suivants pour la France et l'Italie : 50 % travaillaient dans le commerce, 18 % exerçaient des professions libérales ou étaient fonctionnaires, 16 % n'avaient pas de profession ou vivaient de leurs rentes, 15 % participaient à l'activité industrielle, tandis que 0, 5 % étaient agriculteurs, la même proportion que les domestiques[6]. Les caractéristiques de la présence

---

1   « "Lettre de Rome" d'un anonyme », *L'Univers Israélite*, 29 mars 1929. Il s'agissait en fait de la reprise d'un article paru dans le *Hamburger Zeitung*, qui contenait une fine analyse mais s'appuyait sur des estimations inexactes. Il fut publié sans correction par le journal.
2   Michele Sarfatti, *op. cit.*, p. 30.
3   Marie-Anne Matard-Bonucci, *L'Italie fasciste et la persécution des Juifs*, Paris, Perrin, 2007, p. 25.
4   Patrick Weil, « De l'affaire Dreyfus à l'Occupation », dans Jean-Jacques Becker, Annette Wieviorka (dir.), *Les Juifs de France de la Révolution française à nos jours*, Paris, Liana-Lévi, 1998, p. 109.
5   Élie Éberlin, *op. cit.*, p. 32-33.
6   *Ibid.*, p. 33.

juive dans la société étaient donc semblables dans les deux pays, mais les proportions étaient une chose, les chiffres absolus une autre. Il y avait là une erreur d'appréciation à la base de la démonstration des Juifs français, laquelle semblait par ailleurs implacablement menée.

L'on dissipait pourtant toute ambiguïté : la surreprésentation des Israélites italiens dans certaines professions était contrebalancée par leur faible nombre en général et par leur dispersion dans l'ensemble de la péninsule, ce qui entraînait la discrétion. En Italie, chacun pouvait mettre en œuvre sa judéité en pratiquant un judaïsme ancestral et silencieux – le terme revenait fréquemment – ce qui évitait les regroupements importants considérés à l'époque comme l'une des causes de l'antisémitisme. La judaïcité italienne se composait par ailleurs d'une constellation de communautés de taille réduite, encore divisées par une multiplicité de rites, lesquels voisinaient en parfaite harmonie outre-monts, à la différence du cas français, notait-on. Plutôt que de dégager les implications sociales de cet éclatement, les observateurs français préféraient en analyser les effets plus spécifiquement religieux. Conséquence de cette quantité de chapelles, le paysage architectural juif était très fragmenté. Chaque ville, même si elle n'abritait qu'un nombre réduit d'Israélites, possédait souvent plusieurs lieux de culte. S'attachant à décrire le patrimoine des synagogues italiennes, les *Archives Israélites* notaient qu'« on peut en trouver plusieurs dans la même ville, en raison de la diversité des rites, c'est ainsi qu'à Padoue on peut visiter les temples allemand, italien, et portugais[1] ». Mais, une fois encore, il ne fallait pas s'y tromper : cette profusion d'édifices religieux ne conférait pas une forte visibilité à la communauté juive puisque leurs architectes ne s'étaient pas démarqués du style des autres monuments italiens ; les synagogues, celles ayant précédé l'Unité, se fondaient admirablement dans le paysage :

> Les anciens temples présentent du dehors l'aspect d'une maison quelconque et même à l'intérieur quant au style et à la décoration. Ils sont absolument semblables aux édifices non juifs de la même époque. [...] Dans les synagogues de Padoue et de Venise seules les inscriptions hébraïques, les tables de la loi et l'aménagement général du temple nous indiquent que nous ne nous trouvons pas dans un palais ducal[2].

---

1   « Coup d'œil sur les synagogues italiennes », art. cit. *Cf.* Aimé Pallière, « En Italie », art. cit. Ces observations constituaient un lieu commun en Italie ; voir du côté italien, les réflexions d'Arnaldo Momigliano, *Contributions à l'histoire du judaïsme*, Nîmes, Éditions de l'éclat, 2002, p. 164.
2   « Coup d'œil sur les synagogues italiennes », art. cit.

L'organisation intérieure de ces temples suivait les codes architecturaux et artistiques du temps, mais ce que ne percevaient pas les Juifs français, c'était que la discrétion extérieure des synagogues érigées avant le *Risorgimento* n'était pas le fruit d'une volonté, mais bien celui de l'impossibilité ordonnée aux Juifs de manifester leur présence dans l'espace et le territoire italiens[1]. Il n'était pas donné aux Juifs de construire des « synagogues-cathédrales[2] ». Que les Juifs français aient, sans doute par défaut de contextualisation, célébré un trait caractéristique d'une « infériorité » juridique ancrée dans le politique et le culturel, ne peut manquer de frapper et montre que l'esprit du temps visait parfois à tenir compte des arguments antisémites – en l'occurrence la trop forte « visibilité » juive – pour les juguler, comme si ceux-ci étaient recevables.

La prise en compte du caractère fragmenté et discret du judaïsme italien n'ouvrait cependant pas sur une perception erronée : malgré ce que les Israélites auraient pu penser de prime abord – mais cela aurait, du reste, invalidé l'ensemble de la démonstration – ces traits ne constituaient pas des handicaps sur le plan de la foi. L'on admirait depuis la France le fort sentiment d'appartenance à Israël qui unifiait la judaïcité italienne. En s'appuyant sur cet exemple, Aimé Pallière, tenant du mouvement libéral en France, entendait montrer que le judaïsme pouvait être tout à la fois modéré et ouvert à l'Autre tout en sauvegardant son âme, ce que niaient certains détracteurs de l'Union libérale israélite (ULI) :

> Ce judaïsme italien n'a pas d'épithète ; le mot d'orthodoxie y provoque l'étonnement, tellement on est loin d'imaginer ce que le contraire signifie. Il est sympathique à tout ce qui vient du dehors, aimable, accueillant, fraternel, parce qu'il repose sur un sentiment juif profond et l'idée de l'unité d'Israël[3].

Cela relevait du paradoxe. Comment en effet un pays où les Juifs étaient si peu nombreux et où la judaïcité paraissait si éclatée pouvait-il abriter l'un des foyers les plus vivants du judaïsme méditerranéen ? Et les indices de cette vitalité ne manquaient pas : outre le réseau scolaire, existaient des structures moins formelles, telles que le *convegno*, lieu de rencontre et de distraction pour la jeunesse, où les valeurs juives se transmettaient de manière ludique. Les résultats se révélaient largement

---

1   Pour un point de vue italien d'époque sur la question, Giacomo Girmunschi, « L'architectura delle Sinagoghe in Europa », *Rassegna mensile di Israel*, vol. X, n° 9-10, janvier 1936, p. 397-408.

2   Marie-Anne Matard-Bonucci, « L'Italie à la fin du XIXᵉ siècle : un Éden pour des Juifs de religion italienne ? », art. cit., p. 400.

3   Aimé Pallière, « Les conditions du réveil », art. cit.

probants. À telle enseigne que le même Aimé Pallière lançait un appel en France : « Il nous faudrait à Paris plusieurs *convegni* semblables[1] ». Aussi l'expression de « Réveil juif » appliquée à l'Italie n'était-elle pas vide de sens. Souvent cité, le cas des Israélites de Milan semblait parmi les plus représentatifs de ce renouveau : *L'Univers Israélite* y signalait l'existence d'« un cercle israélite semblable à notre *Chema Israël* français[2] ». Animé par le grand-rabbin Gustavo Castelbolognesi de Padoue, ce regroupement présentait l'intérêt de proposer des cycles de conférences prononcées à tour de rôle par les membres de l'organisation eux-mêmes, lesquelles rencontrèrent un grand succès[3]. L'on signalait également le rôle remarquable des femmes, portant elles aussi leur effort sur l'éducation des jeunes. Là encore, Milan faisait figure d'exemple : ce fut dans cette ville que naquit en 1916 la première structure féminine juive, l'*Associazone ebraica femminile*, de laquelle émergea, en 1927, l'*Associazone delle donne ebree per assistenza sociale ebraica in Italia e in Palestina* (ADEI), dont le but était « de collaborer aux œuvres de bienfaisance en Italie même, d'encourager l'éducation juive des femmes et des enfants et de contribuer ainsi au réveil du judaïsme en Italie[4] ». Modernité et vitalité étaient ainsi les deux caractéristiques du judaïsme transalpin.

Analyser ce dernier offrait d'ailleurs souvent l'occasion de le présenter comme le frère jumeau du judaïsme français, constat qui n'apparaissait, à la lumière de ce qui précède, que partiellement justifié. En tout cas, il ne paraissait pas découler des observations précédentes. Si l'on se cantonnait à la structure interne de la judaïcité italienne, il y avait de nombreuses divergences avec le cas français. En France, les Juifs étaient plus nombreux ; leur répartition différait de celle de l'Italie ; leur vitalité religieuse semblait moins nette. D'où le vœu émis par le très admiratif Aimé Pallière : « Puisse quelque chose de la flamme de nos frères d'Italie

---

1   *Ibid.*

2   « L'activité du Cercle israélite », *L'Univers Israélite*, 30 décembre 1927. Créée à Paris en 1919, *Chema Israël* fut la première association de jeunesse juive française qui, s'opposant à la Jeunesse libérale israélite, se rattachait au courant consistorial, aux idées conservatrices. Fidèle aux principes du judaïsme français, *Chema Israël* se définissait en termes purement religieux, bien qu'elle proposât, occasionnellement, des conférences et activités éloignées des sujets strictement confessionnels. Cette association comptait 14 antennes dans toute la France. Malgré cela, *Chema Israël* ne s'attira qu'un faible public, essentiellement constitué par la jeunesse juive assimilée. Paula Hyman, *op. cit.*, p. 273-277.

3   *Ibid.*

4   « L'activité des femmes juives en Italie », *Archives Israélites*, 22 décembre 1922. *Cf.* « Un succès de l'"Association des Femmes juives d'Italie" », *L'Univers Israélite*, 17 février 1928. Sur ce sujet crucial, de plus en plus exploré, *cf.* Monica Miniati, *Les Émancipées. Les femmes juives italiennes aux XIXe et XXe siècles (1848-1924)*, Paris, Honoré Champion, 2003.

passer dans nos cœurs, afin que notre chère France connaisse, elle aussi, les élans et les victoires de la renaissance juive, objet de nos désirs[1] ! ». Malgré les différences, le sentiment d'une communauté entre Italiens et Français israélites était puissant. Il fallait donc chercher ailleurs des points communs plus décisifs, non pas dans la composition interne du judaïsme italien, née d'un contexte et de circonstances particuliers, mais dans l'état d'esprit des Juifs italiens considérés comme des acteurs majeurs de la vie de la cité. Car une minorité peut être appréhendée sur le plan strictement interne, ou, de manière plus complexe, en rapport avec l'environnement dans lequel elle évolue – les deux aspects s'alimentant l'un l'autre – sous l'angle de ses liens avec la nation et avec les autres confessions. Porteur d'enjeux décisifs, le second aspect forçait davantage encore l'attention des Israélites français. Là réapparaissait le thème de la latinité, premier trait d'union entre les Juifs et le reste des Italiens, et vecteur d'assimilation. Il importait donc de regarder vers le passé pour comprendre les liens entre latinité, identité juive et assimilation.

Idée maîtresse et récurrente, si fréquemment même qu'elle frôlait le lieu commun : l'ancienneté de l'installation des Juifs en Italie. Ceux-ci apparaissaient parmi les plus anciennes peuplades d'Italie : « En Italie, les Juifs méritent d'être considérés comme des autochtones. Nul groupe social italique ne peut même se vanter de s'être maintenu aussi pur que le leur à travers les siècles », écrivait Paul Gentizon, correspondant italien du *Temps* et rédacteur dans plusieurs journaux juifs français[2]. Alfred Berl remontait à l'Antiquité et fournissait des preuves historiques et archéologiques de la présence des Juifs en Italie à l'époque romaine :

> Ce sont des autochtones depuis deux millénaires au moins ; les auteurs latins signalent déjà leur présence à Rome, sous Jules César. Ils forment une colonie assez importante au temps des empereurs qui leur accordent un régime favorable. Ils parlent indifféremment le grec et le latin, à l'instar des autres citoyens, comme en témoignent, dans la Catacombe juive, les inscriptions funéraires des lapicides[3].

---

1 Aimé Pallière, « Les conditions du réveil », art. cit.
2 Paul Gentizon, « Fascisme et antisémitisme », *Samedi*, 18 avril 1936.
3 Alfred Berl, « En Italie : variations antisémites », *Paix et Droit*, octobre 1938. Notons que cette image était inscrite dans la mémoire collective des Italiens en général, comme en témoignaient les discours de Mussolini lui-même. *Cf.* Benito Mussolini, Discours du 13 mai 1929, dans *Opera omnia*, t. XXIV, a cura di E. et D. Susmel, Florence, La Fenice, 1956, p. 48.

Ces développements datent certes de la seconde moitié des années 1930 mais, s'ils constituent des justifications en forme de riposte à la dégradation de la condition juive en Italie à cette époque, ils traduisaient fidèlement l'image traditionnelle que partageaient les Juifs français depuis des décennies.

Présents dans la péninsule depuis des millénaires, les Juifs apparaissaient à ce titre comme de véritables méditerranéens et latins, éléments constitutifs de leur identité « italienne » et de leur identité juive. Le débat sur la latinité n'était cependant pas désintéressé et s'inscrivait dans le cadre d'une polémique surgie en France dans les années 1920, qui toucha un cercle restreint d'individus mais était révélatrice de toute une mentalité. Dans ce cas, explorer le judaïsme italien servait ainsi de prétexte pour nourrir un sujet franco-français. Dans la France de l'entre-deux-guerres en effet, le nombre d'immigrés parmi les Juifs dépassa celui des autochtones : sur une population d'environ 300 000 personnes à la veille de la guerre, 200 000 s'étaient établis en France de date récente, soit les deux tiers[1]. Prenant acte de cette disparité, les Israélites les plus acquis à l'idée d'assimilation, qui craignaient un ralentissement général de l'intégration et une recrudescence de l'antisémitisme, se heurtèrent parfois à leurs frères immigrés. Aux optimistes qui espéraient une assimilation rapide, les plus intransigeants répondaient par la négative. La raison ? N'étant pas des « latins », les Juifs immigrés, qui arrivaient massivement d'Europe centrale et orientale, ne pouvaient se fondre dans la nation française, considérée contre toute nuance comme profondément méditerranéenne. Deux Israélites, Armand Lipman et Fernand Corcos[2], allèrent même jusqu'à opposer un « judaïsme latin », moderne, apaisé et soluble dans la nation, à un « judaïsme slave », qui, archaïque et réfractaire à toute assimilation, aurait constitué un poids mort du judaïsme. Jacques Biélinky, d'origine immigrée et parfaitement assimilé, s'opposait fermement à cette conception discriminante :

> Voici qu'à l'intérieur du judaïsme on cherche à créer des séparations, dont la base « doctrinale » serait constituée par la culture ethnique des pays de la Diaspora. On lance l'idée d'un « Judaïsme latin », qui, pour ses qualités

1   Doris Bensimon, Sergio Della Pergola, *La Population juive en France. Socio-démographie et identité*, Paris et Jérualem, Éditions du CNRS et Hebrew University of Jerusalem, 1986, p. 33.
2   Il est intéressant de noter que Fernand Corcos fut pourtant parmi les premiers soutiens du sionisme.

« d'ordre, de raison et de clarté » serait opposé au Judaïsme de l'Europe orientale, auquel manqueraient, paraît-il, ces qualités, mais qui possèderait, à cause du ghetto, des traits tourmentés et inquiets[1].

Biélinky estimait cette opinion « parfaitement erronée », mais chez les Israélites autochtones, l'idée de Corcos et Lipman semblait largement dominer les esprits cependant. Les préjugés avaient la peau dure. Dans un roman de Camille Marbo, *Flammes juives*, un des protagonistes exprimait ainsi la différence qui opposait les Juifs de Méditerranée à leurs coreligionnaires d'Europe du Nord et de l'Est : « Il n'y a rien de commun entre nous, les juifs méditerranéens, et ces grossiers mangeurs de choucroute qui peuplent l'Autriche et l'Allemagne[2] ». Les études les plus sérieuses reprenaient cette distinction à leur compte, en superposant à des termes péjoratifs les catégories d'aschkénazes et de sépharades. Les Juifs italiens auraient appartenu, selon les Juifs français, au dernier groupe alors qu'ils ne venaient pas d'Espagne. Paul Gentizon soulignait ainsi la différence qui séparait les Juifs italiens de leurs coreligionnaires d'autres contrées :

Les Juifs italiens appartiennent [...] au rameau séphardim [*sic*] du bassin méditerranéen. C'est-à-dire qu'ils n'ont guère de ressemblance avec les Juifs allemands, russes ou polonais du groupe aschkénazi. Ils n'en ont nullement les particularités physiques et morales. Ils sont de cette catégorie de Juifs méditerranéens très souvent talon rouge, fiers, hautains. Bien plus, leurs caractéristiques somatiques ne les différenciaient guère de la majeure partie des populations de la péninsule. Dans tout le Midi par exemple, fortement sémitisé par les invasions arabes et sarrasines, rien ne permet de distinguer un Italien juif d'un Italien chrétien[3].

Les adjectifs « latins », « méditerranéens », « sépharades » étaient parfois, on le voit, confusément utilisés. Il ne faisait pas de doute en revanche que ce thème global de la latinité était fortement instrumentalisé. Sans aller jusqu'à dire que les Juifs français admiraient la judaïcité italienne et en faisaient l'éloge parce qu'elle était pauvre en immigrés, l'on peut penser que cette identité latine forte constituait aux yeux des Juifs français la matrice de l'assimilation, et ils entendaient s'en inspirer pour intégrer

---

1   Jacques Biélinky, art. cit.
2   Camille Marbo, *Flammes juives*, Paris, 1936, p. 108. Cité par Ralph Schor, *L'Antisémitisme en France pendant les années trente. Prélude à Vichy*, Bruxelles, Complexe, 1992, p. 207.
3   Paul Gentizon, art. cit. Même hors du judaïsme les différences entre aschkénazes et sépharades semblaient indiscutables, comme en témoignait un fin connaisseur du judaïsme, Oscar de Férenzy, *Les Juifs et nous Chrétiens*, Paris, Flammarion, 1935, p. 105-106.

les immigrés qui faisaient de la France leur terre d'élection. Mais cette recherche des origines constructrices d'identité servait un but plus profond et s'apparentait aux recherches s'efforçant de mettre en valeur, dans un bouillonnement d'idées et de réflexions poussées, l'antique authenticité du judaïsme[1]. La publication de l'ouvrage du latiniste Julien Bezard, *Israël et la pensée latine. Ce qu'il a fait pour elle, ce qu'elle a fait pour lui*[2], dont le sous-titre aurait pu faire office de profession de foi pour les Israélites, fit grande impression. Ce caractère latin des Juifs italiens et méditerranéens, présenté comme acquis et indiscutable, ne faisait pourtant pas l'unanimité en Italie même. En marge du consensus admettant largement cette image[3], les antisémites eux-mêmes, car ils existaient bel et bien en Italie, s'opposaient sur cette question. Giulio Cogni, auteur en 1937 d'un ouvrage intitulé *I valori della stirpe italiana* et adepte du racisme biologique version allemande, n'avait pas de doute quant à la latinité des Juifs : « Les Juifs des nations latines [...] ont fait en réalité corps avec elle », soutenait-il[4]. De leur côté, d'autres, désireux d'insister dans des discours performatifs sur l'altérité des Juifs italiens, les excluaient de la latinité pour insister sur leur caractère sémite, l'antisémitisme pouvant alors se doubler d'un antiméridionalisme comme dans certains écrits de jeunesse du très antisémite Paolo Orano, plus tard l'une des chevilles ouvrières de l'introduction du racisme en Italie[5]. Il n'est toutefois pas certain que les Juifs de France aient eu vent de l'ensemble de ces débats.

Quoi qu'il en fût, au-delà des gloses intellectuelles, l'ancienneté de l'intégration des Juifs italiens paraissait indéniable. Forts d'un modèle d'intégration lié à leur latinité ou à leur italianité, peu importe comment on l'appelât, les Italiens qui professaient le culte de Moïse avaient tout de l'« Israélite », dont ils répondaient parfaitement à la définition : l'Israélite pratiquait un culte différent tout en fusionnant intégralement

---

1   Voir le chapitre « Antiquité et authenticité du judaïsme » de Perrine Simon-Nahum, *La Cité investie. La « Science du judaïsme » français et la République*, Paris, Le Cerf, 1991, chap IV.

2   Julien Bezard, *Israël et la pensée latine. Ce qu'il a fait pour elle, ce qu'elle a fait pour lui*, Paris, Vuibert, 1925.

3   On notera l'attachement au thème de la latinité, perçu comme un vecteur de légitimité, que manifestaient notamment les Juifs fascistes, au moment où le régime mussolinien semblait prêter l'oreille à l'antisémitisme. *Cf.* « I primi contatti con il mondo latino della millenaria civiltà giudaica », *La Nostra Bandiera*, 24 mai 1934. Cité par Luca Ventura, *Ebrei con il duce. « La nostra bandiera » (1934-1938)*, Turin, Zamorani, 2002, p. 34.

4   Giulio Cogni, *I valori della stirpe italiana*, Milan, Bocca, 1937. Cité par Giuseppe Gaddi, *Le Racisme en Italie*, Paris, Le Droit de Vivre, 1939, p. 6.

5   Francesco Germinario, « Latinità, antimeridionalismo e antisemitismo negli scritti giovanili di Paolo Orano (1895-1911) », dans Alberto Burgio (a cura di), *Nel nome della razza. Il razzismo nella storia d'Italia, 1870-1945*, Bologne, Il Mulino, 1999, p. 105-114.

avec la société ambiante dont il suivait avec elle à l'unisson les grands rythmes de l'évolution. Très tôt, judéité et italianité, ces deux pôles de l'être juif italien, avaient, entre autres exemples, été mis en exergue par un enseignant des écoles juives de Livourne, Guglielmo Lattès qui, en 1908, avait publié un recueil intitulé *Cuore d'Israele* : selon lui, il fallait éduquer les enfants juifs dans l'amour de leur tradition religieuse, modernisée toutefois, et parallèlement, dans la fidélité à la patrie[1]. Ce principe s'était perpétué. Contrairement à la situation française, notait-on, l'homogénéité ethnique de la judaïcité italienne n'avait pas remis en question le modèle national. Apparaissait là une manifestation parfaitement aboutie d'« israélitisme ».

L'on en pointait les multiples avantages. De la parfaite réussite de l'intégration italienne résultaient pléthore d'éléments positifs. En optant pleinement et définitivement pour un tel modèle d'assimilation, les Juifs italiens parvinrent de longue date à fusionner avec l'ensemble de la nation. Ils réussirent à se hisser aux rangs les plus prestigieux. Alfred Berl dressait la liste de ceux qui avaient, par leur action au service de la nation, mérité de la patrie et donné par là même une image positive d'Israël chacun à sa manière : Daniel Manin, Isaac Artom, Luigi Luzzatti, Cesare Lombroso[2]... Revenant sur l'épisode central du *Risorgimento*, Hippolyte Prague remarquait que la participation des Juifs au mouvement de libération n'était en rien proportionnelle à leur nombre : « la part prise par nos coreligionnaires au *Risorgimento*, soit sur les champs de bataille où se sont jouées les destinées du mouvement de libération de notre voisine, soit dans la politique, est singulièrement supérieure à ce que l'on pouvait attendre d'un contingent aussi modeste de citoyens juifs[3] ». Deux facteurs expliquaient cet engagement. Tout d'abord, les Israélites italiens n'avaient créé aucun lien de fidélité avec les États italiens aristocratiques et catholiques, qui les avaient toujours rejetés :

> Ils avaient trop souffert [...]. Leur conscience religieuse avait été trop souvent mise à l'épreuve [...] pour qu'ils ne s'associassent pas aux efforts patriotiques du parti libéral qui, au prix des plus grands sacrifices, s'appliquait à affranchir

---

1 *Cf.* Gadi Luzzatto Voghera, « L'israélitisme en Italie aux xixe et xxe siècles », dans Patrick Cabanel, Chantal Bordes-Benayoun (dir.), *Un modèle d'intégration. Juifs et israélites en France et en Europe, xixe-xxe siècles*, Paris, Berg International, 2004, p. 205.

2 Alfred Berl, art. cit. Un ouvrage sur Isaac Artom a particulièrement insisté sur le symbole que ces hommes représentèrent : Aldo A. Mola (a cura di), *Isacco Artom e gli ebrei italiani dai risorgimento al fascismo*, Foggia, Bastogi, 2002.

3 Hippolyte Prague, « L'Italie et ses israélites », *Archives Israélites*, 7 avril 1927. *Cf. Les Cahiers Juifs*, avril-mai 1934.

l'Italie d'une tutelle qui pesait despotiquement sur elle et entravait son ascension sociale, son essor intellectuel. Aussi, la jeunesse juive se jeta de plein cœur avec un enthousiasme fiévreux dans la mêlée pour libérer la patrie[1].

Autre facteur explicatif, plus religieux celui-ci : l'application en toute circonstance des valeurs d'Israël. L'humanisme, l'ouverture à l'Autre, la lutte contre les inégalités constituaient le soubassement de l'action de nombreux Juifs italiens. Le philosémite Paul Gentizon rappelait ainsi l'« idéologie généreuse » et les « pensées d'un large humanitarisme » qui caractérisait souvent l'action des Israélites d'Italie[2]. Ces deux facteurs se conjuguaient pour servir l'Italie tout en renforçant l'assimilation des Juifs.

Si les Israélites s'attardaient à ce point sur le passé de leurs coreligionnaires italiens, c'était parce qu'ils percevaient parfaitement le rôle de moteur qu'avait joué leur participation politique dans le processus d'émancipation transalpin. Les observateurs reprenaient à leur compte l'idée théorisée outre-monts notamment par Arnaldo Momigliano selon laquelle l'émancipation avait été facilitée en Italie par le fait que la construction de l'identité juive moderne et de leur conscience nationale s'était déroulée parallèlement à celle de la conscience nationale de tous les Italiens, image restée longtemps indiscutée qui fait aujourd'hui l'objet d'une relecture car insister sur le processus de « nationalisation parallèle » amène à négliger les facteurs internes au judaïsme et gomme les résistances dont ont fait montre à l'époque certains antisémites[3]. L'époque charnière du *Risorgimento* constituait dans l'imaginaire des Israélites français comme italiens un moment salvateur et symbolique qui assurait – définitivement pensait-on jusqu'en 1938 – la place du judaïsme dans la nouvelle nation[4].

Cependant, en examinant l'histoire des Juifs italiens, leurs coreligionnaires de France ne prenaient-ils pas conscience de leur retard sur le plan de l'émancipation ? 1791 en France ; 1848 en Italie. L'écart temporel qui séparait ces deux dates porteuses de l'émancipation civique des Juifs français et italiens pouvait laisser penser que les premiers jouissaient d'un temps d'avance dans l'intégration par rapport aux seconds. De l'avis

---

1   *Ibid.*
2   Paul Gentizon, *Rome sous le faisceau*, Paris, Fasquelle, 1933, p. 98.
3   Pour une mise au point, Mario Toscano, « Risorgimento ed ebrei : alcune riflessioni sulla "nazionalizzazione parallela" », dans *Id.*, *Ebraismo e antisemitismo in Italia dal 1848 alla guerra dei sei giorni*, Milan, Franco Angeli, 2003, p. 13-23.
4   *Cf.* Sophie Nezri-Dufour, « L'enjeu historique et identitaire du mythe du *Risorgimento* dans la mémoire des Juifs italiens », dans Jean-Marc Chouraqui, Gilles Dorival, Colette Zytnicki (dir.), *op. cit.*, p. 53-58.

de tous, il n'en était rien. L'idée largement diffusée selon laquelle en France le passage officiel à l'émancipation civique précédait l'acceptation des Juifs au sein du peuple, tandis qu'en Italie celui-ci ne faisait que prendre acte d'une réalité déjà ancienne et largement observable eut la vie longue. Il était fréquent que l'on opposât l'« exemple », l'« exception », la « lumière » italiens au cas français, qui se caractérisait par la permanence d'une certaine « obscurité », pour ne pas dire d'un « obscurantisme », encore visible au sein du peuple comme de certains gouvernants. Ce contretemps historique, les Juifs français pensaient l'avoir rattrapé après la Grande Guerre. C'est pourquoi ils mettaient en relief l'action parallèle des judaïcités française et italienne pendant le conflit ; celles-ci avançaient désormais du même pas et les Italiens avaient, semblait-il, perdu leur avance. Un seul terme suffisait à qualifier l'action des Juifs français et italiens pendant le conflit : le patriotisme[1]. Partout, en Italie, en France et ailleurs, les Juifs répondirent à l'appel aux armes comme à une injonction divine : « Au nouveau sacrifice d'Abraham, Isaac s'est offert en premier », écrivait Pierre Paraf[2]. Le fait que France et Italie eussent combattu main dans la main incitait encore davantage à mettre en relief le patriotisme des deux communautés « sœurs ». L'écho des cérémonies commémoratives en Italie fournissait ainsi la matière de nombreux articles : *L'Univers Israélite* reproduisit *in extenso* la déclaration faite en 1921 à un journal américain par le général italien Diaz, au sujet du courage de ses compatriotes juifs : l'on pouvait y lire que ceux-ci comptaient parmi les meilleurs soldats du Royaume et faisaient preuve d'une bravoure, d'un loyalisme et d'un patriotisme à toute épreuve ; ceux qui ne pouvaient combattre apportèrent un soutien décisif à l'arrière[3]. Dans la même veine, les *Archives Israélites* citaient une phrase éloquente tirée du livre de M. F. Servi, *Les Israélites italiens pendant la guerre*, préfacé par le Professeur Felice Tedeschi : « Quel est de tous les États des deux mondes, celui où la nationalisation du Juif est la plus complète ? À tout prendre, c'est peut-être bien l'Italie[4] ».

Observant le lien se dessinant entre participation politique, engagement dans la guerre et intégration en Italie, de nombreux Juifs français

---

1   Sur l'action et la mémoire des Israélites français relativement à la Première Guerre mondiale, voir Philippe-E. Landau, *Les Juifs de France et la Grande Guerre : un patriotisme républicain, 1914-1941*, Paris, Éditions du CNRS, 1999, notamment p. 161 *sqq*.

2   Pierre Paraf, *op. cit.*, p. 21. Voir encore Jacob Kaplan, « À propos de l'anniversaire de l'armistice : le sacrifice d'Isaac », *L'Univers Israélite*, 11 novembre 1927.

3   « Les juifs italiens et la guerre », *L'Univers Israélite*, 18 novembre 1921.

4   *Archives Israélites*, 16 février 1922.

entendaient s'inspirer d'une façon ou d'une autre de la voie transalpine. La parenté entre les situations française et italienne, similaires au sortir de la guerre, permettait d'espérer l'application en France de plusieurs aspects du modèle italien. Certains juifs l'avaient sans doute ignoré. D'autres s'en sont peut-être simplement imprégnés ou lui ont accordé une curiosité toute relative. Dans tous les cas, ce rapport au modèle d'intégration italien prenait les traits d'un véritable transfert culturel plus ou moins conscient. Si l'on se rapporte à la riche théorie que Michel Espagne et Michaël Werner ont élaborée de ce phénomène, sa validité, dans le cas qui nous intéresse, se justifie aisément. Pour parler comme ces deux historiens, l'on assistait bien, dans l'entre-deux-guerres, à la « construction d'une référence[1] » juive italienne parmi les Israélites français. Ce transfert, nourri par la richesse et la complexité des réseaux franco-italiens, desquels il ne faut pas perdre de vue le jeu des individus et institutions – c'est dire tout l'intérêt que recèle l'étude des contacts intercommunautaires – se trouvait renforcé par la nature du judaïsme, à la fois fruit d'une histoire nationale dont il se réclamait et « unité culturelle transnationale[2] ». Culturelle et non pas simplement religieuse ou spirituelle tant le judaïsme, ou, serait-il plus exact de dire l'israélitisme, se pensait comme une doctrine intellectuelle devant être transmise par le biais d'une éducation, le tout ressortissant d'une « culture » de l'assimilation. Il n'y avait pourtant pas, à proprement parler, de supériorité du modèle d'intégration italien en lui-même, mais plutôt de sa réalisation ; le contexte italien n'y était pas étranger, les Juifs ne s'y trompaient pas ainsi qu'on le verra. Comme tout transfert, celui-ci ouvrait sur une « tentative de réinterprétation », identitaire ici, au sein du « système de réception[3] », laquelle dépendait de la conjoncture. Ce modèle italien, les Juifs de France ne l'avaient pas construit ni ne le convoquaient linéairement ; il faisait plutôt figure de bouée de sauvetage à laquelle se rattacher occasionnellement, tandis que la condition des Juifs de France se fragilisait en des crises brèves puis de plus en plus

---

1 Michel Espagne, Michaël Werner, « La construction d'une référence culturelle allemande en France : genèse et histoire (1750-1914) », *Annales ESC*, n° 4, juillet-août 1987, p. 969.

2 *Ibid.*, p. 970-971.

3 *Ibid.*, p. 972 et 970. *Cf.* également, François Chaubet, « La notion de transfert culturel dans l'histoire culturelle », dans Benoît Pellistrandi, Jean-François Sirinelli (dir.), *L'Histoire culturelle en France et en Espagne*, Madrid, Casa de Velazquez, 2008, p. 159-177. Et plus généralement, outre l'article-manifeste déjà cité, Michel Espagne, Michaël Werner (dir.), *Transferts. Les relations interculturelles dans l'espace franco-allemand*, XVIIIᵉ-XXᵉ siècles, Paris, Éditions Recherche sur les civilisations, 1988.

longues. Cela ne voulait pas dire que la fascination n'était pas pondérée par le réalisme, que l'espoir n'était pas terni par une pointe d'inquiétude. En d'autres termes, fallait-il en tous points imiter ce modèle, si on le pouvait ? L'unanimité n'était plus la règle.

Beaucoup estimaient qu'en France, l'assimilation totale des Juifs demeurait un objectif non encore atteint, ou du moins qu'elle ne touchait qu'une partie de la judaïcité. Elle était effective pour les uns, les plus anciennement installés, les moins religieux... Elle était en voie d'accomplissement chez d'autres, immigrés de longue date par exemple, ralentis par des facteurs divers comme l'héritage familial, la faiblesse des contacts avec la culture française ou la permanence de traits identitaires forts qui retardaient l'acculturation. D'autres encore rejetaient délibérément toute forme d'assimilation et même d'intégration : ils entendaient conserver intact leur particularisme. Une pareille diversité de situations entraînait, à l'échelle de toute la judaïcité, le maintien très net du sentiment juif, élément primordial de l'identité et référent principal pour beaucoup. La disparition de toute identification à Israël ne menaçait pas. En Italie, les choses semblaient différentes : le mouvement d'assimilation y avançait de manière plus uniforme et plus rapide qu'en France. De cette manière, il était légitime de se demander en France si les Israélites d'Italie ne risquaient pas de perdre, à terme, leur identité juive. Les optimistes voyaient dans le cas italien l'exemple absolu de la fusion nationale et religieuse. Leurs arguments, poussés parfois à l'extrême, ne manquent pas d'étonner : c'était dans les pays où les Juifs n'étaient pas encore parfaitement assimilés que l'identité juive risquait de disparaître car l'impossibilité de faire cohabiter celle-ci avec l'appartenance à la nation invitait à la réprimer. Le libéral Aimé Pallière se faisait le porte-voix de cette tendance et opposait sur ce point France et Italie :

> Chez nous, le sentiment français s'est dans une trop large mesure développé au détriment du sentiment juif ; on enlevait à celui-ci et pas toujours inconsciemment tout ce que l'on voulait légitimement donner à celui-là et il en est résulté que le judaïsme français est peut-être aujourd'hui le plus isolé, j'entends celui qui vibre le moins à l'unisson de la grande âme juive. En Italie, au contraire, les deux sentiments coexistent dans les cœurs avec une égale intensité : l'attachement à Israël, l'amour de l'Italie forment deux nationalismes pour lesquels les âmes ont un culte aussi passionné, aussi vibrant[1].

---

1   Aimé Pallière, « Les conditions du réveil », art. cit.

Sans être en complet désaccord avec les plus optimistes, certains tempéraient quelque peu leur enthousiasme ; ils en appelaient à la vigilance, ce qui ne remettait pour autant nullement en cause leur parti pris assimilationniste. S'agissant de l'Italie, ils ne pouvaient s'empêcher de pointer clairement ou à mots voilés les effets pervers d'une assimilation trop poussée. Les mêmes observateurs avaient bien loué la vitalité du judaïsme transalpin, mais il n'y avait aucune contradiction dans leurs propos : en Italie, soutenaient-ils, évoluait en effet une masse de Juifs libres-penseurs éloignés de leur communauté et indifférents à celle-ci – ceux que l'on appelle parfois les « Juifs culturels » – que rien ne rattachait à leurs frères sinon la naissance. C'est ce que laissait entendre Nissim Cori, correspondant napolitain de l'Alliance israélite universelle, qui soulignait : « Nos coreligionnaires italiens napolitains sont très indifférents dans leurs sentiments de solidarité juive[1] ». Dans l'avant-guerre, quand le « Réveil juif » n'en était qu'à ses balbutiements, « sévissaient en Italie l'assimilation et l'indifférence religieuse », notaient les *Archives Israélites*[2], le terme d'assimilation étant pris ici comme une forme extrême d'abandon de sa judéité. On retrouve ici l'idée problématique, assez répandue à l'époque en France et en Europe occidentale, selon laquelle le progrès de l'assimilation entraînait un effacement inversement proportionnel de l'identité juive[3]. Le mouvement avait été quelque peu enrayé, mais à quoi pouvait-on dès lors s'attendre ? À la dissolution totale du judaïsme dans la nation ? Nul n'allait jusque-là. Mais un indicateur se passait de tout commentaire : la proportion de mariages mixtes, s'élevant à 30 % en Italie. Rendant compte en 1933 du vingt-cinquième anniversaire de l'entrée en fonction du grand-rabbin Angelo Sacerdoti, *L'Univers Israélite* n'omit pas de rappeler que dans son discours, l'homme de foi fit part de « ses efforts pour combattre les mariages mixtes[4] ».

---

1   AIU, Italie IV – B 26. Lettre de Nissim Cori à Jacques Bigart, secrétaire de l'Alliance israélite universelle à Paris, de Naples, 6 janvier 1923.

2   « L'activité des femmes juives en Italie », art. cit.

3   *Cf.* sur ce point qui fait débat, Michael R. Marrus, « European Jewry and the Politics of Assimilation : Assessment and Reassessment », *The Journal of Modern History*, vol. 49, n° 1, mars 1977, p. 90 *sqq.*

4   « À la grande synagogue de Rome », *L'Univers Israélite*, 29 décembre 1933. De fait, les mariages mixtes constituent l'indicateur d'une profonde intégration : ni du côté du conjoint juif, ni de celui du conjoint non juif, les pressions n'interviennent ou sont assez fortes pour entraver la décision prise par le couple. L'Italie revenait souvent comme un exemple de pays célébrant de nombreux mariages mixtes. Sur le lien entre intégration et mariage mixte, voir, à titre de comparaison, pour un autre pays et une autre époque : André Kaspi, *Les Juifs américains*, Paris, Plon, 2008, p. 79-84.

Il est d'ailleurs vrai que des déclarations et attitudes du côté italien pouvaient prêter le flanc à de telles critiques ou craintes. En 1894, Cesare Lombroso, dans son ouvrage sur *L'antisemitismo e le scienze moderne*, soutenait que la solution de la question juive surviendrait quand serait abandonnée la tradition du judaïsme, processus que la permanence de l'antisémitisme retardait ; selon lui, l'abandon de toute forme de judéité devait être prôné, à ce moment seulement la sécularisation deviendrait totale[1].

Ces discussions traduisaient moins une opposition entre les tenants de ce qu'on serait tenté d'appeler une assimilation totale d'une part, et partielle de l'autre. Elles constituaient en réalité le parfait exemple de l'indécision, des difficultés et de la gêne qui caractérisaient les Juifs français quant à définition des notions d'identité et d'assimilation, questions que s'est posée l'historiographie de longue date[2]. Dans le droit fil des questionnements hérités du XIXᵉ siècle, les Juifs de France se situaient à mi-chemin – et le prisme italien en fournit une preuve supplémentaire – entre une perspective externe, théorisée à la suite d'Hannah Arendt par Michael R. Marrus notamment : les efforts du judaïsme devaient porter sur l'assimilation qui, si elle se situait au cœur de la symbiose prônée et créée par l'israélitisme, ouvrait, à long terme, sur un risque de perte d'identité[3] ; et une perspective interne, insistant quant à elle sur la forte « ethnicité » dont se revendiquait une imposante partie des Juifs par le fait même de son attachement à la judéité[4]. Le « Réveil juif », qui revigorait l'identité juive, renouvela encore les débats. Ces tensions entre deux perspectives conciliables mais susceptibles d'entrer en affrontement à la moindre crise se retrouvaient ainsi lorsque les Juifs regardaient leurs

---

1   *Cf.* Jean-Yves Frétigné, « Entre fascination et répulsion : la place du discours sur les Juifs dans les débats autour de l'anthropologie criminelle italienne (1880-1900) », dans Marie-Anne Matard-Bonucci (dir.), *Antisémythes. L'image des juifs entre culture et politique (1848-1939)*, Paris, Nouveau Monde, 2005, p. 95.

2   Voir en particulier les mises au point de Perrine Simon-Nahum, « Dix ans d'historiographie du judaïsme français : bilan et perspectives », *Annales HSS*, vol. 49, nº 5, septembre-octobre 1994, p. 1 172 *sqq.* ; Martine Cohen, « De l'émancipation à l'intégration : les transformations du judaïsme français au XIXᵉ siècle », *Archives des Sciences sociales des Religions*, nº 88, octobre-décembre 1994, p. 5-22 ; et, dans une perspective quelque peu différente : Lisa M. Leff, « L'histoire des Juifs de France vue des États-Unis », *Archives Juives*, nº 43/1, 1ᵉʳ semestre 2010, p. 126-136.

3   Sur ces débats, Perrine Simon-Nahum, art. cit., p. 1 172. *Cf.* Michaël R. Marrus, art. cit., ainsi que *Les Juifs de France à l'époque de l'affaire Dreyfus. L'assimilation à l'épreuve* [1972], Bruxelles, Complexe, 1985.

4   *Cf.* Phyllis Cohen Albert, *The Modernization of French Jewry. Consistory and the Community in the Nineteenth Century*, Hanovre, Brandeis University Press, 1977.

coreligionnaires d'outre-monts : assimilation et ethnicité se mêlaient sans difficulté, mais pour combien de temps encore ?

Alter ego, miroir du judaïsme français... Malgré ce qu'en disaient les Israélites français, il y avait loin entre le judaïsme français et le judaïsme italien. Ce dernier, bien qu'il ne fût pas exempt de critiques, semblait plutôt un *exemplum* à imiter ; à méditer aussi, avec les vertus et les dangers qu'il laissait entrevoir. Des évocations ressortait une grande part d'admiration. Une pointe d'affectueuse jalousie ira-t-on jusqu'à avancer prudemment. L'exemple italien était rassurant et autorisait l'espoir. Mais il ne fallait pas ignorer le passé. Les Israélites italiens devaient leur évolution à un contexte jugé favorable, dans un pays qui avait protégé et promu les Juifs. La situation du judaïsme italien était l'héritage de ce passé ; la France avait connu quant à elle une histoire plus douloureuse et semée d'obstacles. Les Israélites n'avaient-ils donc pas tendance à exagérer le philosémitisme des Italiens, conformément aux lieux communs du temps et comme pour magnifier – justifier – une situation transalpine qui leur paraissait en réalité inégalable ? Tous le reconnaissaient à l'unisson : malgré plusieurs vagues d'obscurantisme, l'Italie était depuis des temps lointains une terre ancestrale de philo-sémitisme ; les Juifs italiens n'avaient que très peu rencontré la haine sur leur chemin. On l'a senti lorsqu'il était question de l'engagement des Juifs italiens dans le *Risorgimento* ; il fallait aller plus loin dans la compréhension du passé en replaçant la judaïcité italienne dans ses rapports avec l'ensemble de la société.

C'est bien d'une mémoire italienne des Juifs de France, caractéristique du transfert culturel à l'œuvre, que l'on peut parler ici. Ceux qui s'en faisaient les porte-flambeaux tantôt adoptaient des critères d'observation scientifique, tantôt se laissaient aller aux exagérations les plus enflammées. L'étude de cette mémoire permet de se demander si, aux yeux des Juifs de France, le fascisme avait constitué une rupture sur la question juive, ou s'était au contraire inscrit dans le mouvement d'une histoire séculaire.

LA QUÊTE DES ORIGINES : JUIFS ET CHRÉTIENS
DANS L'HISTOIRE DE L'ITALIE

Dans leur quête des origines du miracle italien, les Juifs français idéalisaient l'histoire italienne et procédaient par recomposition, réinvention et occultation. Il s'agissait là toutefois plus que d'un traditionnel conflit entre histoire et mémoire, car il se produisait en outre une réappropriation de la mémoire d'un Autre, la judaïcité italienne. Cette mémoire collective du passé italien ne correspondait pas à une somme de souvenirs vécus par les Juifs français ; ceux-ci importaient pour ainsi dire la mémoire de leurs coreligionnaires et l'inscrivaient dans leur propre système de pensée. Phénomène qui participait de la reconstruction et de la consolidation de l'identité juive française. Il y avait là un certain paradoxe. Vouloir rechercher les origines d'une situation, d'une séquence historique, d'une identité même, c'est tenter de dégager une tradition[1]. Or en Europe la tradition était plutôt du côté de l'antijudaïsme et de l'antisémitisme, la modernité de celui de l'émancipation et du philosémitisme. L'on a pourtant l'impression que certains Juifs, les plus érudits, écrivaient l'histoire des relations judéo-chrétiennes en Italie à la recherche de cette modernité. La modernité de l'Italie, qui passait pour le pays le plus avancé d'Europe sur cette question, et, partant, le philosémitisme, étaient érigés en tradition.

DE L'ANTIJUDAÏSME CHRÉTIEN À L'ANTISÉMITISME SOCIAL
ET POLITIQUE : UNE HAINE RÉSIDUELLE

Dans chaque article, livre, témoignage ou conférence, l'on finissait toujours par rappeler que l'antisémitisme était complètement étranger aux Italiens. Vulgate largement diffusée. La raison semblait provenir de la nature même du peuple italien, de sa psychologie collective[2] : ignorant les barrières nationales, rétif au dogmatisme, doux, raffiné, cultivé, l'Italien ne pouvait être qu'intrinsèquement bon et accepter l'Autre,

---

1   Anne-Marie Thiesse, *La Création des identités nationales. Europe, XVIIIᵉ-XXᵉ siècle*, Paris, Le Seuil, 1999, p. 16. Sur l'importance et les usages de la mémoire dans la tradition juive, Yosef Hayim Yerushalmi, *Zakhor. Histoire juive et mémoire juive*, Paris, La Découverte, 1991.

2   *Cf.* Ralph Schor, « Le nationalisme italien : la psychosociologie à la française au XXᵉ siècle », dans Enrico Decleva, Pierre Milza (a cura di), *Italia e Francia. I nazionalismi a confronto*, Milan, Franco Angeli, 1993, p. 227.

clamait-on. Autant dire d'emblée que les Israélites français donnaient pleinement dans le mythe des « *Italiani brava gente* », qui ne résiste pas à une observation minutieuse de l'histoire italienne et aujourd'hui mis à mal par de nombreux historiens italiens comme français[1]. Certes, une vision rétrospective fournit de nombreux éléments allant dans le sens d'une remise en cause du mythe, notamment avec le tournant de la guerre d'Éthiopie, la mise en place d'un antisémitisme d'État et la Seconde Guerre mondiale. Mais gardons-nous de tout anachronisme : les Juifs de France, avant les années 1936-1938 du moins, avaient une perception toute différente de l'Italien, qui restait à leurs yeux conforme à l'image traditionnelle.

Cela n'empêchait pas les Israélites français de remarquer avec réalisme que l'Italie, à plusieurs moments de son histoire, ne fut pas exempte de haine, voire de persécutions à l'encontre des Juifs. Ils reprenaient à leur compte la distinction entre l'antijudaïsme, d'essence religieuse, qui s'attaquait au peuple d'Israël en tant que déicide, et l'antisémitisme, aux accents plus politiques, hostile aux Juifs considérés comme un groupe soudé et uni menaçant l'intérêt de la nation. Anarchiste italien exilé en France qui s'intéressa de près à ces sujets, Camillo Berneri dissipait les doutes : « On peut être antijudaïque sans être antisémite. L'antijudaïsme est la révolte contre la tradition, l'antisémitisme est la révolte contre la race[2] ». Dans les faits, ces deux formes de la même haine étaient souvent liées[3] et la distinction paraissait loin d'être claire dans tous les esprits. L'antijudaïsme semblait nettement plus répandu, en Italie, selon les Juifs français.

Ceux-ci avançaient l'idée qu'en Italie, l'Église constitua à travers les siècles le principal vecteur de la haine antijuive, observation historique avérée. La papauté, très fortement identifiée à l'Italie aux yeux des observateurs, avait toujours combattu les Juifs, qui en vinrent par ailleurs à être considérés comme des anticléricaux au moment de l'Unité[4]. Désireux de répondre aux défenseurs du « judaïsme latin », Jacques Biélinky

---

1   Sur ce débat, les publications récentes sont abondantes ; parmi elles, citons : David Bidussa, *Il mito del bravo italiano*, Milan, Il saggiatore, 1994 ; Angelo Del Boca, *Italiani brava gente ? Un mito duro a morire*, Vicenza, Neri Pozza, 2005. Plus généralement, Alberto Burgio (a cura di), *op. cit.* Et en France, Marie-Anne Matard-Bonucci, *op. cit.*, ainsi que son article : « L'antisémitisme en Italie : les discordances entre la mémoire et l'histoire », *Hérodote*, n° 89, avril 1998, p. 217-238.

2   Camillo Berneri, *Le Juif antisémite*, Paris, Vita, 1935, p. 79.

3   Giovanni Miccoli, « Antiebraismo, antisemitismo : un nesso fluttuante », dans Giovanni Miccoli, Catherine Brice (dir.), *op. cit.*, p. 3-23.

4   Hippolyte Prague, art. cit.

affirmait pour sa part que les papes avaient insufflé partout en Europe la haine antijuive dès les temps reculés, y compris parmi des peuples à l'origine favorablement disposés à l'égard d'Israël :

> C'est sous l'inspiration de Rome que le clergé polonais a mené la guerre contre les Juifs, fraternellement accueillis par la population slave, à laquelle tout esprit de haine religieuse était inconnu avant l'arrivée des émissaires de la Rome catholique et latine[1].

Revenaient à l'esprit les nombreux épisodes de conversion forcée, ainsi que l'affaire Mortara, dont l'écho dans l'opinion française fut immense[2]. Au XXe siècle, la tradition d'antijudaïsme, renouvelée après l'Affaire Dreyfus, n'avait pas disparu : des revues catholiques italiennes comme *La Civiltà cattolica*, tenue par les jésuites, des ecclésiastiques tenaient des propos n'ayant rien à envier aux heures les plus sombres de l'obscurantisme antijuif. Tous les stéréotypes renaissaient : peuple déicide, pratique de l'usure et du meurtre rituel[3]...

Mettre l'accent sur l'antijudaïsme amenait à sous-entendre qu'en Italie, la haine du Juif restait circonscrite à un bataillon restreint d'individus, celui des catholiques les plus extrémistes. L'antisémitisme qui, lui, pouvait toucher plus vastement le peuple italien, tous croyances, tendances ou groupes sociaux confondus, était minimisé. Était-ce une distorsion volontaire ? Une observation sincère ? Toujours est-il qu'existaient des désaccords sur l'antisémitisme en Italie. Le passé enseignait que, si elle avait tenu un grand rôle, l'Église n'avait pas été l'unique inspiratrice de l'antisémitisme. L'Italie en général avait souvent relégué les Juifs au rang d'inférieurs ; Venise en particulier fut l'inventrice du ghetto, Rome le théâtre de vexations collectives, lors du Carnaval notamment. Hostile à toute idéalisation du passé, Pierre Paraf rappelait : « Le mot de ghetto est italien et le ciel de la Méditerranée fut bien souvent souillé de la fumée des bûchers où les juifs, parmi les autres hérétiques, flambent en chantant des psaumes[4] ». Après la Grande Guerre, les Juifs pensaient les haines globalement éteintes. Il ne paraissait pas bon de raviver le souvenir de la conduite passée d'États qui faisaient à présent montre des meilleurs sentiments. Bien plus, en 1938, devant la poussée de l'antisémitisme

---

1   Jacques Biélinky, art. cit.
2   Michel Winock, *La France et les Juifs de 1789 à nos jours*, Paris, Le Seuil, 2004, p. 51 *sqq.*
3   *Cf.* Giovanni Miccoli, « Santa Sede, questione ebraica e antisemitismo fra Otto e Novocento », dans Corrado Vivanti (a cura di), *op. cit.*, p. 1 369 *sqq.*
4   Pierre Paraf, *op. cit.*, p. 119.

fasciste, Alfred Berl s'employait à minimiser les souffrances passées des Juifs en Italie pour souligner le caractère inédit de ce qui se déroulait outre-monts :

> À la tolérance éclectique des anciens Romains succède le fanatisme des masses médiévales […]. Comme tous les autres peuples de cette époque, les Italiens abhorrent le judaïsme ; si les israélites sont confinés dans une existence précaire et humiliée, ils ne connaissent pas du moins comme dans les pays germains ou ibériques, les affres et les souffrances de la persécution brutale et sanglante ; c'est le ghetto, mais non la torture et le bûcher[1] !

Nulle référence cependant à toute trace d'antisémitisme au XIXe et au début du XXe siècle. Le silence des observateurs israélites étonne à plusieurs égards. Pourtant, ils ne pouvaient ignorer la vigueur réelle de l'antisémitisme au-delà des Alpes, depuis des siècles, notamment à l'époque contemporaine[2]. D'autant que ce dernier revêtait parfois un caractère éminemment populaire. Les exemples foisonnent ; représentations séculaires et images nouvelles alternaient. Aux figures traditionnelles de l'avare et de l'usurier sans scrupules véhiculées par les contes, l'opéra ou la littérature à travers le genre de la *giudiata*, farce dressant le catalogue des défauts présumés d'Israël, s'ajoutaient de nouveaux motifs très à la mode au XIXe siècle : complot international judéo-maçonnique, volonté d'appauvrissement des masses paysannes italiennes par la « *plutocrazia giudaica* », lutte intérieure contre la nouvelle nation… Le succès de romans tels que *Il Ghetto : romanzo storico sociale* de Giuseppe Alessandro Giustina, alias Ausonio Liberi (1881), où les Juifs étaient dépeints sans foi ni loi, *L'emigrante italiano* de Francesco Saverio Rondina (1892), qui présentait les Israélites comme responsables de l'injustice sociale, ou encore *Nella tribù di Giuda* du néoconverti Cesare Algranati (1895) qui critiquait l'égalité des droits entre Juifs et chrétiens, témoignait de la prégnance de l'antisémitisme au sein d'une grande fraction du peuple italien[3]. Au tournant du XXe siècle, l'ombre des *Protocoles des sages de Sion* planait sur la production antisémite italienne. Des futuristes aux dannunzianistes,

---

1   Alfred Berl, art. cit.
2   L'on aurait pourtant tôt fait de retrouver, dans les écrits produits par les Juifs français au XIXe siècle, des références à l'antisémitisme italien.
3   Pour une analyse détaillée de ces exemples et un aperçu de la production antisémite, *cf.* Riccardo Bonavita, « L'image des Juifs dans la littérature italienne du romantisme au fascisme », dans Marie-Anne Matard-Bonucci (dir.), *op. cit.*, p. 363-371 ; ainsi que Franco Della Peruta, « Gli ebrei nel Risorgimento fra interdizioni ed emancipazione », dans Corrado Vivanti (a cura di), *op. cit.*, p. 1 142-1 145.

nombre de nationalistes reprirent d'ailleurs ces thèmes à leur compte :
le meilleur exemple en est la publication en 1908 de *L'ombra della vita*
où l'auteur, Enrico Corradini, considérait les Juifs comme incapables de
dépasser leur avidité atavique pour élever leur esprit à l'amour incondi-
tionnel de la patrie ; ils formaient un kyste nuisant à la nation.

Étonnamment, les allusions à la haine qui visait les protestants à
cette époque étaient relativement plus nombreuses que les références
à l'antisémitisme[1]. On retrouve cependant ici l'attitude classique qui
consistait à rechercher en quelque sorte la normalité dans la stigmatisation. Les Juifs n'étaient pas les seules cibles d'hostilité. Bien plus,
les rares mentions du nationalisme italien visaient à absoudre celui-ci
de tout soupçon d'antisémitisme, ce qui permettait de l'opposer avec
plus de force à son homologue français. Sur ce point, l'on peut placer
au crédit des Israélites français qu'effectivement, en Italie, beaucoup de
Juifs faisaient partie ou se déclaraient proches des mouvements nationalistes[2] qui ne pratiquaient pas l'exclusion[3] – et on a vu que plusieurs
Juifs français entretenaient de très amicales relations avec des nationalistes italiens. L'antagonisme entre les nationalismes français et italien
semblait d'ailleurs si fort que ce fut précisément sur la question juive
qu'ils rompirent en partie, dans les années 1910 : s'étant rendu compte
de ce que Coppola voulût imiter les méthodes, antisémites notamment,
de l'Action Française, Scipio Seghele réclama publiquement, dans *La
Tribuna*, que les nationalismes italien et français suivissent des voies
différentes, la xénophobie, le racisme et l'antisémitisme étant à ses yeux
contraires à la tradition italienne[4].

Même s'ils minoraient son existence et ses effets, les Israélites ne
dissimulaient ainsi pas, dans leurs évocations, les traces d'un antijudaïsme ou antisémitisme passé en Italie. La haine récente était tue car
l'on pouvait la penser trop brûlante pour être complètement éteinte ;
nul n'était besoin d'alarmer les esprits ni d'entacher une si idyllique
description. Cela dit, mise en perspective avec l'ensemble de l'Europe,
la sœur latine faisait figure de véritable jardin d'Éden pour les Juifs.

---

1   *Cf.* entre autres, Benjamin Crémieux, préface à Curzio Malaparte, *L'Italie contre l'Europe*,
     Paris, Félix Alcan, 1927, p. VI ; *Archives Israélites*, 1er septembre 1927.
2   *Cf.* Camillo Berneri, *op. cit.*, p. 11-12.
3   *Cf.* Marie-Anne Matard-Bonucci, « Entre Prezzolini et Gramsci : lectures italiennes de
     l'affaire Dreyfus », dans Michel Leymarie (dir.), *La Postérité de l'Affaire Dreyfus*, Lille,
     Presses Universitaires du Septentrion, 1998, p. 111.
4   Daniel J. Grange, « Le nationalisme français vu d'Italie avant 1914 », dans Enrico Decleva,
     Pierre Milza (a cura di), *op. cit.*, p. 112.

D'où venait que le philosémitisme y avait tant de force ? De l'attitude des Juifs ou de la mentalité des Italiens ?

LA FORCE DU PHILOSÉMITISME ITALIEN

Le Talmud enseigne que « la loi du Royaume est la loi » (*Gittin*, 10 b). Fidèles à une alliance verticale avec le pouvoir en place, même quand celui-ci les considérait en mauvaise part, les Juifs intellectualisèrent ce principe et manifestèrent en tout temps et en tout pays, application consciente ou non de ce précepte, leur gratitude à l'égard de ceux qui leur donnaient asile[1]. S'accommoder à toute épreuve du pouvoir en place consolidait la loyauté d'Israël. Il n'y avait aucune arrière-pensée derrière l'application de cette doctrine si ce n'était un désir de sérénité. Rarement cependant cette attitude ne fut autant récompensée qu'en Italie. L'esprit italien n'y était pas pour rien, aux dires des Israélites français.

L'idée prévalait en effet que, plus que d'autres, les Italiens avaient voulu récompenser les Juifs pour leur action en faveur du pays, notamment au moment où se réalisait l'Unité : « c'est certainement le souvenir de cette participation de l'élément israélite aux luttes mémorables du *Risorgimento* qui a préservé l'Italie contemporaine de l'épidémie de l'antisémitisme qui a sévi dans la plupart des pays européens, sans en excepter même la France[2] » ; les Juifs avaient cependant poursuivi un objectif des plus désintéressés, comme le soulignait Alfred Berl : « Les Juifs d'Italie, devançant le bienfait, l'avaient préalablement justifié par un patriotisme aussi ardent que sincère[3] ». Mais quel aurait été le destin des Juifs sans l'appui de grandes figures, célébrées par les observateurs français, dont Massimo d'Azeglio – l'abbé Grégoire italien – qui publia en 1848 *Dell'emancipazione civile degli israeliti*, Cavour, Cesare Balbo, Gioberti ou encore Cattaneo[4] ? L'humanisme de l'Italien, descendant des Romains qui avaient compris que l'ouverture à l'Autre, en particulier

---

1   Sur cet élément central de l'histoire juive qui survécut et s'appliqua sous différentes formes, *cf.* notamment, Yosef Hayim Yerushalmi, « "Serviteurs des rois et non serviteurs des serviteurs". Sur quelques aspects de l'histoire politique des Juifs », *Raisons politiques*, n° 7, août-octobre 2002, p. 20 *sqq.* ; Pierre Birnbaum, *Prier pour l'État. Les Juifs, l'alliance royale et la démocratie*, Paris, Calmann-Lévy, 2005, p. 7-34 ; Jean-Marc Chouraqui, « "La loi du royaume est la loi" : les rabbins, la politique et l'État en France (1807-1905) », *Pardès*, n° 2, 1985, p. 57-79.

2   Hippolyte Prague, art. cit.

3   Alfred Berl, art. cit.

4   En cela, la mémoire des Juifs de France coïncidait avec celle de leurs coreligionnaires italiens tout aussi élogieux à l'égard de ces grandes figures. *Cf.*, parmi de nombreux exemples, Vittorio Segre, *Storia di un ebreo fortunato*, Milan, Bompiani, 1985.

au génie d'Israël, permettait d'augmenter la force de l'Empire[1], avait émancipé le judaïsme pour le plus grand bien de la nation. Le *Statuto* de 1848, constitution accordant l'égalité des droits aux Juifs, n'était pas un simple acte officiel mais symbolisait l'ouverture d'esprit de l'Italien[2]. Ce dernier, loin de se cantonner à laisser les Juifs en paix, s'employait à leur promotion : il était profondément philosémite. Revenant en 1927 sur l'histoire des Juifs d'Italie, Hippolyte Prague, en un lyrique et vibrant éloge, opposait sur cette question les deux sœurs latines :

> Et tandis que la France était secouée par la machination antisémite de l'affaire Dreyfus, un Juif, le général Ottolenghi, précepteur du prince héritier qui règne actuellement sous le nom de Victor-Emmanuel III, était nommé ministre de la Guerre.
> [...] C'est aussi l'Italie, la première, qui confia des postes diplomatiques à des Juifs, tandis que dans la France républicaine et laïque, la carrière leur est encore fermée, en violation de la fameuse Déclaration des Droits de l'Homme qui est pourtant la charte de notre pays ! [...]
> *Italia fara da sè*. Elle ne s'est pas laissée contaminée par le virus antijuif. Elle a fait à ses citoyens israélites, dans tous les ordres, dans toutes les branches sociales et politiques, la place à laquelle leurs mérites, leurs aptitudes leur donnaient droit[3].

On ne saurait imaginer plus claire expression de l'idéalisation de l'histoire italienne. L'on ne pouvait s'arrêter en si bon chemin. Pris dans leur enthousiasme, les Israélites français avaient l'impression que l'Italie était en constant progrès, à tel point que le philosémitisme gagnait même les plus hautes autorités catholiques transalpines. En balayant l'histoire italienne, les observateurs avaient le sentiment de vivre un tournant sans précédent. Dans le même passage, Hippolyte Prague, parlant du peuple italien, ajoutait « que son attachement à l'Église [ne l'] empêch[ait] pas de traiter les Juifs en égaux, en frères[4] ! ». Assistait-on à une rupture avec toute la tradition italienne d'antijudaïsme ? À l'évidence, et contre toute vraisemblance, les Israélites, prenant la partie pour le tout, voulaient le croire. Ils avaient accueilli chaleureusement le 6 février 1922 l'élection au pontificat de celui qui, alors qu'il n'était encore qu'Achille Ratti, se déclarait l'ami d'Israël et deviendrait

---

1 *Cf.* Alfred Berl, « Le devoir civique des Juifs dans les États modernes », *Paix et Droit*, avril 1926. Observation historique peu nuancée qui mériterait la discussion.
2 Aimé Pallière, « En Italie », art. cit.
3 Hippolyte Prague, art. cit.
4 *Ibid.*

Pie XI[1]. La promulgation en novembre 1923 de l'encyclique *Ecclesiam Dei*, où l'on pouvait lire qu'« il n'y a point de distinction entre Juif et Grec ; car il n'y a qu'un même seigneur pour tous », la condamnation de l'Action Française, en 1926, et la lutte contre la Fédération nationale catholique (FNC) ne firent que confirmer les impressions premières, alors qu'elles jetèrent un trouble dans l'opinion catholique française[2]. Les Italiens, pensait-on, très soumis au Vatican voisin, ne feraient que suivre ce mouvement favorable. Mais c'était là assimiler trop rapidement le sommet à la base. Il n'empêchait que, fortes de ce nouveau climat, les entreprises de rapprochement judéo-chrétien fleurirent outre-monts. Parmi elles, la création de l'association *Amici Israel* (« Les amis d'Israël ») apparaissait symbolique. L'initiative n'en était pas italienne et provenait de Francisca Van Leer, juive hollandaise convertie au catholicisme, qui s'engagea auprès des missionnaires catholiques en Palestine avant de fonder en 1926, à Rome, cette association[3], en collaboration avec le Père Antoine Van Asseldonck et l'abbé René Klinkenberg. Animée en Italie par Mgr Pisani et d'autres membres du clergé, l'association *Amici Israel* avait « pour but de réveiller dans le monde catholique les sentiments de sympathie pour le Peuple Juif et pour son œuvre de bienfaisance[4] ». Les Amis d'Israël étaient décrits comme l'exemple même de ce qu'était le philosémitisme en cette ère nouvelle[5] : « L'âme catholique doit être convaincue que l'élection du peuple d'Israël est confirmée par Jésus-Christ même ; il faut remplacer les sentiments antisémites par des sentiments d'amour », notaient les *Archives Israélites*[6]. L'association disparut en 1928, dissoute par le Saint-Office pour des raisons obscures[7]. Cela ne signifiait cependant pas l'arrêt de mort du

---

1   Voir, dans les *Archives Israélites*, « L'Église et Israël », 30 mars 1922 ; ainsi que « Pie XI et le Grand Rabbin », 4 mai 1922. On voit bien ici comment la perception de l'Italie et celle du Vatican se confondaient dans l'esprit des Juifs de France. La presse juive classait d'ailleurs souvent les informations relatives à la papauté dans la rubrique « Italie ».

2   *Cf.* Marc Agostino, *Le Pape Pie XI et l'opinion (1922-1939)*, Rome, École française de Rome, 1991, p. 257 ; Ralph Schor, *L'Église catholique au XXᵉ siècle*, Paris, Armand Colin, 1990, p. 37-38.

3   Laurence Deffayet, « *Amici Israel* : les raisons d'un échec », *Mélanges de l'École française de Rome. Italie et Méditerranée*, n° 117-2, 2005, p. 833.

4   *Archives Israélites*, 22 avril 1926.

5   Au sujet de cette assertion discutable, *cf.* Pierre Pierrard, *Juifs et catholiques français de Drumont à Jules Isaac, 1886-1994*, Paris, Le Cerf, nouvelle édition 1997, p. 249-251.

6   *Archives Israélites*, 22 avril 1926.

7   *Cf. L'Univers Israélite*, 13 et 27 avril 1928. D'aucuns avancent la volonté des Amis d'Israël de remettre en cause la prière *Pro Judaeis*, ce qui aurait irrité le Vatican. Outre l'article cité de Laurence Deffayet, voir Menahem Macina, « Causes de la dissolution d'*Amici Israel*

philosémitisme italien, qui vivait à travers d'autres associations plus anciennes, comme *Pro Israel*[1].

Pour répondre à une soif réelle de connaissance, ce voyage à travers l'histoire avait un objectif très présent : tirer de ces observations des remèdes tout autant qu'un renforcement de légitimité, conféré par l'ancienneté de l'ancrage du judaïsme dans les pays latins. Ce cas d'école d'instrumentalisation de l'histoire n'avait rien d'original. Comme le note Jean-Marc Chouraqui : « Les Juifs de la diaspora utilisent [...] le passé pour s'inscrire dans une histoire locale commune et *s'identifier à une autre collectivité nationale*. Certains événements du passé sont réactualisés et interprétés à la lumière des événements du présent, et utilisés comme des références et des supports culturels fondamentaux[2] », en l'occurrence le modèle d'intégration à l'italienne. Le cinglant démenti qu'infligea Mussolini à cette image fut tragique pour les Juifs italiens, comme pour tous leurs coreligionnaires qui se cramponnaient à leur exemple.

Comparaison, on le sait, n'est pas raison. Mais choisir une étude de cas comme celle de l'attitude des Juifs français face à l'Italie sans la mettre en regard avec celle qu'ils adoptaient face à d'autres pays peut en amplifier ou en ternir la valeur exemplaire, au sens propre du terme. Il ne saurait être question de passer en revue l'image que les Juifs français se représentaient de l'ensemble des pays piquant leur intérêt. Un exemple apparaît éloquent : celui de l'Allemagne. Sans vouloir tomber dans un manichéisme simpliste opposant modèles « germain » et « latin » dans l'univers mental des Israélites français, l'on peut remarquer, en creux, que l'attitude face à l'Italie n'avait rien de courant. L'on peut avancer prudemment que la référence à l'Allemagne suscitait une forme de rejet, *a fortiori* après 1933 mais déjà bien avant ; le modèle allemand – si l'on peut employer ce terme – semblait le parfait contrepoint du modèle italien. À commencer par le portrait que l'on dressait de la personnalité collective prêtée à l'Allemand, ou plutôt, au Germain : le manque de finesse et d'élégance, l'instinct grégaire le caractérisaient. Là où l'Italien se soumettait à la puissance de l'art, l'Allemand, lui,

---

(1926-1928) », dans Annette Becker, Danielle Delmaire, Frédéric Gugelot (dir.), *Juifs et chrétiens : entre ignorance, hostilité et rapprochement (1898-1998)*, Lille, Presses Universitaires du Septentrion, 2002, p. 87-110.

1   Hippolyte Prague, « La situation en Europe occidentale », *Archives Israélites*, 16 novembre 1922.

2   Jean-Marc Chouraqui, « Le passé ne s'use que lorsqu'on n'en use pas... », dans Jean-Marc Chouraqui, Gilles Dorival, Colette Zytnicki (dir.), *op. cit.*, p. 18 (souligné dans le texte).

était esclave de l'autorité et de la force[1]. Deux ouvrages écrits par des Juifs français pendant et après la Première Guerre mondiale avaient contribué à renforcer cette image dépréciative : *L'Allemagne au-dessus de tout*, d'Émile Durkheim (1915), auquel faisait écho un essai au titre éloquent, *Le Germanisme contre l'esprit français*, d'Henri Berr (1919). Le passé dictait bien entendu les comportements : le Français, et partant l'Israélite français, avait combattu l'Allemand, à la différence de l'Italien. L'Allemand semblait d'ailleurs le dépositaire d'un tempérament belliciste : pour Henri Berr, « l'idée latine de paix [...] est étrangère à la pensée allemande[2] ». Aucune solidarité confessionnelle entre juifs allemands et français ne s'était d'ailleurs fait jour pendant la guerre de 1870 comme pendant celle de 1914-1918 : le patriotisme l'emportait sans conteste sur le sentiment communautaire[3]. Malgré l'existence d'influences réciproques et de contacts entre Juifs français et allemands[4], il n'existait pas véritablement la même attirance et intimité qu'avec les Israélites d'Italie. Le but de cette esquisse de comparaison est de montrer que, pour les Juifs de France, parler de culture et de religion, sans aborder nécessairement le champ politique, induit nécessairement un acte d'engagement intellectuel et culturel *pro* ou *contra*. Louer l'exemple italien n'avait rien d'anodin ; cela permettait d'afficher ses conceptions culturelles, religieuses et politiques. Savoir, dire, diffuser, c'était agir.

Les arguments ne manquent donc pas, qui permettent d'affirmer, sans risque, que l'Italie occupait une place particulière dans le cœur de nombre de Juifs français. Sa culture était appréciée, la place qu'y tenait la religion juive également. Paradis. Le terme ne semble pas trahir la conception des Juifs de France, dont les coreligionnaires italiens apparaissaient privilégiés en Europe. Ce moment italien, nourri par l'écrit ou

---

1   Ralph Schor, *L'Opinion française...*, *op. cit.*, p. 147-152 ; ainsi que, « L'image des Allemands dans la France de l'entre-deux-guerres », *Recherches Régionales*, n° 185, janvier-mars 2007, p. 91-101.
2   Henri Berr, *Le Germanisme contre l'esprit français*, Paris, La Renaissance du livre, 1919, p. 182. Voir aussi, p. 213-214.
3   Cela a été clairement démontré par Philippe-E. Landau : « De l'Empire à la République : les Juifs de France et la guerre de 1870-1871 », *Archives Juives*, n° 37/2, 2ᵉ semestre 2004, p. 121 ; et « Juifs français et allemands dans la Grande Guerre », *Vingtième Siècle*, n° 47, juillet-septembre 1995, p. 70-76.
4   Perrine Simon-Nahum, *op. cit.*, p. 48, *sqq.* ; ainsi que, « Les intellectuels juifs français et la philologie allemande : un débat scientifique et idéologique (1860-1914) », *Romantisme*, n° 73, 1991, p. 69-80. Plus largement, concernant l'influence de la *Haskalah*, les Lumières juives allemandes, sur les Juifs français, voir Riccardo Calimani, *Ebrei eterni inquieti. Intellettuali e scrittori del XX secolo in Francia e Ungheria*, Milan, Mondadori, 2007, p. 63-82.

le voyage, n'a pas à proprement parler ouvert sur une « italianisation » des Juifs français ; admiratifs, ils croyaient néanmoins à la force de leur propre modèle d'assimilation qui pouvait toutefois être amélioré par des traits importés d'outre-monts. Ces images, les Juifs de France peineront à les remettre en cause jusqu'à l'extrême veille de la guerre car le fascisme ne passait pas pour un élément perturbateur. L'Italie libérale emmènerait-elle dans la tombe avec elle sa tradition de philosémitisme ? Mussolini, à première vue, semblait pourtant se revendiquer de cet héritage. Pour s'en assurer, il fallait scruter minutieusement ce qu'était véritablement le fascisme.

L'ITALIE POLITIQUE :
QU'EST-CE QUE LE FASCISME ?

Imprégnés de l'idéal démocratique, du principe d'égalité et de pacifisme, les Israélites français ne pouvaient ignorer le bouleversement politique dont l'Italie fut le théâtre. Mais il se révélait gênant pour eux, du moins pour ceux qui s'exprimaient avant tout au nom de leur foi, de prendre clairement position car ils n'oubliaient pas l'accusation antisémite selon laquelle ils tiraient les leviers de l'État et dictaient à la France sa politique extérieure. Désireux de faire mentir de telles accusations, les organes communautaires semblaient ainsi souvent s'emmurer dans la neutralité et dans le mode descriptif relativement aux questions politiques, *a fortiori* quand la question juive était absente du débat[1], ce qui rend l'analyse délicate, surtout si l'on compare la timidité de certaines prises de positions israélites à l'égard du fascisme aux opinions nettement tranchées et clivées de l'opinion française en général[2].

À y regarder de près, l'attitude des Juifs de France – intellectuels exceptés – n'avait en réalité que l'apparence de la neutralité : d'un mot semblant anodin au détour d'une phrase, d'une digression ou même d'un silence, les avis transparaissaient. De plus, si tous les Israélites ne se livraient pas à une analyse précise de la nature du fascisme, ils étaient nombreux à consacrer des développements parfois conséquents à Mussolini, desquels ressortaient nécessairement des éléments sur le régime italien, peu architecturés et thématisés mais somme toute éloquents. Comment négliger enfin la voix des intellectuels juifs qui, justement en « situation d'homme[s] du politique[3] », ne se sentaient bien entendu pas tenus par la neutralité, sans quoi l'appellation d'intellectuel les concernant eût paru usurpée ? La question de leur représentativité doit cependant être posée. On saisit ici l'opinion juive dans ses différentes

---

1   Voir la profession de foi d'Émile Cahen, *Archives Israélites*, 5 juillet 1923.
2   Pierre Milza, *L'Italie fasciste devant l'opinion française, 1920-1940*, Paris, Armand Colin, 1967, p. 15-39.
3   Pascal Ory, Jean-François Sirinelli, *Les Intellectuels en France de l'Affaire Dreyfus à nos jours*, Paris, Armand Colin, 3e édition 2002, p. 10.

strates, dont la perception se révèle souvent masquée par des noms illustres, qui occupent le devant de la scène et des analyses historiques. L'intérêt porté à des penseurs ou à des vecteurs de second plan, sans que cela soit ici péjoratif, fait pénétrer dans des cercles d'ordinaire peu explorés où la judéité portait une identité politique[1] et confère à l'étude de cette opinion une épaisseur, une profondeur, une complexité à même de comprendre les errements qui caractérisèrent une importante fraction de la judaïcité française face au fascisme.

Il apparaît dès lors possible de reconstituer, en rassemblant tous les indices, traces et touches, le tableau du fascisme que les Israélites dépeignaient à l'époque, donnée essentielle lorsqu'on sait combien, en dépit de leurs dénégations, ceux-ci politisèrent leur perception de la question juive en Italie[2]. Malgré les cheminements multiples et contradictoires de ce mouvement et régime, l'image de la nature du fascisme évolua assez peu. C'est pourquoi il peut être utile de la présenter d'un seul tenant. Sur un sujet aussi politisé, qui faisait appel aux convictions profondes de chacun, l'admiration que suscitaient la culture et la place de la religion en Italie serait-elle toujours de mise ?

LE « FASCISME DANS SON ÉPOQUE[3] » : UNE ANALYSE TARDIVE ET INCERTAINE

La majorité des organes représentatifs de l'opinion juive n'étaient pas tenus par des spécialistes, politologues, historiens, sociologues, mais souvent par des journalistes qui, bien qu'ils fussent éminemment cultivés, ne se lançaient pas dans une analyse systématique du phénomène

---

1   Outre les travaux pionniers de Pierre Birnbaum (en particulier *Histoire politique des Juifs de France : entre universalisme et particularisme*, Paris, Presses de la FNSP, 1990, publié sous sa direction), les recherches menées par des historiens israéliens et anglo-saxons ont fait progressé les questionnements sur ce sujet : voir entre autres, pour des mises au point théoriques, Alain Greilsammer, « Le Juif et la Cité : quatre approches théoriques », *Archives des Sciences sociales des religions*, n° 46/1, juillet 1978, p. 135-151 ; Ezra Mendelsohn, *On Modern Jewish Politics*, Oxford, Oxford University Press, 1993.

2   C'est pour notre part ce que nous avons tenté de montrer dans : Jérémy Guedj, « Les Juifs de France, l'Italie fasciste et la "question juive", 1922-1939 », *Archives Juives*, n° 43/1, 1er semestre 2010, p. 114-125.

3   D'après le titre de l'ouvrage d'Ernst Nolte, *Le Fascisme dans son époque*, Paris, Julliard, 1963.

ou du régime fascistes, ce qui ne devait d'ailleurs pas correspondre aux attentes du public auquel ils s'adressaient. Ils se contentaient ainsi, dans le meilleur des cas, d'en relever les traits les plus saillants. Seuls les intellectuels, au sens propre du terme, manifestaient une véritable vision d'ensemble.

« LEUR TRIOMPHE A SANS DOUTE MARQUÉ LEUR MORT » : ERREURS ET SILENCES

En 1919, éclata en Italie une crise qui couvait depuis la fin de la guerre et fut annoncée par une série de convulsions de taille. Les difficultés économiques étaient patentes, nées de la conjoncture mondiale et de l'incapacité des industries de guerre à se reconvertir ; l'intervention des pouvoirs publics, eux-mêmes handicapés par la pénurie des devises, ne suffit pas à enrayer le marasme, ce qui provoqua un intense malaise social. Les désordres se multiplièrent[1]. Les ouvriers s'emparèrent de nombre d'usines, dont certaines tombèrent dans le giron de milices ouvrières. La force de ce mouvement provenait de la poussée des syndicats, qui enregistraient au sortir de la guerre une envolée des adhésions. Dans tous les esprits, le souvenir de la révolution bolchevique demeurait vivace. Aussi put-on craindre ou espérer à un moment que le drapeau rouge flottât sur toute l'Italie. D'où la peur des grands possédants. Mais nul n'entrevoyait d'issue claire au conflit, étant donné l'instabilité du régime libéral : les gouvernements tombaient les uns après les autres. Même si la situation se décanta progressivement, certains éléments internes qui conduisirent le fascisme au pouvoir par la suite – le sentiment populaire que les gouvernements successifs n'honoraient pas leurs promesses et, d'autre part, la crainte d'une poussée des forces révolutionnaires – étaient réunis.

À l'automne, l'agitation se tassa ; la vie normale reprenait son cours. À la mi-mai 1921, l'on put organiser des élections. Benjamin Crémieux, dans une conférence prononcée le 30 mai devant le Comité national d'études sociales et politiques, en analysa les résultats depuis Paris et

---

1 Les occupations des grandes terres latifundiaires, dans les campagnes, se généralisèrent, rassemblant près de 500 000 *braccianti*, ou travailleurs agricoles, qui, de la vallée du Pô au *Mezzogiorno* réclamèrent l'application de la réforme agraire promise par Salandra et Orlando, en 1915 et 1917. Situation identique à celle des villes où l'agitation gagnait du terrain, galvanisée par le rejet que suscitait l'augmentation du prix des denrées alimentaires. En 1919 et 1920, durant le « *biennio rosso* », des milliers de conflits sociaux éclatèrent, mobilisant presque deux millions de travailleurs. Philippe Foro, *L'Italie fasciste*, Paris, Armand Colin, 2006, p. 14 ; ainsi que l'ouvrage classique de Giuseppe Maione, *Il biennio rosso. Autonomia e spontaneità operaia nel 1919-1920*, Bologne, Il Mulino, 1975.

s'intéressa au devenir des formations politiques italiennes. Après l'examen des sociaux-démocrates, des démocrates-chrétiens, des communistes et des giolittiens, vint le tour des fascistes, rapidement évacués, alors qu'ils étaient 320 000 pour environ 120 000 inscrits à cette date et firent entrer 35 des leurs à la Chambre, à commencer par Mussolini. Le conférencier se justifiait en ces termes :

> Les fascistes sont encore un de ces partis très mal connus en France et qu'il ne serait peut-être pas bien nécessaire de connaître parce que leur triomphe a sans doute marqué leur mort[1].

Il tint d'ailleurs des propos analogues dans une revue à la vaste diffusion, *L'Europe nouvelle*, où, de la même manière, il fit preuve d'un « optimisme déconcertant », selon le mot de Pierre Guillen[2]. La position de Crémieux représentait parfaitement celle de l'ensemble des Israélites français. À aucun moment ils n'avaient pris la mesure du bouleversement qui se produisait outre-monts ; à aucun moment ils n'avaient vu venir le fascisme. Alors que leurs compatriotes craignaient pour les uns, espéraient pour les autres, que le vent révolutionnaire ne gagnât le pays et examinèrent dans le détail le cours des événements italiens[3], les Juifs, eux, n'accordèrent pas une seule ligne de leurs revues ou écrits à la crise italienne. Cela provenait-il de l'absence de lien entre la crise en Italie et la question juive ? C'est une possibilité, mais elle est contredite par l'existence d'articles relatifs à des situations qui n'avaient trait en rien au judaïsme. Cela s'expliquait-il par la présence au premier plan d'un événement qui focalisait davantage l'attention ? Aucune observation ne va en ce sens : en 1920, la question de la paix dominait, de même que celle de la Palestine, mais elles n'éclipsèrent pas les autres sujets. Fallait-il y voir une erreur d'appréciation de l'ampleur de la crise ? L'explication serait valable si l'on ne tenait pas compte du haut degré d'information des organes juifs. Ainsi, aucune de ces hypothèses n'emporte pleinement l'adhésion ; les éléments de réponse sont quasiment nuls. Il en existe cependant un : le silence. Si l'on ne fit aucune allusion à ce qui se passait en Italie, la raison provenait sans

---

1   Benjamin Crémieux, *L'Esprit des récentes élections italiennes et les grands courants politiques et sociaux*, Paris, Comité national d'études politiques et sociales, 1921, p. 8.

2   Pierre Guillen, « La revue l'*Europe nouvelle* et l'établissement du régime fasciste en Italie », *Recherches Régionales*, n° 187, juillet-septembre 2007, p. 41.

3   *Cf.* Ralph Schor, « L'Italie de 1920 devant l'opinion française », dans Enrico Decleva, Pierre Milza (a cura di), *La Francia e l'Italia negli anni venti : tra politica e cultura*, Milan, Franco Angeli, 1996, p. 15. Voir aussi Pierre Milza, *op. cit.*, p. 18 *sqq.*

doute de ce qu'on estimait la situation passagère et peu grave. La foi des Juifs de France en la force de la démocratie laissait espérer une résorption rapide de la crise, au sujet de laquelle il n'était nullement besoin d'alarmer l'opinion juive.

Meir Michaelis a montré que dans de nombreux pays, la presse juive s'était inquiétée avec grande émotion des perspectives que laissait entrevoir l'avènement du régime des faisceaux[1]. Nulle trace d'une pareille tendance dans la presse juive française. Dans leur écrasante majorité, les Israélites de France virent en fait s'installer le fascisme avec le plus grand étonnement. Cela ne rendait que plus malaisée l'analyse d'un phénomène aussi complexe. Avant de se prononcer sur la nature du mouvement que portait le nouveau régime italien, nature paraissant hybride et difficilement saisissable *a priori*, les Juifs consentirent à faire ce qu'ils n'avaient pas entrepris jusqu'alors : chercher les origines du fascisme. L'analyse était de cette manière souvent rétrospective ; elle estompait la part d'étonnement suscitée par l'observation contemporaine des événements, mais elle s'efforçait de mettre chaque fois son objet en perspective. Au moment des faits, les Juifs ne s'étaient nullement penchés sur les causes immédiates de la naissance et de l'avènement du fascisme ; ils offraient en revanche une analyse rétrospective – une reconstruction historique – des causes lointaines très poussée.

NAISSANCE ET ESSENCE DU FASCISME : UNE RÉFLEXION A POSTERIORI

Une idée présidait à toutes les considérations : en dépit des affirmations de ses hiérarques, le fascisme versait peu dans le dogmatisme, l'action l'emportant souvent sur la doctrine, constituée d'un agrégat de théories piochées çà et là dans des courants antérieurs divers ou formées plus ou moins habilement à mesure que s'écrivaient les événements. Il fallait donc adopter une démarche empirique pour analyser le fascisme et ne pas se fier aux seules déclarations. Ce parti-pris est d'ailleurs largement admis par l'historiographie qui, pour définir le fascisme, ne s'ancre pas seulement dans l'histoire des idées mais cherche à étudier la traduction politique et sociale de celles-ci : Robert Paxton, choisissant d'accorder une place de premier ordre aux actes pour déterminer la nature du fascisme, peut ainsi écrire que « ce que les fascistes ont fait nous en dit au moins autant que ce qu'ils ont déclaré », si ce n'est plus[2]. La difficulté pour les

1   Meir Michaelis, *Mussolini and the Jews. German-Italian Relations and the Jewish Question in Italy (1922-1945)*, Oxford, The Clarendon Press, 1978, p. 24.
2   Robert O. Paxton, *Le Fascisme en action*, Paris, Le Seuil, 2004, p. 22.

observateurs contemporains, étrangers à l'Italie de surcroît, provenait de l'incapacité à rattacher l'expérience originale que constituait le fascisme à des courants, idées, schémas déjà existants et à l'inscrire dans des catégories connues[1]. De quoi, de qui les fascistes s'inspiraient-ils ainsi ? Analysant l'ouvrage de Curzio Malaparte, *L'Italie contre l'Europe*, Benjamin Crémieux soutenait en 1927 que certains modèles français avaient pu influencer le fascisme :

> La substance même de sa doctrine dérive [...] de deux idées françaises appliquées d'une façon originale à la psychologie et à l'histoire du peuple italien : l'une, celle de la décadence de l'Europe, résultat de la Réforme, empruntée à Charles Maurras ; l'autre, celle de la violence et du volontarisme syndicaliste, empruntée à Georges Sorel[2].

L'on sait combien ce sujet divise les historiens[3] ; la question des origines françaises du fascisme ne fut cependant guère débattue parmi les Juifs. Sans doute certains rejetaient-ils cette hypothèse en prenant acte de ce qu'en France, ceux qui cherchaient à établir une parenté entre le fascisme italien et les idées françaises se situaient à l'extrême droite de l'échiquier politique et exaltaient le nationalisme et l'antiparlementarisme, desquels dérivait souvent l'antisémitisme. Les Israélites français cantonnaient ainsi

---

1   Se reporter à Bruno Goyet, « La "Marche sur Rome" : version originale sous-titrée. La réception du fascisme en France dans les années 1920 », dans Michel Dobry (dir.), *Le Mythe de l'allergie française au fascisme*, Paris, Albin Michel, 2003, p. 69 *sqq.*

2   Benjamin Crémieux, préface à Curzio Malaparte, *L'Italie contre l'Europe*, Paris, Félix Alcan, 1927, p. II.

3   Sur l'influence des idées de Charles Maurras en Italie, *cf.* Pierre Guiral, « Charles Maurras et l'idée de races latines », dans Jean-Baptiste Duroselle, Enrico Serra (a cura di), *Italia, Francia e Mediterraneo*, Milan, Franco Angeli, 1990, p. 178-179 ; ainsi que Pierre Milza, « Le nationalisme italien vu par l'Action française (1911-1915) », dans Enrico Decleva, Pierre Milza (a cura di), *Italia e Francia. I nazionalismi a confronto*, Milan, Franco Angeli, 1993, p. 56-71. Une mise au point récente montre l'influence réelle des idées de Maurras en Italie, lesquelles ont imprégné les nationalistes italiens sans servir de soubassement à une matrice politique : Didier Musiedlak, « Charles Maurras et l'Italie : histoire d'une passion contrariée », dans Olivier Dard, Michel Grunewald (dir.), *Charles Maurras et l'étranger, l'étranger et Charles Maurras*, Berne, Peter Lang, 2009, p. 155-167. La thèse surestimant la marque du sorélisme dans le fascisme a été vivement critiquée : l'on avance en général une confusion dans l'esprit des observateurs entre le Mussolini d'avant 1914, admirateur de Sorel, et le Mussolini fasciste. *Cf.* Michel Charzat, « Georges Sorel et le fascisme : éléments d'explication d'une légende tenace », *Mil neuf cent*, n° 1, 1983, p. 37-51. En 1978, l'historien israélien Zeev Sternhell défendit une thèse controversée selon laquelle les idées de l'extrême droite française, mêlées à celles d'autres familles politiques, de gauche notamment, furent à l'origine même du fascisme, ce qui revient à voir dans la France le berceau de ce mouvement et omet le poids des idées et du contexte italiens (*La Droite révolutionnaire, 1885-1915 : les origines françaises du fascisme*, Paris, Le Seuil, 1978).

leur analyse au strict cadre italien. Le fascisme semblait s'inscrire dans la lignée des bouleversements qu'avait connus la péninsule depuis le XIXe siècle. Il constituait une étape, brève espérait-on, de la consolidation de l'unité et de la politisation de l'Italie ; il poursuivait le mouvement historique amorcé depuis le *Risorgimento* : « L'Italie fasciste considère que l'œuvre du *Risorgimento* n'a été achevée ni par l'entrée dans Rome en 1870, ni même par les annexions de 1918[1] ». Nombreux étaient ceux qui insistaient à juste titre sur l'importance de la Grande Guerre, qui avait précipité la naissance du fascisme[2]. Pendant le conflit en effet, l'Italie connut ses premiers ébranlements, scindée en deux camps antagonistes : l'Italie giolittienne, celle des neutralistes, composée des masses paysannes et ouvrières, des socialistes et d'une partie des catholiques, qu'affrontait l'Italie interventionniste, peuplée des démocrates de tendance mazzinienne, des anarcho-syndicalistes, des socialistes, ainsi que d'une fraction importante des intellectuels[3], dont les écrits façonnèrent l'opinion italienne et retentirent jusqu'en France. La frustration en Italie, notait-on, était d'autant plus grande au sortir du conflit que le sacrifice auprès des alliés – 670 000 Italiens tombèrent au champ d'honneur – se solda par une « Victoire mutilée », pour reprendre la célèbre expression de d'Annunzio. Aussi revenait-on en détail sur l'effet du tournant historique représenté par la guerre dans la formation du fascisme. Daniel Halévy rapportait ainsi les propos que lui tint Paolo Orano lors du *Convegno Volta* de Rome, en 1932 : « Avant 1914, me dit Orano, pour nous fascistes, il n'y a rien ; 1914 ; l'histoire commence[4] ». Daniel Halévy avait cependant une vision autrement différente et écrivait : « je dirais : 1914, l'histoire finit ; quelque chose d'obscur et d'inconnu commence[5] ». Différence de vision donc entre le cadre fasciste et l'intellectuel français : pour le premier, 1914 inaugura un monde nouveau ; pour le second, cette date marquait la mort d'un monde ancien. Considérations historiques qui amenaient Halévy à cerner la place omniprésente de la guerre dans l'imaginaire fasciste, que symbolisait la chemise noire, vêtement de deuil, mais également habit du paysan revêtu par les fascistes « pour prendre en main la direction de leur pays, le retourner comme on retourne un

---

1   Benjamin Crémieux, *Essai sur l'évolution littéraire de l'Italie de 1870 à nos jours*, Paris, Kra, 1928, p. 313-314.

2   Pour une vision générale de la filiation guerre-fascisme, Paul Corner, « La mémoire de la guerre et le fascisme italien », *Vingtième Siècle*, n° 41, janvier-mars 1994, p. 60-66.

3   Michel Ostenc, *Intellectuels italiens et fascisme, 1915-1929*, Paris, Payot, 1983, p. 29.

4   Daniel Halévy, *Courrier d'Europe*, Paris, Grasset, 1933, p. 279.

5   *Ibid.*

champ, le féconder[1] ». Et les mots étaient bien choisis, car ils traduisaient parfaitement le bouleversement que représenta le fascisme aux
origines duquel figurait une forme de révolution, et en premier lieu une
révolution des esprits[2]. De sorte que les intellectuels avaient grandement
contribué à refaçonner la mentalité italienne. L'on évoquait le rôle de
Marinetti, l'apôtre du futurisme, qui propagea dans l'opinion italienne
des idées avant-gardistes exaltant la vitesse et la modernité industrielle,
aux antipodes d'images traditionnelles tournées vers le passé :

> On peut dire que dans une large mesure le futurisme a préparé les voies de
> l'état d'âme fasciste, écrivait Crémieux. Entre 1919 et 1922, le futurisme a
> même été la grande littérature officielle du *fascisme révolutionnaire* et dynamique.
> [...] À défaut d'une grande valeur littéraire, on ne peut nier que le futurisme
> ait eu une réelle importance spirituelle en Italie[3].

Mais plus que Marinetti, l'on reconnaissait que d'Annunzio avait largement préparé le terrain que foulerait plus tard le fascisme. Plusieurs
versaient d'ailleurs à plein dans le mythe d'Annunzio, au point d'en
négliger la galerie des autres pères lointains du fascisme[4]. Le poète correspondait en effet véritablement à la définition de l'intellectuel engagé
qui ne reste pas emmuré dans sa tour d'ivoire. Julien Benda, qui dans
La Trahison des clercs s'intéressait aux rapports entre les intellectuels et
la vie publique, comparait d'Annunzio à Maurice Barrès, unis par un
nationalisme vibrant, et reconnaissait que le poète italien avait, parmi
les premiers, fait de son art un outil au service d'un idéal politique[5].
Une preuve parmi tant d'autres suffisait à illustrer cette assertion : après
la publication de *La Nave*, en 1908, la Ligue navale vénitienne avait
adressé au poète un éloge de son œuvre, qui traduisait à la perfection,
selon elle, le sentiment populaire ; Julien Benda voyait là un « prélude du
mussolinisme[6] ». Deux éléments prouvaient que les idées de d'Annunzio
portaient particulièrement en germe les éléments constitutifs du fascisme :
la glorification du sentiment nationaliste italien au sein du peuple, sorti
de son inertie passagère et dont l'image à l'étranger, particulièrement

---

1   *Ibid.*
2   George L. Mosse, *La Révolution fasciste*, Paris, Le Seuil, 2003, p. 7 *sqq.*
3   Benjamin Crémieux, *Essai sur l'évolution littéraire de l'Italie…*, *op. cit.*, p. 231. Nous soulignons.
4   Romain H. Rainero, « Gabriele d'Annunzio : il mito e i suoi limiti », dans Romain
    H. Rainero, Stefano B. Galli (a cura di), *L'Italia e la « Grande Vigilia »*. *Gabriele d'Annunzio
    nella politica italiana prima del fascismo*, Milan, Franco Angeli, 2007, p. 35 *sqq.*
5   Julien Benda, *La Trahison des clercs*, 1927, rééd. Paris, Le Livre de Poche, 1977, p. 216.
6   *Ibid.*, p. 217.

en France, continuait d'évoluer ; loin du chanteur d'opérette dénigré par beaucoup au siècle précédent, l'Italien œuvrait à la grandeur nationale et se montrait prêt à tout pour défendre l'honneur de son pays. En ce sens, d'Annunzio contribua à confirmer et à amplifier une image qui se dessinait depuis la guerre de Libye en 1911[1]. De plus, d'Annunzio, ajoutait-on, avait rendu à l'Italie et aux Italiens leur vocation méditerranéenne[2]. L'épisode de Fiume fournissait naturellement l'exemple le plus criant de la vigueur de cet élan national. Insatisfait des traités de Versailles et de Saint-Germain, exaltant l'expédition des Mille de Garibaldi, d'Annunzio occupa la ville de Fiume à la tête d'*arditi* et de nationalistes réunis sous le nom de Légion des volontaires fiumains : ils réclamaient Fiume, peuplée d'une majorité d'Italiens, au nom du principe des nationalités et y proclamèrent la libération du golfe de l'Adriatique, ou Quarnaro[3]. André Suarès célébra avec son verbe puissant la marche sur Fiume et le rôle de d'Annunzio quant à l'éveil de l'Italie :

> L'Italie lui doit beaucoup de son honneur présent et peut-être même ses frontières. Il l'a rendue à l'Europe, d'où elle était absente ; il l'a ravie à cette secte de politiques usuriers et de vieillards rabougris, qui la gouvernaient comme un municipe de province. Nul n'a fait plus pour son peuple, depuis six ans, que ce Gabriel aux brûlants messages : il a trempé l'amère Adriatique dans le miel de la possession ; et si Fiume est italienne, c'est à cause de lui et de lui seulement[4].

Moins admiratif, Julien Benda lisait cet événement d'un autre œil et s'interrogeait sur sa signification politique : il observait une forme de bellicisation du caractère italien en rupture avec l'idée latine de paix. La marche sur Fiume signait ainsi d'une manière l'acte de naissance du fascisme. Le culte du chef, la communion de ce dernier avec une foule électrisée, les principes corporatifs qui nourrissaient les *Statuti della Regenza del Quarnaro*, proclamés en 1920 à Fiume, tous ces traits se

---

1   *Cf.* Stéphane Mourlane, « De l'ultimatum à l'annexion : l'intervention italienne en Tripolitaine à travers la presse française (septembre-novembre 1911) », dans Romain H. Rainero (a cura di), *Aspetti e problemi delle relazioni tra l'Italia e la Francia*, Milan, Unicopli Cuesp, 2005, p. 131 ; ainsi que Pierre Milza, *op. cit.*, p. 15.

2   Voir Daniel J. Grange, *L'Italie et la Méditerranée (1896-1911) : les fondements d'une politique étrangère*, Rome, École française de Rome, 1994, p. 965-975 ; et Jean-Pierre Darnis, « Le mythe de la Méditerranée dans le discours politique italien contemporain », *Mélanges de l'École française de Rome. Italie et Méditerranée*, nº 110-2, 1998, p. 805-932.

3   Sur ce point, voir en particulier Stefano B. Galli, « Il sentire politico di Gabriele d'Annunzio per una "grande" Italia : patriottismo, nazionalismo, interventismo », dans Romain H. Rainero, Stefano B. Galli (a cura di), *op. cit.*, p. 67-97.

4   André Suarès, *Présences*, Paris, Émile-Paul Frères, 1926, p. 163-164.

trouvaient, notait-on avec le recul, à l'origine du fascisme, qui voyaient les classes moyennes sortir de leur mutisme[1]. Et l'on se souvient d'ailleurs que d'Annunzio et Mussolini se disputèrent un temps la primauté sur le mouvement nationaliste en Italie, tant les principes qu'ils défendaient et le public qu'ils visaient tous deux étaient semblables[2]. Le *Commandante* concourut, il est vrai, à la diffusion d'une mentalité dérivant du bellicisme, mentalité nouvelle pour les Italiens et caractérisée par « la tendance à l'action, la soif du résultat immédiat, l'unique souci du but, le mépris de l'argument, l'outrance, la haine, l'idée fixe[3] ».

In fine, comment analysait-on le mouvement qui avait découlé de ces différentes sources d'inspiration intellectuelles et culturelles, sur lesquelles on s'était en définitive peu attardé ? Quelle était, aux yeux des observateurs juifs, la nature, l'essence du fascisme en tant que mouvement[4] ? La violence en semblait le pivot central[5]. Le fascisme, remarquait-on, revêtait d'ailleurs l'allure d'un agrégat informe de mécontents vouant l'État libéral aux gémonies. Ainsi, même s'il se présentait comme un mouvement hostile au bolchevisme, il accueillit nombre d'éléments d'extrême gauche dans ses rangs, mélange insolite et alliance stratégique mais contre-nature, comme s'en faisait l'écho Alfred Berl ; on décèle dans ces propos la même réprobation à l'égard des communistes que des fascistes :

> En Italie, le parti fasciste a recruté de nouveaux adhérents parmi les communistes désabusés. [...] Étant tous, à droite comme à gauche, des agents de violence révolutionnaire et de chambardement social, ils sont interchangeables et oscillent, selon l'heure, les uns à l'égard des autres, entre la coopération et la guerre civile[6].

C'était donc finalement la conjonction de frustrations poussées à leur paroxysme qui créait ce climat explosif et conférait au style fasciste son

---

1   Sur le rôle des classes moyennes dans la naissance du fascisme, voir Emilio Gentile, *Fascismo : storia e interpretazione*, Rome-Bari, Laterza, 2002, p. 12 *sqq.*

2   Pierre Milza, *Mussolini*, Paris, Fayard, 1997, p. 242-250 ; Romain H. Rainero, Stefano B. Galli (a cura di), *op. cit.*

3   Julien Benda, *op. cit.*, p. 196.

4   Pour reprendre la classique distinction entre le « fascisme-mouvement », avant l'accession au pouvoir, avant tout courant d'opposition, et le « fascisme-régime », système politique d'un nouveau type. *Cf.* Renzo De Felice, *Le interpretazioni del fascismo*, Rome-Bari, Laterza, 1983.

5   C'est en cela que le fascisme dérivait du sorélisme, selon les défenseurs de la thèse « inspirationniste ».

6   Alfred Berl, « Fléchissement raciste », *Paix et Droit*, octobre 1932.

aspect « vif, direct, brutal[1] ». De sorte que, lorsque cette issue se précisa, l'accession du « fascisme-mouvement » au pouvoir constituait une étape supplémentaire dans la progression de la violence et débridait les mécontents, ce dont s'inspiraient les autres pays, dont l'Allemagne, selon un journaliste de *Paix et Droit* : « Le succès du *fascio* en Italie, surexcita ces gens, qui ne parlent, dans leurs diatribes, que de détruire, incendier, écerveler, et qui joignent l'acte à la parole[2] ».

Mais c'était bien le « fascisme-régime » qui faisait l'objet de toutes les observations, par son aspect inédit comme par son actualité : il se révélait toutefois plus délicat d'en distinguer la nature. D'autant plus délicat qu'il revêtait un aspect multiforme et oscillait entre les diverses tendances qui l'avaient façonné. Révolutionnaire à l'origine, le fascisme parvint par la suite à s'associer les classes moyennes effrayées par le bolchevisme, si bien qu'il se trouvait tiraillé entre son désir de renouveau intégral et l'apparence réactionnaire qu'il se donnait dans un but stratégique. Revenant sur l'état du fascisme dans les premiers temps de son installation aux affaires, le très prolifique Benjamin Crémieux évoquait cette ambivalence :

> Le fascisme, à cette époque, désireux de se définir, de se trouver des justifications historiques et philosophiques, hésitait entre le traditionalisme (qui répugnait à sa soif de nouveauté) et le futurisme. Les deux années 1924 et 1925 semblèrent marquer le triomphe du futurisme, non pas sous la forme marinettienne d'une adoration moderne, mais sous forme d'une adoration de l'actuel[3].

Malgré cette multiplicité d'aspects, un constat emportait l'adhésion, lequel se rapportait à la fois à la nature et aux manifestations du régime fasciste : la force de la dictature. Les hommes de gauche étaient les plus enclins à la critique. L'éminent philosophe Élie Halévy, en voyage en Italie, envoyait à son ami Alain la lettre suivante : « Je t'écris du pays de la tyrannie. C'est un régime, pour le voyageur, extrêmement agréable, où les trains partent et arrivent à l'heure, où il n'y a grève ni des ports ni des tramways[4] ». Et, à Xavier Léon, il décrivait le musellement du

---

1   Benjamin Crémieux, *op. cit.*, p. 300. Sur la violence fasciste, *cf.* Éric Vial, *Guerres, société et mentalités : l'Italie au premier XXᵉ siècle*, Paris, Seli Arslan, 2003.

2   Gaston Raphaël, « Le socialisme-nationaliste en Bavière », *Paix et Droit*, mars 1923.

3   Benjamin Crémieux, préface à Curzio Malaparte, *op. cit.*, p. x.

4   Élie Halévy, Lettre à Alain, de Florence, 1ᵉʳ janvier 1924, dans *Correspondance, 1891-1937*, textes réunis et présentés par Henriette Guy-Loë et annotés par Monique Canto-Sperber, Vincent Duclert et Henriette Guy-Loë, Paris, Éd. de Fallois, 1996, p. 666.

peuple, la mise à mort des libertés publiques et l'agonie de la démocratie, dès 1923 :

> Ici, d'après les journaux, quelques vagues simulacres de vie politique, dans l'attente des élections, que le dictateur daigne annoncer son intention de faire, dans un délai assez rapproché. Mais un jour il dit oui, le lendemain il dit non. Et tout le monde, béat, attend un signe de lui. Le groupe Salandra demande place sur les listes fascistes. Le groupe Giolitti annonce son intention de faire liste à part, tout en protestant de sa sympathie pour Mussolini. Les catholiques ne savent à quel saint se vouer. Nitti est au ban de la société. Socialistes et communistes s'abstiendront, *si les fascistes le leur permettent*. Bref, Mussolini règne despotiquement à l'heure qu'il est[1].

Encore plus à gauche, Émile Kahn, membre de la Ligue des Droits de l'homme, insistait également sur le simulacre de démocratie que maintenait le régime fasciste : « Le fascisme parodie la démocratie : apparemment il fait comme elle confiance au peuple, mais il ne laisse au peuple ni le moyen de s'informer, ni le moyen de s'exprimer[2] ».

Le caractère dictatorial du régime posé, encore restait-il à identifier de quel type exact de dictature il s'agissait. Une impressionnante série de régimes dictatoriaux, autoritaires, conservateurs, réactionnaires, fascistes, fleurit dans l'Europe de l'entre-deux-guerres. À l'époque, la primauté de l'Italie en la matière amena, par abus de langage, à qualifier tous ces régimes de fascistes[3]. En fait, l'on opposait, de manière simpliste parfois, d'une part les régimes non communistes, de droite, au régime communiste, de gauche, ce qui amenait à des prises de positions tranchées en faveur des uns ou de l'autre. La réalité était bien plus complexe, comme la gamme des choix possibles face à ces régimes. Le très lucide Raymond Aron avait alors rejeté cette catégorisation : « l'alternative "communisme ou fascisme" n'est pas fatale. À la différence d'une fraction importante de l'intelligentsia, je ne me suis jamais laissé prendre à cette prétendue fatalité[4] ». L'ensemble des Israélites français se révélaient-ils aussi fins

---

1   *Id.*, Lettre à Xavier Léon, de Florence, 22 décembre 1923, dans *Correspondance, op. cit.*, p. 665. Antonio Salandra, successeur de Giolitti en 1914, poussa le pays à l'intervention pendant la guerre. De retour en 1916, puis en 1922, il conseilla à Victor-Emmanuel III de laisser former un gouvernement.

2   Émile Kahn, conférence datant de 1937, dans *Id., Au temps de la République : propos d'un Républicain*, Paris, Ligue des Droits de l'homme, 1996, p. 192.

3   Sur la véritable nature de ces régimes, voir Serge Berstein, *Démocraties, régimes autoritaires et totalitarismes au XXᵉ siècle*, Paris, Hachette, 1992 ; et plus particulièrement Ralph Schor, *Crises et dictatures dans l'Europe de l'entre-deux-guerres*, Paris, Nathan, 1993.

4   Raymond Aron, *Mémoires. Cinquante ans de réflexion politique*, Paris, Julliard, 1983, p. 154.

dans leur analyse ? À les lire, il le semble, car selon ceux qui faisaient glisser cette question sur le terrain communautaire, définir clairement et précisément la nature du régime fasciste présentait l'enjeu de savoir s'il serait intrinsèquement antisémite ou non. À quel groupe l'Italie s'apparentait-elle ? De quelle dictature s'agissait-il alors ? « Le vent de réaction qui souffle depuis la guerre sur toute l'Europe [...] a atteint jusqu'à l'Italie où il s'est concrétisé dans le fascisme », affirmaient les *Archives Israélites*[1] ; le terme de « réaction » avait d'ailleurs été également employé par Daniel Halévy, qui répondait, lui, à des considérations bien différentes de celles d'Hippolyte Prague[2]. Les Israélites les plus à gauche étaient ceux qui s'employaient le plus à clamer haut et fort la nature réactionnaire du fascisme. Cela permettait de récuser le côté révolutionnaire qu'il revendiquait. Les vrais révolutionnaires selon *Le Droit de Vivre*, organe de la LICA, ligue progressiste, se trouvaient à gauche. Jacques Rozner, qui se faisait le porte-voix d'une telle opinion, estimait que le fascisme n'était en fait qu'un stade du capitalisme, non une doctrine politique originale, comme le pensaient les modérés :

> C'est la réaction convulsive, instinctive et spontanée, d'une époque, d'une civilisation, d'un monde à son déclin. C'est un instinct de conservation qui se manifeste d'une façon violente et barbare, tout simplement parce que la constitution de ce dont il émane ne permet pas qu'il réagisse autrement. Le fascisme n'est donc ni le fruit de l'Imagination ou de la Médiation, ni l'expression d'une philosophie ; [...] c'est un phénomène congénital propre à un stade de l'évolution historique[3].

Le fascisme, loin de révolutionner quoi que ce fût, regroupait en fait « les capitalistes sans le capitalisme[4] ». Ces lignes du *Droit de Vivre* semblent témoigner d'une incertitude, d'un flou caractéristiques de l'époque quant à l'acception précise des termes employés : réaction et conservatisme semblaient des notions interchangeables, qui renvoyaient toutes à une idéologie de droite, aux antipodes du progressisme qu'incarnait la LICA. Mais les deux termes, bien qu'ils se confondissent parfois dans les esprits, exprimaient deux réalités nettement différentes : le conservatisme impliquait le maintien d'une situation, d'une politique, de valeurs traditionnellement en vigueur dans un État ou une entité donnés, tandis que la réaction, elle, nécessitait une rupture avec le temps présent et prônait le retour à

---

1 Hippolyte Prague, « Une nouvelle triplice », *Archives Israélites*, 18 octobre 1923.
2 Daniel Halévy, *op. cit.*, p. 294-295.
3 Jacques Rozner, « Fascisme et antisémitisme », *Le Droit de Vivre*, juillet-août 1933.
4 *Ibid.*

un comportement et à une culture politiques antérieures, abandonnées pendant un temps. Alfred Berl, tout en reconnaissant la difficulté de toujours clairement distinguer les deux notions, en appelait à la vigilance :

> A-t-on le droit de confondre le conservatisme avec la réaction ? Maintenir en améliorant prudemment, c'est le rôle du conservatisme le plus libéral. Réagir, c'est revenir en arrière. Par ailleurs, il est imprudent de se fier aux étiquettes, et il faut se garder des formules toutes faites. Libéral, conservateur, réactionnaire, sont des vocables dont le sens est relatif et variable ; ils ne sont nullement probants quant au fond des choses[1].

L'idéal aurait donc été d'adopter une attitude empirique pour scruter la nature véritable du fascisme. Mais le pouvait-on ? Des considérations internes au judaïsme, personnelles ou collectives, n'impliquaient-elles pas de s'engager sur le terrain idéologique ?

Les diverses discussions portant sur l'essence du fascisme n'avaient en effet pas simplement un but heuristique, mais servaient une idéologie et s'inscrivaient pour beaucoup sur fond de question juive. Il est intéressant de noter la manière dont l'analyse d'un problème de politique extérieure pouvait s'inviter sur le terrain religieux et par là même s'insérer dans les clivages de la judaïcité française. Car parler de réaction, de conservatisme et d'autoritarisme n'était pas égal ; certains des régimes qui s'en réclamaient pouvaient être amenés à revoir la place des Juifs dans les sociétés qu'ils régissaient, pensait-on. Cerner la nature du fascisme revenait ainsi à connaître en un sens l'avenir des Juifs italiens, débat qui raviva les luttes intérieures au judaïsme français. Très tôt les liens entre le fascisme et la question juive firent l'objet d'âpres discussions, qui éclatèrent cependant à l'étranger. En Italie, le sujet se posa mais le musellement de la presse – juive notamment – ne lui conféra qu'une faible profondeur et résonance : les communiqués officiels, jusqu'en 1938, niaient que fascisme et antisémitisme s'irriguassent mutuellement, bien au contraire[2]. Aussi fut-ce dans les pays européens abritant une forte communauté juive que naquirent débats et controverses. Dès 1924, *Paix et Droit* s'en fit l'écho, en citant l'analyse du journal hongrois *Pester Lloyd*, qui récusait toute parenté entre le fascisme et l'antisémitisme :

---

1 Alfred Berl, « Le devoir civique des juifs dans les États modernes », *Paix et Droit*, avril 1926.
2 Renzo De Felice, *Storia degli ebrei italiani sotto il fascismo* [1961], Turin, Einaudi, 1993, p. 64 *sqq.*

> Ni le nationalisme bien compris, ni le conservatisme au sens propre du mot n'ont rien de commun avec l'antisémitisme : bien plus, il n'y a pas de raison pour que le chauvinisme le plus réactionnaire prenne une attitude d'hostilité à l'égard des juifs. Cependant, chez les Européens à l'esprit paresseux – qui, en dépit des progrès de l'éducation politique des masses demeurent légion – l'idée s'est ancrée que *fascisme* et *antisémitisme* sont, sinon identiques, du moins proches parents, et devraient toujours marcher main dans la main[1].

Cette thèse l'emporterait-elle massivement chez les Juifs de France ? Ce fut en grande partie, mais pas en majorité, le cas. Les Israélites les plus à gauche, au premier rang desquels la LICA, entendaient, surtout dans les années 1930, les premiers briser le consensus sur la question. À leurs yeux, il existait une équation simple : « fascisme = antisémitisme[2] », non pas seulement du fait de la conjoncture, mais par essence. Il ne pouvait en être autrement, clamait-on : le fascisme avait besoin d'être en mouvement, en progrès constant pour se maintenir ; s'il stagnait, il mourait. Le but de la guerre, soutenait *Le Droit de Vivre* dès 1933, constituait la ligne de force du régime, mais avant de l'atteindre, il fallait « créer l'exutoire susceptible de donner une autre animation aux masses, qui leur est nécessaire. Là, l'antisémitisme apparaît comme étant un terrain particulièrement favorable[3] ». Une instrumentalisation de la question juive était ainsi susceptible de survenir ; en cela, la LICA défendait la même position que celle de certains antifascistes italiens estimant qu'avec le fascisme, l'on ne pouvait en rien présager de l'avenir, tel Camillo Berneri qui, en 1935, écrivait de Buenos Aires que « si l'antisémitisme devenait nécessaire aux buts du fascisme italien, Mussolini, pire que Machiavel, suivrait Gobineau, Chamberlain et Woltmann et parlerait, lui aussi, de *race pure*[4] ». Les modérés qui critiquaient cette thèse lui opposaient plusieurs attaques et arguments : Amarti, collaborateur à la revue *Samedi* dont les colonnes décochaient régulièrement leurs flèches contre la LICA, soutenait ainsi que le lien entre fascisme et antisémitisme pouvait apparaître comme un des ressorts de la propagande d'extrême gauche ; « Avez-vous remarqué, écrivait-il

---

1   *Pester Lloyd*, 11 janvier 1924, repris dans *Paix et Droit*, janvier 1924.

2   Richard Millman, *La Question juive entre les deux guerres. Ligues de droite et antisémitisme en France*, Paris, Armand Colin, 1992, p. 202.

3   Jacques Rozner, art. cit.

4   Camillo Berneri, *El delirio racista*, Buenos Aires, Iman, 1935, traduit en italien sous le titre *Mussolini « normalizzatore » e il delirio razzista*, Pistoia, Edizioni Archivio Famiglia Berneri, 1986, p. 39. Cité par Michele Sarfatti, *Gli ebrei nell'Italia fascista. Vicende, identità, persecuzione* [2000], Turin, Einaudi, 2007, p. 87.

[...] que nos maladroits marxistes attaquent le fascisme en faisant croire au monde que tous les fascistes sont antisémites ? N'en déplaise à ces messieurs, j'aime mieux vivre à Rome qu'à Moscou[1] ». L'on aurait pu arguer de la participation des Israélites aux gouvernement et institutions fascistes, mais cela relevait plus de la politique du fascisme que de sa véritable nature. Pour contrer leurs adversaires sur le même terrain, les modérés faisaient appel, autant que faire se pouvait, à la théorie même du fascisme et s'appuyaient sur les écrits parus en France de théoriciens ou de vulgarisateurs du fascisme[2]. Désireux de poser le débat en termes différents et de prendre un recul historique par rapport à celui-ci, Alfred Berl rappelait, en prenant l'exemple de l'histoire italienne, que « les partis d'avant-garde n'offrent pas au judaïsme des garanties plus sûres que les partis modérés », en ajoutant que « dans l'émancipation du judaïsme italien, ce sont les conservateurs libéraux qui ont la part prépondérante[3] ». Il était donc possible de penser que le fascisme ne ferait que suivre la tradition amorcée par les plus conservateurs des Italiens. Mais la force de la contre-attaque ne suffisait pas à invalider les arguments de la LICA.

Il se révélait donc bien difficile de cerner les origines, et encore plus la nature du fascisme. Très rapidement, le débat sur l'essence politique du fascisme dérivait sur la question juive sous la plume de certains. Mais il se trouvait d'autant plus ardu de cerner les rapports entre fascisme et judaïsme que les événements donnaient à la fois tort et raison aux deux camps qui s'opposaient, et ce jusqu'en 1938 : ceux qui concluaient à l'absence de liens entre fascisme et antisémitisme pouvaient s'appuyer sur les nombreuses manifestations philosémites du régime de Mussolini ; les défenseurs de la thèse inverse pouvaient quant à eux invoquer les traces d'antisémitisme dont le fascisme faisait montre. Cette ambivalence italienne, qui se retrouvait parfois dans le caractère flou des arguments agités en France, est essentielle pour comprendre les réactions suscitées par

---

1   Amarti, « Judaïsme et politique », *Samedi*, 5 octobre 1936.
2   Parmi les écrits convoqués, ceux diffusés par le Faisceau de Georges Valois, proche des fascistes, étaient notamment utilisés : Georges Valois, *Le Fascisme*, Paris, Nouvelle Librairie Nationale, 1927 ; ou encore l'ouvrage traduit, Pietro Gorgolini, *La Révolution fasciste*, préface de Georges Valois, Paris, Nouvelle Librairie Nationale, 1924. Selon ces auteurs, le fascisme ne reconnaissait qu'une seule classe d'hommes : les vrais Italiens ; et ils ajoutaient que nombre de Juifs étaient de ceux-là. Sur les liens entre le Faisceau et le fascisme italien, *cf.* Pierre Milza, « Georges Valois et l'Italie », dans Enrico Decleva, Pierre Milza (a cura di), *La Francia e l'Italia negli anni venti…*, *op. cit.*, p. 178-191.
3   Alfred Berl, « Le devoir civique des juifs dans les États modernes », art. cit.

la politique transalpine durant l'entre-deux-guerres. Les rapports entre le fascisme et la question juive constituent ainsi une question structurant l'opinion juive tout autant qu'un point d'achoppement dans l'analyse de la nature du fascisme formulée par les Juifs. Pour aller plus loin et dépasser la difficulté, il fallait répondre à une double question : comment les Italiens, peuple philosémite, avaient-ils accueilli le fascisme ? Quelle attitude les Israélites transalpins avaient-ils adoptée à l'égard du nouveau régime ? Ce questionnement apportait néanmoins autant de réponses que de divisions.

LES DÉBATS SUR LE CONSENSUS AUTOUR DU RÉGIME

« CEUX QUI NE SONT PAS FASCISTES SONT MUSSOLINIENS » ?

> Que signifie cette fête ? Est-ce Rome qui acclame le fascisme, ou les fascistes, conquérants de Rome, qui se glorifient eux-mêmes, entre eux ? Me voici soudain heurté à cette énigme que posent inévitablement les régimes dictatoriaux et que les dictateurs les plus sagaces sont incapables de résoudre : ils ne savent pas, ils ne sauront jamais ce qui est pensé dans ces masses qu'ils obligent au silence[1].

C'est en ces termes que Daniel Halévy décrivait son incertitude relativement au sentiment des Italiens face au régime, question cruciale très discutée par les contemporains et non résolue par les historiens. D'autant que les interprétations évoluèrent : dans les années 1950, Luigi Salvatorelli et Giovanni Mira avançaient l'idée d'un consensus amorphe, atone, autour du régime[2], tandis que vingt ans plus tard, Renzo De Felice évoquait, pour la période allant de 1929 à 1936, « les années du consensus[3] ». Selon les options politiques, les professions, les couches sociales, les régions, l'attitude face au régime divergeait.

En règle générale, les observateurs juifs défendaient des valeurs aux antipodes de celles qui façonnaient le fascisme. Ils espéraient que le régime italien constituât une brève tranche de l'histoire transalpine, une parenthèse bientôt refermée. Tous n'avaient cependant pas la même

---

1 Daniel Halévy, *op. cit.*, p. 272.
2 Luigi Salvatorelli, Giovanni Mira, *Storia d'Italia nel periodo fascista*, Turin, Einaudi, 1964 (1956 pour l'édition originale), p. 423-428.
3 Renzo De Felice, *Mussolini, il Duce. Gli anni del consenso (1929-1936)*, Turin, Einaudi, 1974. *Cf.* Philippe Foro, *op. cit.*, p. 78-79.

perception du consensus populaire : les uns étaient amers et décelaient un solide ancrage du fascisme, les autres montraient plus d'optimisme. Revenait souvent sous leur plume le fait que le régime de Mussolini s'appuyait grandement sur la bourgeoisie, qui l'avait mené au pouvoir, et sur les classes moyennes, qu'il avait sorties de leur torpeur[1] ; dans les villes, il assurait l'ascension sociale de ces dernières grâce à la fonction publique, et dans les campagnes, il gagnait les Italiens à sa cause par un discours ruraliste et de grandes réalisations. Les ouvriers, plus tard touchés de plein fouet par la crise des années 1930, paraissaient plus rétifs. Les Israélites français remarquaient ainsi que l'un des principaux succès du fascisme était d'avoir réussi à unifier l'ensemble des classes moyennes et de la bourgeoisie, jadis dispersées, au sein d'une véritable nation mue par un idéal commun. Benjamin Crémieux parlait ainsi d'une « fusion de tous les éléments constitutifs de l'Italie qui vivaient d'une vie jusque-là distincte[2] ». Les nouvelles structures mises en place contribuaient d'ailleurs à cette fusion, désormais géographiquement visible : « L'Italie s'est centralisée », constatait Daniel Halévy[3]. Mais le développement du sentiment national avait pour corollaire, d'une part de renfermer sur eux-mêmes les Italiens devenus « un peuple qui veut désormais tout faire *da sè*[4] », d'autre part, comme par gratitude, de renforcer l'adhésion d'une importante fraction au régime. Élie Halévy exprimait cette impression en une phrase éloquente : « Ceux qui ne sont pas fascistes, sont mussoliniens[5] ». Frédéric Roche, du *Droit de Vivre*, évoquait cet aspect par une anecdote ; il avait parcouru toute l'Italie, en 1936, moment où le consensus autour du régime était le plus fort, et finit par trouver un Italien pour lui déclarer : « Je ne suis pas fasciste ». Le Français ne dissimulait pas sa joie :

> Je faillis lui sauter au cou. Un chasseur américain, collectionneur de cornes de moutons sauvages, m'avait raconté être allé tout spécialement à New York, jusque sur les hauts-plateaux du Tibet pour trouver un mouton d'une espèce rare, orné de cornes d'une forme absolument unique. J'imagine que lorsqu'après trois mois de caravane, il vit l'animal au bout de son fusil, il ne fut pas plus heureux que je ne le fus, ce soir-là[6].

1   Voir Renzo De Felice, *Intervista sur fascismo*, Rome-Bari, Laterza, 1997.
2   Benjamin Crémieux, *Essai sur l'évolution littéraire de l'Italie…*, *op. cit.*, p. 256-257.
3   Daniel Halévy, *op. cit.*, p. 273.
4   Benjamin Crémieux, *Essai sur l'évolution littéraire de l'Italie…*, *op. cit.*, p. 303.
5   Élie Halévy, Lettre à Alain, de Florence, 1er janvier 1924, dans *Correspondance*, *op. cit.*, p. 666.
6   Frédéric Roche, « *Mussolini ha sempre ragione* », *Le Droit de Vivre*, octobre 1936.

Quelle ne fut pas la déception de Roche lorsque, allant plus avant, l'ouvrier italien lui dit qu'il entendait par là qu'il n'était pas inscrit au parti fasciste, mais qu'il approuvait en tous points les réalisations de Mussolini. L'on reconnaissait cependant que le consensus marquait plus les bourgeois que les classes moins favorisées : « Tous les bourgeois sont épanouis. [...] Le bas peuple fermente sans doute : mais dans quels coins[1] ? ». Idée également développée par *Le Droit de Vivre* qui attirait l'attention sur le maintien de la vie mondaine en Italie : les populations aisées et étrangères ne paraissaient pas touchées par les restrictions ; seules les classes les moins élevées subissaient le poids des mesures de contrition mais, ajoutait-on, elles s'habituaient à leur malheur[2].

Autant dire que l'atmosphère n'était pas à la contestation. Comment avait-on pu aboutir à pareille situation ? Outre la répression, par un embrigadement – et même une infantilisation du peuple –, répondait-on de manière unanime, processus voulu par le régime qui mit en place des institutions *ad hoc*. À partir de mai 1933 par exemple, nul ne pouvait accéder à l'administration sans être muni de la *tessera*, surnommée par les plus sceptiques et désabusés des Italiens « *tessera del pane* » ; il s'agissait de la carte du Parti national fasciste (PNF) dont l'acronyme était décliné en « *Per necessità familiale* ». Certains ralliaient ainsi le régime par opportunisme, mais leur silence gonflait le consensus. En adhérent massivement aux structures mises en place par l'État, pour les enfants l'*Opera nazionale Ballila*, ou, destiné aux adultes, l'*Opera nazionale Dopolavoro*, chargé des loisirs, les Italiens se familiarisaient avec les grands thèmes de propagande fasciste et lui apportaient souvent sincèrement leur soutien. En octobre 1936, *Le Droit de Vivre*, décrivant cette situation, titrait : « Un Italien n'est jamais majeur » ; il notait comment l'État avait réussi à s'insinuer dans les moindres recoins de la vie privée : « Un être humain forme un tout indivisible. L'homme mis en tutelle pour tout ce qui concerne la politique, l'intelligence et le travail doit l'être aussi quant aux mœurs. Ayant commencé, dans les affaires importantes, à traiter les Italiens comme des enfants qui n'atteindront jamais leur majorité, Mussolini

---

1   Élie Halévy, Lettre à Alain citée.
2   « Rome d'aujourd'hui », *Le Droit de Vivre*, 30 novembre 1935. Notons ici que le maintien de la vie mondaine semble être une des raisons majeures pour lesquelles la bourgeoisie n'avait pas dans l'ensemble remis en cause son soutien aux régimes dictatoriaux, qui ne lui avaient dans l'ensemble rien retiré de ses privilèges et de ses loisirs. Cela a été particulièrement mis en relief pour le nazisme, et peut s'appliquer au fascisme, voir Fabrice d'Almeida, *La Vie mondaine sous le nazisme*, Paris, Perrin, 2006.

devait nécessairement être amené à réglementer leur vie jusque dans le plus infime détail[1] ». Et, ajoutait Frédéric Roche, Mussolini avait réussi à modifier la nature profonde de l'Italien : « de même qu'il est parvenu à faire d'un peuple libre un peuple d'esclaves, d'un peuple joyeux un peuple triste, le régime fasciste est parvenu à contraindre la nature méridionale[2] », en réprimant les passions et le désir au profit de l'austérité, entre autres. Ces analyses subsumaient de manière frappante les éléments esquissant l'« homme nouveau » que voulait façonner le fascisme[3]. En observant l'attitude du peuple italien, les Français en apprenaient davantage sur la nature du régime. Prenant acte de cet enrégimentement total de la société italienne, Julien Benda, avec une grande lucidité, soulignait que « le "faisceau" de toutes [les] classes » réunies constituait en fait une « nation "totalitaire"[4] » ; il pressentait le caractère inédit du régime fasciste.

Mais certaines plumes venaient cependant nuancer ces jugements et refusaient de croire que l'Italien s'était abandonné tout entier à un régime autoritaire : elles insistaient donc sur un seul des aspects du consensus, la nécessité professionnelle ou familiale que représentait l'adhésion au régime. Daniel Halévy s'interrogeait de cette manière : « Quant aux masses, quelle est leur attitude ? s'abandonnent-elles à l'opérateur ? C'est douteux. Elles se laissent arracher des acclamations, des cris, mais résistent à l'expropriation[5] ». Certes, le régime flattait l'honneur national sur le plan extérieur mais, dans le pays, la lassitude que provoquait la monotonie de la vie quotidienne entraînerait une forme de désaffection. Dans ses mémoires, Philippe Erlanger allait plus loin : à ses yeux, le peuple n'avait fait que jouer une comédie ; jamais l'esprit du fascisme ne l'avait pénétré en profondeur :

> Je revois les villes enchantées où la douceur de vivre était telle que les parades agressives des hommes en chemise noire et le lyrisme belliqueux du dictateur ne semblaient pas avoir de signification. On en souriait. Les Italiens n'avaient jamais été dupes de rien. Pouvaient-ils l'être de la mytho-manie fasciste[6] ?

1   Frédéric Roche, « Un Italien n'est jamais majeur », *Le Droit de Vivre*, 17 octobre 1936.
2   *Ibid.*
3   *Cf.* Marie-Anne Matard-Bonucci, Pierre Milza (dir.), *L'Homme nouveau dans l'Europe fasciste, 1922-1945. Entre dictature et totalitarisme*, Paris, Fayard, 2004.
4   Julien Benda, *Discours à la nation européenne*, Paris, Gallimard, 1933, p. 191.
5   Daniel Halévy, *op. cit.*, p. 276.
6   Philippe Erlanger, *La France sans étoile. Souvenirs de l'avant-guerre et du temps de l'occupation*, Paris, Plon, 1974, p. 32-33.

Erreur d'appréciation ? Jugement tronqué ? Manque de recul pour Halévy ? Déformation *a posteriori* pour Erlanger ? Il est difficile de trancher. Toujours était-il que, pris d'admiration pour l'Italie et les Italiens, beaucoup refusaient de croire que ceux-ci avaient pu se laisser si facilement abandonner à la dictature, à l'uniformisation. Les Italiens semblaient en constante représentation. Il arrivait que l'on poussât plus loin ce raisonnement et imputât l'absence d'adhésion sincère au régime au caractère même de l'Italien : celui-ci demeurait un esprit libre en dépit d'un comportement qui ne le laissait cependant pas apparaître. Afin d'illustrer la nature de l'Italien viscéralement hostile à la dictature, on l'opposait souvent à l'âme docile de l'Allemand, régi après 1933 par un régime de même nature que le fascisme. Emil Ludwig, lui-même originaire d'outre-Rhin et très écouté parmi les Israélites français le notait sans détour : l'Allemand préférait s'en remettre à un « Führer », tandis que l'Italien semblait plus libre de sa pensée[1]. Jean-Richard Bloch ne pensait pas différemment et écrivait des Allemands : « ce peuple délire, à la voix de son Führer, comme jamais les Italiens eux-mêmes (surtout aux débuts du fascisme) n'ont déliré, à la voix de leur Duce[2] ». Si les Transalpins gardaient le silence, la raison provenait de ce que le régime protégeait leurs intérêts mais cela n'était aucunement définitif ; sitôt que monterait la contestation, les Italiens lui donneraient un écho grondant. André Maurois soulignait également le caractère contingent de l'attitude des Italiens ; c'est que, pensait-il, ceux-ci constataient que le régime était synonyme de paix civile et opposaient la période de tranquillité fasciste au désordre généralisé qui avait prévalu durant le *biennio rosso* pré-fasciste :

> Il suffit d'avoir vu l'Italie de Nitti, l'anarchie dans les rues, le vol organisé, la sauvagerie des tricoteuses de Milan, ce jeune homme accroché au pont de Florence et de qui les émeutiers coupèrent les poignets. Voilà ce qu'il ne faut pas oublier quand on s'étonne de voir le peuple italien supporter les violences fascistes. Le sophisme consiste à juger les actions des temps de crise en négligeant l'état de crise[3].

Et les Juifs transalpins ? Quel accueil avaient-ils réservé au fascisme ? S'étaient-ils comportés comme une minorité présentant des traits

---

1   Emil Ludwig, *Les Dirigeants de l'Europe. Portraits d'après nature*, Paris, Gallimard, 1936, p. 229-230.

2   Jean-Richard Bloch, *Offrande à la politique. Troisièmes essais pour mieux comprendre mon temps*, Paris, Rieder, 1933, p. 83.

3   André Maurois, *Dialogues sur le commandement*, Paris, Les Cahiers Verts, 1924, p. 139.

communs ? Avaient-il réagi sans lien avec leur appartenance religieuse, comme des Italiens tout simplement ?

LES JUIFS ITALIENS FACE AU FASCISME

En 1927, *L'Univers Israélite* publiait une déclaration faite à la presse par le grand-rabbin de Rome Angelo Sacerdoti, où il affirmait :

> La grande majorité de nos coreligionnaires soutient avec enthousiasme l'œuvre de Mussolini pour la restauration nationale. Le nombre de Juifs qui sont membres du parti fasciste est grand. Le fascisme choisit toujours pour des postes importants des hommes, selon leurs capacités individuelles et non selon leur religion[1].

Un nombre écrasant de Juifs français reprenaient ces éléments à leur compte pour donner à voir l'enthousiasme qu'avait suscité le fascisme parmi leurs coreligionnaires italiens. Les chiffres établis par Renzo De Felice permettent de saisir dans la nuance l'évolution des adhésions juives au parti de Mussolini[2] :

Inscrits avant la Marche sur Rome	739
Inscrits d'octobre 1922 à octobre 1928	1 770
Inscrits d'octobre 1928 à octobre 1933	4 819
Inscrits après octobre 1933	2 505
Inscrits à une date inconnue	292
Total des inscrits	10 125
Total des non inscrits	22 161

C'étaient donc environ 20 à 25 % de la judaïcité italienne qui possédaient la *tessera*. En valeur absolue, cela ne représentait qu'un faible nombre, mais l'on comprend la force de ce chiffre lorsqu'on se souvient que seuls 6 % de l'ensemble de la population italienne étaient inscrits au parti[3]. On le voit, certains n'avaient pas attendu l'installation du fascisme au pouvoir pour se rallier à lui ; nombre de Juifs comptaient parmi les fascistes de la première heure. L'on évoquait parmi les observateurs français le souvenir de Gino Bolaffi, jeune étudiant de Settignano, près de Florence,

---

1 « Le fascisme italien et les juifs », *L'Univers Israélite*, 19 août 1927. Déclaration également publiée dans « Les Israélites et le fascisme », *Archives Israélites*, 1ᵉʳ septembre 1927.
2 Renzo De Felice, *Storia degli ebrei…, op. cit.*, p. 75.
3 Marie-Anne Matard-Bonucci, *L'Italie fasciste et la persécution des Juifs*, Paris, Perrin, 2007, p. 61.

mort en 1920 aux côtés des fascistes – il faisait à ce titre officiellement partie du « martyrologe fasciste » –, et auquel un hommage public fut rendu en 1934[1], l'occasion pour *L'Univers Israélite* de rappeler que parmi les Juifs fascistes figuraient même des religieux : « Les dirigeants du parti florentin ont assisté à la cérémonie. La communauté israélite y était représentée par trois de ses membres – dont le *hazan*[2] – qui portaient des chemises noires[3] ». Mais ce fut après la Marche sur Rome que les Israélites rejoignirent le PNF en masse ; comme pour le reste des Italiens, il se révèle néanmoins malaisé de distinguer ceux qui le faisaient par conviction de ceux qui obéissaient à l'intérêt. Le progressiste Pierre Paraf s'interrogeait sur les motivations de ses coreligionnaires : « Les jeunes Juifs de leur côté adhérèrent aux organisations fascistes en assez grand nombre… Opportunisme, désir de nouveauté ou conviction sincère ? Nous nous excusons de poser la question et nous nous abstiendrons d'y répondre[4] ». Une chose était sûre en tout cas : l'image que donnait le fascisme, en accueillant des enfants d'Israël aux plus hauts rangs, ne pouvait qu'inciter les Juifs à y adhérer, du moins à ne pas s'en défier, vision défendue par les observateurs français. La presse juive française, conservatrice et modérée, n'épargnait à ses lecteurs aucune nomination, promotion ou commémoration témoignant de la bienveillance du fascisme à l'égard des Israélites. On ne comptait plus les mentions relatives à l'accession de Juifs italiens à des fonctions prestigieuses, décisives ou honorifiques, et il serait impossible de les citer de manière exhaustive. Plusieurs noms apparaissaient régulièrement, comme celui d'Angelo Sacerdoti, grand-rabbin de Rome qui entretenait une relation étroite avec le Duce[5], de Luigi Luzzatti, ancien premier ministre régulièrement consulté par les plus hauts sommets de l'État[6], ou encore de Margherita Sarfatti, influente compagne de Mussolini pendant les années dix et vingt, qui joua un grand rôle culturel à la tête du journal *Gerarchia* jusqu'au début des années 1930[7]. *L'Univers Israélite* la qualifiait sobrement

---

1   Sur Gino Bolaffi, *cf.* Luca Ventura, *Ebrei con il duce. « La nostra bandiera » (1934-1938)*, Turin, Zamorani, 2002, p. 40.
2   Chantre religieux.
3   « Le fascisme et les Juifs », *L'Univers Israélite*, 6 juillet 1934.
4   Pierre Paraf, *Israël 1931*, Paris, Valois, 1931, p. 133.
5   Voir à titre d'exemple, « Le grand-rabbin Angelo Sacerdoti », *Archives Israélites*, 21 mars 1935. On trouve parfois l'orthographe Sacerdote.
6   « Luzzatti chez Mussolini », *L'Univers Israélite*, 28 mai 1926. Luigi Luzzatti plaida souvent la cause de ses coreligionnaires auprès du Duce.
7   *Cf.* Pierre Milza, *Mussolini, op. cit.*, p. 150-152 ; et Philip V. Cannistraro, Brian R. Sullivan, *Il Duce's Other Woman : The Untold Story of Margherita Sarfatti,* William Morrow & Co,

de « collaboratrice du Premier italien, M. Mussolini » et rappelait en 1926 qu'elle avait reçu une médaille d'or en hommage à son fils tombé au champ d'honneur[1]. La présence de tant d'Israélites aux plus hautes instances du fascisme prouvait que judéité et adhésion au régime ne s'excluaient nullement. Loin s'en fallait. Elles étaient bien loin, les déclarations de la fin du XIXe siècle dans lesquelles les Juifs italiens voyaient dans le libéralisme l'autre nom du judaïsme[2]. Et le fascisme ne faisait pas office de pis-aller. Bien qu'il ne représentât pas une vaste tendance, Waldemar-George allait jusqu'à soutenir que seul le fascisme permettait de concilier identité juive et intégration politique, car la structure corporatiste de la société fasciste n'obligeait nullement Israël à la fusion avec quelque autre corps : « Les Juifs collaborent à l'œuvre de l'Italie fasciste, et se sentent italiens sans cesser de se sentir Juifs[3] ». Certes, le nombre d'inscrits après 1933 diminua : l'on enregistra 2 505 nouvelles adhésions au PNF après 1933, contre 4 819 depuis 1928. Mais cela était compensé par la radicalisation fasciste de certains Juifs, désireux de clamer haut et fort leur loyauté au moment où les langues antisémites commençaient à se délier. C'est ainsi qu'à Turin, Ettore Ovazza, fasciste de la première période, créa, en 1934, le journal *La Nostra Bandiera*, qui se voulait l'organe des anciens combattants et fascistes juifs ; il adoptait un discours radical, à la fois hostile à l'antisémitisme et au sionisme, jugé incompatible avec le nationalisme fasciste[4]. Plus que jamais, semblait-il, il fallait clairement montrer de quel côté inclinaient les Juifs.

Peut-être ces éléments expliquaient-ils en partie pourquoi les allusions aux Juifs antifascistes ne se signalaient guère par leur abondance parmi

---

1993 ; ainsi que récemment, Françoise Liffran, *Margherita Sarfatti. L'égérie du Duce*, Paris, Le Seuil, 2009.

1   « Une femme juive décorée en Italie », *L'Univers Israélite*, 8 janvier 1926. Margherita Sarfatti avait deux fils, Amedeo Giovani et Roberto ; ce fut le second qui perdit la vie au champ d'honneur, à 17 ans, dans le corps d'élite des chasseurs alpins. Cette perte fut souvent mentionnée à l'époque.

2   Sur ce point, Marie-Anne Matard-Bonucci, « L'Italie à la fin du XIXe siècle : un Éden pour des Juifs de religion italienne ? », dans Ilana Y. Zinguer, Samuel W. Bloom (dir.), *L'Antisémitisme éclairé. Inclusion et exclusion depuis l'époque des Lumières jusqu'à l'Affaire Dreyfus*, Leiden, Brill, 2003, p. 398.

3   Waldemar-George, *L'Humanisme et l'idée de patrie*, Paris, Fasquelle, 1936, p. 208. L'auteur reprenait curieusement à son compte une déclaration du grand-rabbin de Rome Angelo Sacerdoti selon lequel la démocratie conduisait à l'extinction du peuple juif, en prônant une égalité absolue gommant toute particularité. Il soutenait que le fascisme, par l'organisation de la société en collectivités, permettait au contraire de concilier judéité et intégration politique. Compte tenu de la date de publication de l'ouvrage, cette déclaration datait d'avant 1936.

4   Luca Ventura, *op. cit.*

les Israélites français. Pierre Paraf remarquait simplement que « l'hostilité des nombreux Israélites, victimes du Fascisme, s'oppose au conformisme des premiers[1] », ceux qui avaient adhéré au mouvement. Étonnamment, quand *Le Droit de Vivre*, organe de l'antifascisme, s'intéressait aux opposants à Mussolini, il évoquait bien plus de non Juifs que d'enfants d'Israël[2]. De fait, comme l'a montré Éric Vial, l'émigration antifasciste comptait un certain nombre de Juifs, mais leur identité n'influait guère dans leur engagement, ce qui rendait l'identification et l'estimation de leur nombre malaisée[3]. Ils combattaient avant tout sous la bannière politique, non religieuse, ce qui se comprenait, du fait que la question juive ne se posa véritablement qu'au milieu des années 1930 en Italie. À cela s'ajoutait l'idée, fort diffuse parmi les opposants à Mussolini, que les Juifs avaient pris fait et cause pour le fascisme auquel ils apportaient un soutien actif, si bien que les Israélites s'étant engagés tardivement dans le combat contre le régime le faisaient, selon leurs détracteurs, de manière tout sauf désintéressée[4].

Les liens entre judéité et antifascisme furent abordés par *L'Univers Israélite* à l'occasion de la sortie de l'ouvrage de Curzio Malaparte, *La Technique du Coup d'État*, en 1931. Ce livre conduisait en effet à se poser une question de fond : la judéité plaçait-elle du côté de la révolution ou de celui de la réaction ? Les réponses des Israélites français oscillaient selon qu'on taxait le fascisme de révolutionnaire ou de réactionnaire. M. Lotar rappelait ainsi l'action d'Israël Zangwill, célèbre membre de l'*Union of democratic Control*, qui, du fait qu'il était anglais, ne craignait pas les représailles et ne dissimulait pas son opposition aux fascistes, révolutionnaires en tous points selon lui. En voyage en Italie en 1922, il refusa de montrer ses papiers d'identité à des chemises noires, parce qu'il leur déniait toute légitimité[5]. Une telle vision ne faisait pas l'unanimité car, pensait-on, les Juifs, plutôt conservateurs et modérés dans l'ensemble, auraient donc dû être plus nombreux à s'opposer au fascisme, ce qui était loin de se vérifier. C'est que, affirmaient les tenants d'une thèse oppo-

---

1 Pierre Paraf, *op. cit.*, p. 133.

2 Peut-être faut-il y voir le parti-pris de la LICA de ne pas constituer un mouvement spécifiquement juif. Ce constat n'en demeure pas moins frappant mais ne peut expliquer que partiellement cette situation.

3 Éric Vial, « Les antifascistes italiens en exil en France face aux lois antisémites mussoliniennes de 1938 », *Cahiers de la Méditerranée*, n° 61, décembre 2000, p. 228.

4 Un journal antifasciste, *La Giovine Italia*, parla même d'une « Internationale juive » favorable au Duce. *Ibid.*, p. 238.

5 M. Lotar, « Les Juifs et la Révolution », *L'Univers Israélite*, 9 octobre 1931.

sée, le fascisme étant un mouvement réactionnaire protégeant l'intérêt des possédants – on retrouve là une terminologie typique de l'extrême gauche – les Juifs, plus particulièrement les bourgeois parmi eux, qui se trouvaient au sommet des instances communautaires, avaient réagi selon un réflexe de classe. Maurice Rajsfus le pensait et expliquait plus tard par les mêmes arguments que « les porte-parole de la bourgeoisie juive française regardaient le fascisme mussolinien avec sympathie[1] ». Le consensus d'une vaste frange de l'opinion juive italienne – et française peut-on ajouter – face à l'entreprise fasciste paraissait clair.

Comment expliquer toutefois la sous-estimation de l'antifascisme israélite par les observateurs français ? La répression que faisait régner l'OVRA (*Organizzazione per la Vigilanza e la Repressione dell'antifascismo*) dans la péninsule incitait au silence, ce qui ouvrait sur un manque d'information de ce côté des Alpes. Profondément sécularisés, laïcisés et assimilés, les Israélites italiens qui combattaient Mussolini n'estimaient pas nécessaire de faire état de leur appartenance confessionnelle, parfois traduite par leur seul patronyme, pas plus que les organes de répression d'ailleurs[2]. Aussi la prudence était-elle de mise : quand, dans les premières années du régime, plusieurs Juifs signèrent le Manifeste des intellectuels lancé par Benedetto Croce, l'on aurait pu penser qu'ils représentaient une tendance générale parmi leurs coreligionnaires. Or, comme le remarque Marie-Anne Matard-Bonucci, « leur engagement était moins vécu comme celui d'intellectuels juifs que comme le geste de citoyens épris de liberté[3] ». Il fallut attendre en France 1932 pour que la presse juive fît clairement état de l'existence des Juifs antifascistes. *L'Univers Israélite* ne cacha pas leur judéité : « Onze professeurs d'Universités ont préféré renoncer à leurs fonctions plutôt que de prêter serment de fidélité au régime fasciste. Parmi eux, il y a trois juifs[4] ». Le journal n'allait tout de même pas jusqu'à affirmer que la judéité de ces illustres personnages était la cause de leur antifascisme ; il livrait cette information à ses lecteurs sans commentaire et estimait sans doute qu'il

---

1   Maurice Rajsfus, *Sois juif et tais-toi ! 1930-1940. Les Français « israélites » face au nazisme*, Paris, EDI, 1981, p. 37.

2   Dans les dossiers de l'*Archivio centrale dello Stato*, rares étaient les mentions de l'appartenance religieuse des Juifs italiens, ce qui brouillait la perception. Éric Vial, art. cit., p. 228.

3   Marie-Anne Matard-Bonucci, *op. cit.*, p. 60. Sur les 200 signataires, 30 étaient juifs.

4   *L'Univers Israélite*, 8 janvier 1932. Les trois démissionnaires juifs étaient Vito Volterra, professeur de mathématiques physiques à l'Université de Rome, Giorgio Levi della Vida, également mathématicien, qui contribua à fonder l'Université hébraïque de Jérusalem, et Giorgio Errera, professeur de chimie à l'Université de Pavie.

s'agissait là d'exceptions. En fait, il n'y avait pas beaucoup plus de Juifs fascistes qu'antifascistes[1] – actifs ou silencieux – mais, en France, les Juifs ne voyaient que les premiers.

Mis à part les plus progressistes, les Israélites français considéraient le fascisme de manière assez neutre, une neutralité bienveillante quelquefois, qui ne tournait toutefois jamais à l'admiration. L'idée selon laquelle il s'avérait délicat de par trop critiquer un régime qui ne donnait pas de traces d'antisémitisme connaissait une heureuse fortune. À cela s'ajoutait que les Juifs italiens avaient fait bon accueil au régime des faisceaux. Autant de raisons qui incitaient la majorité à rester prudente, jusqu'en 1938. Cette neutralité d'apparence volait cependant en éclat pour tous dès qu'il s'agissait du père du fascisme, Mussolini. Là, les considérations politiques le cédaient aux réactions épidermiques.

IMAGES CONTRASTÉES DE MUSSOLINI

Quiconque voulait à l'époque reconstituer un portrait fidèle, ou du moins complet, de Mussolini n'aurait pu s'en tenir aux organes de l'opinion juive qui ne dépeignaient le Duce que sous certains traits les plus marquants et significatifs, ce qui n'offrait qu'une vision partielle du personnage. Mussolini ne les laissait pas indifférents et suscitait en eux louanges ou diatribes.

LE MAÎTRE DE L'ITALIE

Dans l'entre-deux-guerres et même après, le genre biographique portait souvent l'idée que certains hommes étaient promis à leur destin dès leur plus jeune âge, par leur filiation, leur caractère ou leur action. Mussolini s'inscrivait pleinement dans ce type de représentations, à une époque où l'exercice du portrait historique connaissait de belles heures. Qu'il les séduisît ou les repoussât, Mussolini semblait aux yeux des Israélites français concentrer toutes les caractéristiques d'un chef d'État charismatique. Dans l'ensemble, ils ne s'intéressaient pas, ou très peu, au Mussolini d'avant le fascisme.

---

1   Simona Colarizi, *L'Opinione degli italiani sotto il régime, 1929-1943*, Rome-Bari, Laterza, 2ᵉ édition 2002, p. 243.

Objet de toutes les considérations, le côté autoritaire du chef fasciste. L'on présentait avant tout Mussolini comme un dictateur aux antipodes de l'idéal du grand homme, représentant des Lumières et de la démocratie, que célébraient les Juifs de France. Mussolini semblait pourtant dépositaire d'une autorité reconnue par le peuple ; il était « le maître absolu de l'Italie[1] ». Il détenait un pouvoir mystifié par le véritable culte de la personnalité qu'avait instauré le fascisme en Italie. Progressistes et modérés ne manquaient pas de relever les grands traits de cette adoration de Mussolini ; *Le Droit de Vivre* intitula l'un de ses portraits du Duce : « *Mussolini ha sempre ragione[2]* ». Cela semblait découler de la nature même du régime qui célébrait le primat du chef. Dès l'enfance, précisait Daniel Halévy, l'on inculquait aux petits Italiens la vénération de Mussolini : « *Credere, obbedire, combattere* : cette formule catéchistique est en usage à l'école de haute culture, de mystique fasciste, qui fonctionne à Milan. *Credere*, à quoi ? au Duce ? "Notre Duce a toujours raison", cela s'enseigne aux petits Ballilas[3] ». Pour qualifier le premier des Italiens, le terme de « tyran » revenait de manière récurrente. Certains l'employaient dans son acception courante et en faisaient le synonyme de « dictateur », dans le sens où la LICA parlait de « Benito le Père Fouettard[4] ». D'autres, sémantiquement plus rigoureux, l'utilisaient au contraire dans son sens exact d'homme détenant un pouvoir suprême acquis par la force avec le soutien d'une partie du peuple. Les intellectuels se montraient les plus précis, comme Daniel Halévy qui levait toute ambiguïté sur la question : « Tyran. J'écris le mot sans le prendre en mauvaise part, et comme la vérité veut qu'on l'emploie. Il y a eu Denys de Syracuse, Laurent de Médicis, et il y a Mussolini[5] ». Benjamin Crémieux, de la même manière, pensait que la tradition du tyran s'inscrivait dans la mythologie italienne du héros qui doit triompher du peuple et le guide, idée déjà soutenue par Dante, Pétrarque, Alfieri, Carducci ou Malaparte : « Tout héros italien prend par nécessité figure de tyran[6] ».

Mais Mussolini était bien entendu plus qu'un tyran traditionnel : il appartenait à un type nouveau de dictateurs. L'on entreprit de dresser un parallèle entre Mussolini et les hommes forts de son temps, exercice

---

1   Hippolyte Prague, « Mussolini pacificateur », *Archives Israélites*, 23 mai 1929.

2   Frédéric Roche, « *"Mussolini ha sempre ragione"* », art. cit.

3   Daniel Halévy, *op. cit.*, p. 282.

4   « Benito le Père Fouettard », *Le Droit de Vivre*, 6 février 1937.

5   Daniel Halévy, *op. cit.*, p. 285.

6   Benjamin Crémieux, préface à Curzio Malaparte, *op. cit.*, p. IV.

périlleux auquel seul un faible nombre s'adonnaient. Des observateurs entrevoyaient une parenté entre les différents chefs de régimes nouveaux – totalitaires si tant est que l'Italie en fût[1] et bien que le terme ne s'employât alors que très peu. On observait dès lors une analogie dans les attitudes et la manière de régir la société dans différents pays, le tout s'avérant inédit. Dans son livre *Les Dirigeants de l'Europe*, Emil Ludwig classait les « grands » hommes de son temps en trois catégories : Briand, Masaryck et Rathenau étaient les « serviteurs du peuple », Lloyd Gorge et Venizelos des « opportunistes » tandis que Mussolini, en compagnie de Staline, appartenait au camp des « dominateurs du peuple[2] » – on s'étonne de l'absence d'Hitler. Ces derniers semblaient partager une vision commune du monde et de la société ; ils étaient de ce genre nouveau de dictateurs mégalomanes qui pour asseoir leur pouvoir à l'intérieur de leurs frontières manifestaient des appétits de conquête démesurés, ce qui n'échappait pas à Raymond Aron, qui se souvenait : « Hitler, Mussolini et Staline pensent tous trois, chacun à sa manière : politique d'abord. [...] Un budget de défense qui absorbe 15% du produit national ne laisse pas de doute sur l'ordre des priorités[3] ». À Mussolini était cependant attribué un caractère particulier : pour les plus modérés, il ne semblait pas tout à fait un dictateur sanguinaire, image qui marqua d'ailleurs une vaste partie de ses contemporains et de ses descendants. L'historien Didier Musiedlak note ainsi que « parmi les dictateurs du XXe siècle, Mussolini représente une forme d'anomalie. Nul ne contesterait à Hitler, Staline, Franco ou Salazar leur qualité. À l'inverse, lorsqu'on aborde Mussolini, l'image semble se brouiller[4] ». Nombre d'Israélites français d'alors constituaient l'exemple parfait d'un tel phénomène.

Un facteur aide à la compréhension : si l'on distinguait à ce point Mussolini de ses pairs, c'était parce qu'il parvenait, dans ce qui apparaissait comme une véritable comédie du pouvoir, à donner plusieurs images de lui-même et par là, à handicaper le jugement.

---

1 Se reporter sur ce point à Renzo De Felice, *Le Fascisme : un totalitarisme à l'italienne*, Paris, Presses de la FNSP, 1988 ; Emilio Gentile, *La Voie italienne au totalitarisme*, Monaco, Éditions du Rocher, 2004.
2 Emil Ludwig, *op. cit.*
3 Raymond Aron, *op. cit.*, p. 154.
4 Didier Musiedlak, *Mussolini*, Paris, Presses de la FNSP, 2005, p. 11. Voir aussi, du même auteur, « Mussolini : le grand dessein à l'épreuve de la réalité », *Parlement(s)*, n° 13, 2010, p. 51-62.

MUSSOLINI OU LA COMÉDIE DU POUVOIR

« Point de doute, nous venons d'assister à une comédie, jouée avec style, mais un style un peu trop marqué pour le public qui était là[1] ». Le Duce semblait en représentation permanente. Impression confirmée par Emil Ludwig : « Je lui connais deux tons différents[2] ». Mussolini semblait revêtir les traits du caméléon, qui peut changer de peau quand bon lui semble. L'image que se donnait le Duce changeait simultanément et évolua dans le temps, ce qui, dès l'époque, n'échappa à personne[3]. Les Israélites français percevaient nettement les diverses facettes du personnage. Avaient-ils lu la traduction française du livre intitulé *Dux*, écrit par la compagne juive de Mussolini, Margherita Sarfatti ? Le Duce n'y cachait pas son amour de la représentation : « La pensée que je ne m'appartiens plus, la sensation d'appartenir au contraire à tous, et d'être si aimé et si haï, un élément essentiel de la vie d'autrui, cette pensée me devient une sorte d'ivresse ou d'incantation », écrivait-il en préface[4]. Cela semblait la profession de foi d'un véritable comédien. André Suarès, qui exécrait le Duce, notait que celui-ci avait d'ailleurs le physique d'un comédien ; mais sous sa plume, Mussolini devenait en fait le dernier des histrions ; ses traits extérieurs semblaient empreints de « bouffonnerie[5] ». Comme Suarès, de nombreux Israélites s'attardaient sur l'apparence physique de Mussolini, laquelle suscitait d'ailleurs souvent les sarcasmes. Ainsi, l'expression « relever le menton comme Mussolini[6] » commençait à passer dans le langage courant et désignait l'attitude de qui voulait se donner un air autoritaire et majestueux de manière si outrancière que cela en devenait ridicule. Il était fréquent qu'en public, devant les foules italiennes, Mussolini adoptât cette posture figée ; Philippe Erlanger s'en souvenait : « Je revois le dictateur, les poings sur les hanches, le menton pointé vers le ciel, jetant à une foule hystérique ses phrases d'imperator[7] ». D'autres se montraient plus incisifs car tourner le Duce en ridicule pouvait marquer les esprits et permettait

---

1   Daniel Halévy, *op. cit.*, p. 283.
2   Emil Ludwig, *op. cit.*, p. 222.
3   *Cf.* Fabrice d'Almeida, « Les métamorphoses de l'imagier mussolinien », *Matériaux pour l'histoire de notre temps*, n° 28, juillet-septembre 1992, p. 36-39.
4   Benito Mussolini, préface à Margherita Sarfatti, *Mussolini. L'Homme et le Chef*, Paris, Albin Michel, 1927, p. VI.
5   André Suarès, *op. cit.*, p. 199.
6   Maurice Sachs, *Le Sabbat. Souvenirs d'une jeunesse orageuse*, Paris, Corrêa, 1946, p. 292. (Récit rédigé dans les années 1930).
7   Philippe Erlanger, *op. cit.*, p. 269.

de s'opposer à ceux qui, en France, l'admiraient et s'exclamaient : « Ah !
si nous avions un Mussolini[1] ! ». Selon *Le Droit de Vivre*, les sectateurs
français du fascisme italien et de son chef étaient des bourgeois situés
à droite ou à l'extrême droite de l'échiquier politique ; il fallait leur
montrer que Mussolini n'était autre qu'un « César de Carnaval », selon
l'expression du socialiste Paul-Boncour[2]. Tenir une telle position, même
à la fin des années 1930, se révélait malaisé, car quiconque critiquait le
Duce se voyait taxer de bolchevisme, ressentait la LICA ; cela conférait
un pouvoir supplémentaire à la dérision. *Le Droit de Vivre* moquait ainsi
Mussolini tel que le représentaient les actualités :

> Ce *Duce* qui s'exhibe à moitié nu sur l'écran, grotesque, le ventre en avant
> comme un faux Bouddha, le poing sur la hanche, l'air crâneur, la poitrine
> tétonnière et poilue, ce fils de la Louve et d'un charpentier de la Romagne,
> cet ex-socialiste révolutionnaire converti au culte de la force et qui, rentré
> le soir chez lui, court voir s'il a bien suivi les conseils de Machiavel et s'il a
> bien digéré les *Réflexions sur la violence* de Georges Sorel, mais c'est un grand
> homme. Et ne dites pas le contraire, autrement quoi vous êtes un bolchevick,
> un suppôt de Staline, un ennemi de l'ordre, de la paix, de la santé, des sports
> d'hiver, du cinéma, du théâtre et de la *Comedia dell'Arte*[3].

La propagande fasciste faisant son œuvre, les Français pouvaient obtenir des entrevues avec Mussolini – comme ce fut le cas pour Waldemar-
George, Philippe Erlanger, André Maurois et d'autres – au cours desquelles
le chef fasciste faisait montre de bienveillance, ce qui invalidait aux
yeux de quelques-uns les portraits acerbes tels que ceux dépeints par
la LICA. Certains avaient ainsi pu entrer en contact avec celui que
l'on connaissait d'ordinaire par l'intermédiaire des ondes ou du grand
écran. Là, Mussolini se montrait chaleureux, policé, attentif et se donnait l'allure d'un sage lettré et rassurant : « Je le revois en son bureau du
Palais de Venise après sa découverte de Corneille, s'identifiant au Vieil
Horace », se rappelait Erlanger[4]. De même, André Maurois notait : « Je
crois voir encore cette longue galerie, cette petite table, et l'homme à la
forte mâchoire qui me parla de *la Divine Comédie*[5] ». Certes, comme beaucoup d'autres observateurs, les Juifs qui s'entretenaient avec Mussolini
remarquaient qu'il faisait preuve d'une bien plus grande amabilité avec

1   « Benito, le Père Fouettard », art. cit.
2   Pierre Milza, *L'Italie fasciste devant l'opinion…*, *op. cit.*, p. 47.
3   « Benito, le Père Fouettard », art. cit.
4   Philippe Erlanger, *op. cit.*, p. 269.
5   André Maurois, *Mémoires, 1865-1967*, Paris, Flammarion, 1970, p. 169.

les étrangers et qu'il se donnait une image bien différente de celle qu'il se façonnait dans son pays : « Avec les étrangers, [son] regard n'est pas le moins du monde sévère ; il en est peut-être autrement avec ses quarante-deux millions d'Italiens[1] ». Le grand admirateur du Duce qu'était Waldemar-George en célébrait la figure protéiforme :

> Un tribun doit être un artiste. Son image physique doit être le symbole visible de sa pensée. Il faut qu'il sache exploiter les effets, les graduer, les varier suivant les circonstances et suivant le climat de son auditoire. Mussolini tient un tout autre langage selon qu'il parle au Sénat, au Congrès du Parti, ou sur la Place de Venise. Le Duce, qui adopte avec ses visiteurs, tout particulièrement avec les intellectuels, une attitude empreinte de familiarité, paraît en public solennel et altier, revêtu du brillant uniforme de général de la milice fasciste. Il se meut comme un grand tragédien[2].

Des développements fréquents étaient également consacrés aux relations que Mussolini entretenait avec les femmes, lesquelles semblaient dévoiler sa vraie nature et lever le masque du Duce.

La variété des postures adoptées par Mussolini, qui renvoyaient autant d'images différentes d'un seul et même personnage, brouillait les cartes et expliquait que le chef du fascisme jouît d'une réputation favorable auprès d'une grande partie de l'opinion européenne, tous bords confondus parfois. D'aucuns, sans souhaiter l'instauration d'un régime copié sur celui de l'Italie, appelaient de leurs vœux à en adopter certains traits qui avaient porté leurs fruits. Qu'on songe aux « fascistes » français convaincus, que l'on rencontrera plus loin, ou à Churchill lui-même qui se montrait favorablement disposé à l'égard de son homologue italien ; se joignaient à lui, entre une série d'exemples, les écrivains Kipling ou Bernard Shaw. Il n'en allait pas différemment de Ford ou de Roosevelt lui-même aux États-Unis, où Mussolini faisait figure de véritable « héros américain[3] », sans parler des pays d'Europe centrale ou orientale qui avaient instauré en leur sein des régimes largement inspirés du fascisme[4]. Dès lors, l'attitude des Juifs français ne devait pas étonner : si ce n'était pour la LICA, avant 1938, l'heure n'était pas à la diabolisation.

---

1   Emil Ludwig, *op. cit.*, p. 232.
2   Waldemar-George, *L'Humanisme et l'idée de patrie*, Paris, Fasquelle, 1936, p. 44.
3   John P. Diggins, *Mussolini and Fascism. The View from America*, Princeton, Princeton University Press, 1972, p. 58. *Cf.* la récente étude de Damien Amblard, *Le « Fascisme » américain et le fordisme*, Paris, Berg International, 2007.
4   Pour une analyse détaillée de l'image de Mussolini en Europe et dans le monde, Pierre Milza, *Mussolini, op. cit.*, p. 619-629 ; ainsi que Max Gallo, *L'Italie de Mussolini*, Paris, Perrin, 1982, p. 204.

Malgré ce qu'elles se plaisaient à affirmer, les langues se déliaient et de grandes tendances se dessinaient parmi les Israélites français qui, on le voit, accordaient une place non négligeable aux questions de politique extérieure. Un premier constat se dégage : aussi bien quantitativement que qualitativement, l'opinion juive, mobilisée par sa presse et ses intellectuels, se distinguait de l'opinion française générale. Quantitativement, elle comprenait moins de tendances : on ne trouvait pratiquement pas de véritables sectateurs du fascisme dans ses rangs, tout au plus certains individus séduits par l'expérience italienne mais qui, conscients du danger qu'elle recélait, témoignaient d'une admiration prudente et lointaine, ce qui plaçait l'axe central de cette opinion plutôt vers la gauche. Qualitativement, l'opinion israélite réagissait lentement aux événements extérieurs, surtout s'ils ne concernaient pas directement la question juive. Contrairement au cas courant, les Israélites détestaient plus Mussolini que le fascisme, car, s'ils n'entendaient pas critiquer en majorité le régime italien frontalement, ils étaient nombreux à nourrir une profonde antipathie pour un homme qui semblait incarner toutes les valeurs opposées à celles que véhiculaient la République, la démocratie – et le judaïsme. Second constat, qui découle du précédent : l'opinion juive avançait à plusieurs vitesses ; à côté d'une majorité somme toute consensuelle, celle des organes communautaires qui se faisaient la « voix » d'une importante part de la judaïcité, figuraient deux pôles actifs qui allaient nettement plus loin dans l'engagement, d'une part les intellectuels, qui s'exprimaient en leur nom propre, de l'autre la LICA, qui tentait, dans les années 1930, d'alarmer le reste des Israélites quant au danger italien. Cette multipolarité de l'opinion juive ouvrirait la voie à la division, au moment des choix décisifs.

CONCLUSION DE LA PREMIÈRE PARTIE

Considérés de manière diachronique, les cadres généraux qui structuraient l'« univers mental » des Juifs français, mettent en relief plusieurs tendances générales tout autant que des carences. Relativement à l'Italie, sur une période longue et porteuse de nombreux soubresauts historiques pour l'entité analysante comme pour l'objet considéré, l'attitude de l'opinion juive se distinguait par sa permanence en ce qui concerne cet arrière-plan idéologique. Jusqu'en 1938 du moins, c'est-à-dire jusqu'à l'extrême fin de la période, les Israélites renouvelaient leurs témoignages d'admiration à l'égard de la culture et de la place de la religion en Italie. Concernant le fascisme, les réserves se faisaient nombreuses mais elles ne semblaient globalement pas assez puissantes pour ternir l'image paradisiaque que renvoyait la sœur latine.

Tous les thèmes n'étaient pas abordés. Les Juifs se prononçaient en tant que tels sur un type circonscrit de sujets : soit les grands thèmes, incontournables par les enjeux qu'ils portaient, soit les questions qui touchaient directement la judéité, celles qui attiraient sans doute le plus les destinataires des organes communautaires. On entrevoit de fait la silhouette de cette opinion juive, composée de trois pôles d'ampleur inégale. À une majorité constituée par ce que l'on pourrait appeler la communauté officielle, dont il est en définitive difficile de saisir véritablement les grandes orientations, s'ajoutaient d'une part la LICA, active à la fin des années 1920, qui s'érigeait précisément contre les organes officiels, et, d'autre part, les intellectuels, qui ne s'adressaient pas spécialement à leurs coreligionnaires. Ces divers pôles jouaient un rôle varié selon les sujets abordés ; chaque fois, les corps de l'opinion juive s'articulaient différemment.

Les idées et théories relatives à la question juive et au fascisme n'existaient pas *in abstracto*. Elles s'incarnaient, se matérialisaient dans le champ social et politique. Les intellectuels faisaient vivre leur engagement, face à l'Italie ou à d'autres sujets, par de nombreux biais au sein de l'espace public (articles, ouvrages, conférences, débats, manifestations scientifiques et publiques…). La LICA voulait que ses opinions,

affirmées de manière souvent tranchée, fussent le terreau d'une action
directe, grâce à des manifestations, des rencontres, une intercession politique et diplomatique, ou encore des boycotts. L'action des institutions
communautaires paraissait plus feutrée : outre l'Alliance qui poursuivait
constamment son œuvre, discrètement ou publiquement, le consistoire
agissait de manière plus frileuse. Il lui arrivait d'intervenir, ce sera le cas
concernant l'Italie. Il manifestait souvent réserve et prudence, mais dans
le contexte de l'entre-deux-guerres, et surtout dans le climat délétère
et angoissant des années 1930, se prononcer, donner son avis, c'était
agir courageusement. Il est hautement vraisemblable que la « majorité
silencieuse » des Juifs oscillait entre ces divers pôles.

Ce premier volet consacré à la perception des grands cadres de l'Italie,
cet arrière-plan synthétique, reconstruit *a posteriori* mais imperceptible
pour les contemporains permet de comprendre les incertitudes, les
ambiguïtés, les divisions des Juifs de France face à l'Italie. Imaginaire
et réalité se confrontaient en un choc parfois violent. L'on passait de
l'aveuglement à la lucidité la plus pointue, et inversement. La majorité
tarda pourtant à admettre la réalité. Pour en comprendre les causes, il
nous reste à suivre l'évolution de l'opinion juive devant l'Italie, de 1922
à 1939, des années d'espoir à la désillusion finale.

DEUXIÈME PARTIE

FACE AU JANUS ITALIEN

L'INQUIÈTE SÉRÉNITÉ DE L'OPINION JUIVE
DANS LES ANNÉES 1920

Laquelle des deux faces du Janus italien était-elle la véritable ? Celle qui souriait aux Juifs en Italie, en Europe et en Palestine, ou celle, aux traits plus difficiles à saisir, qui jetait un regard sombre aux Israélites des contrées africaines tenues ou convoitées par le fascisme ? Ce dilemme se posa aux Israélites français de la même façon qu'à leurs coreligionnaires d'autres pays désireux de saisir au mieux la situation du monde juif d'alors ou soucieux de connaître leur avenir pour ceux dont les destinées dépendaient de près ou de loin du fascisme.

Selon les régions où se manifestait son action, Mussolini faisait en effet montre des meilleures comme des pires dispositions, comportement toujours caractérisé par un équilibre entre deux tendances antagonistes. Une importante fraction de l'opinion juive se mobilisa pour analyser l'attitude de l'Italie face à la question juive, car cela permettait notamment de cerner plus avant la situation du sionisme en Méditerranée, sujet engageant durablement l'avenir du peuple juif. Par le jeu des miroirs, il se révélait intéressant de se demander si les Israélites italiens s'investissaient dans la défense de la cause juive et sioniste, en comparant leur position avec celle de la judaïcité française.

Face à l'antisémitisme européen, au sionisme et à l'évolution de la communauté de son propre pays, le fascisme multipliait les signes favorables, mais derrière la propagande se dissimulaient plusieurs hiatus. L'on pouvait dès lors se demander si les objectifs du fascisme correspondaient réellement à l'intérêt des Juifs, où qu'ils fussent. En d'autres termes, qu'elle fût clairement formulée ou non, une question agitait les esprits : l'attitude italienne répondait-elle à un philosémitisme sincère ou à des impératifs stratégiques ?

Soutenir que les Juifs de France examinaient ce sujet avec inquiétude serait à coup sûr outré ; l'on ne peut pas non plus parler de sérénité. Ils étaient en proie à un mélange de ces deux sentiments, mais l'inquiétude était souvent tue, difficilement perceptible. L'optimisme, sincère ou feint, semblait bien souvent la règle.

L'ITALIE PHILOSÉMITE EN EUROPE ET EN PALESTINE

Les périodes de calme relatif, du moins celles où l'on n'enregistre pas de crise grave, constituent des séquences d'observation d'une grande richesse pour déterminer les mouvements d'opinion en ce que l'absence de crise suscite en général des réactions variées, nuancées, sincères, parce qu'elles ne sont pas le fruit de l'inquiétude ni de la menace que peut inspirer un danger présent ou imminent. Relativement à l'attitude italienne devant la question juive, les années 1920 étaient de celles-là. Certes, objectera-t-on, il est peut-être réducteur de parler de décennie de calme au seul motif qu'il ne se déroula pas de crise grave. Disons plutôt qu'il s'agissait d'un moment de pré-crise, tant étaient fréquents les signes annonciateurs des temps incertains à venir. Ces nuances étaient naturellement imperceptibles aux contemporains. D'où l'intérêt de choisir 1922 comme point de départ de l'analyse. Cela permet, semble-t-il, de dissiper erreurs d'appréciation et contre-sens. Quiconque observerait la position de l'opinion juive française face à l'Italie fasciste à partir du milieu des années 1930, qui inaugurèrent une période des plus sombres, serait tenté de conclure – et nombre de sources ne le feraient pas mentir – que les Juifs de France, assimilant pour la plupart fascisme et nazisme, tous deux hostiles, à des degrés différents, à Israël, se seraient à l'évidence défiés de l'Italie. Or, sur cette question, on peut considérer que la fin des années 1930 était bien marquée par une « anormalité » et les années 1920 au contraire par une « normalité » des réactions. La rupture intervint, comme on le verra, dans les années 1936-1937, non en 1922.

Non que les Juifs de France versassent dans un optimisme béat au cours des années 1920. De 1922 à 1933, Mussolini eut en effet grand mal à concilier son désir de respectabilité auprès des gouvernements et opinions internationaux, et sa soif de succès par l'expansion. Mais, on l'a vu, à cette époque, l'essence et les buts véritables du fascisme n'étaient pas encore clairement apparus à l'opinion juive, dont une grande partie continuait à lire les événements d'Italie à la lumière d'une grille qui datait de l'époque préfasciste et semblait parfois dépourvue de pertinence. Au début des années 1920, beaucoup de Juifs s'emmuraient ainsi dans les certitudes passées ; ils évoluèrent toutefois rapidement. Dans l'ensemble, intellectuels exceptés, ils regardaient d'un œil favorable l'action de l'Italie dans les relations internationales, leurs considérations se cantonnant généralement à l'horizon européen et méditerranéen. À l'heure où la sœur latine, dans la seconde moitié de la décennie, opta pour le révisionnisme, plusieurs voix inquiètes se firent entendre, mais l'on n'observa pas pour autant de revirement massivement défavorable de la part des Israélites. Si l'on s'intéressait au rôle de l'Italie dans les relations internationales, ce n'était pas en tant que tel : il ne s'agissait bien souvent que d'une argumentation de soutien, destinée à éclairer par contextualisation l'attitude de l'Italie face à la question juive, préoccupation qui s'invitait à la première place pour l'opinion juive.

Les vecteurs de cette opinion n'analysaient pas ici l'essence, mais bien l'action concrète du fascisme. Se confrontaient dès lors l'idée à l'intérêt, l'imaginaire au pragmatisme, la longueur des réflexions théoriques à l'éphémère de l'événement[1]. Il n'était parfois pas facile de s'y retrouver. L'Italie semblait pourtant le porte-flambeau du philosémitisme, à l'intérieur de ses frontières, en Europe et en Palestine. Il en allait tout différemment de son attitude en Afrique du Nord, qui faisait l'objet de développements séparés, on le verra plus loin. De toutes les bienveillantes hésitations qui se dégageaient de leur analyse, les Juifs aboutissaient à une conclusion : la constante versatilité de l'Italie.

« MUSSOLINI PACIFICATEUR » ? LE RÔLE DE L'ITALIE DANS LES RELATIONS INTERNATIONALES

Rien n'autorise à affirmer que l'opinion juive se montrait particulièrement intéressée par le rôle de l'Italie dans les relations internationales, à en juger par la faible place occupée par ce sujet dans les organes communautaires. N'était-ce pas là l'affaire d'un cénacle réduit ? Sans doute les Juifs qui entendaient avoir quelques lueurs sur la question

---

1   *Cf.* sur cette problématique, le dossier « Images et imaginaire dans les relations internationales depuis 1938 », *Cahiers de l'IHTP*, n° 28, juin 1994.

pouvaient s'informer par le biais des canaux nationaux et non spécifiquement communautaires. Questions épineuses, auxquelles il est délicat d'apporter une réponse ferme et définitive. Plusieurs éléments s'offrent cependant à l'analyse, qui permettent de dégager les grandes orientations de l'opinion juive.

L'ITALIE, AGENT STABILISATEUR ?

En 1921, *Paix et Droit* dressait un tableau de l'Europe après Versailles et remarquait que deux tendances opposées se disputaient le continent : à côté du camp des dictatures, fauteuses de guerre, figurait celui des démocraties, garantes de la paix, camp composé par la France, la Grande-Bretagne, la Suisse, la Belgique, la Hollande, la Scandinavie, et l'Italie[1]. Le basculement de ce dernier pays dans le premier groupe venait en fait invalider le constat initial, puisque l'Italie, maintenant dictature fasciste, loin de sombrer dans le bellicisme, contribuait, aux yeux de beaucoup, à la paix en Europe et constituait contre toute attente un élément de stabilité. Dans la plupart des cas tout au moins.

Cette opinion, largement répandue dans les années 1920, confortait l'image positive de l'Italie car, selon les Israélites, seule la paix pouvait assurer le salut du monde, de l'Europe et, partant, des Juifs. Il est essentiel de saisir la prégnance du sentiment pacifiste parmi les Israélites pour comprendre leurs réactions face à l'Italie[2]. Cette force du pacifisme ne devait pas étonner, clamait-on : l'esprit d'Israël était pétri, depuis les origines, de l'idée de paix. Dix ans après l'armistice, Hippolyte Prague précisait que la loi juive portait en elle cette valeur :

> S'il y a une collectivité passionnée à un degré supérieur pour la paix, paix entre les peuples, paix entre les individus, c'est bien celle qui a reçu sur le Sinaï la divine révélation du Décalogue ordonnant impérieusement : *Tu ne tueras point !*
> Le mot *Chalom* qui signifie Paix est le refrain préféré du Pentateuque qu'on récite dans nos synagogues[3].

L'histoire juive paraissait apporter à cela une permanente confirmation ; Pierre Paraf soulignait pour sa part que Dieu avait toujours accordé sa

---

1   Alfred Berl, « L'Europe centrale et les traités : deux ans après », *Paix et Droit*, octobre 1921.
2   Sur ce point, Philippe-E. Landau, *Les Juifs de France et la Grande Guerre : un patriotisme républicain, 1914-1941*, Paris, Éditions du CNRS, 1999, p. 161 *sqq.*
3   Hippolyte Prague, « La guerre et la paix », *Archives Israélites*, 8 novembre 1928.

préférence aux défenseurs de la paix : « Salomon prince de la paix succède à David, prince de la guerre et lui seul est jugé digne, à cause de son nom, qui veut dire *Paix*, d'édifier le Temple à l'Éternel[1] ».

Un tel climat expliquait les réactions des Israélites : c'était ainsi avec soulagement que l'on observait globalement l'œuvre de paix menée par l'Italie, qui ne boudait pratiquement aucune conférence d'ampleur. Et l'on sait quel prix les Juifs et leurs instances communautaires accordaient à ces rencontres qui scellaient le nouvel ordre européen, car les modifications de frontières et changements de souveraineté influaient sur le sort des minorités juives. Publiquement, les Juifs s'alignaient sur la diplomatie de leur pays, ce qui n'interdisait pas une action à l'échelle communautaire. Une lettre adressée à l'Alliance israélite universelle en novembre 1917, avant que les armes ne fussent posées, par Angelo Sereni, président du Comité des Communautés israélites d'Italie, laissait percevoir un ton plus décidé et montre la place que pouvaient jouer les Juifs dans les relations internationales :

> Chaque jour qui passe, la responsabilité que nous avons devant l'hébraïsme, pour la solution du problème juif, devient plus grande et augmente encore la probabilité de l'avènement de la Paix juste et victorieuse qui pourrait nous prendre au dépourvu. Il serait alors vraiment déplorable et douloureux qu'elle trouvât les juifs non préparés et désunis. [...] Il est absolument indispensable d'établir une unité solide et efficace du front hébraïque et une activité fraternelle sur un programme commun aux juifs d'Angleterre, de France et d'Italie et possiblement d'Amérique et de Russie[2].

L'Italie avait été un instrument de la paix et il n'y avait à première vue pas lieu de corriger l'*a priori* favorable à ce pays, après l'avènement du fascisme.

Au lendemain de son accession au pouvoir, Mussolini, qui hérita d'une politique étrangère façonnée par les alliances du temps de la Grande Guerre, fit de fait preuve d'une prudence dictée tant par Salvatore Contarini, secrétaire général du ministère des Affaires étrangères jusqu'en 1926, lequel s'inspirait de la politique des Sforza, que par une certaine inexpérience en la matière[3]. De l'ensemble de la politique extérieure menée par l'Italie fasciste, les Israélites français retenaient principalement

---

1   Pierre Paraf, *Israël 1931*, Paris, Valois, 1931, p. 52.
2   AIU, I – C4. Lettre d'Angelo Sereni, président du Comité des communautés israélites d'Italie à l'Alliance israélite universelle, de Rome le 22 novembre 1917.
3   Voir Pierre Milza, Serge Berstein, *Le Fascisme italien, 1919-1945*, Paris, Le Seuil, 3ᵉ édition 2003, p. 308 *sqq*.

la participation à l'esprit de Genève et la défense – officiellement – de la sécurité collective. Preuve en était, la présence ostentatoire de Mussolini à la conférence de Locarno, en octobre 1925. Une analyse méticuleuse de la production d'époque montre que les observateurs israélites n'allaient pas jusqu'à faire de l'Italie le maître d'œuvre de la paix. Qu'importait! Ce qui semblait compter avant tout, c'était la participation de l'Italie, à quelque degré qu'elle s'inscrivît. Les *Archives Israélites*, dans un article intitulé « Un pas vers la vraie paix », ne dissimulaient pas leur satisfaction devant ce climat de paix et rendaient hommage à toutes les nations qui y œuvraient, parmi lesquelles l'Italie[1]. Un même concert d'applaudissement accueillit les traités suivants, auxquels la sœur latine avait apporté également sa pierre. Cela donnait l'impression étonnante et paradoxale que rangée dans le camp de la paix, l'Italie était comme l'alliée des démocraties[2].

À mots couverts, l'on pointait certaines incohérences et le caractère ambigu de la politique italienne à l'apogée de l'esprit de Genève. Une faible place était cependant accordée à ces écarts, tandis que certains accordaient des circonstances atténuantes à l'Italie. La plus significative des réactions se déroula au moment de l'épisode de Corfou. L'on ne peut comprendre la complexité des réactions sans revenir sur l'événement. Mussolini tentait de concilier une politique du fait accompli, destinée à accroître les possessions et le prestige italiens, avec le respect de la Société des Nations (SDN). Le 27 août 1923 se produisit un premier coup de force. Une mission militaire en provenance d'Italie et chargée de délimiter les frontières entre la Grèce et l'Albanie fut attaquée près de Janina, en territoire grec; le général Enrico Tellini, deux officiers et un chauffeur y perdirent la vie. Un massacre sanglant s'ensuivit tandis que l'on ignorait tout des coupables. S'il s'agissait de bandits épirotes, pour quelles raisons avaient-ils agi? Étaient-ils en service commandé? Fallait-il y voir l'action des Grecs, ou celle des Albanais? Sans attendre le verdict, Mussolini envoya un ultimatum à la SDN et à la Commission interalliée : il réclamait l'ouverture d'une enquête réalisée par l'attaché militaire italien à Athènes, la peine capitale pour les auteurs du forfait et une indemnité de 50 millions de livres, réaction disproportionnée qui s'accentua quand, le 31 août, devant les dénégations grecques, Mussolini occupa l'île de Corfou, position stratégique pour contrôler les entrées en

---

1   Hippolyte Prague, « Un pas vers la vraie paix », *Archives Israélites*, 22 octobre 1925.
2   Cela apparaît particulièrement net dans les articles d'Hippolyte Prague : « La nouvelle politique de l'Europe », *Archives Israélites*, 14 octobre 1926.

Adriatique. Le 3 septembre, la SDN condamna l'Italie ; Mussolini menaça alors de se retirer de l'organisation. Ce ne fut que le 27 septembre, après un mois, que se dénoua l'affaire : l'Italie rappela ses troupes de Corfou car, après la médiation de la conférence des ambassadeurs, le paiement de la somme réclamée et, surtout, les pressions britanniques, le Duce se garda de défier les grandes puissances. Cet événement, hautement symbolique, donnait une idée précise de l'orientation nouvelle de la diplomatie italienne. Mussolini voulait tester les grandes puissances en employant le coup de force puis, en fonction des réactions, il corrigeait son action[1]. Cette affaire ne semble pas avoir tempéré l'enthousiasme des Israélites français, d'abord parce qu'ils ne lui accordèrent qu'un très faible écho. De même que l'ensemble de l'opinion française, leurs regards se tournaient avant tout vers la Ruhr à ce moment[2]. Seul *Paix et Droit*, mais seulement plusieurs années après l'événement, en fit mention. Fallait-il y voir, pour les autres vecteurs de l'opinion juive, un simple désintérêt ou une volonté de minimisation ? Une hypothèse peut être avancée : plus préoccupés par les tendances générales que par les événements particuliers quand la question juive n'intervenait pas, les Israélites ne considéraient sans doute pas l'affaire de Corfou comme révélatrice de la diplomatie italienne en général. Ce coup de force pouvait s'apparenter à une opération de défense d'un intérêt particulier. Quand on évoquait Corfou, même *a posteriori*, ce n'était d'ailleurs pas tant l'acte en lui-même que la réaction de la SDN qui suscitait l'attention. C'est cela qu'il est intéressant de remarquer. Pour Alfred Berl, l'épisode de Corfou constituait un épisode parmi tant d'autres de l'impuissance de la Société des Nations ; après avoir sévèrement critiqué le « dessaisissement volontaire du conflit gréco-italien[3] » dont fit montre la SDN, le rédacteur de *Paix et Droit*, revenant sur la diplomatie européenne des années 1920, exposait :

> Un [...] exemple peut caractériser [...] la tactique et les méthodes de la Société des Nations : l'incident de Corfou. Des Albanais ayant assassiné un consul italien, de la frontière épirote, l'Italie rendit la Grèce responsable et bombarda Corfou en attendant la satisfaction réclamée à la Grèce. Celle-ci

---

1 Pierre Milza, Serge Berstein, *op. cit.*, p. 310-311.
2 Pierre Milza, « Une crise internationale dans l'aire méditerranéenne : l'affaire de Corfou vue de France », dans Jean-Baptiste Duroselle, Enrico Serra (a cura di), *Italia, Francia e Mediterraneo*, Milan, Franco Angeli, 1990, p. 92-94.
3 Alfred Berl, « La protection des minorités et la Déclaration des Droits de l'Homme », *Paix et Droit*, mai 1929.

voulut recourir à Genève ; en vain. L'Italie s'y refusa et ne consentit à présenter sa demande que devant la Conférence des Ambassadeurs.

La Société des Nations, n'osant affronter la mauvaise humeur italienne, se laissa dessaisir d'un litige qui était indiscutablement de son ressort, sans formuler aucune protestation[1].

Trop tardifs et isolés pour être représentatifs, ces articles n'en demeuraient pas moins critiques à l'égard de l'attitude italienne. L'opinion des Israélites face à l'Italie ne peut toutefois être comprise sans qu'on la mette en relation avec l'idée qu'ils avaient de la SDN. Selon les observateurs juifs, la responsabilité en incombait en effet autant, sinon plus, à la SDN qu'à l'Italie. L'attitude de Mussolini pouvait s'expliquer, voire se justifier, mais si la sœur latine avait craint l'instance de paix internationale, elle n'eût assurément pas tenté ses coups de force. Parce qu'il était sûr qu'on ne lui eût opposé aucune sanction, le Duce opta pour une politique du fait accompli, ce qui n'était pas incompréhensible, pouvait-on penser. L'impunité semblait de mise et il apparaissait que l'Italie craignait davantage les Britanniques que l'organisation de paix. Si la SDN avait cédé à Mussolini, c'était, entre autres, parce qu'elle ne pouvait se passer de la présence de celui-ci dans ses rangs[2].

Il ne faudrait pas mettre l'absence de réactions face aux écarts de l'Italie sur le compte de l'image positive dont jouissait le pays auprès des Israélites de France. Somme toute pragmatiques quand il s'agissait de politique internationale, ceux-ci adoptaient une posture modérée. Tout en émettant certaines critiques à mots voilés – mais, redisons-le, les sources sont indigentes sur cette question précise – ils ne décernaient pas de mauvais points à l'Italie[3]. Leurs préoccupations semblaient en fait ailleurs. Mais au plus on approchait des années 1930, au plus les signes d'inquiétude, principalement émis par les intellectuels, très attentifs, émergèrent. Ceux qui émettaient des réserves contre la politique italienne ne constituaient qu'un faible contingent au regard de l'ensemble des

---

1   Alfred Berl, « La situation juridique et politique du judaïsme européen », *Paix et Droit*, mai 1932. Cet article reprenait une conférence prononcée le 31 mai 1932 à une soirée organisée par le Comité oriental des Amis de l'Alliance israélite universelle.

2   Sur les sentiments partagés des Juifs français face à la SDN : P. Haguenauer, « Congrès pour la Paix », *Archives Israélites*, 24 décembre 1925 ; Hippolyte Prague, « La nouvelle politique de l'Europe », art. cit. ; Jean-Richard Bloch, *Offrande à la politique. Troisièmes essais pour mieux comprendre mon temps*, Paris, Rieder, 1933, p. 49.

3   En ce sens, ils se rattachaient à la frange consensuelle de l'opinion française relativement aux affaires d'Italie : Pierre Milza, *L'Italie fasciste devant l'opinion française, 1920-1940*, Paris, Armand Colin, 1967, p. 86-87.

Israélites, mais un contingent prestigieux, qui analysait sans concession l'évolution internationale de l'Italie. Le prestige pouvait-il l'emporter sur le nombre ? En tout cas, les voix dissidentes nuancent le tableau général de l'opinion juive d'alors. Devant la diplomatie hésitante et brouillonne pratiquée par l'Italie, adopter un point de vue clair et tranché se révélait une tâche complexe, rendue encore plus délicate par la propagande fasciste. Observer, corriger son jugement et examiner de nouveau : voilà les étapes qui scandaient la formation de l'opinion.

Après 1926 et le limogeage de Contarini, remplacé par Giacomo Paolucci de Calboli, Mussolini décida seul de l'orientation de la diplomatie italienne et entra dans la voie du révisionnisme, qui répondait, sur le plan intérieur, au tournant « fascistissime ». Ce révisionnisme se traduisait de différentes manières : en août 1929, l'Italie choisit de ne pas participer à la première conférence de La Haye sur les réparations allemandes tandis que les critiques transalpines à l'égard de la SDN, taxée d'idéalisme, fusaient. À ce révisionnisme passif, cantonné aux postures et aux mots, s'en ajoutait un autre, plus actif celui-là, qui réclamait une révision des traités. Mussolini cherchait à asseoir sa puissance, particulièrement dans le bassin méditerranéen et il réclama publiquement que l'on revînt sur les traités de paix issus de la Grande Guerre. Dès 1921, un Italien présent à une conférence de Benjamin Crémieux avertit celui-ci de la nature expansionniste du fascisme et lui rappela une phrase prononcée la même année par Mussolini : « Nous voulons la révision du traité de Rapallo, c'est-à-dire la Dalmatie à l'Italie, nous voulons la Méditerranée à l'Italie[1] ». Et l'auditeur italien d'ajouter : « On ne peut pas être plus impérialiste que cela[2] ». Malgré de pareilles alarmes, ni Benjamin Crémieux ni d'autres Juifs ne prirent la menace au sérieux. Il fallut attendre le tournant révisionniste officiel pour trouver des réactions allant en ce sens. Plusieurs intellectuels juifs dénoncèrent à ce moment ce qui leur apparut, d'après l'expression employée par les historiens, comme une « politique impériale[3] ». Julien Benda dressait ainsi un parallèle entre la politique contemporaine de l'Italie et celle des Romains de l'Antiquité : « les Italiens [...] posent leurs volontés comme la

---

1   Objection reproduite dans Benjamin Crémieux, *L'Esprit des récentes élections italiennes et les grands courants politiques et sociaux*, Paris, Comité national d'études politiques et sociales, 1921, p. 25. Le traité de Rapallo, signé en 1920, fixait la frontière entre l'Italie et la nouvelle Yougoslavie.

2   *Ibid.*

3   *Cf.* Giuseppe Mammarella, Paolo Cacace, *La Politica estera dell'Italia dallo Stato unitario ai giorni nostri*, Rome-Bari, Laterza, 2006, p. 94-106.

résurrection de [l'âme] de l'Empire romain[1] ». Aspect également souligné par Jean-Richard Bloch : commentant l'ouvrage de Guglielmo Ferrero, *La Ruine de la civilisation*[2], il dressait également un parallèle entre la période fasciste et l'Antiquité ; un postulat décidait à ces deux époques de la politique à mener : « La tête est Rome. Le cœur est la Méditerranée[3] ».

D'une manière générale, les intellectuels juifs percevaient nettement le caractère expansionniste et méditerranéen de la politique du Duce : plusieurs signes et événements ne laissaient pas la place au doute ; l'Italie semblait devenir belliqueuse et voulait reprendre une place maîtresse en Méditerranée. Renouait-elle simplement avec une tradition ancienne héritée du nationalisme corradinien, comme l'affirma Mussolini en 1926, lors de son voyage en Libye[4] ? Certains y voyaient des causes plus profondes et imputaient la nouvelle politique au régime fasciste lui-même : pour se maintenir, celui-ci avait besoin de renouveler en permanence ses objectifs. L'on observait que la politique de prestige menée par le fascisme plaisait aux Italiens qui se voyaient flattés dans leur orgueil, si bien que le consensus autour du régime semblait se consolider par le biais de la politique extérieure[5] ; l'année 1935 en fournira plus tard une nouvelle preuve. Si la Méditerranée ne paraissait pas un but atteignable dans les années 1920, les Balkans, notamment l'Albanie, protectorat italien en 1926, démontraient la réussite de la politique fasciste : en apportant son soutien aux pays révisionnistes, comme la Hongrie par exemple, Mussolini donnait l'impression à son peuple et aux étrangers, d'accroître la sphère d'influence italienne. André Suarès, qui avait le sens des tournures incisives et percutantes, comparait Mussolini à Crispi et s'interrogeait sur les motivations de Mussolini :

> Veut-il être le maître de l'Italie, pour que l'Italie soit la maîtresse de l'Europe, comme ils en nourrissent là-bas l'illusion ? Ou veut-il que l'Italie règne sur l'Europe, pour qu'il vaille la peine de régner sur l'Italie[6] ?
> L'Europe ne lui est plus de rien, si elle ne lui sert à fonder la grandeur de l'Italie ; elle lui est ennemie, si elle s'y oppose[7].

---

1   Julien Benda, *La Trahison des clercs* [1927], rééd. Paris, Le Livre de Poche, 1977, p. 176.
2   Il s'agissait d'un extrait d'une œuvre monumentale, *Grandeur et décadence de Rome*, parue en 1907.
3   Jean-Richard Bloch, *Destin du siècle. Seconds essais pour mieux comprendre mon temps*, Paris, Rieder, 1931, p. 205.
4   Sur cette filiation, *cf.* Daniel J. Grange, *L'Italie et la Méditerranée (1896-1911) : les fondements d'une politique extérieure*, Rome, École française de Rome, 1994, p. 1 002-1 008.
5   Julien Benda, *op. cit.*, p. 176.
6   André Suarès, *Présences*, Paris, Émile-Paul Frères, 1926, p. 195.
7   *Ibid.*, p. 196.

En d'autres termes, la stabilisation du régime était-elle l'effet ou la cause de la politique étrangère fasciste ?

Le révisionnisme mussolinien connut cependant des hauts et des bas. Il se caractérisait plus par de brèves, mais importantes convulsions que par un mouvement continu. Dès 1927-1928, l'Italie dut adoucir sa politique tapageuse, affaiblie par de nombreuses critiques et pressions de la part des acteurs internationaux, notamment les Britanniques. Les intellectuels juifs prenaient cependant la question italienne très au sérieux et ne concluaient pas à un alignement de la sœur latine. Inévitablement, cela incitait à réduire la focale et examiner en profondeur, à l'aune de ce nouveau climat, le devenir des relations franco-italiennes.

HEURS ET MALHEURS DES RELATIONS FRANCO-ITALIENNES

Dans les années 1920 et à l'orée des années 1930, les relations franco-italiennes suivirent un mouvement en dents de scie. L'on observait avec attention leur évolution d'autant que, même avant son installation, le fascisme apparaissait comme « un parti gallophobe[1] ». Au sortir de la guerre, une fraction écrasante de l'opinion italienne nourrissait, à grands renforts de propagande, l'idée que la France était sortie privilégiée des traités ; Benjamin Crémieux exposait le sentiment italien en ces termes :

> La France a obtenu suffisamment d'avantages politiques et économiques et si elle en obtenait d'autres, ce serait trop : l'équilibre continental serait rompu en sa faveur, et, de même que l'Italie est entrée en guerre en 1915 parce que l'Allemagne tentait de rompre à son profit l'équilibre continental, de même l'Italie doit faire tout ce qu'elle peut pour que la France ne déborde pas des limites qu'elle a dès à présent atteintes[2].

Ce point de vue, repris par le fascisme, constituait un facteur d'explication de l'irrégularité des relations franco-italiennes. Après la guerre, celles-ci s'étaient pourtant instaurées sous un jour favorable : à Londres, en décembre 1922, Mussolini se rangea aux côtés de Poincaré sur la question des réparations allemandes, orientation réaffirmée à la conférence de Paris en janvier 1923. Mais, dès le mois de juin de la même année, à Venise, Mussolini, qui avait des vues sur la Yougoslavie, considérée comme la protégée de la France, se ravisa et traita publiquement la France de puissance déclinante, ce qui annonçait les prémices

---

1   Intervention d'un auditeur lors de la conférence de Benjamin Crémieux, *op. cit.*, p. 22.
2   *Ibid.*, p. 15 (commentaire de Benjamin Crémieux lui-même).

du révisionnisme clamé trois ans plus tard[1]. Des conflits territoriaux divisaient France et Italie : des pourparlers se tenaient au sujet du mandat français en Syrie que l'Italie avait refusé de voter au Conseil de la SDN, en juillet 1922 ; un accord fut finalement conclu en septembre 1923, mais cet épisode d'un an jeta une méfiance durable entre les deux pays. Les dissensions à propos de la Syrie pouvaient cependant passer pour maigres à côté de celles relatives à la Tunisie : protectorat français, le pays abritait pourtant une colonie italienne de près de 85 000 membres[2]. Très rapidement, la sœur latine s'engagea dans une campagne chantant l'« italianité » de ses ressortissants en Tunisie ; dès novembre 1922, elle s'élevait contre leur francisation et mettait en garde la France[3]. En fait, dès qu'une crise se profilait, Mussolini brandissait la menace tunisienne, la mettant en silence en période calme. On verra que les Juifs de France lui accordaient une grande attention car ces rodomontades étaient souvent lourdes de conséquences pour leurs coreligionnaires de Tunisie.

Nombre de Français se montraient ainsi irrités par les provocations italiennes et, après le tournant révisionniste, un changement de ton marqua l'opinion, ce qui se retrouvait chez certains Juifs. André Suarès, toujours à la pointe de la critique, ne cachait pas son inquiétude à l'égard de la politique fasciste mais pointait l'aspect dérisoire du verbe mussolinien : « La politique latine est dangereuse ; elle nous agace, nous exaspère ou nous fait rire, depuis qu'elle est éloquente en toute occurrence et de tous les manières[4] ». Julien Benda concluait à la gravité de la situation entre France et Italie après s'être rendu compte de ce que les intellectuels italiens attaquaient sévèrement leurs homologues français : les revendications fascistes marquaient tous les milieux, y compris les

---

1   *Cf.* Pietro Pastorelli, « Il revisionismo fascista verso la Francia », dans Romain H. Rainero (a cura di), *Aspetti e problemi delle relazioni tra l'Italia e la Francia*, Milan, Unicopli Cuesp, 2005, p. 241-245. Voir aussi, sur la question précise de la Yougoslavie, Eliezer Hermon, *Les Relations entre la France et l'Italie de 1922 à 1927*, Thèse d'histoire sous la direction de François Crouzet, Université Paris-IV, 1977, p. 224 *sqq.*

2   En 1921, 84 799 Italiens peuplaient la Tunisie, 89 216 en 1926 et 91 178 en 1931 ; ces données proviennent de sources françaises citées par Romain H. Rainero, *Les Italiens dans la Tunisie contemporaine*, Paris, Publisud, 2002, p. 20.

3   Juliette Bessis, *La Méditerranée fasciste. L'Italie mussolinienne et la Tunisie*, Paris, Karthala, 1981, p. 35. L'article 13 de la convention de 1896 stipulait que la France s'engageait à protéger la nationalité des Italiens ; les naturalisations ne pouvaient être prononcées qu'à titre individuel.

4   André Suarès, *op. cit.*, p. 197. Notons que ces thèmes et motifs se retrouvaient sous des formes très voisines, chez les antifascistes français et italiens ; sur le thème de la « politique latine » et sa critique, voir par exemple, Luigi Camopolonghi, *Avec l'Italie ? Oui ! Avec le fascisme ? Non !*, Paris, Ligue des Droits de l'Homme, 1930, p. 4-8.

« clercs » ; le mouvement semblait difficilement réversible[1]. Après 1926, l'heure n'était donc pas à l'optimisme.

En règle générale, d'après les traces archivistiques et bibliographiques qui en témoignent, les Juifs ne paraissaient pas s'attarder sur les aspects les plus prosaïques des relations franco-italiennes : à aucun moment par exemple, il n'était fait mention des rapports économiques entre les deux pays, très fertiles mais eux aussi marqués par l'instabilité[2]. L'on préférait se concentrer sur les grands accents et sur la logique générale de ces relations. Quelques rares plumes s'intéressèrent cependant à l'un des aspects les plus présents des relations franco-italiennes : l'immigration. Rappelons qu'en 1926, la France abritait 760 000 Italiens, soit 30, 4 % de la population immigrée totale, chiffres qui passèrent en 1931 à 808 000 et 27, 9 %[3]. Si certains Juifs français s'intéressaient à l'immigration italienne, c'était surtout pour mettre en relief la solide gestion à laquelle elle était soumise, à la différence de l'immigration juive qui, pensait-on, suivait un mouvement et des modalités anarchiques. L'on n'était pas dupe des considérations idéologiques qui présidaient à la mise en place d'une organisation aussi stricte. Et l'on sait à quel point le gouvernement fasciste s'employa, surtout après 1927, à limiter l'émigration, qu'il assimilait à une « hémorragie » : il fallait renforcer la vitalité de la démographie italienne ou orienter les candidats au départ vers les colonies italiennes[4]. Élie Éberlin, lui-même d'origine immigrée, opposait ainsi le cas italien à celui de ses coreligionnaires :

> L'Italie a affecté une somme annuelle de plus d'un million de lires, destinée aux services d'informations sur les pays où se dirigent les émigrés de la

---

1   Julien Benda, *op. cit.*, p. 230.
2   Sur cette question centrale, Pierre Guillen, « L'échec des tentatives d'entente économique avec l'Italie, 1922-1929 », *Relations Internationales*, nº 13, printemps 1978, p. 51-69 ; *Id.*, « Les vicissitudes des rapports économiques franco-italiens dans les années vingt », dans Enrico Decleva, Pierre Milza (a cura di), *La Francia e l'Italia negli anni venti : tra politca e cultura*, Milan, Franco Angeli, 1996, p. 123-133.
3   Ralph Schor, *Histoire de l'immigration en France de la fin du XIXe siècle à nos jours*, Paris, Armand Colin, 1996, p. 60.
4   Sur ce point, Romain H. Rainero, « De "l'émigrant" à "l'Italien à l'étranger" : un problème politique », *Cahiers de la Méditerranée*, nº 54, juin 1997, p. 61. Dans cet article, l'auteur montre par ailleurs comment, dans la propagande fasciste, l'on passa de la dénomination d' « émigrés » à celle d' « Italiens à l'étranger », ce qui témoigne de l'aspect hautement idéologique qui sous-tendait la question de l'émigration. Les soubassements culturels de ce phénomène ont été explorés récemment par Marie-Anne Matard-Bonucci, « Enjeux de la diplomatie culturelle fasciste : de l'Italien à l'étranger à l'Italien nouveau », *Mélanges de l'École française de Rome. Italie et Méditerranée*, nº 114-1, 2002, p. 163-178.

péninsule. À Naples, plus de 23 fonctionnaires sont chargés de ce service. Il
n'en est pas de même pour les Israélites[1].

Impressions confirmées et davantage développées par le libéral juif
William Oualid, professeur à la Faculté de Droit de Paris et grand spécialiste des questions migratoires :

> L'Italie est [...] un véritable modèle, qui n'a pas hésité à créer à l'usage de
> ses émigrants un puissant organe officiel de patronage et de protection, le
> *Commissariat Royal de l'Émigration*, qui s'occupe d'eux, non seulement avant
> leur départ en leur donnant l'éducation intellectuelle ou professionnelle qui
> peut leur faire encore défaut, mais en les protégeant dans toutes les circons-
> tances de leur vie à l'étranger[2].

Effectivement, il existait une profusion d'organismes chargés d'assurer
l'adéquation de l'immigration avec les objectifs fascistes : en 1923, fut
créé l'ICLE (*Istituto Nazionale di credito per il lavoro italiano all'estero*),
tandis que, l'année suivante, le Commissariat général à l'émigration
(*Commissariato generale dell'emigrazione*) connut une profonde rénovation ; en
1927, le fascisme alla encore plus loin et mit en place la Direction générale
des Italiens à l'étranger (*Direzione generale degli italiani all'estero*), ensuite
rebaptisée Direction générale du travail italien à l'étranger (*Direzione
generale del lavoro italiano all'estero*)[3]. Certes, pour les Juifs, qui ne formaient pas une nation, il était plus difficile de s'organiser sur un modèle
de ce genre. Des voix remarquaient cependant que ce solide maillage,
tout autant que des avantages, entraînait des désagréments pour le pays
d'accueil. Sur cette question, ce fut William Oualid qui alla le plus loin ;
hanté par le thème de l'assimilation totale, celui-ci remarquait que « cette
lutte contre la dénationalisation des émigrants a accentué leur tendance
à se grouper en noyaux homogènes, véritables villes étrangères sur le
sol français[4] ». Parlant à mots couverts des relations franco-italiennes,
il évoquait le risque que la question de l'immigration ne dégénérât en
un conflit diplomatique, aux sources duquel figurait l'« irrédentisme[5] ».
Voulait-il parler des Italiens de Tunisie ? L'hypothèse est plausible car
l'ouvrage fut publié en 1927, à l'heure où les revendications italiennes

---

1 Élie Éberlin, *Les Juifs d'aujourd'hui*, Paris, Rieder, 1927, p. 62.
2 William Oualid, *L'Immigration ouvrière en France*, Paris, Éditions de la SAPE, 1927, p. 21.
3 Romain H. Rainero, art. cit., p. 63-64.
4 William Oualid, *op. cit.*, p. 21. Voir, plus généralement, du même auteur, « Émigration
   et profession », *Paix et Droit*, février 1929.
5 *Ibid.*

prirent leur ampleur. Le maintien des bonnes relations entre la France et l'Italie ne devait ainsi pas se traduire par un relâchement de la surveillance des immigrés ni par l'abandon des principes de l'assimilation. Selon Oualid, il fallait dans tous les cas, sur le territoire national, surveiller de près les immigrés, et particulièrement les Italiens qui semblaient se diviser entre irrédentistes d'un côté et antifascistes de l'autre. À l'heure où la LICA n'en était qu'à ses balbutiements, les *fuorusciti* attiraient moins l'attention que les irrédentistes ; les immigrés italiens politisés semblaient – du moins est-ce ce qui ressort des rares témoignages dont on dispose à ce sujet – avant tout des agents du fascisme.

Seuls quelques intellectuels décelèrent une menace dans l'orientation diplomatique de l'Italie. Dans la palette de ses sujets d'intérêt, l'opinion juive ne s'intéressait en définitive que très peu à la place de l'Italie dans les relations internationales au cours des années 1920. La focalisation engendrée par la loupe grossissante de l'observateur du passé ne doit pas occulter cet état de fait, sans quoi le risque serait grand de travestir la réalité. Mais la place accordée à ce sujet était suffisante pour alerter l'opinion juive sur un aspect : la versatilité de l'Italie. Si dans l'ensemble la sœur latine passait pour un agent stabilisateur, il fallait garder à l'esprit qu'avec ce pays, le vent tournait vite, ce qui rendait impossible toute projection dans l'avenir. Nul ne pouvait clairement distinguer de quel côté penchait l'Italie ; s'en faire une idée précise relevait de l'exercice périlleux, ce que confirmait avec encore plus d'acuité l'examen des rapports entre l'Italie et la question juive. Car ce sujet apparaissait nettement prépondérant dans les préoccupations. Les considérations s'attachant aux relations internationales en général avaient bien souvent pour seul objectif de comprendre le soubassement contextuel à la lumière duquel était examinée l'attitude de l'Italie face aux Juifs.

L'ATTITUDE AMBIGUË DE L'ITALIE FACE AU SIONISME : L'OPINION JUIVE ENTRE OPTIMISME ET PERPLEXITÉ

Dans l'intense propagande déployée par l'Italie, la question juive occupait une place de choix. Les Juifs de France n'y succombèrent que partiellement.

UNE STRATÉGIE SIONISTE

Depuis l'émergence du sionisme, l'Italie adopta une attitude hésitante car il lui fallait conjuguer une série de paramètres parfois antagonistes : la volonté de conforter la place des intérêts italiens en Palestine afin de ne pas laisser la voie entièrement libre aux Anglais, sans toutefois froisser ces derniers, ni les Français ; et le désir d'appuyer la cause sioniste, qui semblait servir les intérêts italiens, tout en veillant à ne pas déplaire aux Arabes. Dans les deux premières décennies du siècle passé, il se dégageait cependant de la diplomatie transalpine une tendance clairement pro-sioniste. La question du rôle joué par l'Italie dans l'attribution du mandat palestinien aux Britanniques nourrissait parfois la controverse[1], mais la déclaration favorable au sionisme, adressée en mai 1918 à Nahum Sokolov, membre de l'exécutif sioniste, résonnait dans tous les esprits[2]. Une campagne de sensibilisation, orchestrée par le *Popolo d'Italia*, débuta la même année afin de faire naître au sein de l'opinion italienne un courant favorable au sionisme, ce qui, pensait-on, permettrait d'accroître la puissance italienne en Méditerranée[3]. Ce fut de cette politique qu'hérita le fascisme après son avènement. Au début des années 1920, Mussolini se contentait de poursuivre l'œuvre diplomatique de ses prédécesseurs en la matière et se focalisait surtout sur l'horizon européen ; après 1926, décidément année de tous les tournants, s'observa un changement de cap voyant s'esquisser un rapprochement avec les dirigeants arabes tout autant qu'avec les représentants du sionisme[4].

Il fallut donc attendre cette date pour que poignissent chez les Juifs français les premières allusions à l'attitude italienne face au sionisme. À cette époque, on le sait depuis les travaux de Catherine Nicault, l'idée sioniste ne ralliait qu'une fraction très mince de l'opinion juive française, qui estimait l'internationalisme véhiculé par cette doctrine contraire au caractère national du judaïsme français[5]. L'attirance d'une partie de la jeunesse juive pour les thèses sionistes déplaisait vivement aux tenants du judaïsme officiel, si bien que le sionisme constitua l'une

1 *Cf.* l'allusion d'André Spire, *Souvenirs à bâtons rompus*, Paris, Albin Michel, 1961, p. 106.
2 Sergio I. Minerbi, *L'Italie et la Palestine, 1914-1920*, Paris, Presses Universitaires de France, 1970, p. 78.
3 *Ibid.*, p. 80.
4 Pour une vue d'ensemble de la politique italienne relative au Proche-Orient dans l'entre-deux-guerres, voir. Romain H. Rainero, *La Politique arabe de Mussolini pendant la Seconde Guerre mondiale*, Paris, Publisud, 2006, p. 9-24.
5 Catherine Nicault, *La France et le sionisme, 1897-1948. Une rencontre manquée ?*, Paris, Calmann-Lévy, 1992, p. 146-148.

des – innombrables – pommes de discorde qui divisaient la judaïcité française. Aussi les Israélites nationaux analysaient-ils l'attitude du fascisme à l'égard du sionisme avec une insigne prudence. L'intérêt porté à cette question passa de quelques brèves à des articles plus fouillés. En août 1927, *L'Univers Israélite* reproduisit une déclaration du grand-rabbin Sacerdoti qui remarquait : « Le gouvernement italien acceptait toujours favorablement les revendications de l'organisation sioniste, et il s'est même fait représenter à l'inauguration de l'Université hébraïque de Jérusalem en 1925[1] ». Mais ce fut véritablement à l'occasion de la visite à Mussolini de Nahum Sokolov, devenu président de l'Exécutif sioniste, visite qui faisait écho à celle de Chaïm Weizmann, président de l'Organisation sioniste mondiale, que l'opinion juive française commença à se mobiliser sur cette question. *L'Univers Israélite* rendit compte avec précision du voyage de Nahum Sokolov : il fut reçu, notait-on, par Mussolini à qui il évoqua le « travail sioniste en Palestine[2] », avant d'obtenir une audience auprès du roi Victor-Emmanuel III et du cardinal Gasparri, secrétaire d'État du Saint-Siège[3]. Que les plus hautes instances italiennes considérassent le représentant sioniste avec tant d'égards produisit une vive sensation chez les Israélites français. Pourquoi l'Italie se préoccupait-elle à ce point des sionistes ? Était-elle sincèrement sioniste ou se servait-elle du sionisme pour asseoir sa puissance en Méditerranée, se demandait-on ? L'on penchait plutôt pour la seconde hypothèse. Revenant quelques mois plus tard sur la visite de Sokolov en Italie, un collaborateur de *L'Univers Israélite* levait le voile sur ses opinions :

> Et voici qu'on nous annonce que le prince héritier italien s'apprête à visiter la Palestine au printemps prochain, et les organisations fascistes palestiniennes (?) se préparent à recevoir, comme il convient, le visiteur royal.
> Tout cela n'est pas très clair. Les racontars vont leur train et l'Organisation sioniste fait preuve à cette occasion d'une discrétion absolue. N'insinue-t-on pas que l'Italie brigue le mandat sur la Palestine et que les visites de M. Sokolow à Sa Majesté, à Son Excellence et à Sa Sainteté ne seraient pas étrangères à ce projet ?
> L'Italie en Palestine ? Ce serait la fin de l'œuvre sioniste parce que l'Italie est à l'étroit chez elle et en moins de cinq ans, la Palestine ne serait pas juive, mais italienne[4].

---

1   « Le fascisme italien et les juifs », *L'Univers Israélite*, 19 août 1927.
2   « M. N. Sokolow chez M. Mussolini et chez le roi d'Italie », *L'Univers Israélite*, 18 novembre 1927. On peut trouver différentes orthographes de ce nom.
3   *Ibid.*
4   « Rome et Jérusalem », *L'Univers Israélite*, 3 février 1928.

Pierre Paraf soutenait la même thèse et pointait le désir fasciste « d'accroître l'expansion italienne dans le Proche-Orient[1] ». Méfiance et incompréhension caractérisaient l'attitude des Juifs français. La méfiance s'expliquait par l'image d'une diplomatie incertaine qui, on l'a vu, ne connaissait pas elle-même sa propre orientation. La part d'incompréhension qui transparaissait de telles prises de position découlait de deux facteurs : le premier tenait à la sous-estimation par les Juifs français de la force des intérêts réels et anciens de l'Italie en Palestine, si bien que les déclarations italiennes favorables au sionisme visaient plus à préserver ou à augmenter une place déjà acquise qu'à s'en frayer une nouvelle ; le discours fasciste n'était ainsi pas, comme on pouvait le penser, une simple manifestation de philosémitisme, mais répondait à une stratégie non encore clairement établie qui oscillait subtilement entre des gages donnés aux sionistes et aux nationalistes arabes. Quant au second facteur, il s'agissait de la difficulté pour une majorité de Juifs français à penser le lien entre fascisme et sionisme, non pas un lien de nature mais une alliance d'intérêts[2].

Les Juifs de France avaient-ils eu vent de l'ensemble et de la complexité de ces contacts ? Le gouvernement fasciste n'avait que peu d'intérêt à faire massivement la publicité de ce qui ne relevait pas simplement des affinités de façade, car il prenait le risque de se mettre à dos certains dirigeants arabes, mais il aurait difficilement pu gagner les Juifs à sa cause sans propagande. Sans doute les Israélites français avaient-ils quelques lueurs sur la question, mais ils firent preuve d'un certain aveuglement et tardèrent à analyser véritablement les rapports entre fascisme et sionisme[3]. Sans percevoir clairement les ressorts de ces liens, certains, soucieux de se distinguer clairement de la pensée sioniste-révisionniste, soulignaient que l'Italie se trompait si elle comptait sur un ralliement massif des Juifs à sa politique ; les *Archives Israélites* déclaraient ainsi :

> Le fascisme qui gouverne l'Italie et déborde dans d'autres pays, a gagné la Palestine. Le Consul d'Italie à Jérusalem a présidé une conférence où l'on a célébré les vertus de ce mouvement auquel nous ne croyons pas cependant que les Juifs aient été gagnés[4].

---

1   Pierre Paraf, *op. cit.*, p. 133.
2   *Cf.* Alberto Bianco, « Les sionistes révisionnistes et l'Italie : histoire d'une amitié très discrète (1932-1938) », *Bulletin du Centre de recherche français de Jérusalem*, n° 13, automne 2003, p. 22-45 ; Renzo De Felice, *Storia degli ebrei italiani sotto il fascismo*, Turin, Einaudi, 1993 (1961 pour la première édition), p. 167 *sqq.*
3   Pour deux opinions contradictoires, mais tardives, voir « Heil Jabotinsky ! », *Le Droit de Vivre*, 25 mai 1934 ; et J.M., « Que veulent les révisionnistes ? », *Samedi*, 30 mai 1936.
4   *Archives Israélites*, 28 juillet 1927.

De la même manière, *L'Univers Israélite* citait sans référence un extrait d'un « journal juif » italien où l'on pouvait lire que les sionistes avaient encore du chemin à parcourir avant de réaliser leurs plans : « M. Sokolow aurait été mille fois mieux inspiré en allant dans les grands centres juifs implorer pour cette Palestine les faveurs des israélites qui boudent encore[1]... ».

Même s'ils ne saisissaient pas tous les enjeux, les Israélites français observaient avec attention l'attitude, globalement favorable, de l'Italie à l'égard du sionisme. Les projets transalpins en la matière ne leurs semblaient cependant ni sincères, ni réalisables. L'expansion italienne paraissait le seul but poursuivi et il se produisait donc une instrumentalisation du sionisme. De plus, dans leur ensemble, les communautés juives mondiales se méfiaient souvent du sionisme et ne pourraient apporter un soutien de poids au plan italien, pensait-on. Ce qui suscitait surtout la perplexité, c'était le double langage de Mussolini, largement attesté par les historiens : à l'extérieur, il courtisait les sionistes et en appelait indirectement au soutien des Juifs de par le monde, mais au sein de son propre territoire, il considérait d'un mauvais œil ses compatriotes qui versaient dans le sionisme. Le degré d'enracinement réel du sionisme parmi les Juifs italiens était pourtant mal perçu.

DES AGENTS INVOLONTAIRES DE LA POLITIQUE FASCISTE ?
LES JUIFS ITALIENS ET LE SIONISME

Une excellente intégration était-elle compatible avec le sionisme, idéologie exaltant l'identité communautaire et fondée sur l'internationalisme ? L'adhésion à une telle doctrine ne risquait-elle pas de mettre à mal l'intégration voire, plus gravement, d'installer dans l'opinion italienne un doute sur la sincérité du patriotisme des Israélites ? Ces questions de fond, traditionnelles s'il en fût, nourrissaient la réflexion des Juifs de France, le débat se posant d'ailleurs en des termes analogues pour leurs coreligionnaires italiens et pour eux-mêmes.

Il est vrai qu'en Italie, le sionisme eut à l'origine grand peine à trouver un terrain favorable parmi les Israélites, mais, très rapidement, à la charnière entre les XIXe et XXe siècles, deux tendances, de poids cependant inégal, se formèrent. Des enjeux de taille, les mêmes qu'en France, se posaient aux Israélites d'Italie : le sionisme semblait remettre en question le processus d'intégration des Juifs dans la société et

---

1   « Rome et Jérusalem », art. cit.

nécessitait une redéfinition identitaire sans équivoque. Les Juifs italiens, inconditionnellement fidèles à l'idéologie émancipatrice et ardemment patriotes, comme par gratitude à l'égard d'un pays qui avait tant fait pour eux, considéraient en majorité le sionisme comme une entrave à l'intégration et à l'assimilation[1]. Avec le temps, la situation évolua, tant à l'intérieur qu'hors du judaïsme : en 1924, le congrès de la jeunesse juive de Livourne posa clairement la question du sionisme et les Israélites, à l'exception de grandes personnalités comme Luigi Luzzatti, s'y rallièrent en proportion non négligeable[2]. Des organisations comme la Fédération sioniste italienne, présidée par Felice Ravenna, prirent leur essor. Important apparaissait également le concours des non Juifs dans le mouvement pro-sioniste.

De France, l'impression que les Israélites italiens demeuraient hostiles au sionisme emportait pleinement l'adhésion ; l'on ne fit par ailleurs guère allusion aux sionistes non Juifs. Au moment où la « mode palestinienne[3] », principalement initiée par la littérature, fit son entrée en France, dans la seconde moitié des années 1920, Alfred Berl, virulemment antisioniste, critiqua l'idée en vogue dans la production de l'époque selon laquelle les Juifs tournaient massivement leurs regards vers la Palestine et annonça : « en France, en Angleterre, en Italie et même en Allemagne, le sionisme est sans force et sans avenir[4] ». Or, dans leurs organes d'opinion, les Israélites français rendaient parallèlement compte d'une importante activité sioniste en Italie : sans l'aborder exhaustivement, ils soulignaient le caractère sioniste de l'ADEI (*Associazone delle donne ebree d'Italia per assistenza sociale ebraica in Italia e in Palestina*)[5], signalaient la naissance du quotidien sioniste *Il Diurno*, dirigé par le publiciste Tedeschi[6], publication qui s'ajoutait à *Israel*, sioniste traditionnelle, et à *L'Idea sionistica*, des sionistes-révisionnistes. Comment comprendre cette contradiction ? Sans doute les Israélites français pensaient-ils que ces activités ne concernaient qu'une faible poignée de leurs coreligionnaires italiens, ce qui n'invalidait pas leur

---

1   Alberto Cavaglion, « Tendenze nazionali e albori sionistici », dans Corrrado Vivanti (a cura di), *Storia d'Italia. Annali 11 : Gli ebrei in Italia*, t. II, Turin, Einaudi, 1997, p. 1 293-1 390. *Cf.* également Alain Dieckhoff, « Les logiques de l'émancipation et le sionisme », dans Pierre Birnbaum (dir.), *Histoire politique des Juifs de France*, Paris, Presses de la Fondation Nationale des Sciences Politiques, 1990, p. 163-180.

2   Renzo De Felice, *op. cit.*, p. 88-91.

3   Catherine Nicault, *op. cit.*, p. 151.

4   Alfred Berl, « Israël et les Tharaud », *Paix et Droit*, novembre 1927.

5   « L'activité des femmes juives en Italie », *Archives Israélites*, 22 décembre 1932.

6   « Un quotidien sioniste à Rome », *L'Univers Israélite*, 18 novembre 1927.

jugement premier. En réalité, il n'y avait pas de réelle contradiction. Ce que ne percevait pas ou très vaguement l'opinion juive, c'était le caractère particulier du sionisme italien : il s'agissait principalement d'un sionisme philanthropique, qui se préoccupait du sort des Juifs en proie à l'antisémitisme et voulait aider les Juifs d'Europe orientale qui, eux, pouvaient trouver une solution à leurs problèmes dans le foyer national juif[1]. Il ne s'agissait pas dans l'ensemble de sionisme politique, et, entre 1922 et 1938, seuls 150 Juifs italiens choisirent l'« *aliyah* », la « montée » vers Sion[2]. Il est intéressant de noter que les Israélites français faisaient état de l'action philanthropique des Juifs italiens[3] mais qu'ils ne la couplaient pas avec l'action sioniste de ces derniers. Si bien que l'opinion juive avait partiellement raison et partiellement tort : leurs coreligionnaires ne versaient pas dans le sionisme politique et engagé mais ils ne se désintéressaient pas de l'idée sioniste.

Même s'ils ne percevaient pas cette distinction, les Israélites français remarquaient que le sionisme constituait un facteur de tension entre les juifs et le gouvernement fasciste en Italie, observation qui correspondait effectivement à la réalité. Qu'il fût politique ou philanthropique, le sionisme des Juifs italiens faisait l'objet de vives critiques de la part des fascistes. Ce sujet passionnait l'opinion juive tout autant qu'il l'inquiétait, car il mettait en relief la manière dont le sionisme remettait en cause l'intégration. L'erreur serait grande de penser que c'était le fascisme qui s'attirait les critiques ; les flèches israélites visaient avant tout le sionisme. En fait, le gouvernement de Mussolini ayant donné des preuves de son penchant philosémite, sa lutte contre le sionisme intérieur ne pouvait être assimilée à de l'antisémitisme. Il paraissait naturel que des dirigeants, même très favorablement disposés à l'égard d'Israël, n'acceptassent pas que l'on mît en péril l'harmonie nationale en détournant une communauté du destin collectif. Bien plus, les Israélites français considéraient l'adhésion au sionisme comme une forme d'ingratitude à l'égard d'une nation qui fit tant pour les tenants

1   Michele Sarfatti, *Gli ebrei nell'Italia fascista. Vicende, identità, persecuzione*, Turin, Einaudi, 2007 (2000 pour la première édition), p. 15.

2   Nicolas Bertrand, *La Communauté juive italienne face au fascisme, 1922-1945*, mémoire de maîtrise d'histoire sous la direction de Jean Chélini, IEP d'Aix-en-Provence-Université d'Aix-Marseille III, 1984, p. 16.

3   *Cf.* notamment, AIU, Italie IV – B 26, Naples, Lettre de Nissim Cori à Jacques Bigart, secrétaire général de l'Alliance à Paris, de Naples, 6 janvier 1923 ; « Pour l'émigration juive », *L'Univers Israélite*, 7 septembre 1928 ; « Pour les juifs de l'Europe orientale », *L'Univers Israélite*, 14 novembre 1930.

de leur religion. Les observateurs notaient que leurs coreligionnaires devaient prendre acte de ce que Mussolini posât comme condition à la protection des Juifs une complète adhésion aux valeurs prônées par la nation et le régime. Il ne fallut pas attendre plus tard que novembre 1923 pour que *L'Univers Israélite* publiât une déclaration de Mussolini dépourvue de la moindre ambiguïté ; à cette époque, l'on reprochait au fascisme soit d'être contrôlé par les Juifs, soit de prôner l'antisémitisme. Tout en démentant que les Juifs tinssent les rennes de son mouvement – justification qui donne par ailleurs à réfléchir – Mussolini affirmait :

> Pour ce qui est de l'antisémitisme, il convient de dire que la question juive ne se pose même pas dans notre pays et nous espérons qu'elle ne se posera jamais. Il faudrait pour qu'elle fût évoquée, que le sionisme plaçât les juifs d'Italie devant le dilemme de choisir entre leur patrie italienne et l'autre patrie placée sous le protectorat d'une puissance dont les intérêts ne concordent pas toujours avec ceux de l'Italie[1].

Ces propos ne choquaient en rien la majorité des Israélites français car ils épousaient la conception de celle-ci : le Juif ne devait avoir qu'une seule patrie. Quant au « dilemme » dont parlait Mussolini, les Israélites d'outre-monts eurent précisément à l'affronter, à la fin des années 1920. Les observateurs français remarquaient d'ailleurs qu'il leur fut posé à l'instigation des Juifs sionistes eux-mêmes, ce qui paraissait scandaleux. Comment pouvait-on remettre soi-même en cause ce que l'on avait si durement acquis et pour lequel des Juifs, sous d'autres cieux, continuaient à lutter ? Ne se rendait-on pas compte des conséquences néfastes que commençait à entraîner le sionisme en Italie ? Autant de questions qui hantaient les Israélites de France. Après le Congrès sioniste de Milan, en novembre 1928, le judaïsme italien fut invité à adopter une position claire vis-à-vis du sionisme. Les résolutions de ce congrès occupèrent une si grande place dans les organes juifs italiens qu'ils firent éclater un débat qui gagna toute l'opinion italienne, comme le notait *L'Univers Israélite* : « Les Italiens, auxquels l'antisémitisme jusqu'ici a paru complètement étranger, ont soudain prêté une oreille attentive pour tout ce qui concerne les événements sionistes[2] ». En fait, remarquait-on, l'opinion italienne réclamait des explications : pouvait-elle

---

1   « Le mouvement fasciste et l'antisémitisme », *L'Univers Israélite*, 3 novembre 1923.
2   « "Lettre de Rome" d'un anonyme », *L'Univers Israélite*, 29 mars 1929. On notera l'insistance à rappeler le caractère profondément philosémite du peuple italien.

continuer à considérer les Juifs comme une simple confession ou comme
une communauté évoluant en dehors de la nation ? L'on retraçait l'état
d'esprit des Italiens :

> Jusqu'ici les Juifs, en Italie, n'ont jamais été considérés autrement que comme
> des « citoyens de confession mosaïque » ; on sait que non moins de trois Juifs
> se sont trouvés, à un certain moment, à la tête du gouvernement, et qu'un
> juif, M. Ernest [*sic*] Nathan, a été maire de Rome[1].

Rien de plus ou de moins que le lieu commun traditionnel, mais la
réalité semblait lui infliger un sévère démenti :

> Et voici que tout à coup l'Italien entend parler « d'un peuple juif qui reprend
> vers Sion le chemin suivi par ses pères » ; voici qu'il lit un appel invitant
> les sionistes à régénérer leur conscience juive ; voici qu'il voit un Giuseppe
> Pardo lancer ses foudres contre les « Juifs toujours plongés dans la léthargie
> de l'assimilation des années 1848 ». Le poète Sabatino Lopes, président du
> Congrès sioniste, déclare une lutte sans merci aux Juifs inconscients de leur
> nationalité, jusqu'à ce que s'éveille la conscience nationale de tout le « peuple
> Juif » d'Italie. Par conséquent, les Italiens se demandent si leurs concitoyens
> juifs représentent une religion ou une nation[2].

Et la réaction du peuple italien semblait légitime ; l'on citait un extrait
du *Popolo di Roma*, qui précisait les attentes de l'opinion transalpine[3] :
« Nous demandons aux Juifs italiens [...] s'ils sont une nation ou s'ils
sont une religion. Cette question n'a pas pour but de susciter un mouvement antisémite, mais d'arracher à une zone d'ombre un problème qui
existe et qu'il est parfaitement inutile d'ignorer plus longtemps[4] ». Les
Israélites français s'intéressaient particulièrement à la réponse de leurs
coreligionnaires italiens, fortement relayée par les organes transalpins
de toutes confessions. *L'Univers Israélite* notait que les Juifs antisionistes
italiens tentèrent d'occuper massivement le devant de la scène, afin
de tuer les craintes : le journal se faisait l'écho des contre-attaques et
publiait la « réponse d'un israélite italien combattant et fasciste de
la première heure, qui se déclare adversaire du sionisme[5] » ; celui-ci,

---

1   *Ibid.*
2   *Ibid.*
3   *Cf.* Umberto Nahon, « La polemica antisionista del "Popolo di Roma" nel 1928 », dans
    Daniel Carpi, Attilio Milano, Umberto Nahon (a cura di), *Scritti in Memoria di Enzo Sereni.*
    Saggi sull'ebraismo romano, Jérusalem, Fondation Sally Mayer, 1970, p. 216-253.
4   « Le fascisme et le nationalisme juif », *L'Univers Israélite*, 14 décembre 1928. Il s'agissait
    en fait de la reprise d'un article du *Temps*, probablement rédigé par Paul Gentizon.
5   *Ibid.*

suivant la position de Luigi Luzzatti, Sidney Sonnino, Vittorio Polacco et Marco Basso, en inférait « que pas plus qu'il n'existe un mouvement antisémite en Italie il ne se manifeste un danger sioniste digne de ce nom[1] ». Contre toute attente, les Juifs sionistes, s'opposant à leurs coreligionnaires, ne capitulèrent pas et maintinrent leur engagement, mais il leur fallait montrer que celui-ci n'altérait en rien leur italianité et ne constituait aucun danger que ce fût pour l'Italie ou le fascisme. Face à une telle démonstration, l'opinion juive française se montrait circonspecte ; selon les tendances qui la formaient, elle considérait diversement le mémoire présenté à Mussolini par l'Union des communautés juives d'Italie dans le but d'éteindre les braises : l'on retenait principalement que les Israélites transalpins pointaient « les avantages économiques que l'Italie pourrait tirer dans la Palestine juive[2] ». Grâce à de tels arguments, un revirement positif de l'opinion italienne s'esquissait, ce qui rassurait les Israélites français : il apparaissait en fait que les Juifs sionistes pourraient constituer un appui de taille à l'expansion italienne ; loin de nuire à l'italianité, le sionisme, en un certain sens, la servait. Le calme regagna pleinement la péninsule après la prise de position claire, notamment, de la communauté juive de Venise, qui « souligne avec orgueil la nationalité italienne des Israélites, et renie tous les Juifs qui ne reconnaissent pas en premier lieu la patrie italienne[3] ». Au fil des mois, la tendance au retournement des arguments se confirmait ; l'on ne parlait plus que des avantages stratégiques du sionisme :

> Certains sionistes […] affirment […] que du point de vue de l'Italie une Palestine juive, même indépendante du mandat britannique, ne pourrait être que désirable. Car elle serait certainement pour l'Italie une amie précieuse et fidèle. On fait de nombreuses allusions aux intérêts de l'Italie en Orient, et surtout à la Mer Rouge[4].

Inquiets de l'évolution de la situation italienne, les Israélites français accueillirent le dénouement de la crise avec soulagement. Les *Archives Israélites* publièrent de manière insolite le même article à deux reprises et annoncèrent, en novembre 1929 : « Le débat qui s'était engagé dans les colonnes du *Popolo di Roma* sur la question du sionisme vient de prendre

---

1 *Ibid.* Le juriste Vittorio Polacco enseigna le droit au Prince héritier, tandis que Marco Basso se distingua par sa défense de l'italianité.
2 *L'Univers Israélite*, 25 janvier 1929.
3 « "Lettre de Rome" d'un anonyme », art. cit.
4 *Ibid.*

fin[1] ». Les esprits italiens avaient retrouvé leur sérénité coutumière et l'opinion transalpine ne considérait pas, *in fine*, le sionisme, à son stade actuel, comme un danger redoutable. L'on commentait ainsi le consensus heureusement trouvé en Italie :

> Aussi longtemps que le sionisme palestinien sera dans une phase de prépa-ration, on pourra encore admettre, avec beaucoup de bonne volonté, qu'il ne trouble pas les rapports juridiques et sentimentaux entre les israélites et leurs concitoyens d'autres pays ; mais que le jour où le sionisme passera à la phase de réalisation de l'État national de tels rapports devront être revus par les gouvernements puisqu'on ne peut appartenir simultanément à deux patries et être à la fois citoyen de deux États[2].

Et, ces réflexions italiennes pouvaient donner à réfléchir aux sionistes fran-çais, pensaient sans doute les organes du judaïsme officiel. La polémique se poursuivit encore quelque temps dans des publications italiennes de second ordre[3], mais pour l'opinion juive, elle avait trouvé un point final.

La crise « antisioniste » – terme à manier avec précaution – de 1928 marqua puissamment et durablement l'opinion juive française car elle ébranlait violemment plusieurs de ses certitudes les plus solidement ancrées. Outre qu'elle donnait à voir les problèmes engendrés par le sio-nisme, elle mettait en lumière les faiblesses du modèle juif italien : des scissions ayant dépassé les frontières du judaïsme entravaient la bonne marche de l'assimilation. D'autre part, et c'en était le corollaire, les agissements du gouvernement fasciste apparaissaient de moins en moins cohérents et justifiables. Comment Mussolini pouvait-il véritablement concilier le soutien au sionisme international et la lutte contre le sionisme intérieur ? Que penser des mesures immédiatement consécutives à la crise de 1928[4] ? Enfin, malgré ce que l'on répétait à qui voulait l'entendre, l'opinion italienne était-elle aussi philosémite qu'on le disait ? Même si

---

1   « Fascisme et sionisme », *Archives Israélites*, 10 novembre 1929 ; « Le débat sur le sionisme », *Archives Israélites*, 17 novembre 1929.

2   *Ibid.*

3   Renzo De Felice, *op. cit.*, p. 161.

4   Après 1928, les organisations sionistes furent surveillées de près et le journal *Israel*, trop sioniste au goût des fascistes, cessa de paraître. L'année suivante, l'Académie d'Italie et le Conseil national de la recherche limogèrent des membres juifs pour la première et se lancèrent dans des polémiques antisémites pour le second. Sur tous ces aspects, voir Michele Sarfatti, *op. cit.*, p. 84 ; Annalisa Capristo, *L'espulsione degli ebrei dalle accademie italiane*, Turin, Zamorani, 2002 (on lira avec attention l'analyse des réactions suscitées par ces expulsions, p. 20 *sqq.*). Ces études montrent que dès 1928, les premiers jalons de la future législation antisémite sont posés et particulièrement l'un des principaux thèmes de la campagne de 1938 : en demandant aux Juifs s'ils étaient une religion ou une nation,

la question sioniste devait être découplée de celle de l'antisémitisme, la campagne prit une tonalité déplaisante qui n'était pas sans rappeler le discours des plus farouches adversaires d'Israël.

Ainsi, la perplexité succédait à l'optimisme et l'optimisme à la perplexité selon les moments. L'opinion juive commençait à s'habituer à un phénomène : avec le fascisme, aucune prise de position définitive n'était possible. Le caractère ondoyant de la politique mussolinienne entraînait perpétuellement la correction de tout jugement antérieur. Ainsi, au moment où les Juifs de France commençaient à revoir leur position sur le présumé philosémitisme italien, Mussolini entreprit, en marge des accords de Latran, une réorganisation totale du judaïsme italien qui accédait à l'égalité totale avec les autres cultes. L'opinion juive ne pouvait ainsi vraisemblablement pas conclure à un revirement antisémite des fascistes alors que ces derniers poussaient encore plus loin l'œuvre émancipatrice amorcée par leurs prédécesseurs. Ébranlés par la crise de 1928, les Israélites français n'occultaient toutefois pas les récentes manifestations d'hostilité à Israël. Ils se posaient pourtant une question qui ne leur aurait sans doute pas traversé l'esprit en d'autres temps : à qui la réorganisation du judaïsme italien profitait davantage ? Aux Juifs, ou au fascisme ?

LA RÉORGANISATION DU JUDAÏSME ITALIEN : EXEMPLE ET EXCEPTION DE LA POLITIQUE JUIVE DE MUSSOLINI

La Séparation des Églises et de l'État de 1905 avait constitué un coup dur pour le judaïsme français à double titre : le soutien du gouvernement au culte israélite prit fin, ce qui mit en difficulté le bon fonctionnement des rouages du judaïsme, mais, surtout, cette loi signait la fin du monopole consistorial et cela ouvrit la voie au pluralisme comme à l'éclatement de la structure du judaïsme national, situation propice à accuser les divisions[1]. Acquis de longue date à la laïcité, qui menaçait

---

Mussolini esquissait sa future accusation d'internationalisme juif à la tête du combat antifasciste.

1   L'on s'intéresse de plus en plus à l'effet de la Séparation sur le judaïsme, depuis que l'on parle plus systématiquement de la Séparation *des* Églises et de l'État. Sur cette question, Philippe-E. Landau, « L'organisation religieuse du judaïsme après 1905 : continuation ou

l'emprise catholique, ils finirent par applaudir à la séparation. L'on ne saurait donc soutenir qu'ils examinaient la réforme mussolinienne du judaïsme transalpin, qui plaçait les Juifs sous la coupe de l'État et du régime, avec nostalgie, comme un modèle potentiellement applicable à la France ; cela ne les empêchait tout de même pas de scruter avec précision l'évolution du culte israélite italien, tandis qu'eux-mêmes peinaient à se réformer.

LE VASTE ÉCHO DE LA RÉFORME DU CULTE JUIF ITALIEN

À lire la production de l'époque, l'on saisit combien la réorganisation du judaïsme italien captiva les Israélites français. Outre les allusions présentes dans les ouvrages, l'on ne dénombre, relativement à cet événement, pas moins de 15 articles, très fouillés, qui se répartissaient entre les trois grands journaux juifs, *L'Univers Israélite* (10), *Paix et Droit* (3) et les *Archives Israélites* (2). Il convient de cerner avec précision dans quelle catégorie précise entrait l'opinion juive française. Analysant les réactions françaises en général, Pierre Milza décrit une opinion principalement intéressée par la signification politique des accords de Latran et de la réorganisation des autres cultes, opinion qui ne semblait s'attarder que très peu sur l'essence et les répercussions de ces accords sur le plan strictement religieux[1]. Quant à Marc Agostino, tout en reprenant quelques-unes des conclusions précédentes, il insiste également sur la frange, réduite, de l'opinion qui s'attacha à la dimension religieuse de l'événement et à ses implications dans le domaine de la foi[2]. Positionner les Juifs français par rapport à ces deux tendances n'est pas tâche aisée : ceux-ci semblaient plutôt répondre au second profil car ils soumettaient en premier lieu à l'examen les aspects confessionnels des accords. Sans toutefois ignorer totalement les implications politiques de ces accords, ils adoptèrent une posture particulière et accordèrent une place écrasante aux données relevant du spirituel. L'opinion juive, loin de se focaliser sur les aspects centraux des accords de Latran en eux-mêmes, s'intéressait

---

transformation ? », dans Philippe Boutry, André Encrevé (dir.), *Vers la liberté religieuse. La Séparation des Églises et de l'État*, Bordeaux, Éd. Bière, 2006, p. 287-297 ; et, dans le même ouvrage, Jean Laloum, « La Séparation au regard de la presse israélite », p. 67.

1   Pierre Milza, *L'Italie fasciste devant l'opinion française, 1920-1940*, Paris, Armand Colin, 1967, p. 138-149.

2   Marc Agostino, *Le Pape Pie XI et l'opinion (1922-1939)*, Rome, École française de Rome, 1991, p. 349 et 387-388. Voir aussi Jean-Luc Pouthier, *Les Catholiques sociaux et les Démocrates-Chrétiens français devant l'Italie fasciste, 1922-1935*, Thèse de doctorat d'histoire sous la direction de Jean-Marie Mayeur, IEP Paris, 1981, p. 175 *sqq*.

à une dimension annexe de ceux-ci, s'inscrivant dans leur sillage : la réorganisation des cultes non catholiques. Cela n'empêchait pour autant pas l'opinion juive de saisir la réelle ampleur de ce qui se produisait.

Les lecteurs des *Archives Israélites* purent mesurer la surprise que provoqua la signature des accords de Latran :

> Nous assistons, à notre époque, à des événements déconcertants, dont le plus symptomatique est, à coup sûr, la réconciliation de la Papauté avec la monarchie italienne que vient de sceller M. Mussolini, le tout-puissant chef du Gouvernement fasciste.
>
> Par un de ces coups de maître que nul entre parmi les hommes politiques de l'Italie n'aurait osé concevoir et, encore moins, réaliser, il a comblé le fossé creusé entre le Vatican et le Quirinal par l'entrée à Rome, en 1870, des troupes de Victor Emmanuel, traité d'usurpateur par Pie IX[1].

Hippolyte Prague salua le geste de Mussolini et de Pie XI, geste d'autant plus honorable que les relations entre le Saint-Siège et les gouvernements italiens étaient apparues plus qu'exécrables depuis 1870[2]. L'on soulignait la rapidité qui marqua les tractations entre les deux contractants[3]. Le Duce avait montré avec Latran la pleine valeur de ses qualités d'homme d'État et de diplomate. En fait, dès son accession au pouvoir, celui-ci multiplia les signes favorables à l'égard du catholicisme en général et plus particulièrement du Saint-Siège, qui ne semblait pas résolument hostile au fascisme, malgré quelques avertissements de la part de Pie XI[4]. Sur cette base, des négociations secrètes purent se tenir, et malgré des atermoiements divers, Mussolini et le cardinal Gasparri signèrent, le 11 février 1929, les accords

---

1 Hippolyte Prague, « Mussolini pacificateur », *Archives Israélites*, 23 mai 1929.

2 *Ibid.*

3 Hippolyte Prague, « M. Mussolini et le nouveau statut du culte israélite en Italie », *Archives Israélites*, 27 juin 1929.

4 Avant leur accession au pouvoir, les *Fasci di Combattimento*, faisaient montre d'une très forte hostilité à l'égard de l'Église et prévoyaient la suppression de l'article 1 du *Statuto*, où l'on pouvait lire que le catholicisme était la religion d'État. Mais dès 1923, l'on instaura la présence de crucifix dans les salles de classe, tandis que la loi Gentile introduisit l'instruction religieuse à l'école. Si Pie XI ne s'opposa pas au fascisme, c'était en grande partie parce qu'il le considérait comme un rempart contre la guerre civile et le désordre ; le pape apporta même son soutien à la politique fasciste : en 1923 toujours, il invita Mgr Pellegrinetti, nonce à Belgrade, à intercéder auprès de 70 députés catholiques croates dans le but que ceux-ci ratifiassent le traité conclu entre l'Italie et la Yougoslavie, le 27 janvier 1924. Pie XI, aux yeux de qui les catholiques ne devaient pas s'engager en politique, n'apporta pas son soutien à la démocratie-chrétienne, parti pouvant assurer une forme de pluralisme. Ce qui n'empêcha pas le cardinal Gasparri de recevoir la veuve de Matteotti après l'assassinat de celui-ci. La Papauté vit également d'un mauvais œil la tentative de maillage de la jeunesse catholique par le Duce.

de Latran, dans le palais éponyme. Le geste de Mussolini fut d'autant plus salué que l'on connaissait ses penchants anticléricaux, desquels lui-même ne faisait pas mystère. Certains Israélites français, comme Philippe Erlanger, ironisaient sur cette nouvelle religiosité de circonstance : « Le Concordat signé en 1929 entre le Saint-Siège et le gouvernement italien avait fait déferler sur la péninsule une vague de vertu sourcilleuse », se souvenait-il[1]. Tel ne fut cependant pas l'avis de la majeure partie de l'opinion juive qui voyait l'effet bénéfique que cela pouvait produire sur les Juifs italiens et, partant, sur le judaïsme européen tout entier.

Aux accords de Latran proprement dits succédait en effet un ensemble de lois relatives aux cultes minoritaires. De longues discussions s'engagèrent pour mettre en forme la trame générale des nouvelles dispositions : dès avril 1929, *L'Univers Israélite* avertissait ses lecteurs que le gouvernement fasciste avait mis en place, le 22 mars, une commission spéciale chargée de réformer l'organisation du culte israélite en Italie. Y siégeaient trois non Juifs : le sénateur Adolfo Berio, déjà chargé des communautés juives de Libye, ainsi que Luigi Renoldi et Nicola Consiglio, représentants respectivement les ministères de la Justice et de l'Intérieur ; à ceux-ci s'adjoignaient trois Israélites : le grand-rabbin Angelo Sacedoti, Angelo Sereni, président de la Fédération des communautés juives d'Italie, et Mario Falco, professeur de droit à l'Université de Milan. Cette commission semblait d'autant plus nécessaire, notaient les Juifs français, que l'organisation du culte juif en Italie se singularisait par un fort archaïsme : « Plusieurs lois, encore actuellement en vigueur et régissant le statut des Juifs, datent de l'époque des rois de Sardaigne, des ducs de Toscane, des empereurs d'Autriche, etc[2]... ». On rappelait plus tard : « Dans le Piémont les communautés juives étaient régies par une loi datant de 1857, tandis que les communautés juives de Padoue et de Venise étaient régies d'après des lois datant d'avant la création du royaume d'Italie[3] ». Au vu des premières propositions, tout laissait penser que la réforme serait empreinte de libéralisme et entraînerait un véritable renouveau pour le judaïsme italien : preuves en étaient les déclarations du ministre de la Justice, Alfredo Rocco, et,

---

1   Philippe Erlanger, *La France sans étoile. Souvenirs de l'avant-guerre et du temps de l'occupation*, Paris, Plon, 1974, p. 179.
2   « La législation concernant les Juifs », *L'Univers Israélite*, 19 avril 1929.
3   « L'organisation du judaïsme italien », *L'Univers Israélite*, 3 janvier 1930. L'on pourrait ajouter à ces exemples celui, encore plus ancien, de la Toscane, régie par des lois datant de 1814-1818.

quelques jours plus tard, de Mussolini lui-même, relatives à la liberté de conscience des minorités transalpines[1]. De fait, ces discussions préparatoires traînèrent en longueur, à cause de la volonté fasciste de laisser la primeur aux accords signés avec l'Église catholique : la réforme des autres cultes devait paraître secondaire et ne pas éclipser l'événement qui se jouait à Latran. Facteur d'explication auquel s'en ajoutait un autre, tout aussi décisif, mais qui tenait aux Juifs italiens eux-mêmes : diverses tendances du judaïsme s'affrontaient en effet et certains, éloignés des instances officielles, comme Angelo Sullam, s'opposaient aux tenants du rabbinat au motif que ces derniers risquaient de jouir de trop importantes prérogatives s'il fallait qu'une structure unique prenne la tête de l'ensemble du judaïsme italien. Les craintes et la défiance qu'induisait cette centralisation s'installèrent dans les débats préparatoires mais l'on finit par s'accorder avant de proposer un texte au gouvernement. Il fallut cependant attendre le début de l'année 1931 pour que le projet de loi fût scellé, après acceptation par le roi[2]. L'Alliance israélite universelle s'enquit auprès du grand-rabbin de Rome, Angelo Sacerdoti, de l'avancée des travaux[3], mais, dans l'ensemble, l'on ne se fit guère l'écho de ces débats internes en France où les Israélites accueillirent la loi avec un concert d'applaudissements : Aimé Pallière la qualifia de « loi spéciale dont le libéralisme peut être donné en exemple à plus d'un pays[4] » ; en des termes approchants, Hippolyte Prague pensait qu'elle était le fruit d'une « politique religieuse d'une [...] grande largeur d'idées[5] ».

Plusieurs dispositions, souvent analysées dans le détail[6] par les Juifs français, témoignaient de l'aspect bénéfique de cette loi pour Israël. Que celle-ci reconnût l'égalité du judaïsme avec les autres religions ne semblait pas le fait le plus significatif et marquant, car les Israélites italiens jouissaient d'une égalité de fait ; l'on n'avait fait que corriger un archaïsme juridique ne correspondant aucunement à la réalité[7], ce

---

1   « La liberté de conscience et les minorités », *L'Univers Israélite*, 24 mai 1929.
2   Sur les différentes phases de l'élaboration de la loi, voir Renzo De Felice, *op. cit.*, p. 101-108 ; Michele Sarfatti, *op. cit.*, p. 75 *sqq.* ; Anselmo Calo, « La genesi della legge del 1930 », *Rassegna mensile di Israel*, vol. 51, n° 3, septembre-décembre 1985.
3   AIU, Italie, I – C 6. Réponse du grand-rabbin de Rome au secrétaire de l'Alliance israélite universelle, 31 mai 1929.
4   Aimé Pallière, « En Italie », *L'Univers Israélite*, 27 avril 1934.
5   Hippolyte Prague, art. cit.
6   *Paix et Droit* retranscrivit la quasi-totalité du texte, paru dans la *Gazzetta Ufficiale* du 15 janvier 1931 : « Le statut culturel du Judaïsme italien », *Paix et Droit*, mars 1931.
7   Cette vision générale souffrait de très nombreux contre-exemples. Ainsi, au XIXe siècle, à Nice, cas certes particulier du fait des nombreux changements de souveraineté qu'eut

qu'évoquaient les *Archives Israélites* : « Le Judaïsme, d'après la Constitution de 1848 encore en vigueur, n'était, paraît-il, que toléré. Dénomination qui sonnait mal dans un État libéral. Il est désormais titulaire d'une autre qualification [*sic*] : *admis* ou *autorisé*[1] ». Ancrant son argumentation dans une perspective historique, Alfred Berl expliquait :

> Le statut fondamental du Royaume Sarde, devenu ensuite Royaume d'Italie, qui avait été octroyé par le roi Charles-Albert, disposait en son article premier : « La religion catholique est la religion d'État ; les autres cultes actuellement professés sont *tolérés* ».
> Bien qu'après 1849 les diverses lois et le Code eussent proclamé l'égalité des droits des citoyens, sans différence de religion et qu'on y eût substitué les mots : *cultes admis* à ceux de : *cultes tolérés*, l'article 1er du statut n'avait été jamais modifié et le mot *tolérés*, qui marquait une infériorité, subsistait. En pratique, et réserve faite de ce que la religion catholique était et demeure celle de la grande majorité des Italiens, on peut dire que l'État mettait les diverses religions sur un pied de parfaite égalité[2].

L'on se réjouissait néanmoins de ce que la reconnaissance du catholicisme comme « religion d'État » ne se traduisît pas par l'adoption de mesures restrictives à l'égard des autres cultes, car « dans beaucoup de communautés juives de l'étranger, les bruits les plus inquiétants avaient été répandus sur le sort futur des cultes non catholiques après la signature du Concordat[3] ». En France, les Juifs n'avaient prêté qu'une oreille distraite à de pareilles alarmes, car il ne leur paraissait pas envisageable que l'Italie sombrât subitement dans une intolérance gravée dans le marbre, mais ils saluaient l'effort de clarification qui présidait à la loi. Ce qui faisait couler le plus d'encre demeurait bien la charpente nouvelle du judaïsme italien que prévoyait la loi : chaque Juif, qui devenait une personne juridique, devait s'affilier à une communauté, elle-même administrée par des conseils comprenant entre trois et quinze membres, selon la population juive qu'ils représentaient, membres élus par l'ensemble de la communauté. Toutes les cellules locales du

---

à connaître la ville, les Juifs, qui vécurent successivement sous le régime de l'égalité proclamée par la Révolution, sous l'organisation française héritée de Napoléon, puis sous le régime du *Statuto*, manifestèrent une nette préférence pour les premiers, ce qui les conduisit, entre autres raisons, à soutenir le rattachement de Nice à la France. Sur cette question, nous nous permettons de renvoyer à : Jérémy Guedj, « La place des Juifs à Nice au xixe siècle : aspects d'une histoire paradoxale », *Recherches Régionales*, no 193, janvier-juin 2009, p. 39-40.

1   Hippolyte Prague, « Mussolini pacificateur », art. cit.
2   Alfred Berl, « Le nouveau statut des Israélites », *Paix et Droit*, juin 1929.
3   « Le nouveau régime des cultes et les Israélites », *L'Univers Israélite*, 7 juin 1929.

judaïsme dépendaient de l'Union des Communautés, laquelle siégeait à Rome et était gérée par un Comité élu parmi les présidents des différentes communautés, qui se réunissaient en assemblée générale[1]. De l'avis de tous, un tel ensemble de mesures entraînerait une puissante régénération du judaïsme transalpin pour deux raisons : d'abord parce que les nouvelles connexions entre des communautés jadis éparpillées permettrait la mise en œuvre de grands projets et d'actions à l'échelle nationale, si bien que le judaïsme italien prendrait conscience de sa force et marcherait vers l'unité. Mais surtout, les Israélites d'outre-monts faisaient un pas nouveau vers l'assimilation car ils obtenaient la reconnaissance de leur existence par et au sein de l'État : « Les associations et communautés israélites ont reçu la reconnaissance officielle. Elles ne sont plus de simples associations de fait, mais elles possèdent désormais une existence juridique et sont reconnues par l'État », faisait ressortir *Paix et Droit*[2]. Une donnée ravissait également les Israélites français : un article de la loi encourageait, comme on l'a vu, le judaïsme italien à « maintenir le contact spirituel et culturel avec les communautés israélites de l'étranger et spécialement avec celles, qui, par tradition, ont des relations avec le judaïsme italien et avec l'Italie[3] ». Parmi les communautés étroitement liées à celle de l'Italie figurait naturellement au premier plan le judaïsme français, si bien que la latinité de ce dernier s'en trouverait renforcée. Aimé Pallière ne cachait pas sa satisfaction face à ce point de la loi :

> [La loi] sauvegarde de la façon la plus heureuse les intérêts spirituels, culturels et temporels des communautés et consacre même le principe de l'unité d'Israël en ce sens qu'elle encourage les Israélites d'Italie à maintenir et développer les relations avec les communautés juives de l'étranger. [...] [Elle] repousse cet isolement confessionnel à l'intérieur des frontières dont certains voudraient faire la marque indispensable de leur patriotisme[4].

---

1   Pour un exemple de fin compte-rendu des dispositions de la loi, voir par exemple « L'organisation du judaïsme italien », *L'Univers Israélite*, 3 janvier 1930 ; ou « Le nouveau statut des communautés juives », *L'Univers Israélite*, 13 janvier 1931. D'une manière générale, l'information reprise et diffusée par les canaux juifs français apparaissait particulièrement sûre et puisée aux meilleures sources. Les articles de la presse juive française faisaient sur ce point jeu égal avec ceux publiés dans les périodiques transalpins. Pour la comparaison, *cf.* Guido Bachi, « Il regime giuridico delle Communità israelitiche in Italia dal 1848 ai giorni nostri », *Rassegna mensile di Israel*, vol. XVI, 1938, p. 196-238.

2   « Le statut culturel du Judaïsme italien », *Paix et Droit*, mars 1931.

3   Titre 2, chapitre 1, article 36. Cité par *ibid.*

4   Aimé Pallière, art. cit.

D'autres articles de la loi suscitaient néanmoins l'interrogation, comme celui relatif à la valeur juridique des mariages célébrés religieusement. Alfred Berl signalait que cette pratique était tombée en désuétude après l'unification de l'Italie. La loi de 1930 réinstaurait cette prérogative des ministres des cultes, mais existait-il une réelle égalité entre les cultes sur cette question ? Le problème que posait par exemple la célébration du mariage par les rabbins était un exemple de carence[1]. L'on espérait que les différents points posant difficulté fussent rapidement rectifiés. Il restait donc quelques dispositions à améliorer ; la loi demeurait perfectible mais paraissait dans l'ensemble excellente et prometteuse.

L'analyse des réactions que suscita la loi dans le monde juif affermit d'ailleurs cette impression. Si le régime avait espéré redorer son image auprès des Juifs d'Italie et d'ailleurs, ses efforts furent payants. Une abondance de messages de gratitude et de félicitations loua en effet le geste de Mussolini ; la presse juive française ne manquait jamais d'y faire mention. De la part des communautés italiennes, les témoignages de reconnaissance furent légion : les *Archives Israélites* notaient que « par l'organe de M. Sacerdoti, Grand-Rabbin de Rome, les Israélites se sont déclarés satisfaits de la réforme opérée par M. Mussolini qui embrasse les trois cultes existant dans le royaume[2] » ; l'on citait également l'exemple de messages provenant des grandes communautés italiennes[3]. En 1931, l'on accorda une grande place aux festivités données en l'honneur de la promulgation de la loi : le roi Victor-Emmanuel III reçut une délégation d'Israélites italiens, qui comprenait entre autres le grand-rabbin Sacerdoti, Felice Ravenna, commissaire du gouvernement à la nouvelle Union des communautés juive d'Italie, Pio Tagliacozzo, commissaire à la communauté romaine, et l'intellectuel Umberto Nahon. Une médaille fut remise en commémoration de la loi de 1930[4] et une réception fut donnée en l'honneur du sénateur Berio qui avait joué un grand rôle dans l'élaboration de loi ; l'on y prononça des discours et l'on y lut des messages envoyés par Israël Lévi, grand-rabbin de France, J.-H. Hertz, grand-rabbin d'Angleterre, Chaïm Weizmann,

---

1   Alfred Berl, « Le nouveau statut des Israélites », art. cit.

2   Hippolyte Prague, « M. Mussolini et le nouveau statut du culte israélite en Italie », art. cit.

3   « Le nouveau régime du culte israélite », *L'Univers Israélite*, 24 octobre 1930.

4   Sur cette médaille, sculptée par le juif Arrigo Minerbi, l'on pouvait voir, sur l'avers, une gravure des tables de la loi avec une *Menorah* (chandelier), et lire la phrase tirée du Talmud : « Si la Torah n'avait pas été donnée, le ciel et la terre n'auraient pu subsister ». Sur le revers, à côté d'une étoile de David était gravée l'inscription : « Au roi Victor-Emmanuel III, au chef du gouvernement, Benito Mussolini, les communautés juives d'Italie, en souvenir de la loi du 30 octobre 1930 ».

président de l'Agence juive et Nahum Sokolov, président de l'Éxécutif sioniste[1]. Si les Israélites italiens et étrangers avaient accueilli aussi favorablement cette loi, c'était, pensait-on, parce que celle-ci permettait à chacun de vivre pleinement son judaïsme dans le cadre de la nation, mais plus largement parce qu'elle ferait de l'Italie un centre rayonnant du judaïsme européen et méditerranéen. Cet aspect fit d'ailleurs naître quelques craintes au Vatican, qui voyait d'un mauvais œil la remise en cause de sa suprématie religieuse, malgré les concessions qu'il s'était vu octroyer ; l'opinion juive française redoutait que ces idées ne gagnassent l'ensemble des Italiens, car une question se posait : pour qui les fascistes prendraient-ils parti ? Paradoxalement, aux yeux des Israélites français, les réticences des catholiques ne faisaient cependant que souligner les aspects bénéfiques de ce nouveau régime pour les Juifs : si le Vatican criait à la spoliation spirituelle, cela voulait dire que les prérogatives du judaïsme croissaient significativement et non simplement symboliquement. Le 6 février 1931, *L'Univers Israélite* rendit compte de la polémique qui éclata entre *L'Osservatore Romano*, organe officiel du Vatican, et le journal fasciste *Il Messagero*. Selon le premier, l'union des communautés juives risquait d'entraîner des conséquences néfastes sur le fait religieux en Italie car, malgré les termes proprement dits de la loi, l'organisation du judaïsme italien ne se ferait pas sur une base purement administrative : les instances dirigeantes de ce dernier jouissaient d'un pouvoir temporel et social sur l'ensemble des Israélites, ce qui constituerait une nouvelle force religieuse susceptible de briser l'hégémonie du catholicisme dans la péninsule. *L'Univers Israélite* citait un extrait de *L'Osservatore Romano*, qui écrivait : « nous ne comprenons pas dans quel but un État catholique promulgue des lois semblables[2] ». Décevante se révélait néanmoins la réponse du *Messagero* qui n'osait pas s'opposer frontalement au Vatican[3] : il fallait rassurer les catholiques ; « le journal insiste sur le fait que ce traitement [à l'égard des Juifs] ne

---

1   « Le fascisme et les Juifs », *L'Univers Israélite*, 22 mai 1931.

2   *L'Osservatore Romano*, cité sans date dans « La loi sur les communautés juives et l'opinion italienne », *L'Univers Israélite*, 6 février 1931.

3   Pourtant, dès le mois de mai 1929, des heurts éclatèrent entre l'État italien et l'Église au sujet de l'influence fasciste sur la jeunesse. La vocation totalitaire du régime ne pouvait s'accommoder d'une organisation concurrente pour former la jeunesse. Dans l'encyclique *Divini illius Magistri*, du mois de décembre, Pie XI s'opposa au principe du monopole de l'État et à l'enrégimentement de la jeunesse ; des incidents opposèrent fascistes et catholiques ; en 1931, Mussolini fit fermer les cercles de jeunesse de l'Action catholique. Sur tous ces aspects, voir Michel Ostenc, *L'Éducation en Italie pendant le fascisme*, Paris, Publications de la Sorbonne, 1980.

pourra en aucune sorte amoindrir la position de prédominance que le Concordat a accordée à l'Église catholique[1] », car les Israélites s'étaient engagés à défendre un judaïsme national et se défendaient de tout « pro-sémitisme ». Propos étonnants et frisant l'incohérence que ceux tenus par le *Messagero* quand on se souvenait que ladite loi encourageait les liens du judaïsme italien avec les communautés sœurs à l'étranger. Face à ces événements, les Israélites français faisaient part de leur fort mécontentement à l'égard du Vatican et ne se montraient également pas satisfaits de la réponse des fascistes[2]. Résulterait-il des protestations de l'Église une vague d'antisémitisme gagnant les Italiens fidèles aux positions papales ? Les Israélites français tremblaient à cette idée, d'autant que l'antijudaïsme traditionnel semblait se teinter d'antisémitisme. L'appel de « certains clans cléricaux intransigeants[3] » se révélait inquiétant, soulignait Hippolyte Prague :

> Il s'est trouvé même une feuille antisémite *rara avis*, pour donner au « Duce un conseil inspiré de la politique employée au Moyen Âge par certains rois de France, c'est-à-dire d'expulser les Juifs d'Italie et de s'emparer de leurs biens, meubles et immeubles[4] !!!

Au fil des jours, l'on se consolait en remarquant qu'heureusement cette agitation extrémiste n'était le fait que de rares individus et que ceux-ci n'avaient aucune prise sur l'opinion italienne, restée fidèle à sa réputation. Il n'en demeurait pas moins surprenant qu'alors que Pie XI se déclarait l'ami d'Israël et que le mouvement philosémite gagnait en ampleur, de telles polémiques aient pu éclater sur la terre d'Italie.

Gênés par les discussions déclenchées par la réforme du judaïsme italien, les Israélites français prirent, une fois n'est pas coutume, nettement position contre le Vatican : cela ne semblait cependant constituer qu'une entorse légère au principe de réserve parce qu'elle ne visait pas l'Italie dans son ensemble mais uniquement le Vatican, à titre non politique mais religieux. L'émotion délia toutefois les langues et, après avoir fait l'éloge de la loi de réorganisation, l'on commençait à s'interroger : pourquoi Mussolini, dont le pragmatisme paraissait l'emporter sur le philosémitisme, avait-il pris le risque de déplaire à la majorité des Italiens, catholiques, pour une minorité. Ne tirait-il pas avantage, pour ses propres intérêts

---

1   « La loi sur les communautés juives et l'opinion italienne », *L'Univers Israélite*, 6 février 1931.
2   *Cf.* Judaeus, « L'organisation du Judaïsme et l'Église », *L'Univers Israélite*, 13 février 1931.
3   Hippolyte Prague, « M. Mussolini et le nouveau statut du culte israélite en Italie », art. cit.
4   *Ibid.*

uniquement, de cette réforme ? Les Israélites transalpins ne devenaient-ils pas de simples pions dans un jeu dont Mussolini était le maître ?

JUDAÏSATION DU FASCISME OU FASCISATION DU JUDAÏSME ?

Il ne faut souvent que très peu de temps à l'opinion publique pour réagir, et plus les réactions sont rapides, plus elles courent le risque de l'exagération. Dès juin 1930, le *Bulletin de la Ligue antisémite* de Paris accusa – le terme est adapté car les antisémites considéraient la judéité comme la dernière des souillures – Mussolini d'être juif, ou tout au moins d'avoir des origines juives : ses ancêtres, originaires de Salonique où ils vendaient de la mousseline (d'où le nom de Mussolini), auraient fait le tour des foires d'Italie avant de s'établir près de Bologne. De telles élucubrations faisaient sourire les Israélites français[1]. Il n'empêchait : la multiplication des signes favorables aux Juifs, en Italie et dans une partie du monde, donnaient à réfléchir ; ces manifestations allaient d'un don de 50 000 lires aux œuvres d'assistance de la communauté juive d'Italie[2] à la sanction prise contre l'éditeur italien des *Protocoles des Sages de Sion*[3], en passant par l'accueil à Rome d'un congrès visant à réfuter scientifiquement les arguments déployés par les antisémites[4]. Il n'était pas rare que, chez les Juifs ou ailleurs, l'on parlât de ce qui se rapportait, pourrait-on dire, à une « judaïsation du fascisme » : l'on entendait montrer, de manière quelque peu inconsidérée, que Mussolini, conscient de la valeur des idées d'Israël, voulait s'en inspirer pour faire avancer son mouvement et son pays. Opinion idéaliste et contredite par une observation attentive de la réalité, mais que beaucoup partageaient. Ainsi, la réforme du judaïsme italien passait pour l'aboutissement de ce parti-pris philosémite ; de nombreuses déclarations fascistes venaient régulièrement conforter cette idée[5]. Pour cerner plus avant les motivations et buts de Mussolini, comparer son œuvre de réorganisation du judaïsme à celle opérée par Napoléon s'avérait riche d'enseignements : étaient confrontés les cas français et italien. Plusieurs points communs rapprochaient les deux réformes, aux premiers rangs desquels l'unification du judaïsme à l'échelle de la nation, la volonté, par corollaire, de précisément donner à

---

1 « Mussolini juif », *L'Univers Israélite*, 27 juin 1930.
2 « M. Mussolini fait don de 50 000 lires aux œuvres d'assistance juives », *L'Univers Israélite*, 10 juillet 1929.
3 *L'Univers Israélite*, 14 septembre 1923.
4 *Cf.* « Le Congrès de sociologie et les minorités », *Paix et Droit*, mai 1924.
5 *Cf.*, à titre d'exemple, « Judaïsme et fascisme », *L'Univers Israélite*, 21 août 1931.

la nouvelle organisation le cachet national, le fait d'acquitter une taxe à l'intérieur de sa communauté religieuse, ainsi que la volonté de laisser une certaine autonomie aux Juifs tout en dotant l'État de moyens de surveillance. Un tenant du judaïsme officiel disait ainsi du décret italien : « il ressemble beaucoup au régime napoléonien[1] » ; il permettait d'augmenter la fusion des Juifs dans la nation. Aux antipodes d'une telle conviction, Pierre Paraf, plus critique, niait que la loi italienne, comme la française, plaçât sur le même plan les catholiques et les autres cultes : il relevait une autre caractéristique commune, défavorable à Israël, et évoquait une « mesure qu'on peut rapprocher de celles prises par Napoléon en 1807, en un temps où les Juifs étaient encore isolés dans la nation et qui tend à renforcer les éléments juifs mais aussi à les séparer des autres éléments italiens[2] ». D'aucuns opposaient à Paraf que les Juifs, en obtenant la reconnaissance officielle, consolidaient au contraire leur italianité. Mais l'existence de ces débats traduisait une forme de scepticisme chez les Juifs français et plusieurs types d'opinions voisinaient, allant de l'indulgence à l'intransigeance. Si bien que ceux qui entrevoyaient une judaïsation du fascisme peinaient à faire entendre leurs arguments et se noyaient dans le flot des contre-attaques, qui faisaient valoir au contraire un tournant vers une « fascisation du judaïsme ».

Après Napoléon, c'était à Machiavel que l'on comparait Mussolini[3]. En recourant à la conciliation avec l'Église et à la réforme des autres cultes, le Duce avait, insidieusement, remporté une double victoire. D'une part, il s'était attiré l'adhésion des croyants :

> M. Mussolini, non seulement s'assure la bienveillance du monde *noir*, voire sa gratitude, mais encore, il obtient les suffrages des électeurs protestants et israélites. [...] [Le parti fasciste] les voit accourir sous les plis du drapeau qu'a présenté Mussolini quand il fit son entrée dans la capitale à la tête des *chemises noires*[4].

Avait-il réellement agi à dessein ou avait-il profité d'un résultat inattendu ?

---

1   « Le nouveau statut des communautés juives », *L'Univers Israélite*, 13 janvier 1931.
2   Pierre Paraf, *op. cit.*, p. 132. Les études récentes ont particulièrement insisté sur les parts d'ombre de la réforme napoléonienne ; on pourra comparer la réorganisation italienne avec son équivalent français en lisant notamment, Pierre Birnbaum, *L'Aigle et la Synagogue. Napoléon, les Juifs, l'État*, Paris, Fayard, 2007.
3   Voir par exemple Hippolyte Prague, « M. Mussolini et le nouveau statut du culte israélite en Italie », art. cit. Sur l'image de Napoléon et Machiavel dans l'imaginaire de Mussolini, voir particulièrement Max Gallo, *L'Italie de Mussolini*, Paris, Perrin, 1982, p. 202-205.
4   Hippolyte Prague, « Mussolini pacificateur », art. cit.

Nul ne le savait mais le résultat était dans tous les cas probant. Plus décisive car elle concernait la marche du régime, la seconde réussite, d'autre part, consistait en un alignement des différentes cellules de la nation sur le modèle fasciste. De la sorte, la réforme du judaïsme participait à l'« œuvre générale de fascisation du pays[1] ». Avec un grand discernement, les Israélites français soutenaient cette thèse, à l'instar de Judaeus :

> Le gouvernement fasciste a voulu organiser aussi le judaïsme italien parce qu'il entre aussi dans sa politique d'organiser et de discipliner toutes les forces dont il veut pouvoir se servir[2].

De mauvaises causes pouvaient pourtant entraîner de bons effets, soulignaient les plus indulgents ; Aimé Pallière, qui ne niait pas le côté intéressé de la réforme, rappelait à ses coreligionnaires qu'ils ne devaient pas se tromper d'ennemi et charger les bienfaiteurs d'Israël : « Il importe peu que le législateur ait intelligemment songé [...] à favoriser son propre intérêt national ; le résultat n'en est pas moins intéressant au point de vue juif[3] ». Cet amoureux de l'Italie, comme d'autres Israélites, s'attachait à prouver le caractère infondé des arguments présentés par les plus sceptiques. Une disposition prévoyait que chaque Juif appartînt à une communauté ? Cela ne réduisait en rien la liberté individuelle, puisque chacun pouvait déclarer son abandon du judaïsme, et il ne fallait pas y voir l'amorce d'une vague d'apostasies menant à la déjudaïsation, car « le nombre de ceux qui se sont prévalus de cet article de la loi est infime[4] ». L'enseignement catholique faisait son entrée à l'école[5] ? Cela constituait un faux problème car Mussolini avait déclaré publiquement que les enfants juifs pouvaient en être dispensés[6]. Mais ces défenseurs intégraux des actions du régime italien ne parvenaient pas, malgré leur bonne volonté, à tout comprendre et expliquer. À eux s'opposaient en effet des Israélites qui mettaient l'accent sur le renforcement des liens entre fascisme et catholicisme dans l'Italie d'après Latran. Différents exemples venaient étayer cet argument : la suppression de la revue *Israël* au lendemain des

---

1   Michele Sarfatti, *op. cit.*, p. 72.
2   Judaeus, art. cit.
3   Aimé Pallière, art. cit.
4   *Ibid.*
5   Une frange de l'opinion juive critiqua cette disposition, mais celle-ci ne faisait qu'entériner un état de fait, puisque dès avril 1923, la loi Gentile avait introduit l'instruction religieuse dans le cursus scolaire.
6   « Le chef du gouvernement et les juifs », *Paix et Droit*, juin 1929.

accords avec l'Église[1], la diffusion à vaste échelle de manuels scolaires qui accordaient une place de choix à l'histoire sainte catholique[2] ou, plus gravement, le projet de raser la coupole de la grande synagogue de Rome. Cette annonce émut les Juifs de France, très sensibles aux charmes du patrimoine juif italien, comme on l'a vu : ils critiquaient avec vivacité et amertume l'idée selon laquelle l'embellissement de Rome passât par la suppression de la coupole, sous prétexte – car c'était bien un prétexte à leurs yeux – qu'elle nuisait à la beauté de la ville et en constituait une des laideurs. Reprenant les arguments de leurs coreligionnaires italiens, ils rappelaient que la construction de cet édifice, remontant à l'orée du XXe siècle, avait été approuvée par une commission compétente où siégeait l'architecte Piacentini, père de celui qui voulait raser la coupole. Il ne pouvait y avoir qu'une seule explication ; l'ombre du Vatican planait et le fascisme n'osait le contrarier, piste qui ne manque pas d'étonner quand on se souvient à quel point Pie XI était apprécié des Juifs de France :

> La grande synagogue de Rome est une des plus belle d'Europe. Sise au milieu d'une place, rendue libre par la démolition du ghetto millénaire qui l'encerclait, elle présente un aspect imposant. Sa coupole d'aluminium brille au soleil. Elle est visible de loin. Elle blesse certains regards, qui ne sont pas toujours des regards d'artistes… C'est peut être pour cela qu'on veut la décapiter. Rome entend sauvegarder son caractère catholique.
>
> Au moyen âge, la papauté exigeait que la synagogue fût moins élevée que l'église. Mais aujourd'hui ? Compte-t-elle sur le fascisme pour nous ramener au moyen âge[3] ?

Impression présente chez Paul Gentizon qui demandait : « la synagogue de Rome porte-t-elle ombrage à Saint-Pierre plutôt qu'au Capitole[4] ? ». Le fascisme ne prit cependant pas le parti de l'Église et, devant les protestations qui s'élevèrent en Italie et dans le monde juif, Mussolini revint clairement sur son projet, après avoir souligné qu'il ne s'agissait aucunement d'antisémitisme puisque le plan régulateur de Rome prévoyait également de raser une vieille église[5]. Peu d'Israélites français voyaient dans ce projet un véritable acte antisémite car beaucoup pensaient que

---

1   « Fascisme et antisémitisme », *L'Univers Israélite*, 21 juin 1929.

2   « M. Mussolini et les Juifs », *L'Univers Israélite*, 17 avril 1931.

3   « Rome veut s'embellir », *L'Univers Israélite*, 13 février 1931.

4   Paul Gentizon, *Le Temps*, cité sans date dans « À l'ombre de la Croix », *L'Univers Israélite*, 20 mars 1931.

5   Sur les réactions des Juifs de France et la réponse de Mussolini, *cf.* « La coupole de la grande synagogue de Rome », *L'Univers Israélite*, 3 avril 1931 ; « M. Mussolini et les Juifs », *L'Univers Israélite*, 17 avril 1931.

Mussolini n'aurait pas risqué de s'aliéner l'opinion juive internationale pour une pécadille. En revanche, cela montrait bien qu'il n'y avait pas de « judaïsation du fascisme », mais bien l'inverse. La réforme du judaïsme italien constituait bien un exemple, et non une exception, de la politique juive du Duce. Non pas un exemple supplémentaire de philosémitisme, mais de la manière dont le fascisme se servait des Juifs, comme des groupes sur lesquels il pouvait s'appuyer. Tout n'était que pragmatisme. Mussolini ne semblait croire qu'en un seul dieu : celui qui servait les intérêts du fascisme. Ce dieu assurerait-il encore longtemps ceux du judaïsme ?

Incompréhension ? Aveuglement ? Incohérence ? Un rapide survol de l'opinion juive française pourrait le laisser penser. Quiconque veut saisir plus avant les ressorts des prises de position des Juifs ne peut s'arrêter à cette impression. Car il n'y avait pas à proprement parler d'incohérence de l'opinion juive. *A posteriori*, il est possible de réunir toutes les traces des réactions. Mais à l'époque, tous n'avaient pas une vision si complète, si architecturée, des événements. À l'échelle de l'individu et même de la tendance à laquelle l'on se rattachait, il n'était pas possible d'avoir une idée précise de tout ce qui concernait l'Italie. On remarquera ainsi que toute l'opinion ne se mobilisait d'ailleurs pas : les intellectuels, les Israélites les plus à gauche ou encore les immigrés ne s'intéressaient pas à la politique juive de Mussolini. Et même à l'intérieur des tendances du judaïsme traditionnel, une place écrasante fut occupée par *L'Univers Israélite*, représentant les instances officielles. Et, quand bien même plusieurs esprits supérieurs ou extrêmement soucieux de l'actualité italienne eussent connaissance de tous les événements d'Italie, il ne faudrait pas conclure à leur incohérence : luter contre le sionisme ne revenait pas à être antisémite et défendre la thèse d'une « fascisation du judaïsme » plutôt que d'une « judaïsation du fascisme » ne signifiait pas critiquer le régime italien, mais se déprendre de quelques illusions. Il convient de plus de hiérarchiser l'ampleur des réactions : l'on s'intéressa moins au projet de raser la coupole de Rome qu'à la réforme du judaïsme ou à la politique sioniste du Duce. Tout au plus, s'il fallait déceler quelque part de l'incohérence, ce serait du côté de l'Italie : les Juifs français ne faisaient que s'adapter aux rebondissements, ambiguïtés et atermoiements de la politique juive de l'Italie. Si bien que dans l'ensemble l'opinion juive française restait fidèle à son idée : l'Italie était l'amie d'Israël, du moins sur son territoire, ainsi qu'en Europe et en Palestine. Il n'en allait pas de même en Afrique du Nord. Mais les Israélites de France accordèrent de fait une place réduite aux événements d'Afrique du Nord. Ils les connaissaient suffisamment pour prendre parti : il fallait raison garder ; était-ce bien l'Italie qui s'adonnait à l'antisémitisme dans cette région du monde ? Ne fallait-il pas y voir le fait d'excités qui ne représentaient en aucun cas le fascisme ? L'opinion juive, même si elle faisait part de son indignation, ne se livrait pas à la passion.

L'ITALIE ANTISÉMITE EN AFRIQUE DU NORD

Vérité au-delà de la Méditerranée, erreur en deçà ? Telle était sans doute l'impression des Juifs français. En Afrique du Nord en effet, les Italiens s'adonnèrent à plusieurs manifestations d'antisémitisme qui ternirent l'action favorable à Israël menée par Mussolini. Les Israélites français ne mettaient cependant pas sur le même plan le philosémitisme en Europe et en Palestine d'une part, et, de l'autre, l'antisémitisme en Afrique du Nord ; ils réservaient à ce dernier un place à part. D'abord parce que ce que l'on nommait antisémitisme au Maghreb se cantonnait à des rixes localisées et à des sautes de mauvaise humeur italienne, tandis que le philosémitisme précédemment évoqué semblait engager l'ensemble d'une politique qui visait toute la Méditerranée. Il y avait une différence d'échelle. Une distinction de nature s'ajoutait à cela : la politique en Italie, en Europe et en Palestine était définie par les plus hautes autorités fascistes et Mussolini en personne ; en Afrique du Nord, zone éloignée des centres de décision, l'on avait plutôt affaire à des cellules fascistes locales qui, tout en se réclamant de leur hiérarchie, agissaient souvent en relative autonomie. C'est pourquoi les Israélites traitaient de ces événements séparément.

La faiblesse du *corpus* relatif à ce sujet invite à dire que la situation au Maghreb comptait au nombre des préoccupations secondaires. De plus, les événements qui s'y déroulaient étaient contemporains de ceux décrits précédemment et se trouvaient étouffés par eux. Pour autant, il ne s'agissait pas de juxtaposer les analyses concernant la rive nord de la Méditerranée et celles se rapportant à la rive sud : les Israélites nationaux opéraient des interactions entre ce qui se passait en Afrique du Nord et ailleurs. D'où plusieurs questions : l'ouverture d'esprit à l'égard d'Israël n'était-elle pas seulement l'apanage des plus hautes instances du fascisme ? Confrontés aux réalités quotidiennes, dans des contrées excentrées, les principes chantés en Italie ne montraient-ils pas leurs limites ? Les agents locaux du fascisme et, plus largement, les Italiens installés en Afrique du Nord, ne démentaient-ils pas les grandes déclarations ?

Ce fut principalement en observant la situation en Libye et en Tunisie, territoires possédé par l'Italie pour le premier, convoité par elle pour le second, que l'on pouvait glaner des éléments de réponse.

LA LIBYE, THÉÂTRE DES EXCÈS FASCISTES : APPELS À L'APAISEMENT ET DÉSINTÉRÊT PROGRESSIF

La Libye fut le théâtre des premières manifestations d'antisémitisme, atteignant parfois un paroxysme qui marqua durablement les populations comme, pendant un temps, les observateurs juifs français.

JUIFS ET ITALIENS EN LIBYE

Désireuse d'accroître son influence en Méditerranée, l'Italie s'intéressa dès la fin du XIXᵉ siècle, après sa déconvenue en Éthiopie, à la Libye, possession ottomane : dans la péninsule, l'idée coloniale commençait à sérieusement germer et Giolitti abandonna progressivement sa politique prudente au profit d'ambitions impérialistes par ailleurs célébrées par les nationalistes. Une « pénétration pacifique », servant l'expansion économique italienne, fut engagée en Tripolitaine, où 1 000 colons italiens actifs faisaient gonfler les intérêts de leur pays. En septembre 1911, prenant prétexte des vexations leur étant infligées par le *vali* de Tripoli, les Italiens envoyèrent un ultimatum au sultan de Constantinople, mais ce dernier refusa de céder. Un corps expéditionnaire italien se dirigea alors sur place, qui bombarda les points stratégiques du pays. En novembre, la Libye était annexée, ce qui ne mit pas fin aux heurts, qui se poursuivaient avec les populations locales et les grandes puissances[1]. Globalement, l'opinion française ne réprouva pas l'initiative de la sœur latine[2]. Les Juifs non plus. Il ne se trouvera guère que quelques voix isolées comme celle d'un Daniel Halévy pour émettre des critiques[3], ou bien plus tard, un

---

1 Serge Berstein, Pierre Milza, *L'Italie contemporaine du Risorgimento à la chute du fascisme*, Paris, Armand Colin, 1995, p. 195-199.

2 Stéphane Mourlane, « De l'ultimatum à l'annexion : l'intervention italienne en Tripolitaine à travers la presse française (septembre-novembre 1911) », dans Romain H. Rainero (a cura di), *Aspetti e problemi delle relazioni tra l'Italia e la Francia*, Milan, Unicopli Cuesp, 2005, p. 130.

3 Pierre Guiral, « Le nationalisme à Marseille et en Provence de 1900 à 1914 », dans *Opinion publique et politique extérieure*, t. I : *1870-1915*, Rome, École française de Rome, 1981, p. 344.

André Suarès pour écrire de l'Italie : « Elle s'est installée en Tripolitaine, par la plus cynique et la plus honteuse des invasions[1] ». Depuis plusieurs décennies, l'historiographie met en relief la place stratégique de la Libye dans le jeu italien et en Méditerranée[2], surtout sous le fascisme, place parfois reléguée à un rang annexe dans les études[3]. Dès la fin des années 1960, André Martel présentait cette possession coloniale comme « un banc d'essai » sans risque, où l'Italie fasciste pouvait prendre la mesure de sa puissance et tester sa politique[4]. À notre tour, demandons-nous si la Libye n'a pas constitué en quelque sorte un laboratoire où se mirent en œuvre les prémices de l'antisémitisme.

Après la conquête, il entrait dans la politique italienne de s'appuyer sur les Juifs[5] et leurs intérêts, afin de tenter de repousser les Ottomans. Les autorités transalpines remarquaient cependant que les Israélites composaient une communauté bigarrée : si 40 % d'entre eux possédaient la nationalité italienne, le reste provenait d'Espagne ou du Maroc notamment. Ces mêmes autorités remettaient d'ailleurs souvent en cause le sentiment national des Juifs et se méfiaient d'eux. Les préjugés allaient bon train : les Juifs ne semblaient attirés que par la floraison de leurs affaires et n'agissaient pas par amour de l'Italie. Cette image dépréciative se dégrada encore sous le fascisme, se métamorphosa et revêtit une connotation nettement antisémite : le Juif n'était plus le riche négociant mais l'indigène sale, fruste et analphabète, accusé de nuire à l'apparence des villes dans lesquelles il vivait[6]. Officiellement, les Italiens ne prônaient toutefois pas ouvertement l'antisémitisme et se voulaient rassurants. Les Juifs français s'appuyaient-ils sur les faits

---

1   André Suarès, *Vues sur l'Europe*, Paris, Grasset, 1939, p. 244-245.

2   *Cf.* Salvatore Bono, « La Libia nella storia del Mediterraneo », *Africa*, vol. 63, n° 2, juin 2008, p. 145-153.

3   Voir la récente mise au point de François Dumasy, « Le fascisme est-il un "article d'exportation" ? Idéologie et enjeux sociaux du Parti National Fasciste en Libye pendant la colonisation italienne », *Revue d'Histoire moderne et contemporaine*, n° 55-3, juillet-septembre 2008, p. 85-115.

4   André Martel, « Question libyenne et fascisme (1919-1939) », dans André Nouschi (dir.), *La Méditerranée de 1919 à 1939*, Nice, Publications de la Faculté des Lettres et Sciences humaines de Nice, 1969, p. 61.

5   À la fin du XIXe siècle, la Libye abritait environ 8 000 Juifs, chiffre qui atteignit environ 20 000 dans l'entre-deux-guerres.

6   Sur tous ces aspects, Daniel J. Grange, *L'Italie et la Méditerranée (1896-1911) : les fondements d'une politique étrangère*, Rome, École française de Rome, 1994, p. 500-503 ; François Dumasy, *Ordonner et bâtir. Construction de l'espace urbain et ordre colonial à Tripoli pendant la colonisation italienne*, Thèse d'histoire sous la direction de Robert Ilbert, Université d'Aix-Marseille I, 2006, p. 420-421.

ou sur les discours ? Au début des années 1920, *L'Univers Israélite* citait
en ce sens un extrait du journal italien de Tunis *L'Unione*, duquel il ne
contestait pas ouvertement l'opinion :

> En hommage à la vérité, il faut dire tout de suite que durant les douze années
> de notre occupation la population israélite n'a jamais donné de graves pré-
> occupations aux autorités. La ville de Tripoli a passé des moments difficiles ;
> pendant la guerre européenne, les rebelles arabes étaient arrivés presque aux
> portes. Elle a été agitée après la guerre par des mouvements ouvriers, mais
> aucun des gouverneurs qui se succédèrent n'a jamais eu l'occasion d'avoir sa
> pensée attirée vers le quartier israélite, étant donné la tranquillité qui y a
> toujours régné, quelques inévitables disputes mises à part[1].

Nul n'était dupe de telles déclarations ; les « disputes », dont parlait
L'Unione, s'apparentaient à de violents heurts, nourris par une véritable
campagne antisémite que menaient les fascistes locaux. Il ne s'agissait
pas d'un antisémitisme très répandu, mais sa seule existence préoccupait les Israélites de France. *Paix et Droit*, qui publiait les extraits
d'un rapport rédigé par le Comité de l'Alliance israélite universelle
à Tripoli, jetait un regard tout différent de celui susmentionné sur
la réalité et insistait sur la dégradation survenue après le tournant
fasciste de 1922 :

> Il est incontestable que les relations cordiales qui existaient entre la colonie
> italienne et la population juive depuis l'occupation de la Tripolitaine ont
> été gravement troublées après l'avènement du parti fasciste au pouvoir. [...]
> Au fur et à mesure que le gouvernement de M. Mussolini s'implantait dans
> la métropole, les dirigeants fascistes de cette ville [Tripoli] se montraient de
> plus en plus arrogants. Dans son journal hebdomadaire *Libia fascista* le parti
> fasciste menait campagne contre nos coreligionnaires[2].

Pourquoi les fascistes de Tripolitaine s'adonnaient-ils ainsi à la
haine du Juif ? Comment l'antisémitisme se manifestait-il en colonie
italienne ? Quelles en furent les conséquences ? Un événement, survenu
en 1923, fit éclater au grand jour la nature de cet antisémitisme :
les rixes entre Juifs et Italiens à Tripoli, auxquelles l'opinion juive
s'intéressa modérément.

---

1   *L'Unione*, 30 août 1923, cité dans « Les fascistes et l'antisémitisme en Tripolitaine », art. cit.
2   « Incidents à Tripoli », *Paix et Droit*, septembre 1923. Nous avons retrouvé la version
    originale de ce texte dans les Archives de l'Alliance israélite universelle, Libye I – C 26.
    Lettre de L. Loubaton, de Tripoli au Président de l'Alliance israélite universelle, 18 sep-
    tembre 1923.

LES INCIDENTS ANTISÉMITES DE 1923 : UN NON-ÉVÉNEMENT ?

Les incidents de 1923 s'inscrivaient dans un contexte déjà brûlant, et ce depuis 1922. Une série d'accrochages détériora l'atmosphère. Exemplaire était à ce titre l'arrestation du riche banquier israélite Eugenio Nahum, que les fascistes accusaient d'entretenir des rapports clandestins avec des rebelles en lutte contre les forces italiennes en Libye. De multiples passages à tabac émaillèrent l'instruction du procès qui se clôtura par une condamnation. Malgré l'acquittement final de Nahum, la méfiance s'instaurait entre juifs et fascistes, ce qui installa « dans les deux camps un état d'esprit fâcheux[1] ». Mais ce fut bien en 1923 que l'opposition entre les deux populations atteignit son paroxysme.

Quelques relations, rares mais très fournies et circonstanciées, des rixes de 1923 donnent une idée de l'opinion des Israélites français. Toutes reconnaissaient qu'à l'origine des échauffourées figurait une insignifiante altercation : « L'étincelle est partie d'un très modeste incident[2] ». En fait, au soir du 19 août 1923, deux soldats italiens passaient dans le quartier juif, la *Hara*. Soudain, « intentionnellement ou par mégarde[3] », l'un d'eux heurta l'étale d'un commerçant juif, Messaoud Halfon qui, selon les dires, lança une pierre à la tête de celui-ci qui, ayant voulu s'opposer à Halfon, fut assailli, ainsi que son ami, par plusieurs Juifs. Cet incident se mua en rixe généralisée, car les habitants de la *Hara* étaient accourus « en grand nombre et [...] entour[èrent], menaçants, les militaires pendant que d'autres Hébreux lançaient des pierres de loin[4] ». Vint alors à passer le fasciste Costante Buzzanca, assisté de soldats, plus tard rejoints par des carabiniers. Cinq Israélites furent blessés et vingt-cinq arrêtés[5]. Le lendemain s'organisa une véritable expédition punitive des fascistes contre les Juifs, « provocation inutile et dangereuse, car elle ne pouvait que surexciter ces derniers[6] ». En signe de protestation, les Israélites fermèrent leurs boutiques mais se virent intimer l'ordre de les rouvrir. Le 21 août, malgré les appels au calme lancés par les Israélites et les fascistes, de nouvelles échauffourées éclatèrent : Franz Cavarra,

---

1   *Cf. ibid.*

2   *L'Unione*, 30 août 1923, cité dans « Les fascistes et l'antisémitisme en Tripolitaine », *L'Univers Israélite*, 12 octobre 1923.

3   « Incidents à Tripoli », art. cit.

4   *L'Unione*, 30 août 1923, cité dans « Les fascistes et l'antisémitisme en Tripolitaine », art. cit.

5   Chiffre donné par Renzo De Felice, *Ebrei in un paese arabo. Gli ebrei nella Libia contemporanea tra colonialismo, nazionalismo e fascismo (1835-1970)*, Bologne, Il Mulino, 1978, p. 191.

6   « Incidents à Tripoli », art. cit.

un soldat italien, échangea des coups avec des bouchers du quartier juif qui lui assénèrent un coup de couteau dans la tête. Pris de panique, de nombreux Israélites prirent la fuite ; après enquête, certains furent retrouvés et arrêtés :

> Dans la Communauté régnait un vif mécontentement. On racontait que des abus scandaleux étaient commis de tous côtés : les détenus israélites étaient cruellement frappés, des fascistes rencontrant des juifs vêtus à l'indigène les forçaient à s'agenouiller et à baiser le sol, un soldat érythréen traversant Suk-el-Muchir flagellait des commerçants israélites de coups de cravache[1].

S'en suivaient des procès expéditifs : certains Juifs furent acquittés, d'autres emprisonnés pour de brèves périodes[2]. Mais la chaleur n'était pas retombée et lors de l'enterrement de Franz Cavarra, les escouades fascistes se multiplièrent. Un témoin, membre du comité de l'Alliance israélite universelle de Tripoli, donna son sentiment :

> Malheur au Juif vêtu à l'indigène qui, croisant les Chemises Noires sur la voie publique, passait auprès d'elles sans les saluer ! Un coup de poing brutalement décoché au visage le rappelait à l'ordre. On m'a signalé le cas de nombreux Israélites qui furent jetés à terre, roués de coups pour avoir contrevenu à cette injonction[3].

Et d'ajouter :

> L'indignation était générale, mais personne n'osait porter plainte auprès des autorités. Pris de panique, ces malheureux prirent finalement leur parti des vexations et, pleins de résignation, se décidèrent à plier l'échine : le salut obligatoire entra dans leurs habitudes et ils s'en acquittèrent ponctuellement, plusieurs même à la romaine[4] !

Plusieurs Israélites allèrent même jusqu'à demander à l'Alliance israélite universelle d'intercéder auprès des autorités françaises : mais, craignant que ce geste soit mal interprété, le comité de Tripoli s'y refusa et conseilla aux Israélites de se vêtir à l'européenne afin de moins attirer l'attention. Il est vrai que la marge de manœuvre de l'Alliance se révélait limitée ; l'Italie assurant officiellement la protection des Juifs, l'organisation de

---

1   *Ibid.*
2   Sur le déroulement des procès et la suite des événements, voir Renzo De Felice, *op. cit.*, p. 191-192.
3   AIU, Libye I – C 26. Lettre de L. Loubaton au Président de l'Alliance israélite universelle, le 22 octobre 1923 de Tripoli.
4   *Ibid.*

bienfaisance française ne pouvait se lancer véritablement sur le terrain de la défense des droits des Juifs et privilégia le domaine éducatif[1]. Au fil des jours, le calme finit par reprendre ses droits.

Rien n'y fit cependant : ni l'accueil chaleureux réservé au Duce par les Juifs de Tripoli en 1926[2], ni la permission d'entreprendre une colonisation agricole juive en Tripolitaine[3] n'atténuèrent le traumatisme des Israélites de Libye après les événements de 1922 et 1923, ce dont était consciente l'opinion juive française. De Tripoli, voici l'impression qui se dégageait :

> Le malaise était réel ; pour beaucoup d'Israélites, fascisme était devenu synonyme d'antijudaïsme, et il a suffi d'un fait insignifiant pour provoquer au milieu de la population juive de la *Hara*, en majorité encore inculte, cette explosion d'inimitié et de rancœur[4].

Aux yeux des Israélites français, il ne fallait toutefois pas dramatiser les événements à l'extrême ; quand les Juifs tripolitains se plaignirent de la manière fasciste de rendre la justice, un de leurs coreligionnaires français pondéra : « d'aucuns parlaient inconsidérément d'une récidive de l'affaire Dreyfus[5] ». Nier l'existence d'un courant antisémite parmi les fascistes et les Italiens de Tripolitaine aurait cependant constitué un gage certain de mauvaise foi : « il ne s'agit pas d'événements occasionnels, mais bien d'incidents faisant partie d'une sorte de ligne de conduite adoptée par la population italienne de Tripoli et que le fascisme a portée à son maximum », pensait *L'Univers Israélite*[6]. L'historiographie récente atteste de la véracité de telles observations : celle-ci met d'une part en relief la présence en Tripolitaine des éléments les plus extrémistes du fascisme, ainsi que d'Italiens glorifiant à l'envi la suprématie de l'italianité, ce qui se traduisait par l'adoption de comportements

---

1   Grégoire Kauffmann, Michael M. Laskier, Simon Schwarzfuchs, « Solidarité et défense des droits des juifs », dans André Kaspi (dir.), *Histoire de l'Alliance israélite universelle de 1860 à nos jours*, Paris, Armand Colin, 2010, p. 120.

2   « Le fascisme et les juifs », *L'Univers Israélite*, 14 mai 1926. Ce furent surtout les Juifs de nationalité italienne qui manifestèrent de la sympathie au Mussolini, non ceux que l'on qualifiait alors d' « indigènes ».

3   AIU, Libye I – C 27. Lettre du Comité de Tripoli au Président de l'Alliance israélite universelle à Paris, 29 octobre 1930.

4   « Incidents à Tripoli », art. cit.

5   AIU, Libye I – C 26. Lettre de L. Loubaton, de Tripoli, au Président de l'Alliance israélite universelle à Paris, 18 septembre 1923. Il est frappant de remarquer que ce fragment de la lettre ne fut pas reproduit dans la version publiée par *Paix et Droit*.

6   « Les fascistes et l'antisémitisme en Tripolitaine », art. cit.

belliqueux et discriminatoires. Un véritable courant antisémite, faible par le nombre mais vigoureux par sa violence, existait bel et bien en Libye[1]. D'autre part, et cela ne fait que nourrir les précédentes remarques, plusieurs historiens voient dans ces débordements antisémites la volonté de renforcer définitivement l'« ordre colonial » italien : les Juifs, perçus comme une communauté soudée pouvant opérer un contrepoids aux autorités fascistes, constituaient une entrave à l'uniformisation désirée par les Italiens ; c'est ce qu'a démontré François Dumasy[2].

De l'avis de tous à l'époque, le trouble s'était ainsi durablement installé, à tel point que nul ne pouvait augurer de l'avenir :

> Les israélites de Tripoli se demandent anxieusement ce que l'avenir leur réserve. Quelques-uns des plus importants songent très sérieusement à transporter leurs pénates dans des endroits moins troublés et où on ne les forcerait pas à chanter des hymnes de gratitude en l'honneur de leurs persécuteurs[3].

Une certaine stupéfaction frappait les Israélites français : la violence italienne contre les Juifs en Tripolitaine contrastait tant avec la bienveillance affichée ailleurs qu'il y avait nécessairement une explication valable. Plutôt que de chercher à y parvenir, les Juifs minimisèrent la situation et manifestèrent un désintérêt progressif. Après les quelques articles accordés à la situation en Libye, l'on ne trouva plus aucune allusion aux suites de l'événement. Tous voulaient croire à un rétablissement des bonnes relations, du moins en apparence. Les heurts ayant éclaté en Tunisie les rappelèrent à la réalité.

LES VICISSITUDES DES RELATIONS ENTRE JUIFS ET FASCISTES EN TUNISIE : INQUIÉTUDE ET INDIGNATION

L'appartenance de la Tunisie à l'Empire colonial français, le poids central de ce pays dans les relations franco-italiennes et la présence d'une

---

1   Michele Sarfatti, *Gli ebrei nell'Italia fascista. Vicende, identità, persecuzione* [2000], Turin, Einaudi, 2007, p. 65.

2   François Dumasy, *op. cit.*, p. 608. Selon François Dumasy, les Italiens entendaient affirmer la supériorité du colon fasciste en accentuant le clivage entre colons et colonisés. Or, certains Israélites – et c'était le cas d'Eugenio Nahum – appartenaient à une population proche des dominateurs, par leur rang social et leur haut niveau de culture italienne (p. 609).

3   *L'Afrique Française*, septembre 1923. Cité dans *L'Univers Israélite*, 12 octobre 1923.

forte population juive sur son sol firent que même si les débordements antisémites italiens semblaient moins graves que ceux ayant éclaté en Tripolitaine, l'on y accordait une attention toute aussi soutenue ; à cela s'ajoutait que la situation en Tunisie se distinguait par sa complexité.

LES JUIFS DE TUNISIE ENTRE FRANCE ET ITALIE

Contrairement à la Libye, la Tunisie n'était pas une possession, mais une revendication italienne, ce qui entraînait les éléments fascistes les plus extrémistes à adopter parfois une attitude hostile, notamment à l'endroit des Juifs. Les Israélites français se demandaient pourquoi les Juifs s'étaient attirés la vindicte des Italiens.

Le caractère double de la communauté juive de Tunisie pouvait être avancé comme facteur explicatif : les Juifs de Tunisie se décomposaient en une fraction d'« indigènes », estimée dans les années 1920 à environ 55 000, auxquels s'ajoutait un contingent de 10 000 « Européens[1] », dont 4 000 Italiens[2]. Or, une véritable compétition démographique divisait Français et Italiens, compétition qui tournait à l'avantage des seconds dans les années 1920, ce qui n'échappait pas aux Juifs, comme Élie Cohen-Hadria, représentant des socialistes français à Tunis, qui notait dans ses souvenirs :

> Les Français ne constituaient en Tunisie qu'une minorité. Que dis-je ? Ils ne constituaient même pas la majorité dans l'ensemble des colonies européennes. Quoique l'écart tendît progressivement à se réduire, les Français restaient encore en 1923 moins nombreux que les Italiens[3].

Dans ce contexte, les autorités italiennes s'interrogeaient : pouvaient-elles véritablement compter sur leurs ressortissants juifs ? Les Juifs de Tunisie, italiens ou non, seraient-ils avant tout fidèles à leur foi ou à leur nation ? De quel côté la communauté juive penchait-elle dans le conflit opposant les deux sœurs latines ? En fait, par sa composition même, cette communauté oscillait entre France et Italie.

Très intéressés par ce débat qui les concernait directement, les Israélites remarquaient qu'aucune réponse simple et définitive ne pouvait être apportée : une thèse de droit consacrée à la question fut même soutenue

---

1   « La population juive en Algérie, en Tunisie et au Maroc », *Paix et Droit*, mars 1927 ; « La population juive en Afrique du Nord française », *L'Avenir illustré*, 15 avril 1927.

2   Juliette Bessis, *La Méditerranée fasciste : l'Italie mussolinienne et la Tunisie*, Paris, Karthala, 1981, p. 190.

3   Élie Cohen-Hadria, *Du protectorat français à l'indépendance tunisienne : souvenirs d'un témoin socialiste*, Nice, Centre de la Méditerranée moderne et contemporaine, 1976, p. 33.

en 1925 par Raoul Darmon[1]. Il apparaissait que les Juifs « indigènes »
et leurs coreligionnaires italiens avaient autant de raisons de se rapprocher que de s'affronter. Ces deux branches du même arbre s'inspiraient
mutuellement attirance et rejet, d'autant que l'une penchait vers la
France, l'autre vers sa patrie, l'Italie. J. Vehel le notait en ces termes :
« Les Israélites dans la Régence [...] y constituent deux groupements
distincts, aux aspirations souvent différentes, et dont d'aucuns souhaitent
la fusion, alors que d'autres s'y opposent avec énergie[2] ». L'on analysait
en détail les différences qui les séparaient et les bases éventuelles sur
lesquelles elles se rapprocheraient. À tous, il apparaissait que de profonds
contrastes intellectuels, économiques et socioculturels éloignaient les
deux communautés : les Juifs « indigènes », les *Touansa*, dont une partie
s'était implantée en Tunisie antérieurement à l'islam, avant d'accueillir
diverses vagues migratoires en provenance de tout le bassin méditerranéen, vivaient, malgré d'éclatantes réussites individuelles, dans de
modestes conditions et faisaient partie, avant le protectorat, des sujets du
Bey avec le statut de *dhimmi*[3]. Il en allait tout autrement des Israélites
italiens, livournais plus particulièrement, les *Grana*, venus en Tunisie
aux XVIIIe et XIXe siècles : souvent de condition sociale élevée, ils étaient
citoyens italiens, non sujets beylicaux pour la plupart, et disposaient
d'un haut niveau de culture qui permit à plusieurs d'entre eux d'exercer
de hautes fonctions auprès de la régence beylicale, tout en défendant
les intérêts de la colonie italienne de toutes confessions. Cette élite rassemblait un grand nombre de « Juifs de Cour ». Très rapidement après
leur installation en Tunisie, ils firent montre d'un certain sentiment de
supériorité à l'égard de leurs coreligionnaires *touansa*, jugés esclaves de
leur archaïsme, comme l'affirmaient de nombreux témoignages : « Les
Livournais en affectant un air supérieur, un souci tenace de leur langue
et de leurs traditions, et surtout un esprit voltairien [...] déplu[rent] sou-
verainement à la pieuse population autochtone[4] ». Impression confirmée
plus tard par Élie Cohen-Hadria, qui parlait des *Grana* en ces termes :

> Leurs enfants fréquentaient les écoles italiennes ; leur langue maternelle était
> l'italien, et ils jouaient dans la colonie italienne un rôle très important. Ils

1   Raoul Darmon, *La Situation des cultes en Tunisie*, Thèse de droit, Paris, 1928.
2   J. Vehel, « Grana et Touannsa ou les deux communautés juives de Tunis », *Paix et Droit*,
     avril 1931.
3   Pour une analyse complète de ce statut qui fait débat parmi les historiens, Bernard Lewis,
     Juifs en terre d'Islam, Paris, Calmann-Lévy, 1986.
4   J. Vehel, art. cit.

étaient volontiers méprisants pour les Juifs tunisiens arriérés et arabisés, et pratiquaient assez strictement l'endogamie. La plupart n'étaient pas loin de considérer comme mésalliance le mariage d'un des leurs avec un Juif tunisien, même si ce Tunisien était instruit et cultivé[1].

En fait, c'était surtout au XIXe siècle que cet antagonisme, loin de s'estomper, s'était consolidé, et l'on assista à une acerbe concurrence des élites des deux communautés.

Malgré tout, au fil du temps, la situation avait connu une évolution, si bien que les cartes se brouillèrent. Certains Israélites français craignaient ainsi que le modèle livournais attirât les Juifs tunisiens en quête d'ascension sociale. Ceux des *Touansa* qui se désintéressaient de la religion, se sentaient proches des idées des Lumières et nourrissaient une fascination pour l'Occident, se montraient séduits par l'exemple incarné par leurs frères venus d'Italie[2]. Cela suffisait-il à faire passer une partie des Juifs tunisiens, des *Touansa*, dans la sphère d'influence de l'Italie ? Sur ce point, les Israélites français se voulaient rassurants : la France aussi disposait de nombreux moyens permettant d'assurer l'ascension sociale des Juifs autochtones et, ajoutait-on, il ne fallait pas sous-estimer la prégnance parmi eux des valeurs d'idéalisme et d'universalisme portées par la Révolution française. La formation, déjà amorcée, d'élites juives « indigènes » par la France prouvait la réussite du modèle républicain. Il faut souligner le rôle décisif de l'Alliance israélite universelle, dont le premier comité se créa à Tunis en 1864, bien avant la mise en place du protectorat français ; cette institution considérait l'instruction comme un instrument de liberté et contribua à asseoir la « francité », sinon juridique du moins culturelle en un sens, des *Touansa*. D'où le renforcement des antagonismes avec les *Grana* qui voyaient dans l'Alliance une entrave à la propagation de la culture et de la langue italiennes. Le groupe des pro-Français l'emporta nettement après 1881, ce qui plaça les Livournais à l'écart des hautes sphères coloniales[3]. Cette pénétration de la culture française était nettement perçue par les Juifs autochtones, tel Gilbert Chikly, plus tard installé en France qui, dans ses souvenirs, rend hommage à « l'œuvre immense de l'Alliance israélite universelle,

---

1   Élie Cohen-Hadria, *op. cit.*, p. 12.
2   Jacques Taëb, « Les Juifs livournais et la modernité occidentale », dans Denis Cohen-Tannoudji (dir), *Entre Orient et Occident : Juifs et Musulmans en Tunisie*, Paris, Éditions de l'éclat, 2007, p. 222. *Cf.* plus largement Benjamin Stora, « Les Juifs du Maghreb, entre passion d'Occident et désirs d'Orient », *Archives Juives*, n° 38/2, 2ᵉ semestre 2005, p. 4-6.
3   *Cf.* Claude Hagège, Bernard Zarca, « Les Juifs et la France en Tunisie : les bénéfices d'une relation triangulaire », *Le Mouvement Social*, n° 197, 2001, p. 15.

la fameuse AIU, apportant l'apprentissage du français, la civilisation en un mot[1] ». Ces propos montrent comment les Juifs indigènes se rapprochaient chaque jour un peu plus de la sphère française[2].

Quel autre parti que celui de la France les *Touansa* pouvaient-ils prendre, demandait-on parmi les Israélites français ? Envisager une acculturation massive avec les Juifs livournais semblait impossible ; il n'y avait donc pas de réel risque d'une attirance vers l'Italie, d'autant que, après l'avènement du fascisme et les revendications sur la Tunisie, les Juifs autochtones, craignaient, en cas de passage de souveraineté à l'Italie, de se voir dépasser par les *Grana* ; aussi Élie Cohen-Hadria, se rappelant son état d'esprit d'alors, notait : « Comment imaginer […] que, la France quittant la Tunisie, ce pays ne sombrerait pas dans l'anarchie pour devenir très vite la proie d'une autre puissance colonisatrice, et plus particulièrement de l'Italie fasciste[3] ? ». Malgré des relations globalement bonnes avec les Musulmans[4], ils ne pouvaient non plus épouser en masse les idéaux du nationalisme tunisien car certains craignaient de retourner à la condition de *dhimmis* en cas de création d'un État tunisien, et d'autres le jugeaient incompatible avec un autre nationalisme qui gagnait du terrain en Tunisie : le sionisme. La solution française paraissait la meilleure.

Rassurés, les Israélites français allaient plus loin et se demandaient s'il ne pouvait pas se produire un processus inattendu : l'attirance des Juifs livournais pour le modèle français après l'installation du fascisme[5]. Ce risque apparaissait d'ailleurs grand aux autorités fascistes qui déclenchèrent, au moment du tournant révisionniste de 1926, une vaste campagne d'antisémitisme en Tunisie. S'attaqueraient-ils seulement aux *Grana* ou s'en prendraient-ils à tous les enfants d'Israël ?

---

1   Gilbert Chikly, *Tunis, Goulette, Marsa : aux yeux du souvenir*, Montmorency, Éditions Gilbert Chikly, 1999, p. 37.

2   Clément Ouziel, « L'œuvre scolaire de l'"Alliance". La Communauté de Tunis et ses institutions. La situation politique », *Paix et Droit*, mai 1931.

3   Élie Cohen-Hadira, *op. cit.*, p. 68.

4   *Cf.* toutefois, « Les incidents de la Goulette », *Paix et Droit*, janvier 1921.

5   Comme le note Romain Rainero, cette tendance se confirma après 1933 : « Bien avant les lois de "défense de la race" d'août-septembre 1938, les presque 3 000 "grana" ou Juifs italiens savaient que leur survie n'était liée qu'à la présence de la France ». Romain H. Rainero, « Le gouvernement français et les Italiens de Tunisie (1938-1945) », dans Pierre Milza, Denis Peschanski (dir.), *Exils et migrations. Italiens et Espagnols en France, 1938-1946*, Paris, L'Harmattan, 1994, p. 167.

LA CAMPAGNE ANTISÉMITE ITALIENNE EN TUNISIE

Selon les Juifs français, leurs coreligionnaires de Tunisie étaient instrumentalisés par les fascistes dans le but d'alerter l'opinion internationale quant à leurs revendications sur ce pays. Si la question des rapports entre Juifs et fascistes occupa l'opinion juive pendant tout l'été 1926, la surface éditoriale afférente se révéla fort réduite, tout comme, peut-on penser, la portée de ces événements parmi les Israélites de France.

Le 25 juin 1926, *L'Univers Israélite* attirait l'attention de ses lecteurs sur une information :

> La presse fasciste d'Italie a ouvert une violente campagne contre les juifs italiens de Tunisie. [...] Le seul quotidien italien à Tunis, *Unione*, publie tous les jours des articles hostiles aux juifs, à la suite desquels de nombreux incidents ont lieu[1].

La raison ? Les Juifs seraient francs-maçons, antifascistes, ou cumulaient parfois les deux titres, et luttaient avec acharnement contre l'influence italienne dans le monde en général, en Tunisie en particulier. Une telle campagne semblait d'autant plus injuste et malvenue qu'elle était injustifiée. En août, le même journal notait : « Le malaise des Israélites italiens résidant en Tunisie s'aggrave ; ardemment attachés à l'Italie, ils ont donné assez de preuves de leurs sentiments patriotiques pour ne pas souffrir d'être l'objet d'attaques injustes et gratuites[2] ». Deux faits historiques venaient prouver cette assertion :

> En réalité, les juifs italiens de Tunisie sont neutres à l'égard des fascistes. [...] Il importe de signaler que les juifs italiens de Tunisie ont été toujours très loyaux à l'égard de l'Italie. Une grand nombre d'entre eux se sont distingués dans l'armée pendant la guerre. Nombre d'entre eux ont été tués et blessés[3].

En fait, si la seconde observation correspondait à une tendance exacte, il n'en allait pas de même pour la première ; les Israélites français commettaient plusieurs erreurs d'appréciation sur la situation en Tunisie. Parmi les Juifs livournais en effet, à côté de certains fascistes patentés, l'on trouvait un contingent, important bien que difficile à évaluer, qui manifestait de nombreuses réticences à l'égard du fascisme par

---

1   « Tunisie : les juifs italiens et la presse fasciste », *L'Univers Israélite*, 25 juin 1926.
2   « Tunisie : un duel entre M. Salvatore Calo et le directeur de l'"Unione" », *L'Univers Israélite*, 6 août 1926.
3   « Tunisie : les juifs italiens et la presse fasciste », art. cit.

idéal tout autant que parce que le sentiment était répandu que la nature totalitaire de ce régime risquait de nuire aux intérêts que les Juifs entretenaient à l'échelle de leur communauté : le totalitarisme paraissait antagoniste avec le maintien des privilèges des minorités[1]. Autre méprise : les Israélites français, contrairement à leur habitude, amplifiaient l'importance véritable de ces incidents ; à l'exception d'une allusion[2], ils négligeaient le philosémitisme des Italiens non juifs, du moins ceux qui n'appartenaient pas aux organisations fascistes. Les Israélites insistèrent longuement sur les démissions présentées par leurs coreligionnaires à la Chambre de Commerce de Tunis, sur le duel entre Salvatore Calo, président de la Communauté juive livournaise de Tunis, et Di Vittorio, le directeur de *L'Unione*[3], mais ils ne signalaient pas que, dans ce même journal, le Docteur Brignone, qui craignait les retombées de la campagne antimaçonnique, avait critiqué avec virulence le déchaînement antisémite de la presse italienne[4]. Peut-être la distance géographique qui les séparait des événements doit-elle endosser la responsabilité de cette déformation. L'opinion juive percevait en revanche très bien les conséquences qu'entraînaient de tels incidents à long terme[5]. La plus importante était la redéfinition des contours de la communauté juive tunisienne : les clivages se détendaient entre *Grana* et *Touansa* et nombre des premiers demandèrent, le fait était notable par le symbole qu'il revêtait, la nationalité française, sans que l'on sache en quelles proportions. Corollaire de ce phénomène, l'antifascisme gagna une part non négligeable et croissante des Israélites livournais. À cette première conséquence s'ajouta la méfiance des Juifs autochtones vis-à-vis de l'Italie fasciste : certes, ils n'avaient pas été les cibles directes des campagnes menées par les journaux fascistes, mais ils étaient juifs et se sentaient solidaires de leurs frères malmenés. Si bien que le rapprochement entre *Grana* et *Touansa* s'opéra au détriment des intérêts italiens. Malgré l'absence d'indices allant dans ce sens, l'on peut avancer avec prudence que le mouvement d'attraction de certains Juifs tunisiens vers le modèle livournais était en passe de s'éteindre.

1   Juliette Bessis, *op. cit.*, p. 190.

2   *L'Univers Israélite*, 25 juin 1926.

3   *Cf.* « Tunisie : un duel entre M. Salvatore Calo et le directeur de l'"Unione" », art. cit.

4   *L'Unione*, 4 juin 1926. Cet article constituait une réponse à la campagne menée par le *Legionario* en janvier 1926, journal soutenu par le *Popolo d'Italia* et le *Giornale di Genova*. Paradoxalement, les Israélites français surestimaient l'importance de la vague antisémite en Tunisie mais ne saisissaient pas son étendue dans la presse.

5   *L'Univers Israélite*, 25 juin 1926.

Mussolini était-il à l'origine de l'action de ses sbires de Tunisie ?
Pouvait-il envisager de pareilles conséquences et les désirait-il ? Les
Israélites français répondaient par la négative et soulignaient bien la
différence entre les fascistes locaux et le gouvernement du *Duce*. Selon
Hippolyte Prague, « quoi qu'en dise le *Duce*, [le fascisme] a des tendances
antisémites, dont on trouve l'expression violente dans certains organes de
la presse italienne[1] ». Si les fascistes de Tunisie n'étaient en rien le bras
de Mussolini, il fallait en revanche que ce dernier muselât davantage les
éléments les plus violents de son mouvement. Les déclarations apaisantes
faites aux représentants de la communauté juive de Tunisie[2] corroboraient
de pareilles affirmations : il fallait voir dans les événements de Tunis
une exception localisée, à découpler de la politique juive poursuivie
par l'Italie en général. Il n'en demeurait pas moins que l'ensemble de
la judaïcité de Tunisie, « indigènes » et italiens confondus, ressentait
ces démonstrations de haine comme de graves manifestations portant
atteinte à leur condition : le centre de gravité du judaïsme tunisien se
déplaçait significativement vers le pôle français. Les Israélites français
en prenaient acte.

Point de doute aux yeux des Israélites français : l'Afrique du Nord
était bien trop éloignée des centres de décision fascistes pour que les
débordements antisémites qui s'y déroulèrent parussent directement
inspirés par le gouvernement de Mussolini ; l'hostilité aux Israélites
dans cette région ne constituait en rien l'application préparatoire d'une
politique future mais était le fait de la mauvaise humeur des éléments
les plus agités du fascisme qui instrumentalisaient la question juive pour
attirer l'attention sur leurs revendications, estimait-on. Ces événements
semblaient circonscrits, dans le temps comme dans l'espace ; sans doute
cela expliquait-il le peu d'intérêt qu'on leur accorda. Que Mussolini ne les
réprimât pas clairement ne manquait cependant pas de faire réfléchir les
Juifs français ; le retour au calme mit fin aux questionnements : furtive,
l'opinion tournait ses regards vers d'autres théâtres, qui lui paraissaient
plus décisifs. Il est frappant de remarquer qu'au fil du temps, l'analyse des
Juifs de France s'affina et gagna en nuances : loin de passer sous silence
l'antisémitisme en Afrique du Nord – pour éviter que l'on critiquât
l'Italie par exemple – l'on entendait démontrer, une fois l'indignation
initiale dissipée, l'absence de liens entre la politique méditerranéenne de

---

1   Hippolyte Prague, « Israël et le pacifisme », *Archives Israélites*, 27 novembre 1930.
2   « Tunisie : les Israélites italiens et la presse fasciste », *L'Univers Israélite*, 23 juillet 1926.

l'Italie à l'égard du judaïsme, et les écarts auxquels s'adonnaient certains Italiens çà ou là. De plus en plus, l'on percevait les différents rouages de l'État fasciste, ses strates variées ; la connaissance du voisin transalpin s'aiguisait. Les Israélites commençaient à s'éloigner des images figées, des interprétations préconçues. L'avènement d'Hitler au pouvoir mit fin à la progression de la réflexion : il fallait, pour beaucoup, montrer que l'Italie n'était pas l'Allemagne, quitte à taire certains aspects ou à orienter volontairement les analyses : l'observation empirique devait le céder à l'idéologie.

CONCLUSION DE LA DEUXIÈME PARTIE

Comparés à d'autres communautés juives, qui attendirent souvent les années 1930 pour s'intéresser réellement à l'Italie fasciste, les Israélites français se focalisèrent rapidement et profondément sur l'évolution de la situation transalpine[1]. Replacé dans l'ensemble des préoccupations de l'opinion juive, le cas de l'Italie n'occupait toutefois qu'une place secondaire, comme en témoignent le caractère inachevé de certaines analyses, ou, phénomène classique, l'aspect contradictoire de diverses prises de position. Autant d'éléments qui font douter *a priori* de l'existence d'une cohérence d'ensemble. Une observation minutieuse permet pourtant de franchir cet obstacle.

Il est en effet essentiel de saisir le moteur de toutes les analyses de l'époque : toute opinion ou prise de position était autant, sinon plus, dictée par la judéité que par l'appartenance à la nation française, constat contraire à ce que prétendaient pourtant les Israélites. Gardons-nous immédiatement de toute ambiguïté : il serait faux – et intellectuellement grave – de soutenir pour autant qu'en l'espèce la judéité entrait en opposition avec la francité et donc d'en conclure à une faiblesse du patriotisme des Juifs français qui auraient fait primer leurs intérêts confessionnels, alors même que ce patriotisme était à son apogée dans les années 1920. Disons seulement que les intérêts communautaires occupaient souvent une place de fait plus importante que ce que l'on voulait bien affirmer. Sinon, comment expliquer que l'opinion juive française, alors qu'elle relevait des zones d'ombre dans l'attitude transalpine, manifestât un si vaste consensus à l'égard de l'Italie ? L'attitude positive de cette dernière à destination du monde juif suffisait à justifier les opinions favorables. En revanche, si l'Italie agissait négativement dans un champ ne concernant pas directement la question juive, cela était relégué à un second plan.

Plusieurs paramètres, autres que l'attitude italienne, contribuent en outre à expliquer l'impression d'un consensus d'ampleur : la place

---

1   Pour une comparaison, par exemple avec les États-Unis, voir John P. Diggins, *Mussolini and Fascism. The View from America*, Princeton, Princeton University Press, 1972, p. 202.

écrasante de *L'Univers Israélite* parmi les vecteurs de l'opinion juive constitue un premier élément, car ce journal était sans doute le plus favorable à l'Italie. Il ne se trouvait guère encore dans les années 1920 d'organe présentant une vision dissidente sur ce sujet. À cela s'ajoute que, dans le climat apaisé de l'après-guerre, il était inutile de trop insister sur les travers de l'Italie et de réveiller les vieux démons, de peur de s'aliéner un ami d'Israël. L'on préférait s'en tenir à une vision traditionnelle, ce qui amène à dire que, relativement aux sujets touchant à l'Italie, les Israélites constituaient une opinion passive.

La question de la perception de l'Italie par les Juifs français permet de bien saisir l'état d'esprit général qui prévalait avant l'avènement d'Hitler. Car, après 1933, l'opinion des Israélites français à l'égard de la sœur latine évolua : l'on entrait dans une époque tourmentée, où le moment nazi faisait passer l'Italie au premier plan des préoccupations internationales. Tout cela entraîna des répercussions à l'intérieur même du judaïsme : les difficultés internes croissantes brisèrent le consensus. L'on ne pouvait plus réagir passivement. Cette métamorphose rapide de l'opinion juive sur la question italienne constituait un révélateur du changement d'ère qui se profilait. Acteurs de cette mutation, les Juifs français n'en prirent pourtant pas, lors des trois années décisives s'étalant de 1933 à 1935, la réelle mesure.

TROISIÈME PARTIE

LES TROIS DÉCISIVES

LE TOURNANT INCONSCIENT
DES ANNÉES 1933-1935

Avec les années 1930, le judaïsme français entra dans l'une des périodes les plus sombres de son histoire. Aux crises économiques et politiques internationales, dont les Juifs ressentirent les effets au même titre que leurs compatriotes de tous horizons, se greffèrent des troubles internes liés à la question de l'immigration, aux querelles entre instances communautaires et, surtout, à l'antisémitisme, qui gagna des couches toujours plus nombreuses de la société française.

Dans ces conditions, les clivages entre les différentes tendances de la judaïcité s'accusèrent. Toute question fournissait l'occasion de joutes parfois violentes ; chacun restait cramponné derrière ses postulats idéologiques et la question italienne n'y fit pas défaut. On comprend qu'après l'avènement d'Hitler, émule de Mussolini, l'horizon transalpin fût scruté de manière plus intense qu'auparavant par l'opinion juive. L'interrogation habitant tous les esprits visait à savoir quelle serait l'attitude future de l'Italie : le bellicisme et l'antisémitisme, qui rapprocheraient Italie et Allemagne, ou, comme dans la décennie précédente, principalement le philosémitisme et le pacifisme, lesquels maintiendraient l'Italie aux côtés des démocraties ? On devine sans mal que, dans le nouveau contexte des années 1930, les divisions s'accrurent sur cette question. Le débat faisait d'autant plus rage que l'opinion juive s'étoffa et gagna en pluralisme avec l'accueil d'un organe antifasciste, *Le Droit de Vivre*, tenu par la Ligue internationale contre l'antisémitisme (LICA), et que les intellectuels investirent plus qu'auparavant le devant de la scène.

Ce fut précisément entre 1933 et 1935 que l'affrontement atteignit son plus haut niveau. Entre la montée du nazisme et la guerre d'Éthiopie, l'on vivait une époque charnière où l'on sentait bien que les images d'Épinal sur l'Italie devaient être toilettées, mais où la sœur latine continuait à user d'un double langage, à grand renfort de propagande. Si bien que distinguer les arcanes de l'attitude italienne à l'égard des fascismes étrangers et surtout à l'égard des Juifs réclamait un effort intellectuel certain. Cela se traduisait par une inflation des écrits sur l'Italie, la presse en étant l'exemple le plus éloquent. Un tel enrichissement du *corpus* permet de nuancer la réflexion. Faut-il lire ces débats à la seule lumière des tensions internes au judaïsme ou peut-on au contraire y déceler les germes d'un état d'esprit nouveau relativement aux questions internationales ? Pour avoir une vision fine de l'époque, il convient de distinguer les paroles des actes.

UN RÉVÉLATEUR DES MUTATIONS
DU TEMPS POUR L'OPINION JUIVE :
LES RELATIONS ENTRE FASCISME ITALIEN
ET FASCISMES ÉTRANGERS

> Nous traversons l'ère des tyrannies. Et ce qui fait la force de ces régimes, c'est qu'ils sont aidés, dans ce qu'il reste de pays démocratiques, par les sympathies secrètes des partis conservateurs d'une part, et, d'autre part, par le pacifisme des partis populaires.

Telle était la réflexion que l'observation de l'Europe en 1935 inspirait à Élie Halévy dans une lettre à son cousin René Berthelot[1].

Si l'on applique ces réflexions à l'attitude des Israélites français, force est de reconnaître que les sympathies des conservateurs à l'égard de l'Italie n'étaient pas secrètes, mais ouvertes jusqu'en 1933. L'arrivée de la Ligue internationale contre l'antisémitisme (LICA), fondée en 1928 et qui publia un journal à partir de 1932, risquait à coup sûr de ternir l'image de l'Italie. Les antifascistes de la LICA parvinrent-ils cependant à véritablement faire ployer le consensus ? Leur combat ne courait-il pas le péril d'être enserré entre le conservatisme et le pacifisme décrits par Élie Halévy, valeurs fort répandues parmi les Israélites ?

Observant la mutation de la donne géopolitique européenne, les Juifs de France prenaient acte de ce que plusieurs régimes, à commencer par celui d'Hitler, se réclamaient du fascisme et s'adonnaient presque toujours à l'antisémitisme. Il importait donc de repérer quels liens ces dictatures entretenaient avec leur modèle, le régime fasciste italien. L'on se demandait s'il y avait une simple copie du mouvement mussolinien, ou si ce dernier entretenait des rapports intimes avec ses disciples. L'analyse était poussée jusqu'aux mouvements fascistes qui naissaient dans les démocraties. À ce titre, la France pouvait constituer un terrain d'observation privilégié. Aux yeux de tous, à gauche comme à droite, il

---

1   Élie Halévy, Lettre à René Berthelot, le 8 août 1935 de Sucy-en-Brie, in *Correspondance, 1891-1937*, textes réunis et présentés par Henriette Guy-Loë et annotés par Monique Canto-Sperber, Vincent Duclert et Henriette Guy-Loë, Paris, Éd. de Fallois, 1996, p. 730.

était possible de mieux cerner les intentions de l'Italie des années 1930 à l'aune de son action à l'égard des fascismes européens. Encore fallait-il distinguer les faits clairement établis de ceux véhiculés par la propagande.

Une précision préalable s'impose : dans la France des années 1930, le vocable de « fascisme » désignait souvent, principalement à gauche, tout mouvement conservateur, quelle que fût sa nature exacte[1]. Il sera donc intéressant de voir si les Israélites français assimilaient tous les mouvements qu'ils qualifiaient de « fascistes » au fascisme italien.

LE POIDS DES DISCOURS : « VERS L'INTERNATIONALE FASCISTE[2] » ?

Avant de s'intéresser à la question du fascisme en France, les Israélites français se montraient soucieux d'analyser en détail les caractères de la contagion fasciste à l'échelle européenne. Une question servait de fil conducteur aux débats : Mussolini avait-il souhaité cette prolifération d'imitations, avait-il contribué à leur installation au pouvoir, ce qui paraissait sujet à caution si on se souvenait de ses réticences à envisager le fascisme comme « article d'exportation », ou s'était-il contenté de récupérer à son profit une situation qui servait les intérêts de l'Italie ?

INTERNATIONALE FASCISTE ET QUESTION JUIVE

En octobre 1932, lors des cérémonies célébrant le dixième anniversaire de la Marche sur Rome, le Duce annonça : « Dans dix ans, l'Europe sera fasciste ou fascisée[3] ». En dépit de l'aspect péremptoire de pareilles affirmations, il semble que celles-ci ne traduisaient pas un plan clairement établi pour l'avenir de l'Europe. Contrairement à l'Allemagne, l'Italie n'avait pas de réelle vision du futur à long terme et n'entrevoyait que de manière très floue le nouvel ordre européen, thème dont elle pétrissait pourtant

---

1   Voir Gilles Vergnon, *L'Antifascisme en France de Mussolini à Le Pen*, Rennes, Presses universitaires de Rennes, 2009 ; voir aussi Damon Mayaffre, « La construction du sens en politique : le cas de *"fascisme"* dans le discours politique français des années 30 », *Cahiers de la Méditerranée*, n° 61, décembre 2000, p. 206.

2   D'après le titre du livre-programme d'Asvero Gravelli, *Verso l'Internazionale fascista*, Rome, Nuova Europa, 1932.

3   Cité par Jean Guiffan, *Histoire de l'Europe au XXᵉ siècle* ; t. 2 : *1918-1945*, Bruxelles, Complexe, 1995, p. 142.

sa propagande[1]. De manière générale, les Israélites français percevaient bien la part d'artifice revêtue par les discours italiens ; Mussolini, que l'on avait qualifié dans les années 1920 de Janus ne sachant pas lui-même où le menait sa politique, n'avait pas pu soudainement se muer en un fin calculateur ayant mis au point un programme de fascisation à long terme de l'Europe ciselé dans les moindres détails. En revanche, nombreux étaient ceux qui se demandaient si la prolifération de régimes s'inspirant de près ou de loin du fascisme italien ne risquait pas de créer une dynamique soudée par des valeurs communes. Daniel Halévy fut l'un des premiers à se pencher sur la possibilité d'une convergence des fascismes :

> Il faut se souvenir que les partis nazis, fascistes, sont tous deux animés d'un violent esprit raciste, impérialiste. Une conjonction d'impérialismes, de racismes, va-t-elle sauver l'Europe ruinée par ses divisions, produire une nouvelle Europe[2] ?

Si l'opinion d'Halévy constitue l'exemple d'une réflexion poussée et aboutie[3], le jugement que le reste des Israélites formulait concernant la nature de la poussée fasciste en Europe demeurait à un stade embryonnaire. Comme Halévy, mais bien plus tard, ils ne cachaient pas leurs inquiétudes devant le caractère antisémite des mouvements et régimes se déclarant fascistes[4]. Il n'en demeurait pas moins que, de même que dans les années 1920, la majorité de l'opinion juive française restait fidèle à ses positions traditionnelles au début des années 1930 : Mussolini avait toujours répété que le fascisme n'était pas un article d'exportation, que les *fasci* créés par l'Italie à l'extérieur avaient pour but de maintenir intact le sentiment national des Italiens et de contrer l'antifascisme ; ils n'œuvraient en aucun cas à prendre le pouvoir. Quant à l'argument massue, les Juifs le répétaient à l'envi : l'Italie étant indemne de tout racisme – affirmation de plus en plus nuancée toutefois comme on le verra –, elle ne pouvait s'allier à d'autres fascistes sur une base raciste ; les valeurs que le fascisme italien et ses épigones défendaient divergeaient plus qu'elles ne se retrouvaient, semblait-il.

---

1 Sur ce point, voir l'article pionnier de Pierre Milza, « Le fascisme italien et la vision du futur », *Vingtième Siècle*, n° 1, janvier 1984, p. 54.
2 Daniel Halévy, *Courrier d'Europe*, Paris, Grasset, 1933, p. 294.
3 Sébastien Laurent a toutefois montré que Daniel Halévy n'avait pas une vision systématique et achevée du phénomène fasciste, en tant que régime, même s'il en avait décélé certains traits saillants : *Daniel Halévy. Du libéralisme au traditionalisme*, Paris, Grasset, 2001, p. 361.
4 *Cf.* à titre d'exemple, *Archives Israélites*, 22 août 1935.

Les frémissements d'une remise en question de ces idées se firent sentir autour de l'année 1934, où les Juifs craignirent la victoire des fascistes en France : ce fut à ce moment que le *Minculpop*, récemment repris par Ciano, mit en place les *Comitati d'azione per l'universalità di Roma* (CAUR), véritables succursales de l'*Istituto per l'universalità di Roma*, situé dans la capitale italienne. La fondation de ce réseau constituait l'aboutissement d'une tendance amorcée dès l'extrême fin des années 1920 avec la création de la revue *Antieuropa*, qui critiquait vertement les démocraties incapables de résister à la crise. Se présentant comme une troisième voie entre capitalisme et socialisme, le fascisme se considérait comme le seul à pouvoir apporter des remèdes aux maux de l'Europe et renforçait de manière significative son appareil de propagande[1]. Dès mars 1934, *L'Univers Israélite* annonça « la formation à Rome d'une association ayant pour but de propager dans le monde les principes directeurs du fascisme italien[2] » et s'empressa d'ajouter que, d'après les déclarations faites par Eugenio Coselschi, président de l'*Istituto per l'universalità di Roma*, à l'Agence télégraphique juive, les principes sous-tendant la nouvelle organisation n'auguraient en rien une dégradation des rapports entre judaïsme et fascisme. De fait, les Israélites français, loin de fouiller en profondeur leur étude des CAUR, se focalisaient sur un seule et unique question : la création de l'« Internationale » fasciste risquait-elle de modifier, du fait de calculs stratégiques, l'attitude de l'Italie à l'égard du monde juif ? Le modèle italien tolérant se plierait-il à ses disciples racistes ? Les craintes se faisaient de plus en plus vives.

Un événement permit de distinguer plus clairement les caractères de la nouvelle union des fascistes : le Congrès de Montreux, en Suisse, qui se tint à l'initiative de l'Italie les 16 et 17 décembre 1934.

L'ÉPISODE DE MONTREUX

Cette réunion réunissait les délégués de seize partis et mouvements européens fascistes ou d'extrême droite, à l'exception notable du parti nazi et de la *British Union of fascists* dirigée par Oswald Mosley[3]. Comme

---

1   Sur tout cela, Max Gallo, *Contribution à l'étude des méthodes et des résultats de la propagande et de l'information de l'Italie fasciste dans l'immédiat-avant-guerre, 1933-1939*, Thèse de 3ᵉ cycle d'histoire sous la direction d'André Nouschi, Université de Nice, 1968, p. 87-89. *Cf.* également Marco Cuzzi, *L'Internazionale delle camicie nere. I CAUR (1933-1939)*, Milan, Mursia, 2005.

2   « Le fascisme et les Juifs », *L'Univers Israélite*, 16 mars 1934.

3   *Cf.* « Le Congrès fasciste », *L'Univers Israélite*, 28 décembre 1934. Ce journal donna en détail les noms des participants au congrès, à quelques omissions près ; il y avait en fait :

l'écrit Max Gallo prenant acte de la brève durée de la rencontre, cette dernière « se situe davantage sur le plan de la propagande que sur celui de la réelle efficacité même si c'est la recherche de cette dernière qui l'explique[1] ». Il faut croire que, malgré l'aspect confus des conclusions auxquelles aboutit le congrès, les Juifs français surestimèrent l'importance de l'événement et servirent malgré eux la propagande fasciste en donnant à un congrès de portée limitée un large écho, car la question juive fut abordée pendant les travaux. Relativement au judaïsme, l'ambiguïté caractérisait d'ailleurs l'ensemble des prises de position : tout en dénon-çant l'action néfaste des Juifs, qui se distinguaient selon eux par leur antifascisme, les fascistes reconnurent qu'il ne fallait en rien lancer une campagne de haine contre Israël, ce qui permettait de se démarquer des options allemandes ; mais chaque pays étant souverain et libre de mener sa propre politique, il n'était pas du ressort du congrès d'en appeler à l'arrêt des persécutions antijuives dans les pays qui en étaient le théâtre[2]. Le caractère flou des motions votées permettait à chaque tendance de l'opinion juive de ne retenir que les aspects confortant ses propres idées. Ainsi, *L'Univers Israélite* adopta une position peu claire : soulignant que le congrès refusa de condamner les agissements antisémites de certains fascistes[3] et adopta une « résolution nettement antijuive[4] », le journal conservateur tempérait en soulignant que les participants tinrent à se démarquer nettement du nazisme ; la vision du fascisme italien l'avait emporté : « La conférence de Montreux, dont les décisions sont conformes aux principes du fascisme italien, a rejeté dans sa résolution relative à la question juive toute idée de persécution antijuive sur la base du principe racial[5] ». Les déclarations hostiles à l'antisémitisme faites par nombre de représentants fascistes, en parti-culier le général grec Mercouris, devaient rassurer et montrer qu'aucun changement de cap ne se profilait dans le comportement italien, même

---

Eugenio Coselschi pour l'Italie, Marcel Bucard, représentant du Francisme, Mercouris pour le parti national-socialiste grec, le général O'Duffy, au nom des Chemises bleues irlandaises, Quisling, du parti nationaliste norvégien, Tomosciaitis pour la Lituanie, Arnold Mejier, du parti fasciste hollandais, le syndicaliste national portugais Eca de Queiroz, Rinaldini, au nom des *Heimwehren* autrichiens, Hoornaert et Sommerville pour la Belgique, Clausen et Schmidt pour le Danemark, Essen, représentant de l'Union nationale des Jeunes de Suède, Fonjalaz, du fascisme suisse, et Motza, délégué de la Garde de fer de Codreanu.

1   Max Gallo, *op. cit.*, p. 92.
2   *Ibid.*
3   « Au Congrès fasciste de Montreux », *L'Univers Israélite*, 21 décembre 1934.
4   « Le Congrès fasciste », art. cit.
5   « Après le Congrès fasciste », *L'Univers Israélite*, 4 janvier 1935.

si les ambiguïtés de ce dernier paraissaient de plus en plus criantes[1]. La réaction des progressistes, qui ne se satisfaisaient pas de l'équilibre recherché par leurs coreligionnaires conservateurs, éclata sans tarder : dans un registre plus virulent, les Israélites les plus à gauche entendaient montrer que le danger était réel. *Le Journal Juif* estimait que les motions adoptées par le Congrès de Montreux constituaient une manifestation de « bêtise triomphante[2] » ; il fallait oser riposter à l'antisémitisme. À la LICA, l'intransigeance était de mise et l'on entendait rompre avec le ton mesuré qu'adoptaient d'ordinaire les Israélites français dans leur réaction : le rassemblement des fascistes n'avait fait que mettre davantage en relief le double jeu auquel se livraient les fascistes – remarquons d'ailleurs que la LICA parlait davantage de « fascistes » et de « fascismes » que de l'Italie fasciste nommément. Selon les ligueurs, si les déclarations du congrès furent bridées par un impératif de modération, cela provenait de la seule volonté italienne de ne pas s'aliéner les démocraties et le monde juif. Intrinsèquement, l'antisémitisme était l'un des constituants de tous les mouvements fascistes présents, notait Jean Emsey :

> Il y a bien des façons d'être antisémite. Celui qui affiche partout son antisé-
> mitisme et le met ouvertement en application, et celui qui, tout en protestant
> de la pureté de ses sentiments, le professe hypocritement, sont, sans conteste,
> aux deux pôles du mouvement.
> Lequel est le moins antipathique ? À vous de le dire[3].

Plus qu'auparavant, la question juive s'insérait dans les grands débats politiques du temps : il n'était plus possible, comme dans les années 1920, d'analyser les problèmes italiens – et internationaux – en s'intéressant d'abord à la situation générale de l'Italie, puis, dans un second temps, à son attitude à l'égard d'Israël ; en d'autres termes, l'on ne pouvait plus réagir d'abord en tant que Français, puis en tant que Juif. Si bien que la judéité prit une place décisive dans les réactions à la politique transalpine. Ainsi, c'était par le biais du thème de l'antisémitisme que l'on s'interrogeait sur les buts de l'Italie relativement à la création d'une Internationale fasciste. Que les délégués italiens eussent arrêté l'élan des plus antisémites des fascistes contribuait à nuancer le diagnostic dressé

---

1 *Ibid.*
2 F. Gattegno, *Le Journal Juif*, 28 décembre 1934. Cité par Ralph Schor, *L'Antisémitisme en France pendant les années trente*, Bruxelles, Complexe, 1992, p. 240.
3 Jean Emsey, « Ceux qui ne sont pas ce qu'ils sont : le Congrès international de Montreux camoufle son antisémitisme », *Le Droit de Vivre*, janvier 1935. Marcel Bucard était particulièrement visé.

par la majorité de l'opinion juive : dans l'ensemble, l'on pensait que les hiérarques fascistes versaient parfois dans un simulacre d'antisémitisme pour donner des gages aux mouvements les plus extrémistes car il apparaissait de plus en plus clair que l'Italie voulait ériger une Internationale servant ses intérêts. Mais jusqu'où les Transalpins iraient-ils pour mener leur entreprise à bien ? Pour le savoir, il convenait d'analyser les rapports entretenus par le fascisme italien et ses épigones dans chaque pays européen.

L'ÉPREUVE DE LA RÉALITÉ : UNE INTERNATIONALE « INTROUVABLE »

Les Israélites français ne dressaient généralement pas un tableau exhaustif de l'Europe fasciste mais ils s'attardaient seulement sur quelques pays, les plus importants et les plus représentatifs. Pour déterminer s'il existait un lien véritable entre le fascisme italien et les groupements fascistes étrangers, la majorité de l'opinion juive se cantonnait à déterminer si ceux-ci avaient une position commune sur la question juive. Une telle posture n'induisait-elle cependant pas une vision tronquée de la réalité ?

UNE BONNE RELATION INQUIÉTANTE : MUSSOLINI ET HITLER

Un pan important de la production de l'époque se rapportait aux rapports entre le fascisme italien et le nazisme, dont le chef, Hitler, ne fit jamais mystère de l'admiration qu'il nourrissait à l'égard du Duce. Pour autant, si ce dernier voyait dans l'avènement du nazisme l'illustration de la progression des idées fascistes en Europe, il conserva dans les premiers temps une certaine réserve à l'égard de son homologue allemand[1]. Nombre d'Israélites français voyaient dans le racisme nazi la principale pomme de discorde entre l'Allemagne et l'Italie. Une différence de nature semblait séparer le mouvement de Mussolini de celui d'Hitler, image

---

1   Sur les signes de sympathie et de méfiance envoyés par l'Italie, *cf.* Wolfgang Schieder, « Fascismo e nazionalsocialismo nei primi anni trenta », dans Angelo Del Boca, Massimo Legnani (a cura di), *Il Regime fascista : storia e storiografia*, Rome-Bari, Laterza, 1995, notamment p. 45 *sqq.* ; Arianna Montanari, « Fascisme et nazisme », dans Jean-Noël Jeanneney (dir.), *Une Idée fausse est un fait vrai. Les stéréotypes nationaux en Europe*, Paris, Odile Jacob, 2000, p. 87-101.

qu'une grande partie de l'opinion juive élevait au rang de *doxa* indiscutable : en octobre 1932, avant même l'accession d'Hitler au pouvoir, *L'Univers Israélite* notait que « les tentatives faites par les hitlériens en vue d'un rapprochement avec les fascistes italiens sont vaines[1] ». Fait notable, même la LICA se rangeait à l'avis des conservateurs et notait que fascisme et nazisme « ne sont nullement de la même essence ». Elle ajoutait que cela ne faisait pas l'ombre d'un doute aux yeux du monde entier : « L'opinion universelle d'ailleurs ne s'y trompe pas ; et elle a adopté envers l'Italie mussolinienne et l'Allemagne hitlérienne deux attitudes tout à fait différentes[2] ».

Cette observation semblait pourtant contraire à la réalité car, à l'intérieur même du judaïsme, il se trouvait des voies discordantes pour clamer que les convergences entre fascisme et nazisme l'emportaient nettement sur les différences : B. Colombo, lecteur de *L'Univers Israélite* s'inscrivit ainsi en faux contre les positions du journal et réclama que l'on publiât sa vision des faits ; il annonçait sans détour : « L'Italie de Mussolini n'est pas "sur le point de rompre", comme le voudraient certains journaux juifs, avec Hitler[3] ». Pareille opinion donne une idée de la polémique qui enflait parmi les Juifs ; ce furent d'ailleurs les intellectuels juifs, figurant parmi les plus grands critiques des fascismes du fait de leur solide attachement à la démocratie, qui contribuèrent à théoriser l'unité du phénomène fasciste[4]. Certains faisaient valoir une unité de nature ; caractéristiques de cette tendance, la position de Raymond Aron, qu'il ne nuança que bien plus tard[5], celle d'Élie Halévy[6] ou de Victor Basch[7], qui insistaient sur la similitude entre les régimes fasciste et nazi, ce qui jetait les premiers jalons d'une pensée du totalitarisme, ou encore le point de vue de Julien Benda, pour qui le culte de la force et de la guerre constituait le plus puissant ciment entre fascisme

---

1   « Le fascisme désavoue le hitlérisme », *L'Univers Israélite*, 14 octobre 1932.

2   René Assael, « De Mussolini à Hitler », *Le Droit de Vivre*, septembre-octobre 1933. Il s'agissait en fait de la reprise et du commentaire d'un article d'André Waltz paru dans *Le Petit Journal* et cité sans date.

3   B. Colombo, « L'Italie et le problème juif », *L'Univers Israélite*, 8 septembre 1933.

4   Pour une analyse de la filiation entre antidreyfusisme, attachement démocratique et critique du fascisme, Vincent Duclert, « "Il y a de l'or dans cette poussière". L'intellectuel démocratique et la résistance aux tyrannies », *Archives Juives*, n° 38/1, 1er semestre 2005, particulièrement p. 22 *sqq.*

5   Raymond Aron, *Mémoires*, Paris, Julliard, 1983, p. 155.

6   Élie Halévy, *L'Ère des tyrannies*, Paris, Gallimard, 1938, rééd., Paris, Gallimard, 1990, p. 206-207.

7   Victor Basch, *Les Cahiers des Droits de l'Homme*, 30 novembre 1933.

et nazisme. D'autres, tout en concédant certains points communs de nature, mettaient l'accent sur une convergence des intérêts : l'alliance entre l'Italie fasciste et l'Allemagne nazie, alliance de raison, permettrait à chacun des deux pays de mener une politique du fait accompli contre les impuissantes démocraties ; André Suarès insistait particulièrement sur le caractère intéressé de l'alliance entre le fascisme et le nazisme : « L'État italien donne la main à l'État gorille d'Hitler. Ce n'est pas la première fois, ce ne sera pas la dernière[1] ». La convergence des intérêts pouvait ouvrir la voie à un réajustement doctrinal entraînant de fait une plus importante communauté de nature.

Ainsi, les intellectuels juifs, qui prêchaient parfois dans le désert si l'on en croit les réactions des Israélites les plus conservateurs, furent sur ce point des visionnaires et précédèrent de beaucoup l'opinion juive : il fallut attendre encore pour que la presse de gauche se rangeât à l'idée d'une unité entre fascisme et nazisme[2]. Ici se révèle flagrant l'écart entre les intellectuels juifs et l'opinion juive : les premiers réagirent rapidement au nouveau contexte européen et analysaient les problèmes sous une variété d'angles ; la seconde, qui mettait plus longtemps à formuler un jugement clair, se focalisait presque uniquement sur la question juive. De fait, ce thème revêtit une place centrale dans les relations italo-allemandes et en cela, le principal centre d'intérêt de l'opinion juive coïncidait avec les enjeux qui se posaient véritablement. Mais, dans d'autres cas, ne s'attacher qu'à la question juive quand celle-ci ne jouait qu'un rôle secondaire risquait d'entraîner des erreurs d'appréciation.

Ce fut le cas relativement au sujet du fascisme anglais qui, même s'il n'intéressait que lointainement les Juifs de France, constituait un parfait exemple des mécanismes de l'opinion juive relativement aux rapports entre l'Italie et la nébuleuse fasciste européenne.

UNE MAUVAISE RELATION RASSURANTE : MUSSOLINI ET MOSLEY

Les allusions au mouvement fasciste anglais, qui devint officiellement en 1932 la *British Union of Fascists* dirigée par Oswald Mosley, se multiplièrent entre la fin des années 1920 et l'orée de la décennie suivante, car ce parti

---

1   André Suarès, *Vues sur l'Europe*, Paris, Grasset, 1939, p. 246. L'ouvrage fut rédigé dans le courant des années 1930.

2   *Cf.* Bernard Lecache, « Un seul fascisme, un seul ennemi », *Le Droit de Vivre*, 24 octobre 1936 ; Joseph Folliet, « L'Internationale des nationalismes », *Samedi*, 9 mai 1936. Les conservateurs répugnaient cependant encore à clairement admettre le lien entre fascisme et nazisme.

ne faisait pas mystère de son antisémitisme. L'image que reflétait l'Union des fascistes anglais apparaissait floue et suscitait les discussions parmi les Israélites. Certains réduisaient cette organisation à un insignifiant groupuscule, tel Daniel Halévy qui demandait : « Les fascistes sont-ils en Angleterre plus de trois ou quatre[1] ? ». Idée contredite par Alfred Berl, selon lequel « ce parti n'est pas formé de quelques unités, gens dévoyés, excentriques et friands de paradoxes et de non-conformisme, mais il s'accroît chaque jour, et compte de nombreux prosélytes dans tous les partis et notamment dans le camp travailliste[2] ». Quoi que l'on pensât du nombre réel des adhérents – ils étaient en fait 20 000[3] – l'on était persuadé que ce mouvement n'entretenait pas de réels liens avec l'Italie[4]. L'on peut prendre ici la mesure de la confusion sémantique gagnant les Juifs français : ils qualifiaient bel et bien le mouvement anglais de « fasciste », mais lui déniaient toute filiation significative avec le modèle italien. Ils ne faisaient en fait que reprendre une idée déployée depuis la fin des années 1920 qui opposait en quelque sorte fascisme latin et fascisme anglo-saxon, lointain imitateur du mouvement mussolinien. De qui les fascistes anglais s'inspiraient-ils ? Des nationalistes américains, répondait-on dès 1928 :

> Le fascisme est devenu un article d'exportation. C'est une mode qui commence à se projeter en Angleterre. Elle y est venue non de l'Italie, mais des États-Unis où se sont formés des cercles super-nationalistes, se composant d'Américains pur sang, [...] qui possèdent le maximum, – c'est-à-dire 100 % – d'américanisme[5].

Curieuse analyse que celle-là, et qui n'avait pas évolué dans les années 1930. En fait, deux facteurs déformaient la perception que les Israélites français avaient du fascisme anglais : d'une part, ils accordaient une place trop importante à l'antisémitisme, en réalité secondaire et tardif, dans le mouvement d'Oswald Mosley[6]. Les Juifs s'appuyaient donc sur la seule question juive pour conclure à une antinomie entre fascismes anglais et italien. À cela s'ajoutait qu'ils prirent les récriminations italiennes à

---

1   Daniel Halévy, *op. cit.*, p. 291.
2   Alfred Berl, « La nouvelle Europe et les Juifs », *Paix et Droit*, octobre 1934.
3   Max Tacel, *Le Royaume-Uni de 1867 à 1980*, Paris, Masson, 1981, p. 158.
4   Daniel Halévy remarquait toutefois leur présence au *Convegno Volta* de Rome en 1932.
5   « Fascisme anglais », *L'Univers Israélite*, 13 septembre 1929. *Cf.* également, Alfred Berl, « Levain ou cent pour cent ? », *Paix et Droit*, juin 1928.
6   Sur ce point, William F. Mandle, *Anti-Semitism and the British Union of Fascists*, Londres, Longmans, 1968 ; ainsi que Gisela C. Lebzelter, *Political Anti-Semitism in England (1918-1939)*, Londres, Macmillan Press Ltd, 1978. *Cf.* également, de manière plus générale, Thomas Linehan, *British Fascism, 1918-1939. Parties, Ideology, Culture*, Manchester, Manchester University Press, 2000.

l'encontre de l'attitude antijuive de la *British Union of Fascists*[1], ce qui semblait une confirmation de leurs premières impressions, pour un signe de défiance de Mussolini à l'égard de son imitateur anglais[2], alors que la position à l'égard d'Israël fut sans doute le seul point de tensions entre fascistes d'Italie et d'Angleterre, unis par des rapports bien plus profonds que ne voulaient le croire les Israélites français[3]. De la sorte, déceler dans un mouvement fasciste des tendances antisémites revenait *ipso facto* à lui dénier toute communauté de nature ou d'intérêts avec le régime mussolinien. Ceux qui évoquaient un rapprochement entre l'Italie et la Grande-Bretagne, ou pointaient la sympathie grandissante du gouvernement et de l'opinion britanniques à l'égard de Mussolini, restèrent marginaux au sein de l'opinion juive[4].

L'on pourrait d'ailleurs multiplier les exemples analogues : les fascistes tchécoslovaques, farouchement antisémites, étaient renvoyés dans le camp de l'Allemagne plutôt que dans celui de l'Italie[5], tandis que les fascistes grecs, amis des Juifs, étaient considérés comme alliés de l'Italie[6].

Avec les années 1930, les Israélites français lisaient de plus en plus l'actualité à travers le seul prisme de la question juive, ce qui aboutissait parfois à des analyses partiellement ou totalement erronées, comme l'a révélé la question des fascismes européens. En revanche, il n'en allait pas de même à propos du « fascisme » français, le cas national suscitant des analyses plus poussées et plus nuancées que lorsqu'il s'agissait de mouvements étrangers.

UNE QUESTION ÉPINEUSE :
L'EXPORTATION DU FASCISME EN FRANCE

Les Juifs de France avaient-ils une vision précise de la réalité que recouvrait ce qu'ils appelaient le « fascisme » ? Distinguaient-ils clairement

---

1   Pour l'attitude de Mussolini à l'égard de l'antisémitisme européen, voir le chapitre suivant.
2   « Le fascisme anglais contre le judaïsme », *L'Univers Israélite*, 16 novembre 1934. La *British Union of Fascists* avait placé dans son programme l'expulsion des Juifs d'Angleterre.
3   *Cf.* sur les rapports entre Mosley et Mussolini, Max Gallo, *op. cit.*, p. 115-119.
4   Voir par exemple, Élie Halévy, Lettre de Londres à Xavier Léon, 27 mai 1933, dans *Correspondance...*, *op. cit.*, p. 716, ou Victor Basch, *Les Cahiers des Droits de l'Homme*, 20 décembre 1928.
5   « Les fascistes sont dissous », *Archives Israélites*, 22 août 1935.
6   « Grèce : la restauration de la monarchie et les Juifs », *Paix et Droit*, octobre 1935.

les ligues et partis le composant ? Que pensaient-ils des rapports entre mouvements « fascistes » français et italien ?

QUELLES RELATIONS ENTRE « FASCISTES » FRANÇAIS
ET FASCISTES ITALIENS ?

La question de l'influence du fascisme en France fait depuis une cinquantaine d'années l'objet de controverses nombreuses, variées et sans cesse renouvelées, sans que le débat ne soit définitivement tranché[1]. Il ne saurait s'agir ici de rouvrir ce dossier, encore moins d'apporter une réponse. L'objectif poursuivi est de s'interroger sur la perception que les Juifs de France avaient de ce que l'on nommait « fascisme », et surtout sur le lien éventuel qu'ils établissaient entre ces mouvements et le berceau italien.

Il n'a pas fallu attendre longtemps après l'avènement de Mussolini pour que la question d'une éventuelle importation du fascisme en France se posât. Ayant fait allégeance à la République, les Israélites français scrutaient d'un œil attentif tout élément susceptible de constituer une menace pour ce régime. Aussi, dès 1922, dans les colonnes des *Archives Israélites*, Émile Cahen se fit-il l'écho d'une polémique lancée par le journaliste Gaston Veil voyant en Léon Daudet un potentiel Duce français. Cahen se voulait toutefois rassurant et déniait à ce ligueur d'Action Française un tel pouvoir, l'opinion française étant acquise au régime en place :

> Malgré le succès du *Fascisme* de l'autre côté des Alpes, nous ne croyons pas que la France soit menacée d'un tel bouleversement. [...] En tout cas, le nombre de nos concitoyens qui suivraient, le cas échéant, notre Mussolini national, ne doit pas être bien grand[2].

---

1   L'on ne peut que se cantonner à quelques exemples représentatifs, tant la littérature sur le sujet est abondante. Parmi les défenseurs de l'idée d'un fascisme véritable et puissant, voir Zeev Sternhell, *Ni droite, ni gauche : l'idéologie fasciste en France*, Paris, Le Seuil, 1983 ; Robert J. Soucy, *Le Fascisme français, 1924-1933*, Paris, PUF, 1989 ; *Id.* (dir.), *Fascismes français ? 1933-1939 : mouvements antidémocratiques*, Paris, Autrement, 2004. Opinions contestées par l'école historique française, au sein de laquelle on trouve Raoul Girardet, « Notes sur l'esprit d'un fascisme français, 1934-1939 », *Revue française de science politique*, vol. 5, n° 3, 1955, p. 529-546 ; René Rémond, *Les Droites en France*, Paris, Aubier, 1982 ; Serge Berstein, « La France des années trente allergique au fascisme », *Vingtième Siècle*, n° 1, avril 1984, p. 83-94 ; ou encore Pierre Milza, *Fascismes français, passé et présent*, Paris, Flammarion, 1988. Voir aussi les récentes polémiques entre Michel Winock, Serge Berstein, d'un côté, et Robert Soucy de l'autre, parues dans *Vingtième Siècle*.

2   Émile Cahen, « Finance internationale !! et Fascisme... », *Archives Israélites*, 9 novembre 1922.

Aux dires de Veil et de Cahen, le « fascisme » de Léon Daudet n'était ainsi rien d'autre qu'une servile imitation du modèle italien ; il se révèle toutefois surprenant que le qualificatif de « fasciste » fût appliqué à l'Action Française, ligue royaliste et nationaliste, qui n'avait que peu de points communs avec le fascisme italien aux accents révolutionnaires. Dans les années 1920, il n'était pas rare que l'on en appelât, à l'instar de Victor Basch par exemple, à la vigilance collective devant la floraison de petits Mussolini français[1]. L'émergence d'une constellation de mouvements, ligues et groupuscules d'extrême droite lors de la décennie suivante, modifia la donne : progressivement, l'idée qu'il pouvait exister un fascisme « à la française », ne ressemblant que très lointainement au fascisme mussolinien, s'ancra dans les esprits. De telle sorte que, par un glissement sémantique, s'accrût la confusion des termes : devenait fasciste aux yeux de certains tout mouvement d'extrême droite. Or, la généralisation de cette acception empêche de faire la différence entre ceux qui utilisaient le terme de « fascisme » dans son sens dévoyé et ceux qui l'employaient pour désigner un mouvement directement inspiré de la doctrine mussolinienne. *A posteriori*, lier les mots aux choses s'avère une tâche complexe. Ainsi, quand, en 1932, *Le Droit de Vivre* demande : « Faudra-t-il le fascisme en France ? », il ne parle à aucun moment de l'Italie dans son article mais critique en réalité la progression de la réaction et la restriction du champ des libertés en France[2]. Quelquefois, il apparaît que le terme de « fascisme » est employé successivement dans ses différentes acceptions : dans une brochure au titre éloquent, *Le Fascisme ne passera pas*, Victor Basch parle indistinctement de « forces de droite » et de « peste fasciste[3] », pour désigner des groupements français, mais dans le même texte, défiant tout « pseudo-Mussolini », il ajoute : « Nous demandons enfin à tous les citoyens attachés aux libertés démocratiques, nous demandons à notre gouvernement lui-même de se rappeler comment se sont installées, dans les pays fascistes et notamment en Italie et en Allemagne, les dictatures[4] », l'auteur employant alors le terme dans son acception première et traditionnelle. Un tel exemple montre comment des réalités différentes s'amalgamaient en un même vocable.

---

1 Par exemple, Victor Basch, « Les menées bellicistes », *Les Cahiers des Droits de l'Homme*, 20 janvier 1928.
2 « Faudra-t-il le fascisme en France ? », *Le Droit de Vivre*, août 1932.
3 Victor Basch, *Le Fascisme ne passera pas*, Paris, Bibliothèque des Droits de l'Homme, 1935, p. 102 et 103.
4 *Ibid.*, p. 102.

Mais qui étaient précisément les fascistes ? Après le mouvement en lui-même, les hommes qui s'en réclamaient. Répondre à cette question aide à mieux comprendre l'état d'esprit de l'époque. Si Victor Basch pensait que toutes les ligues, aux premiers rangs desquelles l'Action Française, les Jeunesses Patriotes et les Croix de Feu, méritaient le qualificatif de « fasciste », cela ne traduisait pas l'opinion générale. En fait, l'Action Française n'était généralement pas admise au nombre des fascistes, mais plutôt à celui des mouvements conservateurs et réactionnaires[1] ; à l'inverse, il ne faisait pas de doute que les membres du Faisceau de Georges Valois fussent des fascistes patentés, mais la question se posait pour d'autres mouvements, comme les Croix de Feu, qui firent l'objet d'un important débat au sein du judaïsme ; nous y reviendrons. Un collaborateur du *Droit de Vivre*, qui écrivait sous le pseudonyme d'Émile Dangers, qualifiait haut et fort le mouvement du colonel de La Rocque de « fasciste[2] ». Une polémique éclata entre les Juifs de gauche, qui reprochaient au Consistoire ses accointances avec les Croix de Feu, et les dignitaires juifs, au sujet de la nature de cette ligue. Un lecteur en désaccord avec *L'Univers Israélite*, Moïse Lévy de Belfort, fit parvenir au journal une lettre expliquant les raisons pour lesquelles les Croix de Feu répondaient en tout point à la définition du fascisme, ce à quoi le rabbin de Paris, Jacob Kaplan, réfutant l'accusation, répondit : « Ce n'est pas ce que nous lisons dans leurs appels : [...] "nous ne sommes ni fascistes, ni casques d'acier"[3] ». Les propos des Croix de Feu ne laissaient ainsi aucune place au doute, pensait le rabbin Kaplan : pourquoi un mouvement véritablement fasciste se serait-il défendu de l'être ? Pareil exemple montre bien que l'on qualifiait souvent de fascistes des mouvements qui ne l'étaient pas à proprement parler[4]. De fait, il n'y avait pas là simple exagération ou abus de langage. Beaucoup, surtout à gauche, pensaient que même s'il n'existait pas d'analogie de nature entre ces groupuscules français et le fascisme italien, et même s'il n'y avait pas de rapports directs et étroits d'entretenus avec l'Italie – et l'Allemagne

1   *Cf.* Catherine Nicault, « Les "Français israélites" et la ligue d'Action française des années 1900 à 1940 », dans Michel Leymarie, Jacques Prévotat (dir.), *L'Action française : culture, société, politique*, Villeneuve d'Ascq, Presses Universitaires du Septentrion, 2008, p. 185-202.

2   Émile Dangers, « Les Croix-de-Feu antisémites et fascistes », *Le Droit de Vivre*, 7 mars 1936.

3   Lettre de mars 1934 contenue dans le Fonds Jacob Kaplan de l'Association consistoriale israélite (1517-7). Citée par David Shapira, *Jacob Kaplan. Un rabbin témoin du XXᵉ siècle*, Paris, Albin Michel, 2007, p. 79.

4   *Cf.* entre autres, la démonstration d'Albert Kéchichian, *Les Croix de Feu à l'âge des fascismes. Travail, famille, patrie*, Paris, Champ Vallon, 2006, p. 380-381.

ajoutait-on après 1933 –, l'on pouvait clairement déceler une communauté d'idéologie, et partant d'intérêts, entre l'ensemble des groupements qualifiés de « fascistes » à l'échelle de l'Europe[1]. Tôt ou tard, se formerait une union de tous les mouvements de même obédience à travers le continent, une « Internationale », orchestrée par Mussolini et Hitler[2]. Les indices renforçant une telle assertion ne manquaient pas, comme le nouvel état d'esprit d'une frange de la société française, inclinant vers l'autoritarisme, les concessions faites au Duce et au Führer ou la lutte en France contre les antifascistes, pour ne pas déplaire à Mussolini, lutte appuyée en sous-main par les fascistes français. Ainsi, prenant le cas de Camillo Berneri, « antifasciste italien ballotté entre France et Italie », *Le Droit de Vivre* montrait comment la France n'avait pas assumé sa tradition d'accueil, et s'interrogeait : « Verra-t-on ce spectacle de Berneri envoyé aux travaux forcés parce qu'il n'aime pas la politique de M. Mussolini[3] ? ». L'esprit fasciste gagnait du terrain, pensait-on, et, s'il fallait une preuve supplémentaire de l'existence de cette Internationale fasciste, il suffisait d'analyser les événements du 6 février 1934, date marquant, aux yeux des Juifs de gauche, le début de la convergence des fascismes[4]. Pour le jeune Juif polonais Ilex Beller, fraîchement arrivé de son pays natal, point de doute sur la nature de cette journée : « Le 6 février 1934, quelques semaines après mon arrivée à Paris, des bandes fascistes se rassemblent en masse autour de la Chambre des Députés. Leur but [...] : renverser la République et instaurer une dictature fasciste[5] ». Opinion semblable chez Émile Kahn, de la Ligue des Droits de l'Homme :

> Les vraies causes du 6 Février ont été les appétits et ambitions coalisés dans la volonté d'en finir avec le régime démocratique et parlementaire : appétit de revanche et de pouvoir chez les vaincus des élections de 1932, ambition des meneurs fascistes[6].

Et de citer, pour appuyer sa démonstration, un extrait du journal *Le*

---

1   Sur la réalité des rapports entre fascistes français et italiens, voir Marco Cuzzi, « I Comitati d'azione per l'universalità di Roma (CAUR) e la Francia », dans Romain H. Rainero (a cura di), *Aspetti e problemi delle relazioni tra l'Italia e la Francia*, Milan, Unicopli Cuesp, 2005, p. 227-240.

2   A. Cherchevsky, « Civilisation occidentale », *Samedi*, 30 mai 1936.

3   *Le Droit de Vivre*, 23 novembre 1935.

4   Pour une analyse globale des réactions à cette journée, Serge Berstein, *Le 6 février 1934*, Paris, Gallimard, 1975.

5   Ilex Beller, *De mon shtetl à Paris*, Paris, Éd. du Scribe, 1991, p. 76.

6   Émile Kahn, *Au temps de la République. Propos d'un Républicain*, Paris, Ligue des droits de l'homme, 1966, p. 42.

Capital, déclarant que l'idée germait d'instaurer « un gouvernement autoritaire à l'image de ceux d'Italie et d'Allemagne[1] ». Victor Basch criait lui aussi au complot fasciste et soulignait que le principal effet du 6 février 1934 était la « satisfaction de Mussolini[2] ». Il est d'ailleurs avéré que l'Italie porta un intérêt poussé à cette journée qu'elle considéra comme une victoire de ses idées en Europe[3].

Le terme de « fasciste » n'était ainsi pas systématiquement employé dans son sens originel. Tantôt il renvoyait pêle-mêle aux mouvements réactionnaires d'extrême-droite, tantôt ceux que l'on affublait de ce qualificatif étaient à proprement parler les sectateurs du modèle italien, qui voulaient expérimenter un régime similaire en France. Une chose était sûre en tout cas : il n'était plus possible dès lors de découpler la question du fascisme français de la perception que l'on avait de l'Italie. Les interactions se multipliaient, la question italienne s'invitait sur le territoire national. Immanquablement, cela eut des répercussions sur la question juive : les mouvements « fascistes » et antisémites étaient-ils pilotés par Rome ? Le fascisme devenait-il synonyme d'antisémitisme ?

FASCISME FRANÇAIS ET ANTISÉMITISME

Deux tendances, dont il se révèle toutefois difficile de cerner distinctement les contours, voisinaient. Pour la première, celle des Juifs de gauche, aucune discussion n'était possible : les mouvements qu'ils qualifiaient de fascistes, proches ou non de Rome, étaient nécessairement antisémites[4]. La seconde tendance, représentée par les Israélites conservateurs et modérés, cherchait à faire la différence entre les mouvements et découplait la question du fascisme de celle de l'antisémitisme. Ceux auxquels les modérés déniaient tout antisémitisme étaient-ils les plus proches du modèle italien ?

Sur ce sujet, les grilles traditionnelles n'avaient plus cours, si bien que progressistes et modérés s'accordaient sur plusieurs analyses. Contre toute attente, les mouvements se déclarant eux-mêmes fascistes et entretenant des liens privilégiés avec l'Italie étaient jugés sans concession par les deux tendances. À leur sujet, le débat s'était d'ailleurs amorcé dès les années

---

1   *Ibid.*
2   Victor Basch, *op. cit.*, p. 126.
3   À ce sujet, Max Gallo, *op. cit.*, p. 238-240.
4   Voir notamment, « Plus que jamais la dissolution des ligues antisémites et fascistes », *Le Droit de Vivre*, juin-juillet 1934.

1920. Ainsi, le Faisceau de Georges Valois, très proche de Mussolini[1], s'était toujours défendu de tout antisémitisme et invitait Israël à participer à l'effort de révolution nationale entrepris par le mouvement : aux yeux des Israélites, qui rapprochaient plus Valois de Maurras et Daudet que de Mussolini, il n'y avait dans les tentatives du Faisceau rien d'autre qu'une démarche intéressée, et nul ne pouvait savoir si, à terme, Valois et ses disciples ne réviseraient pas leurs positions à l'égard des Juifs ; « Ce judicieux emploi de l'activité d'Israël peut durer un siècle... Après, les arrière-neveux de Georges Valois agiront et assigneront d'autres tâches à nos descendants[2] ». En 1926, si *L'Univers Israélite* rapporta la présence du rabbin Louis-Germain Lévy à la réunion du club du Faubourg où Georges Valois invita les Juifs à rejoindre son mouvement, le journal n'en souligna pas moins l'intervention de certains racistes et antisémites bien connus[3]. De similaires observations s'appliquaient à un autre fasciste, Marcel Bucard : tous les organes communautaires faisaient mention des accointances du père du Francisme avec l'Italie, rapports dévoilés au grand jour lors du Congrès fasciste de Montreux[4]. Comme Valois, Bucard adoptait une posture philosémite qui ne convainquait pas les Israélites : après que le Franciste eut écrit au *Droit de Vivre* pour dissiper toute ambiguïté sur son attitude, le journal de Lecache répondit sur un ton sarcastique[5] avant de titrer, quelque temps plus tard, « Heil Hitler! Heil Bucard ! », afin de signaler que les deux hommes partageaient les mêmes conceptions raciales[6]. Autre opinion, avérée, faisant l'unanimité chez les Juifs, l'antisémitisme de François Coty : seuls les Juifs d'extrême gauche traitaient néanmoins le riche parfumeur de fasciste, car il finançait la ligue de la Solidarité française, mais tous savaient quels liens étroits l'unissaient à l'Italie. Coty, qui possédait *Le Figaro* et surtout *L'Ami du Peuple*, se trouvait en première ligne du courant antisémite français[7]. Des anciens combattants juifs, diffamés et

---

1   *Cf.* Pierre Milza, « Georges Valois et l'Italie », dans Enrico Decleva, Pierre Milza (a cura di), *La Francia e l'Italia negli anni venti : tra politica e cultura*, Milan, Franco Angeli, 1996, p. 178-191.

2   « Le Faisceau et les Juifs », *L'Univers Israélite*, 5 mars 1926.

3   « Le judaïsme au club du Faubourg », *L'Univers Israélite*, 2 juillet 1926.

4   Voir Jean Emsey, « Ceux qui ne sont pas ce qu'ils sont : le Congrès international de Montreux camoufle son antisémitisme », *Le Droit de Vivre*, janvier 1935 ; « Après le Congrès fasciste », *L'Univers Israélite*, 4 janvier 1935. Sur ce congrès, voir *supra*.

5   « Une lettre de M. Marcel Bucard », *Le Droit de Vivre*, 25 mars 1934.

6   « Heil Hitler! Heil Bucard ! », *Le Droit de Vivre*, mai 1935.

7   *Cf.* Ralph Schor, « Xénophobie et extrême droite : l'exemple de *l'Ami du Peuple* (1928-1937) », *Revue d'Histoire moderne et contemporaine*, janvier-mars 1976 ; Laurent Joly, « L'Ami

humiliés par Coty, lui intentèrent un procès en 1933 et obtinrent gain de cause[1]. Plusieurs mois plus tard, les Israélites de tous bords n'accordèrent aucun crédit au repentir manifesté par Coty qui déclara qu'il rompait avec tout antisémitisme[2]. Que pensaient en revanche les Israélites d'un mouvement qui prit ses distances avec le fascisme italien et n'avait que peu de points communs avec lui, les Croix de Feu. Étaient-elles fascistes, étaient-elles antisémites ? À ce sujet, le consensus montrait ses limites et se brisait. De fait, les Juifs modérés et conservateurs, Consistoire en première ligne, entretenaient des rapports amicaux et étroits avec les Croix de Feu : la ligue participait aux cérémonies de commémoration des victimes juives de la guerre à la synagogue de la Victoire, tandis que le rabbin Jacob Kaplan prononça un discours lors de la création de la section féminine des Croix de Feu, en 1934[3]. En conséquence, les Juifs d'extrême gauche, notamment de la LICA, accusèrent certains de leurs coreligionnaires du Consistoire d'être eux-mêmes des fascistes ; *Le Droit de Vivre* titra en mars 1934 : « Soyez Républicains, on vous poindra ! Soyez fascistes, on vous oindra[4] ! ». Dans cet article, la LICA critiquait la politique menée par les instances officielles du judaïsme, qui n'appliquaient pas elles-mêmes les principes qu'elles prônaient : elles taxaient la LICA de « bolchevisme », mais ne craignaient pas de s'afficher aux côtés des « fascistes ». Le même article comparait les membres du Consistoire aux Juifs allemands qui soutinrent Hitler. Deux visions s'opposaient : pour la LICA, les Croix de Feu appartenant au fascisme, elles étaient naturellement antisémites. Malgré le démenti du colonel de La Rocque envoyé au *Droit de Vivre*[5], l'opinion des ligueurs amis de Lecache demeura la même. Preuve de l'antisémitisme des Croix de Feu, l'attitude des membres de cette ligue en Algérie, particulièrement lors du pogrome de Constantine en août 1934[6]. *Le Droit de Vivre* concluait

    du Peuple contre les "financiers qui mènent le monde" : la première campagne antisémite des années 1930 », *Archives Juives*, n° 39/2, 2ᵉ semestre 2006.

1   « M. François Coty condamné », *L'Univers Israélite*, 7 juillet 1933.

2   « M. François Coty, ami du peuple... juif ? », *L'Univers Israélite*, 15 septembre 1933.

3   « La femme française et le devoir national », *L'Univers Israélite*, 23 mars 1944.

4   « Soyez Républicains, on vous poindra ! Soyez fascistes, on vous oindra ! », *Le Droit de Vivre*, mars 1934.

5   « Une lettre du Colonel de la Rocque », *Le Droit de Vivre*, mars 1934.

6   La participation des Croix de Feu à ce pogrome fait débat : pour des avis contradictoires, voir Charles-Robert Ageron, « Une émeute antijuive à Constantine », *Revue de l'Occident musulman et de la Méditerranée*, n° 13-14, 1ᵉʳ semestre 1973, p. 24 ; Yves Aouate, *Un pogrome en Algérie française : les émeutes antijuives d'août 1934. Contribution à l'histoire des Juifs d'Algérie*, mémoire de maîtrise sous la direction d'André Nouschi et Alain Sainte-Marie, Université de Nice, 1980, p. 71 ; voir également Joshua Cole, « Antisémitisme et situation coloniale

que La Rocque ne courtisait les Juifs que par intérêt, mais qu'il s'agissait d'un véritable antisémite[1]. Loin de ces interprétations, le reste des Juifs se voulait plus nuancé : *Samedi* soutenait que, si certains membres des Croix de Feu donnaient dans l'antisémitisme, La Rocque était quant à lui un ami d'Israël[2]. Allant plus loin, *L'Univers Israélite*, porte-parole officieux du Consistoire, lavait l'écrasante majorité des Croix de Feu de toute accusation : les multiples discours, démentis et mises-au-point de La Rocque constituaient autant de preuves de la nature véritable de cette ligue[3] ; les conservateurs ajoutaient, contre toute évidence, que même en Algérie, les Croix de Feu suivaient la ligne philosémite de leur chef[4]. Fait d'importance, *Le Volontaire Juif*, organe des anciens combattants immigrés, se rangeait à l'avis du Consistoire[5]. Les affrontements ne demeuraient pas au seul stade verbal : à la fin de 1935, des membres de la LICA s'en prirent brutalement au colonel de La Rocque, tandis que des incidents émaillèrent les cérémonies réunissant Croix de Feu et instances officielles juives[6].

Quels enseignements tirer de ce tableau du « fascisme » français que dressaient les Israélites français ? Comme l'a démontré Pierre Milza, il existait une très forte interaction entre les perceptions que l'opinion française avait du fascisme français et de l'Italie fasciste[7]. Les Juifs ne dérogeaient pas à la règle, bien au contraire. Si les différentes tendances du judaïsme appréhendaient diversement le phénomène « fasciste » français, l'idée que le fascisme induisait souvent l'antisémitisme progressait au sein d'une vaste fraction de l'opinion juive. Il apparaît en ce sens significatif que Juifs progressistes et modérés reconnussent à l'unisson que les mouvements fascistes proches de l'Italie, dont le Faisceau et le Francisme, étaient antisémites, tandis que le judaïsme officiel considérait

---

pendant l'entre-deux-guerres en Algérie : les émeutes antijuives de Constantine (août 1934) », *Vingtième Siècle*, n° 108, octobre-décembre 2010, p. 3-23 ; Albert Kéchichian, *Les Croix de Feu…*, *op. cit.*, p. 219 *sqq*.

1   Voir dans *Le Droit de Vivre* : « Des mots et des faits », 11 avril 1936 ; « La Rocque-Janus », 4 avril 1936 ; « La Rocque partout », 20 juin 1936.

2   « Ce que fut l'année 5696 », *Samedi*, 19 septembre 1936.

3   Voir, entre autres, dans *L'Univers Israélite* : « Les "Croix de Feu" ne sont pas antisémites », 13 avril 1934 ; « Les "Croix de Feu" et l'antisémitisme », 6 décembre 1935 ; « Les "Croix de Feu" et l'antisémitisme », 17 avril 1936.

4   « Les Croix de Feu », *L'Univers Israélite*, 27 décembre 1935.

5   « Les Croix de Feu et l'antisémitisme », *Le Volontaire Juif*, janvier-mars 1934.

6   Richard Millman, *La Question juive entre les deux guerres. Ligues de droite et antisémitisme en France*, Paris, Armand Colin, 1992, p. 227.

7   Pierre Milza, *L'Italie fasciste devant l'opinion française, 1920-1940*, Paris, Armand Colin, 1967, p. 130-138.

comme philosémite un des mouvements les plus éloignés du modèle italien, les Croix de Feu ; les lignes avaient bougé. Un paramètre vient cependant nuancer pareil constat : l'appartenance de nombreux enfants d'Israël à ces mouvements fascistes français. Plusieurs Juifs n'avaient pas repoussé les avances des admirateurs français de Mussolini. *Le Nouveau Siècle*, organe du Faisceau, mentionnait parmi ses collaborateurs André Maurois, même si celui-ci ne fit jamais allusion à sa participation au mouvement[1]. Figuraient aux côtés de Maurois l'industriel Victor Mayer, plus connu sous le nom d'Henri-Victor, qui contribua à la création du Parti républicain syndicaliste[2], l'avocat Jacques Marx ou René Groos, un Juif antisémite également proche de l'Action Française. Au Francisme adhéraient le chanteur Marc Hély ou encore l'écrivain Marcel Diamant-Berger[3]. Un autre parcours fut celui de l'avocat Edmond Bloch qui, proche lui aussi de ces mouvements d'extrême droite, décida d'aller plus loin en créant une ligue juive de droite, l'Union patriotique des Français israélites (UPFI), fondée en 1934 pour lutter contre l'antisémitisme en montrant qu'il n'existait pas de lien entre judaïsme et bolchevisme. Edmond Bloch, qui ne cachait pas son admiration pour Mussolini et le fascisme italien, prônait un nationalisme virulent confinant parfois à l'antisémitisme, du moins à l'égard des immigrés qu'il rejetait de son organisation[4]. Sans qu'il s'agisse réellement d'une ligue fasciste, l'UPFI montrait l'infiltration de la doctrine mussolinienne parmi les Juifs français, qui entendaient s'inspirer sur leur sol du modèle italien. Ces « Juifs fascistes » mettaient mal à l'aise leurs coreligionnaires : *Le Journal Juif* appelait la ligue de Bloch à cesser ses discriminations à l'égard des Juifs immigrés et entendait démontrer que la solidarité juive était plus sûre que la solidarité fasciste[5]. La LICA allait jusqu'à taxer les « Juifs fascistes » d'antisémitisme[6]. Que ces Israélites se sentissent attirés par les fascistes gênait l'argumentation de la LICA en ce que cela démentait l'antinomie entre judaïsme et fascisme. Les détracteurs

---

1   « Les collaborateurs du *Nouveau Siècle* », *Le Nouveau Siècle*, 7 et 10 décembre 1925. Cité par Richard Millman, *op. cit.*, p. 97.

2   Voir Georges Valois, *L'Homme contre l'argent*, Paris, Librairie Valois, 1928.

3   Marcel Diamant-Berger, *Mon évasion d'Allemagne avec le commandant de Goys*, Paris, Imprimerie Busson, 1934. Sur tout cela, voir Richard Millman, *op. cit.*

4   Sur l'homme et le mouvement, Philippe-E. Landau, *Les Juifs de France et la Grande Guerre : un patriotisme républicain, 1914-1941*, Paris, Éditions du CNRS, 1999, p. 233 *sqq.*

5   « À l'Union des patriotes israélites », *Le Journal Juif*, 28 décembre 1934.

6   « Les "Israélites patriotes" fraternisent avec les antijuifs », *Le Droit de Vivre*, juin 1934 ; « Juifs et israélites », *Le Droit de Vivre*, février 1935 ; Jean Pierre-Bloch, *Le Temps d'y penser encore*, Paris, Simoën, 1977, p. 59.

de Bloch et de ses amis se consolaient cependant en pointant le faible nombre des Juifs fascistes.

L'entrée retentissante de la LICA au cœur de l'opinion juive eut pour effet de poser avec une acuité nouvelle la question de l'évolution du fascisme ; mais l'assimilation du fascisme à l'extrême droite faite par les Juifs de gauche contribua à brouiller la perception traditionnelle que l'on avait de l'Italie. Les idées de leurs coreligionnaires conservateurs et modérés étaient d'ailleurs elles aussi marquées par la confusion, puisque, de manière inédite, l'on jugeait la nouvelle situation européenne à l'aune de la question juive, ce qui entraîna de nombreuses incertitudes quant à l'existence d'une « Internationale fasciste » pilotée par l'Italie et au sujet du fascisme français : était fasciste ce qui n'était pas antisémite, puisque la sœur latine réprouvait virulemment tout hostilité à Israël de la part de ceux qui se désignaient eux-mêmes comme « fascistes ». De la sorte, s'intéresser aux mouvements fascistes européens aidait à mieux comprendre la situation italienne : pour les uns, il y avait une convergence des fascismes, symbolisée par le 6 février 1934 ; pour les autres, les agissements de mouvements racistes ne faisaient que mettre en relief, par contraste, la permanence de l'attitude philosémite italienne. Si bien que chacun campait sur ses positions et les mises en garde de la LICA n'entraînaient autour de l'année 1934 aucun retournement massif de l'opinion juive sur la question italienne. Les éloges se décernaient cependant en nombre moins important que lors de la décennie précédente, car l'on percevait bien le jeu de Mussolini dans l'émergence de courants extrémistes hors des frontières d'Italie et, malgré les dires des Israélites français, l'existence d'un fascisme français admirateur du modèle mussolinien et souvent antisémite ternissait l'image transalpine. L'Italie passa donc au premier rang des préoccupations à l'heure de l'avènement du nazisme et de l'émergence d'une Europe fasciste ou fascisante. S'ensuivit une forme d'européanisation de la question italienne dans l'opinion juive française : contrairement à la pratique en vigueur dans les années 1920, l'on ne considérait plus la situation intérieure de l'Italie mais le rôle de ce pays dans le concert européen, un changement de perspective qui s'observait également quand il s'agissait de la question juive ; l'on ne se demandait plus quelle politique Mussolini appliquait en Italie à l'égard de la communauté israélite, mais comment celui-ci réagissait à l'antisémitisme européen. Cet angle de vision confortait les Israélites conservateurs puisqu'il amenait nécessairement à opposer fascisme et nazisme ; les plus sceptiques en revanche se demandaient comment Mussolini pourrait concilier son soutien bienveillant à des mouvements fascistes antisémites et sa défense d'Israël. La modification de l'image de l'Italie se confirmerait.

LES JUIFS DE FRANCE, L'ITALIE
ET LA DÉFENSE DU MONDE JUIF :
DEUX VISIONS, DEUX ATTITUDES

À la fin de l'année 1933, quarante-trois publications juives américaines élurent Mussolini parmi les douze plus grands défenseurs du judaïsme à travers le monde[1]. Les Juifs de France auraient-ils voté de même ? Sans doute à une importante majorité, mais non à l'unanimité, comme cela aurait pu être le cas une décennie auparavant. C'est qu'en cette période de crise pour le judaïsme, à l'intérieur comme à l'extérieur des frontières françaises, deux attitudes s'observaient parmi les Israélites français : les uns cherchaient à alarmer leurs coreligionnaires ainsi que leurs compatriotes sur la dégradation de la condition juive en Europe ; les autres voulaient entretenir la flamme de l'espoir en se cramponnant à leurs illusions. Beaucoup répétaient ainsi que l'Italie apparaissait comme un Éden à plus d'un titre pour le peuple juif et même comme l'un des plus ardents défenseurs de la cause d'Israël à travers toute l'Europe. Pour Pierre Milza, les années 1932-1935, celles qui sont précisément étudiées ici, marquent d'ailleurs l'« apogée » des relations favorables entre Mussolini et les Juifs[2] ; Meir Michaelis n'hésite pas pour sa part à parler de « lune de miel » à cette époque entre les Juifs et les fascistes[3].

Une partie de l'opinion juive évoluait en fait dans un sens *a priori* inattendu. Elle ne retenait plus, comme pour se convaincre, que les aspects positifs de l'attitude transalpine face à la question juive, en oubliant de pointer les failles éventuelles, comme on put le faire par le passé, et en taisant surtout, comme on l'a vu, les rapports entre la sœur latine et les mouvements fascistes français, agents de l'antisémitisme. Cette évolution de l'opinion juive pouvait s'expliquer aussi par le fait que l'on s'intéressait moins à la question juive en Italie même qu'à

---

1   John P. Diggins, *Mussolini and Fascism. The View from America*, Princeton, Princeton University Press, 1972, p. 202.
2   Pierre Milza, *Mussolini*, Paris, Fayard, 1999, p. 751.
3   Meir Michaelis, *Mussolin and the Jews. German-Italian Relations and the Jewish Question in Italy (1922-1945)*, Oxford, The Clarendon Press, 1978, p. 48.

l'attitude transalpine face à l'antisémitisme européen. En d'autres termes, les Israélites français se focalisaient sur les aspects où s'exerçait le plus la propagande fasciste, soucieuse de véhiculer la meilleure image possible de l'Italie. Quant à la LICA, elle restait fidèle à sa posture traditionnelle et dénonçait ce qu'elle assimilait à une comédie italienne ; d'autres Israélites que ceux issus de ses rangs se rangeaient à une semblable position. Pour la première fois, ces deux visions ouvraient sur deux types d'action, ou plutôt sur l'inaction pour les uns, comme à l'accoutumée, et l'action pour les autres, au sein d'un combat interne et externe d'une extrême âpreté.

Les Israélites qui louaient l'Italie se montraient-ils réellement convaincus par leurs propres arguments ou triaient-ils les informations afin de présenter l'Italie comme amie et soutien des Juifs ? Le discours sur l'Italie peut-il être considéré comme un argument déployé contre les antisémites français se réclamant parfois du modèle transalpin ? Si beaucoup présentaient le gouvernement italien comme un allié de choix, ils se révélaient toutefois plus avares d'éloges concernant leurs coreligionnaires d'outre-monts. Il y avait là une clé pour comprendre la réalité de la situation.

LES MÉTAMORPHOSES DE L'IMAGE PHILOSÉMITE DE L'ITALIE

L'on distinguait difficilement la part de la sincérité, de l'idéologie, et celle de l'intérêt dans la défense italienne d'Israël.

MUSSOLINI ET LES ITALIENS CONTRE L'ANTISÉMITISME

Dans le domaine des représentations, les mots valent parfois plus que les actes. Et lorsque certains souhaitent se convaincre d'une vérité, contre toute évidence parfois, cela est encore plus vrai. Une déclaration faite par Mussolini à l'historien juif allemand Emil Ludwig suffit ainsi à répandre dans l'opinion internationale l'image d'un Duce philosémite[1].

---

1   Pierre Milza insiste particulièrement sur la force de persuasion du Duce en présence de l'historien allemand : « Pourtant familier de ce genre de prestation, Ludwig – qui était on le sait juif, pacifiste et qui dut s'exiler en Suisse après l'avènement du nazisme – ne sut pas percevoir tout ce qu'il y avait de sciemment fabriqué dans les attitudes et dans les propos de son interlocuteur » (Pierre Milza, *op. cit.*, p. 620).

Le public français put découvrir l'ensemble des *Entretiens avec Mussolini* (traduction française des fameux *Colloqui con Mussolini*) en 1932. Ludwig y aborda longuement la question du racisme et de l'antisémitisme avec son hôte. Il commença par lui poser la question suivante :

> Croyez-vous vraiment qu'il y ait encore des races à l'état pur en Europe, comme certains savants en font circuler le bruit ? Que l'unité de la race soit vraiment caution d'une force nationale plus grande ? Et ne courez-vous point le danger que les apologistes du fascisme […] propagent sur la race latine les mêmes sottises que les professeurs nordiques sur la « noble race blonde » et que, par là, ils développent les sentiments belliqueux[1] ?

Ludwig rapporta la colère de Mussolini dont la gêne provenait en la matière des excès de certains fascistes, puis retranscrivit la réponse de son hôte, selon lequel le concept de race était inepte : « Naturellement, dit-il, il n'y a plus de races à l'état pur. Même les Juifs ne sont pas demeurés sans mélange. Ce sont justement des croisements heureux qui ont souvent produit la force et la beauté d'une nation. La race, c'est un sentiment, non une réalité. Le sentiment y entre pour quatre-vingt quinze pour cent. Je ne croirai jamais qu'on puisse faire la preuve biologique qu'une race est plus ou moins pure[2] ». Engageant Mussolini sur le terrain juif, l'historien allemand notait que les antifascistes italiens exilés à Paris accusaient Mussolini d'antisémitisme ; le Duce s'en défendit avec virulence, en prononçant sa célèbre profession de foi :

> L'antisémitisme n'existe pas en Italie, fit Mussolini. Les Juifs italiens se sont toujours bien comportés comme citoyens et bravement battus comme soldats. Ils occupent des situations éminentes dans les universités, dans l'armée, dans les banques. Il y en a toute une série qui sont généraux[3].

Ce texte marqua profondément les Israélites français qui s'en firent largement l'écho. En octobre 1932, les *Archives Israélites* rapportèrent les propos d'Emil Ludwig réaffirmant que Mussolini éprouvait de l'admiration pour les Juifs[4]. Quelques mois plus tard, en janvier 1933, Janine Auscher, de *L'Univers Israélite*, obtint une entrevue avec l'historien allemand à qui elle demanda d'exposer la situation des Juifs italiens sous le fascisme ; celui-ci répondit : « Elle est fort prospère, nulle différence

---

1 Emil Ludwig, *Entretiens avec Mussolini*, Paris, Albin Michel, 1932, p. 83-84.
2 *Ibid.*, p. 84.
3 *Ibid.*, p. 85.
4 « Un message de l'historien Ludwig », *Archives Israélites*, 20 octobre 1932.

n'est faite entre eux et les autres citoyens. Certains occupent même des postes officiels », termes approchant de ceux employés par Mussolini. Ludwig poursuivit avec un vibrant éloge de la Méditerranée, dont les Juifs faisaient partie intégrante[1].

Au moment où le fascisme français suscitait l'inquiétude, de telles déclarations de la part du chef des fascistes avaient tout pour rassurer les Israélites français, d'autant qu'elles n'étaient pas isolées. Le Duce, ne manquait-on pas de noter, multipliait les signes de soutien à Israël. L'opinion juive française accueillit ainsi favorablement les récriminations de l'Italie à l'égard de l'antisémitisme allemand ; l'on notait que la question juive constituait l'une des principales causes de la méfiance de Mussolini envers Hitler, ce qu'ont démontré plusieurs historiens, dont Meir Michaelis en replaçant le problème de l'antisémitisme dans un contexte plus général[2]. Dès 1932, *L'Univers Israélite* résumait comme suit la substance des propos tenus par la presse italienne : « Persécuter les Juifs est une bien vieille chose ; le fascisme, lui, veut reconstruire la vie sur des bases nouvelles. Sous le régime fasciste, les Juifs jouissent de tous les droits, alors que le hitlérisme leur veut enlever ceux qu'ils ont péniblement acquis[3] ». Après l'avènement d'Hitler, les organes communautaires juifs n'épargnèrent à leurs lecteurs aucune manifestation italienne d'hostilité à l'antisémitisme allemand : *Paix et Droit* soulignait que « M. Mussolini a exprimé l'espoir que cette situation pénible cesserait bientôt pour faire place à un état de choses normal[4] ». Face aux excès allemands, l'Italie renforça de fait sa ligne philosémite et chercha à rassurer les Juifs italiens. Mais dans quel but ? *L'Univers Israélite* reproduisit une déclaration rassurante prononcée par Mussolini, lequel rappela que « l'Italie n'a jamais connu l'antisémitisme, et même aujourd'hui le peuple italien ne professe aucun préjugé à l'endroit des Juifs » ; le journal ajoutait que « le chef du gouvernement italien, M. Mussolini, a maintes fois réaffirmé qu'une grande injustice a été commise contre les Juifs en Allemagne[5] ». Preuve selon les Juifs français

---

1   Janine Auscher, « Quelques instants avec Emil Ludwig », *L'Univers Israélite*, 6 janvier 1933.

2   Meir Michaelis, *op. cit.* ; ouvrage que l'on peut compléter avec Walter Rauscher, *Hitler e Mussolini. Vita, potere, guerra e terrore*, Rome, Newton & Compton editori, 2004. Voir également le chapitre précédent.

3   « Le fascisme désavoue le hitlérisme », *L'Univers Israélite*, 14 octobre 1932. Même opinion, plus nuancée toutefois, dans René Assael, « De Mussolini à Hitler », *Le Droit de Vivre*, septembre-octobre 1933.

4   « L'antisémitisme allemand », *Paix et Droit*, avril 1933.

5   « Déclaration philosémite », *L'Univers Israélite*, 19 octobre 1934.

qu'il ne s'agissait pas là de simples effets de manche, l'Italie n'hésitait pas à faire savoir à ceux qui étaient parfois ses alliés politiques son rejet du racisme – c'était toutefois oublier un peu vite l'épisode de Montreux : après avoir critiqué la thèse allemande sur la pureté de la race au cours d'un débat sur la question juive à la Société des Nations[1], l'Italie adressa aux fascistes anglais, qui prônaient l'antisémitisme, un vif avertissement ; les mouvements se proclamant fascistes ne devaient pas s'aligner sur le modèle nazi, qui trahissait la nature et les objectifs du véritable fascisme :

> Plusieurs organes italiens – interprétant les sentiments du gouvernement – lui [à Mosley] ont dit que le fascisme créé par Mussolini ne reconnaît à aucune race le droit d'opprimer une autre race, que le fascisme ignore les conflits d'ordre religieux et qu'en imitant les méthodes instituées par Hitler en Allemagne, on risque de rejeter son pays dans l'obscurité de la préhistoire[2].

Il n'était donc pas étonnant que, dans ces conditions, l'on célébrât en France l'attitude italienne : lors d'une séance publique du Comité français pour la protection des intellectuels juifs persécutés, le 10 mai 1933, le député François Piétri, louant l'esprit latin de tolérance, se livra à un éloge passionné de Rome, ouverte à l'Autre depuis les Césars, et salua l'attitude responsable de l'Italie, proche des grandes démocraties par son refus du racisme[3]. Ce fut avec satisfaction que les Israélites français évoquaient le mécontentement allemand après la réprobation italienne : une nouvelle fois, certains organes hitlériens accusèrent Mussolini d'être juif, ce à quoi la presse italienne répondit que si Mussolini avait été juif, le peuple d'Israël n'en aurait eu que plus de valeur ; s'ensuivit de la part des organes fascistes un éloge d'Israël et du caractère cosmopolite de l'Italie[4]. Dans les faits, l'Italie accueillit des Juifs en provenance des pays de persécution : en Hongrie, la langue italienne fut introduite dans certaines écoles juives afin de faciliter l'intégration des éventuels candidats à l'émigration vers l'Italie[5]. Plus décisif encore fut l'accueil très officiel des réfugiés allemands dans la péninsule :

---

1   « Un grand débat sur la question juive à la Société des Nations », *L'Univers Israélite*, 13 octobre 1933.

2   « Le fascisme anglais contre le judaïsme », *L'Univers Israélite*, 16 novembre 1934.

3   François Piétri, dans Comité français pour la protection des intellectuels juifs persécutés, *La Protestation de la France contre les persécutions antisémites*, Paris, Lipschutz, 1933, p. 19.

4   « Si Mussolini était d'origine juive », *L'Univers Israélite*, 22 mars 1935.

5   « Hongrie : l'italien dans les écoles juives », *L'Univers Israélite*, 29 juin 1934.

> Le consulat d'Italie à Berlin annonce que le gouvernement italien ne voit pas d'inconvénient à ce que les Juifs allemands, désireux de transférer leurs capitaux en Italie, s'y établissent en profitant de l'autorisation des autorités allemandes d'exporter 30.000 Rentenmarks en virement sur une banque italienne.
>
> Un délégué du *Hilfsverein* se rendra prochainement en Italie pour discuter avec les autorités les conditions de l'admission des Juifs allemands. On croit qu'un millier de familles juives iront prochainement s'établir en Italie[1].

Il ne faut pas s'y tromper. Parmi les Juifs, l'on insistait bien moins sur le bénéfice retiré en Italie par l'arrivée de Juifs allemands fortunés que sur le secours porté aux malheureux dans un contexte angoissant et sur la tradition d'accueil italienne : en juin 1935, 1 100 réfugiés allemands avaient gagné l'Italie[2].

Mussolini aurait-il pu réagir autrement, se demandait-on ? Beaucoup répondaient par la négative : les hiérarques fascistes ne pouvaient pas s'éloigner du sentiment populaire. L'opinion italienne se montrait touchée par le sort réservé aux Juifs allemands et suivait l'évolution des événements avec attention[3]. Toutes les tendances de l'opinion transalpine se montraient attristées par la situation en Allemagne, disait-on au sein du judaïsme français, au point que certains protestèrent publiquement, tel Giovanni Papini, qui voyait dans le racisme allemand une traduction de l'esprit germanique ; Papini ajoutait que le peuple allemand était loin d'être « pur » et que les plus grands esprits produits récemment par l'Allemagne furent ceux d'Einstein et de Freud[4]. Le caractère accueillant de l'Italien ne se démentait pas et nombre de Juifs, y compris les immigrés, ne craignaient d'ailleurs pas de choisir sans risque la sœur latine pour destination de voyage[5].

Dans ce concert d'éloges, se faisaient toutefois entendre certaines fausses notes. Derrière les déclarations rassurantes se cachaient d'inquiétants agissements, clamait-on çà et là. Grande nouveauté : les critiques n'étaient plus le seul fait des Juifs d'extrême gauche ; alarmées par l'évolution de la conjoncture française et européenne, des voix de plus en plus nombreuses, transcendant les clivages de l'opinion juive, faisaient preuve de vigilance. La LICA se trouvait la mieux placée pour assurer la fonction d'opposante à la pensée commune. *Le Droit de Vivre* remarquait ainsi

---

1   « Des Juifs vont s'établir en Italie », *L'Univers Israélite*, 13 décembre 1935.
2   Renzo De Felice, *Storia degli ebrei italiani sotto il fascismo*, Turin, Einaudi, 1993 (1961 pour la première édition), p. 134.
3   « La question juive et l'opinion italienne », *L'Univers Israélite*, 6 octobre 1933.
4   « Giovanni Papini contre le racisme allemand », *L'Univers Israélite*, 4 janvier 1935.
5   *Cf.* Léon Poliakov, *Mémoires*, Paris, Grancher, 1999, p. 53.

que, malgré des signes bienveillants, aucune manifestation de soutien aux victimes du nazisme ne fut organisée en Italie ; le journal de la LICA publiait *in extenso* la déclaration de la Ligue italienne des Droits de l'Homme (LIDU), alertant l'opinion française :

> La Commission Exécutive de la Ligue Italienne des Droits de l'Homme, en présence des persécutions de la dictature fasciste allemande contre les Juifs, Signale que de tous côtés se lève la protestation des esprits libres, tandis qu'en Italie aucune manifestation de solidarité envers les victimes de la haine anti-juive ne saurait être tolérée, parce que le régime fasciste considère comme un crime tout appel aux droits de l'homme et du citoyen : droits que le fascisme a supprimés en Italie avant que l'hitlérisme les supprimât en Allemagne, Affirme que le peuple italien, mis dans l'impossibilité de proclamer son sentiment d'indignation, est solidaire avec le monde civilisé contre ceux qui rétablissent les méthodes du Moyen-Âge ; et que la complicité assumée par les journaux italiens avec les mesures brutales du gouvernement hitlérien, n'exprime pas, mais trahit et offense la véritable conscience des Italiens[1].

Certes, tous les membres de la LIDU n'adoptaient pas, on l'a vu, un comportement univoque à l'égard des Juifs[2], mais s'organisait une convergence des mouvements de gauche antifascistes, juifs et non juifs, rapprochement à même de poser les jalons d'un combat commun. Le but de la LICA, comme celui de la LIDU, revenait à montrer que le philo-sémitisme était voué à un avenir menacé, du fait de la nature même du fascisme. En janvier 1934, *Le Droit de Vivre* publia ainsi une fine analyse formulée par l'antifasciste Francesco Nitti, qui donnait sa vision de la condition juive en Italie : « L'État nationaliste doit être nécessairement racial, et par conséquence antisémite. Hitler veut supprimer les Juifs ; le Fascisme italien, plus intelligent, les a pratiquement annulés dans la vie nationale[3] ». Étonnamment, Nitti estimait que les Juifs portaient une part de responsabilité dans la recrudescence de l'antisémitisme car ils se présentaient comme un peuple, parfois comme une race ; l'Italien n'en ajoutait pas moins que le sort d'Israël était ignoble et immérité[4]. Notons que la rédaction du *Droit de Vivre* publia le texte sans commentaire.

Même s'ils n'allaient pas jusqu'à s'allier à la LICA, certains Juifs modérés et conservateurs nuançaient eux aussi le tableau de l'Italie,

1 « La Ligue italienne des Droits de l'Homme », *Le Droit de Vivre*, mai 1933.
2 Sur ce point, Éric Vial, « Les antifascistes italiens en exil en France face aux lois antisémites mussoliniennes de 1938 », *Cahiers de la Méditerranée*, n° 61, décembre 2000, p. 236 *sqq*.
3 *Le Droit de Vivre*, juin 1934. Même opinion dans Jacques Rozner, « Fascisme et antisé-mitisme », *Le Droit de Vivre*, juillet-août 1933.
4 *Ibid*.

mais se livraient à des analyses toutes différentes de celles des ligueurs juifs. B. Colombo, un lecteur de *L'Univers Israélite* ne partageant pas les vues de ce journal, lui adressa un courrier dans lequel il expliquait que si Mussolini s'érigeait en défenseur de la cause juive, la raison provenait de ce que cela servait ses intérêts du moment : bien qu'elle fût indemne d'antisémitisme, l'Italie, craignant que les ambitions allemandes ne vinssent entraver ses desseins extérieurs, avait instrumentalisé la question juive pour témoigner son opposition à Hitler. Si jamais l'intérêt de Mussolini le portait vers l'Allemagne, le Duce n'hésiterait pas à faire volte-face : « Il ne viendra jamais à l'esprit du gouvernement italien de miner sa politique extérieure, qui est liée à celle de l'Allemagne, pour être agréable au judaïsme[1] ». Ceux qui s'intéressaient à la mise en place d'une « Internationale fasciste » et au Congrès de Montreux pouvaient glaner comme on l'a vu des arguments supplémentaires pour étayer leurs assertions. Sans être aussi pessimiste, Alfred Berl soutenait lui aussi que la politique de l'Italie n'était plus ce qu'elle avait été. Titrant « L'alerte en Italie », en avril 1934, le rédacteur en chef de *Paix et Droit*, après avoir rappelé la situation heureuse de ses coreligionnaires sous le ciel transalpin, écrivait : « Et voilà que, soudain, au cours du mois dernier, cette précieuse harmonie a été mise en question par un incident d'ordre secondaire, et plus encore par les commentaires dont il fut le prétexte[2] ». Berl faisait référence à l'arrestation d'éminentes personnalités antifascistes israélites suspectées d'antifascisme :

> Les polémiques qui suivirent cette mesure ne laissèrent pas de provoquer une pénible émotion dans les milieux juifs de la péninsule et aussi de l'Europe Occidentale. Certains journaux – dont le *Tevere* – s'avisèrent d'exploiter cette affaire – qui n'eût jamais dû sortir du domaine judiciaire – dans un sens et en des termes tels qu'était impliquée l'intention formelle d'amorcer une campagne antijuive[3].

En des termes approchants, Aimé Pallière écrivait : « Une bouffée d'air suspecte à tendances antisémitiques a soufflé ces temps derniers. Le journal le *Tevere*, organe de faible diffusion heureusement, a publié des articles qui n'ont pas été sans inquiéter l'opinion publique juive[4] ». Ni

---

1   B. Colombo, « L'Italie et le problème juif », *L'Univers Israélite*, 8 septembre 1933. L'historien Meir Michaelis écrit pour sa part : « Si Mussolini ne voulait pas s'opposer aux Juifs pour Hitler, il ne voulait également pas s'aliéner Hitler pour les Juifs » (*Op. cit.*, p. 49).
2   Alfred Berl, « L'alerte en Italie », *Paix et Droit*, avril 1934.
3   *Ibid.*
4   Aimé Pallière, « En Italie », *L'Univers Israélite*, 27 avril 1934.

Berl ni Pallière ne pensaient que l'agitation des extrémistes fascistes pût entraîner un revirement de l'Italie, où le gouvernement avait mis énergiquement fin à la controverse :

> L'incident est clos définitivement, et, selon toute vraisemblance, l'antisémitisme ne deviendra pas un article d'importation en Italie[1].
>
> Nul doute que le judaïsme italien ne continue à jouir de la tranquillité que tant d'autres pays lui envient[2].

S'agissait-il de certitudes ou de vœux ardents ?

Rares furent ainsi ceux qui perçurent clairement l'évolution de la situation : même ceux qui fustigeaient l'Italie ne considéraient pas à sa juste mesure l'ampleur du bouleversement qui s'engageait et qui visait à marginaliser les Israélites en les évacuant peu à peu de la vie publique[3]. Un facteur expliquait cette sous-estimation : le regain d'intérêt pour le sionisme manifesté par les Italiens, qui occultait les questions intérieures à l'Italie dans l'opinion juive.

L'ARGUMENT SIONISTE

L'incertitude du climat international des années 1930 amena l'Italie à se ménager plusieurs ouvertures en Méditerranée. Mussolini considéra ainsi la Palestine comme un sérieux débouché pour les intérêts de son pays, attitude déjà amorcée lors de la précédente décennie ; selon l'état de ses relations avec l'Angleterre et avec l'Allemagne, l'Italie freinait ou accélérait son rapprochement avec les sionistes[4]. Les Israélites français percevaient bien le caractère intéressé de la nouvelle politique mussolinienne mais peinaient à en déceler le sens et la portée ; il n'était pas rare que les journaux israélites livrassent à leurs lecteurs des informations brutes, parfois tirées d'autres revues, sans commentaire les éclairant. Premier journal à faire allusion à cette réorientation, les *Archives Israélites* citaient un article du *Temps*, texte plus tard repris à l'identique par *L'Univers Israélite*. Le papier original s'étonnait du revirement brutal de l'Italie qui considérait, de manière inédite, le sionisme comme seule

---

1   Alfred Berl, « L'alerte en Italie », art. cit.

2   Aimé Pallière, art. cit.

3   *Cf.* Michele Sarfatti, *Gli ebrei nell'Italia fascista. Vicende, identità, persecuzione*, Turin, Einaudi, 2007 (2000 pour l'édition originale), p. 94 *sqq.* Mussolini commençait à écarter les Juifs de son entourage.

4   Pour une vue générale, on pourra se reporter à Furio Biagini, *Mussolini e il sionismo, 1919-1938*, Milan, M & B, 1998.

issue du problème juif, si bien que s'esquissait un lien entre sionisme et essor de l'antisémitisme. L'attitude de l'Italie à l'égard du sionisme était présentée en ces termes aux lecteurs juifs français :

> L'instinct de tolérance qui caractérise l'Italien, la conciliation avec l'Église, le tout uni au sens de l'équité romaine que le Duce a rendue à la politique de son pays, conf[èrent] à l'action de l'Italie en Palestine les meilleurs moyens pour affronter et résoudre l'un des problèmes les plus ardus de notre époque[1].

Les considérations diplomatiques et géopolitiques n'étaient pas loin et les journaux juifs notaient que plusieurs personnalités sionistes de premier plan, mécontentes des Britanniques, s'étaient rapprochées des fascistes auxquels elles voulaient que fût transmis le mandat sur la Palestine[2]. De la sorte, Mussolini pourrait jouer la carte palestinienne dans sa relation avec l'Angleterre, ce que notera plus tard sans détour l'hebdomadaire *Samedi* qui classait l'Italie « parmi les puissances qui ont intérêt à faire régner le trouble dans le Proche-Orient[3] ». L'éventualité prise au sérieux de la transmission du mandat palestinien à l'Italie expliquait aux yeux de l'opinion juive que Mussolini réservât un chaleureux accueil aux sionistes défilant à Rome. Après que Chaïm Weizmann, président de l'Organisation sioniste mondiale, se fut entretenu avec le Duce, *L'Univers Israélite* souligna que ce dernier s'était montré « vivement intéressé » par l'œuvre accompli en Palestine[4]. En novembre 1934, ce ne fut qu'un laconique entrefilet du même journal qui rendit compte de la visite de Nahum Goldmann, président du comité exécutif du Congrès juif mondial, au Palazzo Venezia[5], une discrétion qui ne manque pas d'étonner quand on sait que Mussolini avait déclaré à son hôte : « Je suis

---

1   *Le Temps*, cité sans date dans *Archives Israélites*, 28 septembre 1933 ; même article repris plus tard dans « La question juive et l'opinion italienne », *L'Univers Israélite*, 6 octobre 1933.

2   *Ibid. Cf.* Alberto Bianco, « Les sionistes révisionnistes et l'Italie : histoire d'une amitié très discrète (1932-1938) », *Bulletin du Centre de recherche français de Jérusalem*, n° 13, automne 2003, p. 25.

3   « Menées italiennes en Palestine », *Samedi*, 26 septembre 1936.

4   « Le Dr Weizman chez M. Mussolini », *L'Univers Israélite*, 2 mars 1934. Sur cette entrevue, voir Sergio I. Minerbi, « Gli ultimi due incontri Weizmann-Mussolini (1933-1934) », *Storia contemporanea*, vol. V, n° 3, p. 466 *sqq.* ; Pierre Milza, *op. cit.*, p. 622. Lors de cette entrevue, Weizmann invita Mussolini à s'ériger en « barrière contre la barbarie » et à se rapprocher des démocraties ; Mussolini pour sa part déclara à son invité qu'il était favorable à la création d'un État juif en Palestine et ajouta que Jérusalem ne devait pas devenir une capitale arabe.

5   « M. N. Goldmann chez le Duce », *L'Univers Israélite*, 23 novembre 1934.

sioniste[1] ». Ce ton circonspect marquait en fait tous les propos relatifs à l'attitude transalpine face au sionisme. Quelques jours après la visite de Goldmann, les deux principaux journaux juifs français prenaient acte de la confirmation de cette politique pro-sioniste et notaient en des termes froids, sans doute repris d'un communiqué officiel : « Le gouvernement italien s'efforce d'introduire la culture italienne en Palestine[2] ». Pour ce faire, Aldo Sorani, un Juif italien, avait été chargé par le gouvernement fasciste « d'organiser en Palestine des manifestations littéraires et artistiques italiennes[3] », en liaison avec l'Université hébraïque de Jérusalem. Plus symbolique mais significative apparaissait la décision prise par la compagnie maritime italienne *Lloyd Triestino* de débaptiser l'un de ses navires pour le nommer *Tel-Aviv* ; « c'est un hommage que la compagnie rend aux passagers israélites qui constituent le contingent le plus important de son trafic[4] ». Cela mettait en relief l'importance des intérêts italiens en Palestine. *Le Droit de Vivre*, désireux de pointer le cynisme fasciste s'intéressait particulièrement à cet aspect ; à la fin de 1933, à l'occasion de la Foire du Levant, à Bari, le journal de la LICA pensait que la Palestine pourrait jouer un rôle central dans la nouvelle carte commerciale du Proche-Orient et rapportait l'attitude de l'Italie qui profitait de la faiblesse allemande :

> Le boycott considérable des marchandises allemandes, qui se fait de plus en plus puissant depuis quelques mois, ouvre de grandes perspectives devant la pénétration du commerce italien sur le marché levantin. Chaque jour, les consulats, les banques et les chambres de commerce reçoivent des commandes de produits italiens destinés à remplacer les marchandises qui jusqu'à présent ont été importées d'Allemagne[5].

Les questions économiques et commerciales n'intéressaient cependant pas les autres organes de l'opinion juive et cette allusion du *Droit de Vivre* constituait le seul article du *corpus* relatif à cet aspect.

Comment expliquer ce ton distant et réservé sur les rapports entre fascistes et sionistes ? La gravité des autres sujets d'actualité en 1933

1 Marie-Anne Matard-Bonucci, *L'Italie fasciste et la persécution des Juifs*, Paris, Perrin, 2007, p. 120.
2 « La culture italienne en Palestine », *L'Univers Israélite*, 23 novembre 1934 ; même article dans *Archives Israélites*, 29 novembre 1934.
3 *Ibid.*
4 « Le "Lloyd Triestino" donne à un de ses navires le nom de Tel-Aviv », *L'Univers Israélite*, 16 mars 1934.
5 *Le Droit de Vivre*, septembre-octobre 1933.

et 1934, qui faisait passer cette question à un plan secondaire, peut assurément être avancée. De même que le caractère flou de la politique méditerranéenne de l'Italie elle-même, dont les contours ne sont pas encore définitivement fixés à cette date[1]. Mais il ressort également de cette attitude une part d'incompréhension, une crainte, de la part de nombreux Juifs de France, ou tout au moins une volonté de ne pas se prononcer. Reconnaître que le sionisme constituait l'issue du problème juif allait contre tous les idéaux de l'opinion juive française[2]. À part pour la LICA, critiquer l'attitude de l'Italie était inenvisageable car susceptible de s'aliéner l'un des derniers alliés présumés d'Israël en Europe. En fait, une hypothèse peut être échafaudée : les Israélites français se rendaient de plus en plus compte de ce que Mussolini instrumentalisait non seulement la question sioniste, ce que l'on avait clairement compris de longue date, mais surtout la question juive en général. D'où de multiples inquiétudes quand à la solidité et à la durée de cette politique. Examiner les réactions des Israélites italiens enrichissait davantage la réflexion.

LE TIMIDE INVESTISSEMENT DES JUIFS ITALIENS FACE À LA PERSÉCUTION DE LEURS FRÈRES

Tandis que le vent des persécutions s'amplifiait, une grande partie des Juifs, souvent de gauche, critiquait ses coreligionnaires qui ne s'investissaient pas suffisamment pour aider les Israélites en proie à l'antisémitisme, et ce depuis la fin des années 1920[3]. Le judaïsme italien s'attirait-il les mêmes critiques ? S'investissait-il, ou plutôt, pouvait-il s'investir ? L'attitude des Juifs italiens, vivant sous un régime proche de celui d'Hitler et muselés comme le reste des citoyens, ne témoignait-

---

1   *Cf.* Renzo De Felice, *Il fascismo e l'Oriente. Arabi, ebrei e indiani nella politica di Mussolini*, Bologne, Il Mulino, 1988, p. 146-150 ; ainsi que Romain H. Rainero, *La Politique arabe de Mussolini pendant la Seconde Guerre mondiale*, Paris, Publisud, 2006, p. 29.

2   Notons que les Israélites français ne rejetaient plus aussi massivement qu'auparavant la cause sioniste du fait de la dégradation de la condition juive en Europe. Catherine Nicault, *La France et le sionisme, 1897-1948. Une rencontre manquée ?*, Paris, Calmann-Lévy, 1992, p. 173-178.

3   Bernard Lecache, *Au pays des pogromes : quand Israël meurt*, Paris, Éditions du Progrès civique, 1927, p. 4 ; Joseph Fischer, « Organisons-nous davantage et mieux », *La Terre Retrouvée*, 15 novembre 1937.

elle pas d'une certaine dégradation de leur condition ? Pour le savoir, il fallait distinguer le verbe de l'action.

UN SOUTIEN VERBAL

Dès l'orée des années 1930, des Israélites italiens avaient œuvré contre l'antisémitisme qui sévissait à l'extérieur des frontières de la péninsule. En France, l'on reçut par exemple l'écho du projet de lutte contre l'antisémitisme élaboré par le professeur Tedeschi : celui-ci prônait l'établissement d'une convention patronnée par la SDN qui fixerait une législation uniforme pour lutter contre le racisme. Enthousiastes, les *Archives Israélites* saluèrent le projet et précisaient : « Toutes nos félicitations à notre éminent coreligionnaire pour son *Kiddouch Hachem*[1] ».

Tout laissait penser que cette attitude se poursuivrait après l'avènement d'Hitler. Or, sur ce point, les Israélites français semblaient quelque peu déçus. Certes, ils n'omettaient pas de rapporter les prises de position de leurs coreligionnaires italiens sur l'antisémitisme allemand, telle celle du grand-rabbin Sacerdoti à Mussolini :

> Le grand-rabbin de Rome a été reçu par M. Mussolini qu'il a informé des sentiments d'amertume que ressentent les Juifs italiens du fait de la grave situation où se trouvent leurs coreligionnaires d'Allemagne. Il a présenté au chef du gouvernement italien un ordre du jour approuvé à ce sujet par l'Union des communautés juives d'Italie[2].

Dans *Paix et Droit*, l'on pouvait lire précisément cet ordre du jour : l'Union des communautés juives d'Italie appelait de ses vœux un retour à la normale en Allemagne et invitait toutes les « nations civilisées » à empêcher les menées hitlériennes et à venir en aide aux Juifs persécutés[3]. Une partie de l'opinion juive française, conservateurs et progressistes confondus, trouvait cependant de telles réactions nettement insuffisantes. Quelque temps plus tard, Madeleine Israël, rédactrice à *L'Univers Israélite*, le signifia d'ailleurs directement au grand-rabbin Sacerdoti, de qui elle obtint une entrevue à Rome : « À tort ou à raison, disait-elle au rabbin, certains avaient cru pouvoir penser qu'étant donné la situation politique de l'Italie, le judaïsme italien n'avait pas protesté (ou tout au moins avec

---

1 « La lutte contre l'antisémitisme », *Archives Israélites*, 14 avril 1932. *Cf.* « Le projet du professeur Tedeschi », *L'Univers Israélite*, 22 juillet 1932. Le « *Kiddouch Hachem* » désigne la sanctification du nom de Dieu à travers une bonne action.

2 « Le grand-rabbin de Rome chez M. Mussolini », *L'Univers Israélite*, 28 avril 1933.

3 « L'antisémitisme allemand », *Paix et Droit*, avril 1933.

suffisamment de vigueur) contre l'attitude antisémite du gouvernement allemand[1] ». Désireux de se justifier, l'éminent rabbin énuméra les protestations auxquelles s'étaient livrées les Israélites de son pays, réactions qui allaient des déclarations publiques à la participation à des conférences internationales. La journaliste renchérit et demanda pourquoi aucune réunion analogue ne s'était tenue en Italie ; « M. le grand-rabbin sourit finement », précisait Madeleine Israël[2]. Angelo Sacerdoti se contenta d'expliquer que les réunions où trop de questions étaient abordées en public n'avaient plus cours en Italie. Interdiction de la part des fascistes ou autocensure de la part des Israélites ? Le rabbin ne donna aucune réponse précise mais chercha à rassurer son interlocutrice.

De l'avis de tous, une gêne nettement perceptible se dégageait du comportement des Juifs italiens ; il fallait en chercher la cause dans les récentes agitations dont l'Italie avait été le théâtre[3]. Comme plusieurs journaux transalpins accusaient, tout comme dans les années 1920, les Juifs italiens sionistes de ne pas être complètement italiens[4], l'ensemble du judaïsme italien cherchait à contrer de tels arguments : « Nombre d'individualités et de collectivités juives s'émurent devant cette incrimination et répudièrent avec énergie tout ce qui pouvait porter ombrage au patriotisme italien[5] ». Moins critique, Aimé Pallière, tout en regrettant ces accusations, jetait la faute sur certains juifs trop politisés, même s'il n'y avait rien de comparable au cas français :

> Des interventions maladroites de certains Juifs italiens ont produit, m'a-t-on dit, une assez fâcheuse impression. Il y a des gens dont les démarches, quoi qu'ils fassent, trahissent toujours les intentions. Mais du moins l'Italie n'a pas, comme notre Paris, des éléments inassimilés dont l'agitation inconsidérée, les manifestations tapageuses, finissent par agacer le public et préparent de dangereuses réactions[6].

---

1   Madeleine Israël, « L'Italie et les Juifs : déclarations de M. Sacerdoti, grand-rabbin de Rome », *L'Univers Israélite*, 19 octobre 1934.

2   *Ibid.*

3   *Cf. supra.* Voir Alessandra Minerbi, « Tra solidarietà e timori : gli ebrei italiani di fronte all'arrivo dei profughi ebrei dalla Germania nazista », dans Alberto Burgio (a cura di), *Nel nome della razza. Il razzismo nella storia d'Italia, 1870-1945*, Bologne, Il Mulino, 1999, p. 309-319.

4   On remarquera ici le maintien de la dichotomie fasciste entre un gouvernement très favorable au sionisme hors des frontières d'Italie et une presse lançant l'assaut contre ceux des Juifs qui étaient favorables à cette doctrine.

5   Alfred Berl, « L'alerte en Italie », art. cit.

6   Aimé Pallière, art. cit.

Sans doute la timidité des réactions italiennes à l'antisémitisme allemand s'expliquait-elle, d'après l'opinion juive française, par la volonté de combattre le discours de la presse italienne : la marge de manœuvre des Israélites d'outre-monts paraissait faible.

LE CHOIX DE L'INACTION

Les Israélites français ne souscrivaient donc pas aux propos des hauts dignitaires juifs italiens suivant lesquels la communauté transalpine s'était massivement investie pour venir en aide aux Allemands persécutés. Une observation de l'action réellement menée en fournissait la confirmation.

Le premier indice qui s'offre à l'analyse est le faible nombre d'articles relatifs à l'action proprement dite par rapport à ceux rapportant les seules déclarations, dans la presse juive. L'on observe toujours la même tendance que précédemment : l'investissement de la communauté juive italienne connut un net ralentissement après 1933. L'année précédente, les *Archives Israélites* rendaient hommage à l'action du judaïsme italien concernant l'intégration des réfugiés juifs : « Les communautés italiennes font beaucoup pour les étudiants juifs qui ont quitté les universités inhospitalières de leurs pays pour continuer leurs études à Bologne, à Milan, à Rome. On veut coordonner l'action en faveur de ces étudiants immigrés[1] ». Selon les mêmes observateurs, l'entrain des Israélites italiens – leur liberté pourrait-on dire – subit un net fléchissement après l'avènement du nazisme. Le mode de secours apporté aux Juifs allemands changea lui aussi : il s'était réduit à une forme de philanthropie. Ainsi, les journaux juifs français ne parlaient plus de programmes d'aide complets en Italie, mais ne faisaient plus référence qu'à des aides financières, et ce, seulement pour l'année 1934, moment qui correspond à la dégradation des relations italo-allemandes[2]. Faisant état d'une aide de 400 000 lires destinées à faciliter l'émigration des Juifs allemands vers la Palestine, *L'Univers Israélite* notait : « Une autre somme sera employée à secourir les réfugiés allemands se trouvant en Italie même et notamment les étudiants juifs, chassés des Universités allemandes, qui poursuivent leurs études

---

1   *Archives Israélites*, 4 août 1932.
2   Comme l'écrit Philippe Foro, « la germanophobie de Mussolini est alors à son comble » (*L'Italie fasciste*, Paris, Armand Colin, 2006, p. 155). Mussolini s'était à plusieurs reprises posé en partisan de l'indépendance autrichienne. Une première rencontre entre Mussolini et Hitler se tint le 14 juin 1934 à Venise, mais après le 25 juillet et le coup d'État visant à rattacher l'Allemagne de l'Autriche, l'Italie renouvela son appui au nouveau chancelier autrichien Schuschnigg. À Bari, le 6 septembre, Mussolini prononça un violent discours contre le nazisme.

dans les Universités italiennes[1] » ; Angelo Sacerdoti confia à la même revue qu'1 600 000 lires furent en tout récoltées par les communautés juives d'Italie[2].

En des heures sombres, toute contribution à l'amélioration du sort des Juifs allemands, quelle qu'elle fût, était saluée par la presse juive française. Or, plusieurs documents figurant dans les archives de l'Alliance israélite universelle permettent de lire les événements de l'époque selon un éclairage différent, car les informations qu'il contiennent n'étaient pas destinées à la diffusion publique. Il s'agit de lettres adressées par le grand-rabbin de Rome Angelo Sacerdoti au grand-rabbin de France Israël Lévi et à l'Alliance israélite universelle ; à cette dernière il écrivait :

> Je compte [...] beaucoup sur votre aide et sur vos qualités éminentes politiques pour réussir dans ma mission.
> Vous pouvez comprendre la grande délicatesse de ma mission en vous rappelant que j'ai eu une longue entrevue avec le chef du Gouvernement à propos de la situation de nos confrères d'Allemagne[3].

Angelo Sacerdoti exposait à son homologue français Israël Lévi le sens de cette mission :

> Par l'Union des Communautés Juives d'Italie je suis chargé de venir à Paris pour voir les plus éminentes personnalités du monde Juif de France et d'Angleterre afin de les informer de ce que nous avons fait jusqu'à ce moment pour les juifs allemands et de ce que nous nous proposons de faire, et pour expliquer quelles possibilités politiques nous avons pour venir en leur aide, et connaître ce [qui] a été fait ou en passe de faire [*sic*] par les autres et quelles possibilités il y a dans les pays de France et d'Angleterre[4].

Il prévenait Israël Lévi de sa participation à une réunion à Genève et indiquait qu'il viendrait lui rendre compte en personne des discussions ; le rabbin Sacerdoti entendait également s'adresser aux dirigeants du Consistoire et de l'Alliance israélite universelle, et participer à diverses séances de comités pour l'émigration. Il clôturait sa lettre comme suit : « Je n'ai aucun doute que vous serez convaincu de la nécessité d'une action

---

1   « Pour les réfugiés allemands », *L'Univers Israélite*, 23 mars 1934.
2   Madeleine Israël, art. cit.
3   AIU, Italie VI – B 32, Rome. Lettre du grand-rabbin Angelo Sacerdoti à Jacques Bigart, secrétaire de l'Alliance israélite universelle, de Rome, le 4 juin 1933.
4   *Ibid.* Lettre du grand-rabbin Angelo Sacerdoti au grand-rabbin de France Israël Lévy, de Rome, le 4 juin 1933.

concordée entre les juifs des grands pays[1] ». Ces documents permettent de cerner la nature de l'aide effective apportée par les Juifs d'Italie : il n'y avait pas d'engagement massif de la part de la population juive italienne dans ce mouvement de soutien car celui-ci se réduisait en fait à une aide officielle, organisée par les seuls responsables communautaires – sans doute afin d'éviter tout débordement ou toute critique de la part du gouvernement ou de la presse – et strictement encadrée par le gouvernement fasciste[2]. Frappantes apparaissent également les multiples références de Sacerdoti à l'aide apportée par les Juifs italiens : sans qu'il soit ne nécessaire de trop forcer l'interprétation, ces propos sonnent comme des justifications de l'absence d'un mouvement massif de soutien[3]. Il fallait montrer à l'opinion juive française, très active pour secourir les Juifs en proie à la persécution, que les Israélites italiens se mobilisaient eux aussi. Les Juifs français avaient donc, quant à eux, bien perçu, sans toutefois l'évoquer clairement, l'évolution de la condition de leurs coreligionnaires transalpins.

Les organes de l'opinion juive progressistes ne se prononcèrent pas sur cette question, mais un fait traduit leurs idées. Quand, en juin 1935, des Juifs, au premier rang desquels Maurice Vanikoff et Henri Volf, proches de la LICA, organisèrent une Conférence des anciens combattants juifs, à Paris, ils n'invitèrent pas d'organisations d'anciens combattants italiens[4]. À l'ordre du jour de cette conférence l'on aborda la défense des Juifs et la montée des périls[5], dans le but d'alerter l'opinion sur le sort des Juifs allemands[6]. La LICA semblait se cantonner à une analyse traditionnelle

---

1   *Ibid.*

2   Hypothèse confirmée dans Michele Sarfatti, *op. cit.*, p. 110. Toute initiative de la part des dignitaires juifs italiens devait être au préalable autorisée par Mussolini.

3   À plusieurs reprises dans les années 1920, des comités italiens avaient fait part de leur impossibilité d'apporter leur soutien aux grandes causes juives, comme l'aide aux persécutés de Russie. Ces comités en explicitaient généralement les raisons mais faisaient allusion au sentiment général des Juifs italiens qui dans l'ensemble étaient frappés par le sort de leurs coreligionnaires. Il est intéressant de remarquer, par contraste, qu'il n'est fait aucune allusion à l'opinion juive italienne dans les propos du grand-rabbin Sacerdoti ; celle-ci était comme mise en silence et toute action devait être approuvée par l'Union des communautés juives d'Italie, afin de ne pas déplaire au gouvernement. *Cf*, à titre de comparaison, AIU, Italie II – B 21, Livourne. Lettre du comité de l'Alliance israélite de Livourne au rabbinat et à l'Alliance israélite universelle de Paris, 27 avril 1922 ; AIU, Italie II – B 16, Florence. Lettre du Président l'Université israélite de Florence au Président de l'Alliance israélite universelle à Paris, le 5 mai 1922.

4   Philippe-E. Landau, *Les Juifs de France et la Grande Guerre : un patriotisme républicain, 1914-1941*, Paris, Éditions du CNRS, 1999, p. 227.

5   *Cf.* Jacob Kaplan, « Le patriotisme des Juifs », sermon du 17 juin 1935, dans *Les Temps d'épreuve : sermons et allocutions*, Paris, Éditions de Minuit, 1952, p. 45-52.

6   *Le Volontaire Juif*, juin 1935.

voyant dans les Israélites italiens de fidèles soutiens au fascisme et ne percevait pas l'instabilité de leur nouvelle condition.

Analyser un vaste *corpus* amène nécessairement à mettre en relief des voix dissonantes, qui appellent la nuance. L'avantage est de pouvoir dater les premiers frémissements d'une évolution des images traditionnellement admises, ce qui permet de ne pas conclure à des retournements soudains et brutaux mais de comprendre comment s'effectuent les transitions dans l'histoire des représentations. L'écueil dont il faut se préserver serait d'amplifier la force véritable des idées allant à rebrousse-poil de la majeure partie de l'opinion. À cela s'ajoute la lenteur avec laquelle évoluent les images traditionnelles. Tous ces éléments amènent donc à conclure qu'entre 1933 et 1936, l'Italie demeurait aux yeux d'une écrasante fraction du judaïsme français un rempart contre l'antisémitisme, « une sorte d'oasis où il fait bon vivre : en tout cas pour les Juifs », pour reprendre une expression de Maurice Rajsfus interprétant le sentiment général[1]. C'est pourquoi l'on peut parler d'un tournant inconscient. Bien plus, l'on n'analysait plus les relations entre l'Italie et le monde juif qu'en termes idéologiques, ce qui ouvrait la voie à la partialité la plus totale : les uns gommaient les points susceptibles de ternir l'image d'une Italie philosémite, les autres ne retenaient que les traits les plus sombres. Une impression générale se dégage cependant : l'enthousiasme semblait peu à peu quitter relativement les plus optimistes des Israélites français. Effet d'une époque trouble ? Pas seulement. La réaction des Israélites modérés au combat contre le fascisme lancé par leurs coreligionnaires de gauche apportait une réponse éloquente.

Porter son regard sur l'opinion publique ne revient pourtant pas simplement à retracer un éventail de réactions diverses face à un événement, à un sujet donné. Il s'agit également, afin d'avoir l'idée la plus précise de son objet d'étude, d'analyser la manière dont les perceptions ouvrent sur l'action. De fait, le regard porté sur un phénomène entraîne une prise de position, laquelle décide de l'attitude à adopter.

Comment fallait-il agir, à la lumière de l'ensemble des impressions que suscitait l'Italie, face au fascisme ? Cette question constitua l'un des principaux sujets de crispation paralysant le judaïsme français des années 1930 et fit l'objet d'affrontements nombreux et acerbes. Les Juifs de France, qui développaient deux *Weltanschauunge* radicalement

---

1   Maurice Rajsfus, *Sois juif et tais-toi ! 1930-1940. Les Français « israélites » face au nazisme*, Paris, EDI, 1981, p. 192.

opposées, ne s'affrontaient ainsi pas seulement sur le seul mode verbal. Les Juifs de gauche, autour de la Ligue internationale contre l'antisémitisme ou de la Ligue des Droits de l'Homme (LDH), soutinrent qu'il était nécessaire d'agir pour s'opposer au fascisme et mirent en place une rhétorique ainsi qu'un plan de combat – pacifique – contre deux cibles distinctes : d'abord contre le fascisme, et partant contre l'Italie et ses satellites, mais aussi, de façon indirecte, contre le reste des Juifs français accusés de passivité bienveillante à l'égard de ceux que l'on jugeait ennemis d'Israël et de la liberté. Irrités et gênés par l'attitude des Israélites progressistes, leurs coreligionnaires modérés et conservateurs, en mal de repères par ces temps incertains, se sentaient obligés de répondre aux attaques tout en restant fidèles à un impératif suprême : la prudence, afin de ne pas réveiller ou attiser l'antisémitisme. Une telle réaction jugée inappropriée, ne fit que galvaniser davantage le camp progressiste.

Les thèmes, les méthodes et les objectifs de ce combat étaient-ils clairs ? Luttait-on contre tous les fascismes ou simplement contre les antisémites parmi eux ? S'engageait-on d'abord en tant que Juif, comme membre d'une tendance politique ou au contraire, si cela était possible, en défenseur de la liberté, loin du carcan imposé par des clivages paraissant ineptes à l'heure où grondait le péril fasciste ?

Les querelles idéologiques eurent raison de tous les appels à l'union dans les années 1930. Sur la question de l'Italie et du fascisme, la scission du judaïsme, déjà affaibli par les débats autour de la question immigrée, se confirma et se durcit inéluctablement.

LA DIVISION DES JUIFS DE FRANCE SUR L'ATTITUDE À ADOPTER FACE AU FASCISME : VERS UNE LUTTE FRATRICIDE

Tandis qu'ils s'engagèrent dans la lutte contre le fascisme, les Juifs de gauche tentèrent de rallier leurs coreligionnaires d'autres sensibilités politiques à leur cause. Les oppositions, si solidement ancrées en chacun, étaient pourtant trop tenaces. L'on peut bien sûr légitimement se demander si, dans les faits, la majorité de la population juive ne demeurait pas en marge du combat contre le fascisme, en accordant tout au plus ses sympathies à l'une ou l'autre tendance. Sans qu'il ne soit possible de déterminer combien d'entre eux s'engagèrent dans cette cause, l'on peut en revanche soutenir que celle-ci éveillait un intérêt de plus en plus large parmi les Juifs.

L'OPPOSITION MONTANTE ENTRE JUIFS MODÉRÉS ET PROGRESSISTES

Dans ses souvenirs, Pierre Lazareff note : « En vérité, les Juifs français étaient aussi divisés sur la question de la politique à suivre vis-à-vis de l'Allemagne que tous les autres Français[1] ». Cette observation, relative à l'année 1938, pourrait parfaitement s'appliquer à l'Italie pour les années 1933-1935. Tout confirme la véracité d'une telle impression, car, sur l'ensemble des sujets relatifs à l'attitude à adopter face au fascisme, les opinions du judaïsme de gauche constituaient l'exact contrepoint de celles des Israélites modérés et conservateurs. Chaque tendance de l'opinion juive apparaissait en cohérence avec elle-même et s'en tenait à ses idées traditionnelles.

Ceux qui engagèrent le combat les premiers furent les Juifs de gauche, LICA en première ligne, même si celle-ci n'était affiliée à aucun parti. La ligue, pour s'inscrire dans le paysage juif français et compter dans ses rangs des enfants d'Israël, tentait, à commencer par son fondateur Bernard Lecache, de donner à son combat une aura dépassant le cadre communautaire. La lutte contre l'antisémitisme, son principal cheval de bataille, semblait plus généralement la manifestation d'un danger plus vaste, représenté par le fascisme et l'extrême droite[2]. Dès 1932, elle prit ainsi part au mouvement Amsterdam-Pleyel, puis, un an plus tard, au Cartel de la liberté, tandis que Bernard Lecache était l'un des fers de lance du Front commun aux côtés de Gaston Bergery. Après le 6 février 1934, elle ne ménagea pas ses efforts pour œuvrer à la naissance d'une coordination antifasciste, et en mars de la même année vint gonfler les rangs du Comité de vigilance des intellectuels antifascistes (CVIA), puis du Comité d'unité d'action antifasciste (CUAA)[3]. Très rapidement, les ligueurs avaient compris que fascisme et nazisme n'étaient que deux mots renvoyant à un même phénomène : « Un seul fascisme, un seul

---

1   Pierre Lazareff, *De Munich à Vichy*, New York, Brentano, 1944, p. 87.
2   Richard Millman, *La Question juive entre les deux guerres. Ligues de droite et antisémitisme en France*, Paris, Armand Colin, 1992, p. 202. Emmanuel Debono, « Le Front populaire et le militantisme antiraciste : l'exemple de la Ligue internationale contre l'antisémitisme (LICA) », dans Gilles Morin, Gilles Richard (dir.), *Les Deux France du Front populaire*, Paris, L'Harmattan, 2008, p. 224.
3   Toutes ces informations figurent dans Emmanuel Debono, art. cit., p. 224.

ennemi », titrait en 1936 Bernard Lecache dans *Le Droit de Vivre*[1]. Combattre l'antisémitisme passait dès lors par la lutte contre le fascisme[2]. Tel n'était pas l'avis du judaïsme officiel et des conservateurs. Fidèles au comportement qu'ils avaient toujours adopté, ils en appelaient au calme, tandis que les hautes instances juives s'interdisaient encore toute action – *a fortiori* politique[3] –, sauf contre l'antisémitisme[4], ce qui, compte tenu des images positives du temps, devait exclure l'Italie de la sphère de combat. Bien au contraire, l'on soutenait qu'il fallait œuvrer à la conservation de l'Italie dans le camp de la paix, sans quoi elle basculerait sans tarder dans l'orbite nazie, situation pouvant s'avérer funeste pour la France. Tout en demeurant vigilant sur l'évolution de la sœur latine, il fallait proscrire toute réaction outrancière. En dehors de ces débats, une prise de position de Julien Benda fait réfléchir quant à l'attitude publique observée à l'époque face aux pays étrangers. Dans ses écrits, cet illustre intellectuel n'était pas avare de critiques à l'égard de certains régimes et États, dont l'Italie, mais, à un colloque sur l'avenir de l'Europe tenu à la SDN, Benda manifestait une position nette quand il s'agissait d'émettre des critiques dans le champ politique et diplomatique : « Les convenances nous interdisent de porter ici le blâme sur des nations qui ne sont pas les nôtres ; mais nous pouvons le porter sur la nôtre[5] ». Si l'on revient dans le cadre communautaire, l'on comprend dès lors l'idée que le seul effet d'une union politique ouverte des Juifs de France contre le fascisme serait de donner raison aux antisémites qui pensaient que judaïsme et bolchevisme se confondaient et qui voyaient dans le peuple juif une force puissante tenant tous les leviers de l'État[6].

La polémique enfla et les Juifs de gauche ne masquèrent pas leur exaspération, en optant pour la surenchère : « Le Judaïsme ne court pas de risque en se politisant », affirmait le ligueur Georges Zérapha[7]. Quant

1   Bernard Lecache, « Un seul fascisme, un seul ennemi », *Le Droit de Vivre*, 24 octobre 1936. *Cf.* Giacomo-Abramo Tedesco, « Deux méthodes et un seul but », *Le Droit de Vivre*, 7 novembre 1936.

2   Voir Jacques Rozner, « La lutte contre l'antisémitisme implique la lutte contre le fascisme », *Le Droit de Vivre*, juillet-août 1933 ; Pierre Créange, *Épîtres aux Juifs,* Paris, Albert Messein, 1937, p. 161.

3   *Cf. Archives Israélites*, 8 juin 1933 ; *L'Univers Israélite*, 6 mars 1936.

4   Ruben Blank, « L'antisémitisme », *L'Univers Israélite*, 11 mars 1932.

5   Julien Benda, dans *L'Avenir de l'esprit européen*, SDN-Institut de coopération intellectuelle, Paris, Stock, 1934, p. 201.

6   *Cf.* Ralph Schor, *L'Antisémitisme en France pendant les années trente. Prélude à Vichy*, Bruxelles, Complexe, 1992, p. 211.

7   Georges Zérapha, *La Conscience des Juifs*, mai 1936. Cité par Paula Hyman, *De Dreyfus à Vichy. L'évolution de la communauté juive en France, 1906-1939*, Paris, Fayard, 1985, p. 308.

à Pierre Paraf, lui aussi membre de la LICA, il pensait que c'était faire
honneur à la France, et non honte au judaïsme, que d'engager une lutte
contre les adversaires de la liberté :

> Et qu'on ne nous dise pas [que] nous allons réveiller ici l'antisémitisme, ou
> que nous, les ligueurs de France, nous manquons à la mesure, au tact, en
> honneur sous le ciel de Paris. Il faut, au contraire, que ce soit de notre grand
> pays que parte la protestation et que nous dénoncions les ennemis d'Israël
> qui sont aussi les siens[1].

Ainsi, lutter contre le fascisme, fauteur d'antisémitisme, c'était défendre
la paix et assurer le salut de la France[2]. Cependant, à la LICA même,
certains n'acceptaient pas que la ligue s'associât trop étroitement à la
gauche française et en reprît les thèmes ; par conséquent, ils manifestaient
leur mécontentement, tel Fernand Corcos, proche de la ligue comme du
Consistoire, qui pensait que le devoir d'une ligue juive devait être de
rassembler les Israélites plutôt que de se lancer dans une croisade contre
le fascisme[3]. L'appel de Corcos demeura lettre morte. Prenant acte de ce
que leurs coreligionnaires s'emmuraient dans la prudence et la réserve, de
nombreux Juifs progressistes se livraient à une violente critique des tenants
du judaïsme officiel, si bien que le combat livré contre le fascisme dévia et en
vint incidemment à viser également certains Juifs. Pour certains, le judaïsme
officiel cherchait à se protéger : ils y voyaient une marque d'égoïsme et un
instinct de classe[4] ; les appels à la paix et les condamnations verbales ne
leur suffisaient pas. L'idée se diffusait que quiconque ne combattait pas
fermement et activement le fascisme tendait, involontairement ou non, à
le soutenir. Les attaques verbales contre tous ceux qui demeuraient neutres
ou bienveillants à l'égard du fascisme fusèrent.

Les Juifs modérés et conservateurs n'étaient pas les seules cibles, le
débat apparaissait bien plus vaste. Beaucoup s'étonnaient de ce que leurs
compatriotes athées ou de toute foi, même à gauche, s'enfermassent dans
l'attentisme et l'illusion alors que l'actualité venait chaque jour démen-
tir les arguments des porteurs d'espoir. Giacomo-Abramo Tedesco, un
Italien antifasciste délégué international à la propagande de la LICA,
faisait ainsi part de sa perplexité :

---

1   Pierre Paraf, « Pour la paix dans les peuples et la paix dans les âmes », *Le Droit de Vivre*,
     mars 1932.
2   *Pour tuer l'antisémitisme*, Paris, Éditions de la LICA, 1931, p. 11.
3   David. H. Weinberg, *Les Juifs de Paris de 1933 à 1939*, Paris, Calmann-Lévy, 1974, p. 129.
4   *Cf.* Maurice Rajsfus, *op. cit.*, p. 13.

On peut s'étonner que certains de nos éléments de gauche, non des plus timides, se refusent à accepter la notion de deux blocs européens dressés l'un contre l'autre par des idéologies opposées. Comme s'il leur appartenait de conjurer le péril en niant l'évidence !

Mussolini à Milan après Ciano à Munich vient de les rappeler vertement à la réalité[1].

Membre de la Ligue des Droits de l'Homme, Émile Kahn adressait ses reproches sans distinction de foi : « Véritable trahison des clercs, des intellectuels renient l'intelligence, et souscrivent au sacrifice de la pensée indépendante[2] ». Il ne fallait pas craindre selon lui de blâmer les fascismes extérieurs, sans quoi ceux-ci en profiteraient pour exporter leurs méthodes en France : « On ne combat pas le fascisme chez soi, en l'approuvant – ou en l'absolvant – chez les autres[3] ».

En un sens, il ressort de ces évocations l'idée que les Juifs n'étaient pas moins courageux que d'autres, mais cela ne consolait guère les accusateurs. Le fascisme étant antisémite, le Juif, plus qu'un autre, devait tenter de le défaire. Or, pour cela, la solidarité juive était de mise, mais elle paraissait inatteignable. Amarti, de la revue *Samedi*, bien qu'il ne partageât pas les vues de la LICA, regrettait avec amertume : « Les Juifs eux-mêmes ne s'intéressent plus aux Juifs. Ce sont surtout nos intellectuels qui nous dédaignent[4] ». Bernard Lecache, sur un tout autre ton, renvoyait dos à dos ses coreligionnaires partisans de la neutralité et ceux qui avaient des sympathies pour les mouvements fascistes en France :

> On n'aime pas en France, les trembleurs. Les Consistoriaux se sont déshonorés aux yeux de tous. À droite on se gausse d'eux. À gauche, c'est la colère. [...] Et toutes ces larves d'Israël qui se traînent dans les officines racistes méritent qu'on les écrase tranquillement[5].

Léon Blum, qui inscrivait ses impressions dans une perspective historique, comparait, selon la rhétorique de classe, l'attitude des Juifs face au fascisme à celle qu'ils adoptèrent lors de l'Affaire Dreyfus :

---

1   Giacomo-Abramo Tedesco, art. cit.
2   Émile Kahn, *Cahiers des Droits de l'Homme*, octobre 1934, repris dans *Id.*, *Au temps de la République. Propos d'un Républicain*, Paris, Ligue des Droits de l'Homme, 1966, p. 45.
3   *Ibid.*, p. 48.
4   Amarti, « Judaïsme et politique », *Samedi*, 5 septembre 1936.
5   Bernard Lecache, « Défendons-nous ! », *Le Droit de Vivre*, 20 juin 1936. Sur l'impact de telles attitudes dans l'opinion juive, voir entre autres Pierre Lazareff, *op. cit.*, p. 89.

> Tout compte fait, pour reprendre une vue exacte de l'état d'esprit que j'essaie de décrire, il n'y a qu'à regarder aujourd'hui autour de soi. Les Juifs riches, les Juifs de moyenne bourgeoisie, les Juifs fonctionnaires avaient peur de la lutte engagée pour Dreyfus exactement comme ils ont peur aujourd'hui de la lutte engagée contre le fascisme[1].

Ces accusations sévères étaient-elles fondées ? Amplifiaient-elles la réalité pour les biens de la propagande ou répondaient-elles à une conviction sincère ? De fait, l'historiographie traditionnelle du judaïsme a elle aussi retenu ces aspects et conclu à une frilosité de l'opinion juive modérée ; c'est en particulier le cas de David Weinberg et, d'une manière plus nuancée, de Paula Hyman. D'autres comme par exemple Simon Epstein ou, plus récemment Muriel Pichon, ont montré comment plusieurs Juifs célèbres ont tenté diverses actions, mais toujours dans le respect des grandes orientations diplomatiques du gouvernement français, et de manière feutrée[2]. Les cartes se brouillaient dans le cas de l'Italie qui, ne l'oublions pas, n'était pas la préoccupation première des Juifs de France : l'on ne voyait que peu de raisons de s'opposer à l'Italie chez les modérés et conservateurs ; on verra cependant que même après 1938 d'aucuns chercheront des circonstances atténuantes à la sœur latine. Il n'a jamais existé, comme face au nazisme, d'unité de rejet pour le fascisme italien parmi les Juifs. Plus que jamais, l'unité d'action ne pouvait être qu'un mirage pour les plus décidés qui s'employaient donc à agir seuls.

« LE FASCISME NE PASSERA PAS ! » : RAISONS ET MOYENS DU COMBAT DES JUIFS DE GAUCHE CONTRE LE FASCISME

Les organes juifs de gauche, contre l'avis de leurs coreligionnaires modérés et conservateurs, déployèrent une intense propagande contre le régime de Mussolini et le fascisme français. Agissaient-ils avant tout pour le bien de leurs frères juifs ou par réflexe politique ? On peut se le demander, comme on peut s'interroger sur l'écho réel qu'ils étaient susceptibles de rencontrer et les moyens à leur disposition en vue d'atteindre un objectif pour le moins difficile.

L'idée qu'un danger fasciste imminent menaçait la France se trouvait largement répandue parmi les progressistes. Si cette crainte se vérifiait,

---

1   Léon Blum, *Souvenirs sur l'Affaire*, Paris, Gallimard, 1935, p. 43-44.
2   Simon Epstein, *Les Institutions israélites françaises de 1929 à 1939 : solidarité juive et lutte contre l'antisémitisme*, Thèse de doctorat en sciences politiques sous la direction de Pierre Birnbaum, Université Paris-I, 1990, p. 132 ; Muriel Pichon, *Les Français juifs, 1914-1950. Récit d'un désenchantement*, Toulouse, Presses universitaires du Mirail, 2009, p. 108 *sqq.*

tous les Français auraient à en souffrir, pensait-on. C'était donc faire œuvre citoyenne et non pas simplement combattre l'antisémitisme que de s'élever contre le fascisme. Il se trouvait seulement que les valeurs d'Israël, comme les idées de gauche ajoutait-on, se révélaient en tout point contraires à celles que portait le fascisme. Par conséquent, si l'on était juif ou de gauche, encore plus si l'on cumulait les deux appartenances, se ranger derrière une attitude laxiste serait funeste. Pour Jacques Rozner, laisser le fascisme proliférer conduirait à la barbarie :

> Tel est d'ailleurs bien le but que poursuit le Fascisme. À nous d'en prendre conscience afin de le vaincre. Il n'y a *plus* une minute à perdre : une grande bataille est à engager, il faut l'accepter, sinon se résigner à subir la politique des matraques. L'heure est à l'action : quiconque recule est lâche, mais quiconque hésite est criminel, car la force du Fascisme n'est faite que de notre seule faiblesse. Aussi, disons-nous bien que si nous hésitons un instant, les Puissances du Mal sauront profiter de notre indécision, pour faire retomber le Monde dans l'Esclavage le plus abject et le plus odieux[1].

Georges Zérapha faisait chorus : « Antifascistes, que l'expérience italienne vous serve, il ne suffit pas de crier contre le fascisme, il faut le combattre en actes[2] ». L'appel était clair et s'adressait à tous les Français attachés aux valeurs de la démocratie et de la liberté.

Pour autant, la LICA ne repoussait pas toute référence à la foi et plaçait parfois son combat sous la bannière du judaïsme. S'ils poursuivaient des buts universels, c'était bien en tant que Juifs que certains ligueurs entraient dans l'antifascisme et dans l'affrontement. En filigrane, poignait l'idée que livrer combat contre le fascisme permettrait d'assurer le salut d'Israël et de donner une image glorieuse du peuple juif, loin des représentations traditionnelles le présentant comme un éternel persécuté. Notons qu'il s'agissait d'un revirement dans l'histoire des perceptions du judaïsme, et dans la manière dont une partie des Juifs considéraient leur propre identité. Bernard Lecache se voulait clair et précisait son objectif, mêlant judéité et engagement :

> J'écris ici [...] en Juif clairvoyant qui sait le prix des fautes commises par ses frères d'origine. L'indifférence, la résignation, coûtent plus cher que la fière résistance [...] Sans tomber dans l'excès dangereux d'un racisme juif, j'affirme que c'est aux Juifs, d'abord, de confondre leurs adversaires[3].

1   Jacques Rozner, « Fascisme et antisémitisme », *Le Droit de Vivre*, juillet-août 1933.
2   Georges Zérapha, « Vous qui boycottez Mussolini, qu'attendez-vous pour boycotter Hitler ? », *Le Droit de Vivre*, 30 novembre 1935.
3   Bernard Lecache, « À l'assaut du racisme », *Le Droit de Vivre*, 11 avril 1936.

Aux Juifs donc d'organiser leur défense. En des termes analogues, c'est comme une injonction spirituelle qu'invoquait Pierre Paraf ; Israël semblait investi d'une mission aux accents divins : « Qu'il travaille à instaurer cette Jérusalem nouvelle, foyer de démocratie et de paix, face à la Rome du fascisme et du Vatican[1] ». Il n'est pas anodin de remarquer que cette image mêlant en un sens judéité et antifascisme était profondément ancrée dans les esprits, parfois même hostiles aux Juifs. Charles Maurras, dans *L'Action Française*, évoquait ainsi ce nouveau lien en des termes proches de ceux employés par Pierre Paraf : « Je suis sûr que l'Empire juif n'aura pas à combattre contre la seule Rome temporelle, son messianisme attaquera à angle droit la Rome spirituelle du Vatican[2] ».

Que la connexion instaurée par la LICA entre judaïsme et antifascisme marquât une frange de l'opinion française et certains antisémites, scellait une première victoire pour les Juifs progressistes, car le combat se livrait également sur le plan des idées et des représentations, mais déplaisait à leurs frères modérés. Et les critiques émergèrent de toutes parts : le Comité de Vigilance, proche du judaïsme officiel, soulignait, en parlant de la LICA, qu'elle « n'a évidemment aucune qualité pour se faire le champion des israélites français[3] ». Inversement, au sein de la Ligue des Droits de l'Homme, certains membres juifs se voyaient reprocher d'agir mûs avant tout la judéité, ce qui ne correspondait pas à la conception de l'antifascisme de la ligue ; les personnes incriminées tentèrent de se défendre mais l'accusation demeurait[4]. Opérer un lien entre judaïsme et antifascisme gênait ainsi à la fois des Juifs et des antifascistes, ce qui, tout en instaurant des frictions et des ambiguïtés parmi les ennemis des fascismes, n'entrava en rien le combat, qui revêtit plusieurs formes, pour cette cause comme pour d'autres.

Qu'ils fussent membres de la LICA, de la LDH, d'autres groupes de gauche, à base confessionnelle ou non, les Juifs antifascistes ne recherchaient pas le combat armé, ce qui serait revenu, pensait-on, à adopter les méthodes des ennemis, mais la lutte pacifiste, par divers moyens. Les

---

1   Pierre Paraf, *Israël 1931*, Paris, Valois, 1931, p. 292.

2   Charles Maurras, « L'Empire juif », *L'Action Française*, 21 août 1937. Cité par Sandrine Diallo, *Le Judaïsme à travers l'Action Française de 1933 à 1939*, Mémoire de maîtrise d'histoire sous la direction de Ralph Schor, Université de Nice, 1989, p. 102.

3   AIU, Comité de Vigilance, boîte 6, dossier 16. « Pour un Groupement National et Républicain des Israélites de France en vue d'enrayer les dangers d'un mouvement antisémitique », 1er juillet 1936. *Cf.* « Position de la Lica », *Samedi*, 6 décembre 1936.

4   Voir par exemple la polémique entre Albert Dubarry et Victor Basch. Emmanuel Naquet, *La Ligue des Droits de l'Homme : une association en politique (1898-1940)*, Thèse de doctorat d'histoire sous la direction de Serge Berstein, IEP Paris, 2005, p. 761 *sqq.*

incertitudes des termes se retrouvaient dans les actes ; la cible « fasciste » n'était pas toujours clairement identifiée et renvoyait indistinctement tant aux mouvements français qu'allemand et italien.

Les réunions publiques – ou « *meetings* » – constituaient une première manière de s'opposer en masse aux agissements fascistes. Cette méthode fut souvent critiquée ou tournée en dérision, de l'aveu même des ligueurs, qui rétorquaient : « Nous avons des raisons de croire que ces cris de conscience ne sont pas inutiles, qu'ils soulagent les victimes et font peur aux bourreaux[1] ». Autre méthode : la manifestation, contre le fascisme français et extérieur, comme celle organisée en 1933 conjointement par la LICA et le Comité d'Aide aux Victimes du Fascisme italien[2] ; Ilex Beller se souvenait quant à lui des jours suivant le 6 février 1934 :

> Le 9 février, sur le mot d'ordre : « Le fascisme ne passera pas ! » se déroule une puissante contre-manifestation qui regroupe des centaines de milliers de participants.
> Avec mes camarades, je prends part à toutes les actions contre le fascisme. Nous aidons même les habitants de Belleville à dresser les barricades. Je ne comprends que trop bien que même dans le pays de la Liberté, la menace fasciste est présente, réelle et qu'il faut être très vigilants[3].

Ces actions n'avaient cependant qu'une portée limitée aux frontières françaises ; c'est pourquoi le boycott des pays fascistes, en l'occurrence de l'Italie, semblait le plus à même d'entraîner un résultat tangible. Georges Zérapha réclamait ainsi, après l'invasion d'Éthiopie, le concours le plus large possible :

> Aujourd'hui, tous les citoyens des 50 nations sanctionnistes boycottent l'Italie. Faisons nos vœux pour le succès du boycottage. [...]
> Si le boycottage des produits italiens abat Mussolini, les antifascistes, loin de se féliciter, auront à se reprocher de n'avoir pas boycotté plus tôt[4].

Plusieurs associations juives, notamment celles tenues par les immigrés, se prononcèrent elles aussi en faveur d'un boycott des nations fascistes[5] et renforcèrent l'action de la LICA. Ces actions sont à replacer dans un

1   Pierre Paraf, art. cit.
2   Diane Afoumado, *Conscience, attitudes et comportements des Juifs en France entre 1936 et 1944*, Thèse d'histoire sous la direction de Jean-Jacques Becker, Université Paris-X, 1997, p. 738.
3   Ilex Beller, *De mon shtetl à Paris*, Paris, Éd. du Scribe, 1991, p. 76. *Cf.* également Victor Basch, *Le Fascisme ne passera pas*, Paris, Bibliothèque des Droits de l'Homme, 1935.
4   Georges Zérapha, art. cit.
5   Paula Hyman, *op. cit.*, p. 312.

contexte plus général de lutte contre l'Allemagne. À la même époque en effet, des personnalités juives de renom, proches ou non de la sensibilité de la ligue, appelèrent à s'opposer à Hitler, par des moyens allant du boycott à la réclamation d'une politique stricte. Citons parmi elles l'historien Jules Isaac, membre du CVIA, René Cassin, représentant des anciens combattants à la SDN et partisan de la fermeté face à l'Allemagne et à l'Italie, ou encore Robert de Rothschild, membre du Consistoire qui appela sans succès dès 1934 au boycott des produits allemands par cette institution[1].

Tous ces objectifs furent-ils atteints ? Si la LICA put s'enorgueillir du concours de personnalités éminentes, israélites ou non, comme Édouard Herriot, Léon Blum, Édouard Daladier, Sigmund Freud, Maxime Gorki ou George Bernard Shaw, et, pour un temps, d'Henry de Jouvenel, Jean Luchaire, Jacques Doriot, Marcel Déat, Gaston Bergery ou André Maurois[2] et parvint à rassembler 30 000 adhérents[3], le principal effet de son action se réduisit à l'évidence à alerter l'opinion française sur le danger italien ; sa force de mobilisation paraissait plus importante sur d'autres sujets comme l'antisémitisme français. Quant aux intellectuels qui émirent des critiques publiques à l'égard de l'Italie, ils parlaient avant tout en leur nom propre et l'on ne sait combien de Français, fils d'Israël ou non, se retrouvaient dans leurs propos et actions. À aucun moment, il ne semble que l'action anti-italienne n'eût de véritable effet hors de France, même si de vagues échos parvinrent sans doute aux oreilles de Mussolini. En agissant, l'on pouvait entraîner des mutations sur le reste de l'opinion, en influant très difficilement sur le cours de la politique française à l'égard de l'Italie : l'exemple de René Cassin, qui jouissait d'un poste prestigieux à la SDN et de l'écho que pouvait lui prodiguer la présidence de l'Union fédérale des Anciens combattants (UFAC), et ne parvint pas à faire valoir ses vues sur la question de la lutte contre l'Allemagne, et dans une moindre mesure l'Italie, est l'un des plus criants[4].

---

1 Muriel Pichon, *op. cit.*, p. 96 *sqq.*
2 Richard Millman, *op. cit.*, p. 204-205.
3 Chiffre pour l'année 1934. Emmanuel Debono, *Militer contre l'antisémitisme en France dans les années 1930 : l'exemple de la Ligue internationale contre l'antisémitisme, 1927-1940*, Mémoire de DEA d'histoire sous la direction de Serge Berstein, IEP Paris, 2000, p. 65.
4 Muriel Pichon, *op. cit.*, p. 103 *sqq.* L'auteur rappelle d'ailleurs la thèse d'Antoine Prost selon laquelle la judéité de René Cassin aurait fragilisé l'action de ce dernier auprès des anciens combattants. Antoine Prost, *Les Anciens combattants et la société française, 1914-1939*, Paris, Presses de la FNSP, 1977, p. 181-184 (cité p. 104).

Après 1933, l'avènement du nazisme et le renforcement de la sphère fasciste à travers l'Europe, l'opinion juive française se scinda et avança à deux vitesses. Aux actifs, somme toute les moins nombreux, dont les idées évoluaient rapidement et qui prônaient la lutte contre le fascisme, s'opposait une majorité plus ou moins silencieuse, plus passive en tout cas, qui mettait longtemps à revenir sur des jugements hérités des décennies précédentes. Pour autant, un indice paraît donner le ton de la mutation à l'œuvre dans l'esprit des Israélites modérés et conservateurs : ceux-ci ne ripostèrent plus aux arguments des progressistes en invoquant, comme à l'accoutumée, des principes généraux de paix et de concorde. Rares étaient ceux qui défendaient clairement l'Italie, encore moins le fascisme. Il ne semble pas que cela fût imputable à la propagande mise en œuvre par la LICA, mais bien à l'attitude de l'Italie elle-même, que l'on avait, en dépit d'étourdissantes déclarations d'espoir, de plus en plus de mal à justifier. Les profonds clivages divisant l'opinion juive face à l'Italie commençaient à légèrement s'émousser. Du fait de divisions qui dépassaient de loin la seule perception du péril fasciste et touchaient à tous les enjeux se présentant au judaïsme, l'on ne trouverait néanmoins aucun terrain d'entente sur une action commune à mener contre le fascisme, et ce jusqu'à la guerre. Les querelles internes, ravivées après 1933, auraient le dernier mot.

CONCLUSION DE LA TROISIÈME PARTIE

Y a-t-il donc eu, en définitive, un effet LICA sur l'ensemble de l'opinion juive française relativement à l'Italie dans les années 1933-1935 ? Si l'on se fie aux idées et à l'attitude de la frange conservatrice et modérée, l'on serait tenté de répondre par la négative. Deux effets indirects mais essentiels peuvent toutefois êtres recensés. L'action tonitruante menée par les ligueurs juifs contribua d'une part à modifier l'image du judaïsme au sein de l'opinion juive et de l'opinion française en général, mais surtout, les attaques lancées par la LICA contre les tenants du judaïsme officiel amenèrent d'autre part ceux-ci à sortir quelque peu de leur réserve, à répondre et à présenter leur propre vision de la situation du monde juif, notamment en Italie. La LICA étoffa ainsi l'opinion juive et la renforça, en entraînant, du fait de la controverse, une richesse inédite des prises de position. Selon Pierre Milza, « on peut considérer […] que, jusqu'au milieu des années trente, seule une minorité fortement politisée à gauche manifeste à l'égard de Mussolini et de son régime une hostilité militante[1] », schéma parfaitement valable pour les Juifs de France, à la différence toutefois que, quelques individualités comme Edmond Bloch ou Waldemar-George mises à part, l'on trouvait difficilement de véritables sectateurs du régime fasciste, tout au plus des admirateurs « intégraux » de l'Italie. Mais cette minorité de gauche dont parle l'historien n'évoluait pas en vase-clos et ne se juxtaposait pas simplement aux autres tendances chez les Juifs ; elle tentait de changer le regard que celles-ci portaient sur l'Italie de Mussolini et de les fédérer à l'opposition. L'influence des plus progressistes dépassait de loin le nombre des sympathisants de cette tendance politique.

L'exacerbation des tensions au sein du judaïsme sur la question du fascisme traduisait les multiples incertitudes caractérisant l'attitude des Juifs. Toutes les convictions volaient en éclats, sur ce qu'était véritablement le fascisme dont l'importation – fantasmée – en France troublait l'image, sur l'attitude de Mussolini ou même sur le sort des Israélites

---

1   Pierre Milza, *Mussolini*, Paris, Fayard, 1999, p. 625.

transalpins. Chaque événement en contredisant un autre, la perplexité conduisait les uns vers des réactions parfois outrancières, les autres vers l'indétermination et l'attentisme. Les années 1933-1935 furent ainsi celles d'une transition de l'attitude des Juifs face à l'Italie.

C'était donc une judaïcité déchirée et en perte progressive de repères relativement à l'Italie qui devait affronter l'inquiétante montée des périls. Certains ne se résignèrent cependant pas facilement.

QUATRIÈME PARTIE

LA VOLTE-FACE ITALIENNE

LE TEMPS DES DÉSILLUSIONS (1935-1939)

Si forts qu'aient pu être la fascination, les certitudes et même l'aveuglement à l'égard du pays de Dante, si nombreuses et profondes les raisons d'espérer, l'Italie rappela le gros de l'opinion juive à la réalité. Jusqu'alors, l'ambiguïté proverbiale du fascisme devant la question juive avait été payante : parmi les Israélites de France, tous les points de vue voisinaient sans qu'il fût possible de déterminer précisément lequel correspondait effectivement à la réalité. Tout cela vola en éclats après 1935 : la volte-face italienne donnait raison aux uns, les moins nombreux, tort aux autres. La majeure partie des Juifs français n'avait d'autre choix que de se rendre à l'évidence : le fascisme était un mouvement belliqueux et raciste. Il fallait l'accepter, l'Italie tournait le dos à sa tradition d'ouverture à l'Autre, et plus particulièrement à Israël.

Se jouait donc là le second acte – conscient cette fois – du tournant de l'opinion juive face à l'Italie, lequel s'était ouvert de manière feutrée dès 1933, deux moments qui préparèrent le revirement définitif de 1938. Il s'agissait d'un tournant pour le moins tardif, comparé au reste de l'opinion française : une partie des modérés passa par exemple de la bienveillance à la méfiance dès 1923[1]. De fait, les courants d'opinion restés unanimement favorables à l'Italie jusqu'en 1935 étaient soit ceux qui entretenaient d'étroits liens avec des milieux italiens et appelaient à une union des nations latines, comme certains catholiques de gauche[2], soit ceux appartenant à la droite et à l'extrême droite françaises, admirateurs et défenseurs du fascisme[3]. Le fait qu'une grande fraction de l'opinion juive suivît une tendance parallèle à celle du centre et de la droite française, qui ne correspondaient pas aux opinions majoritaires parmi les Juifs, prouve que le judaïsme français réagissait d'une manière particulière aux affaires d'Italie. Qu'il suffise pour s'en convaincre de remarquer que les Juifs considérèrent dans l'ensemble véritablement l'Italie comme un pays ennemi seulement après la mise en place de

1   *Cf.* Pierre Guillen, « La revue *l'Europe nouvelle* et l'établissement du régime fasciste », *Recherches Régionales*, n° 187, juillet-septembre 2007, p. 43.

2   Daniel J. Grange, « L'image de l'Italie fasciste chez les "Catholiques de gauche" français durant les années 1930 », dans Jean-Baptiste Duroselle, Enrico Serra (a cura di), *Il vincolo culturale tra Italia e Francia negli anni trenti e quaranta*, Milan, Franco Angeli, 1986, p. 71.

3   Pierre Milza, « L'image de l'Italie fasciste dans la France des années 1936-1939 », dans Jean-Baptiste Duroselle, Enrico Serra (a cura di), *Italia e Francia dal 1919 al 1939*, Milan, Franco Angeli, 1981, p. 283.

l'antisémitisme d'État outre-monts, en 1938, et pas avant, malgré les appréhensions de plus en plus marquées qu'ils nourrissaient.

Au moment où le destin des Juifs paraissait chaque jour de plus en plus sombre – et l'Italie devait contribuer à cette dégradation – ceux-ci ne parvenaient pas à se départir de leurs querelles parfois bien vaines au regard des périls qui frappaient aux portes de la France. Leur attitude face à l'Italie était plus que révélatrice de l'impréparation du plus grand nombre à la guerre.

LE REVIREMENT DE L'OPINION JUIVE
FACE À LA NOUVELLE POLITIQUE
EXTÉRIEURE TRANSALPINE : L'ITALIE
INSTIGATRICE DE LA GUERRE (1935-1937)

À maints égards, la rupture de 1935 était évidente. Dans l'horizon diplomatique italien et européen, et de ce fait dans l'opinion juive. Ce fut à partir de cette date que l'Italie fit véritablement événement aux yeux de nombreux Juifs de France, plus exactement que tout ce qui avait trait à l'Italie faisait l'objet d'une analyse minutieuse non régie par les stéréotypes ancestraux. Cette mutation du regard est claire dans les écrits des Juifs français qui passaient des traditionnelles évocations figées – souvent surannées et usées – dans lesquelles était noyée l'actualité italienne, à un examen plus précis, contextualisé et rationnel. Phénomène qui s'expliquait par le changement d'attitude de l'Italie. La gravité de la situation ne se prêtait plus au traitement léger jusqu'alors bien souvent à l'œuvre. Depuis les années 1920, les vecteurs de l'opinion juive avaient eu le pouvoir, selon les tendances, de minimiser et nier, amplifier et créer les événements italiens en faisant d'un fait divers une affaire cruciale et inversement. Ce n'était désormais plus possible. Était-ce d'ailleurs souhaitable ? Rien n'est moins certain car les Juifs de France comprenaient très bien que le destin de l'Italie rencontrerait – modifierait ? – le leur, en tant que Français et en tant que Juifs.

L'évolution inquiétante des relations internationales, dans laquelle les Transalpins jouèrent un grand rôle, incita de plus en plus les Israélites français à sortir quelque peu de leur réserve, pour ceux qui ne l'avaient déjà fait. Le rapprochement italo-allemand pouvait entraîner des conséquences décisives sur la question juive, mais ce n'était pas le cas de l'intervention fasciste en Éthiopie, qui suscita pourtant un flot non négligeable de publications et réactions. Il existait donc bien des sujets ou des bribes de sujets sur lesquels les conflits intérieurs au judaïsme pesaient moins ou intervenaient en marge des enjeux centraux. Effet du grave danger qu'ils portaient ou absence d'enjeux proprement juifs ? Dans tous les cas, la diplomatie italienne, entre 1935 et 1937, avant le choc de 1938, était de ceux-là.

LA GUERRE D'ÉTHIOPIE : UN REGARD NOUVEAU SUR L'ITALIE

Comme nombre de leurs compatriotes, les Israélites assistèrent à l'évolution des événements en Afrique avec un impuissant étonnement. Ils ne tardèrent pas à faire part de sévères critiques à l'égard du coup de force italien en Éthiopie, premier épisode de la dégradation de l'image italienne au sein de l'opinion juive.

LA CONDAMNATION UNANIME DE LA GUERRE

Depuis Crispi, l'Italie œuvrait à la constitution d'un empire colonial. Elle avait réussi à faire sienne la Libye, mais la conquête de ce pays ne s'acheva pas complètement avant 1931, du fait de la résistance des tribus bédouines de Cyrénaïque. Forts de leur victoire, les Italiens tournèrent dès 1932 leurs regards vers l'Éthiopie et affirmèrent à plusieurs reprises leur intention de pénétrer pacifiquement dans le pays. Or, sur place, la situation se dégrada rapidement[1] et l'on s'orienta de plus en plus vers un conflit armé ouvrant à terme sur l'annexion de l'Éthiopie[2]. Avant ou pendant le conflit, les Israélites français, qui n'oubliaient pas l'importance de la communauté juive peuplant l'Éthiopie, cherchaient à percer les objectifs italiens. Geoffroy Fraser, de la LICA, soulignait, pour la critiquer, la manière dont la conquête était présentée par les Italiens, qui invoquaient une nécessité d'ordre vital. Trois facteurs dictaient à l'Italie sa politique : le surplus de population dans la péninsule, en proie à la

---

1   Plusieurs Italiens comme Badoglio et Bonzani, chef de l'état-major de l'Armée, avaient émis des réserves, d'autant que l'Italie avait signé en 1928 un traité d'amitié avec l'Éthiopie, mais le Duce passa outre. Plusieurs missions furent envoyées sur place mais, en novembre 1934, la résidence du consul italien à Gondar fit l'objet d'attaques, tandis que le 5 décembre, à Ual-Ual, en Ogaden, aux confins de l'Éthiopie et de la Somalie, des soldats coloniaux italiens et des soldats éthiopiens se heurtèrent violemment. Le 15, l'Éthiopie demanda à la SDN de trouver une solution à cette ingérence, mais Mussolini réclama des excuses à l'Éthiopie et fit savoir que si nécessaire le conflit se réglerait par les armes.

2   Max Gallo, *L'Affaire d'Éthiopie : aux origines de la guerre mondiale*, Paris, Centurion, 1967, p. 118 *sqq.* ; *cf* également Jean-Louis Miège, *L'Impérialisme colonial italien de 1870 à nos jours*, Paris, SEDES, 1968, et plus récemment, Angel Del Boca, *Gli italiani in Africa orientale*, t. II : *La conquista dell'Impero*, Milan, Mondadori, 1992.

pauvreté, aggravé par un ralentissement de l'émigration, ainsi que les effets de la crise mondiale de 1929, qui entraînèrent le chômage et les difficultés multiformes[1]. Cette démonstration apparaissait remarquable par son aspect pragmatique et la finesse des arguments proposés : elle constituait l'une des rares allusions – si ce n'était la seule – au poids de l'économie dans la décision politique italienne, paramètre essentiel mais négligé ou ignoré par l'opinion juive française. La majorité des journaux israélites préférait ainsi se focaliser sur les aspects idéologiques de la conquête, facteurs tout aussi décisifs que ceux évoqués précédemment il est vrai. Dans *Le Droit de Vivre*, le progressiste Charles-Auguste Bontemps tentait de retracer le nouvel état d'esprit italien, qui se donnait à voir dans l'expansionnisme :

> L'Italie, pour justifier son agression, invoque deux ordres de faits : son expansion démographique inéluctable et le « haut devoir d'apporter la civilisation dans un pays où subsiste l'esclavage ». Il est un troisième argument, corollaire des précédents, où s'affirme toute la mégalomanie fasciste : le prestige auquel aspire un régime qui ne paraît pas avoir réalisé, dans l'ordre intérieur, les miracles qu'on attendait de lui[2].

De nombreux témoignages voyaient, derrière la volonté de civiliser des peuples jugés barbares, le désir de l'Italie de se venger du peuple africain qui lui avait infligé une cinglante défaite en 1896 à Adoua[3]. Selon André Suarès, l'Italie ne quitta jamais des yeux l'horizon éthiopien : « Il y a un demi-siècle que les Italiens ont pesé la valeur de ce domaine et qu'ils se le réservent[4] ». Le tournant qui marqua l'opinion juive apparaissait clairement et la condamnation semblait unanime, du moins l'unanimité de ceux qui se prononçaient.

Fait notable, l'on adressait autant de critiques à l'Italie qu'à la France même, accusée d'avoir laissé les mains libres à Mussolini. Tous ne formulaient cependant pas la même analyse de l'accord du 7 janvier 1935 signé entre Laval et le Duce : la France avait-elle accepté l'annexion de l'Éthiopie par l'Italie ou avait-elle seulement émis un avis favorable

---

1   Geoffroy Fraser, « Que vaut l'entente Hitler-Mussolini ? », *Le Droit de Vivre*, 5 décembre 1936.
2   Charles-Auguste Bontemps, « Défense de l'Éthiopie », *Le Droit de Vivre*, 16 novembre 1935.
3   Voir l'ouvrage du journaliste Paul Gentizon, correspondant à Rome du *Temps* et qui prêtait occasionnellement sa plume à plusieurs revues juives, *La Revanche d'Adoua*, Paris, Berger-Levrault, 1936.
4   André Suarès, *Vues sur l'Europe*, Paris, Grasset, 1939, p. 121.

sur une pénétration économique[1] ? Sur cette question, les supputations allaient bon train. Philippe Erlanger, qui participa au voyage de Laval à Rome et suivit de près les négociations, niait dans ses mémoires que la France se fût prononcée clairement en faveur d'une conquête militaire. Son témoignage est éloquent à plus d'un titre :

> À cette occasion eurent lieu les premiers pourparlers qui remplirent de joie tant de Français amoureux de l'Italie. [...]
> Je participais au voyage « historique » de Laval quand ce dernier devint à Rome l'ami de Mussolini. Il y eut à l'ambassade de France une réception mémorable. L'amitié franco-italienne semblait ressuscitée à jamais.
> Le lendemain, je me rendis chez le coiffeur de mon hôtel qui, les larmes aux yeux, me remercia... parce que la France venait de donner l'Éthiopie. En un éclair je compris le malentendu créé sciemment ou non et les terribles conséquences qu'il allait entraîner[2].

Dans ces conditions, le rapprochement franco-italien prit des allures de « lune de miel éphémère[3] ». Telle n'était pas la vision de nombreux contemporains selon lesquels la France avait clairement sacrifié l'Éthiopie aux besoins du rapprochement avec la sœur latine. Pour Marcel Cohen, chercheur à l'École des Hautes Études et membre actif du Comité international pour la défense du peuple éthiopien et de la paix, « la diplomatie française a [...] laissé les mains libres à la politique mussolinienne en Afrique[4] ». Se ralliant à la même position, André Suarès lançait une violente diatribe contre le gouvernement de son pays, dont il interprétait la pensée :

> Même au voisinage de la Mer Rouge et de Djibouti, l'Abyssinie n'importe presque en rien à la France. À l'Est et à l'Ouest, d'autres empires peuvent s'intéresser au sort des Abyssins : à eux d'y pourvoir, c'est leur affaire. Une Italie, qui met sa main dans notre main compte pour la France mille fois plus que toutes les Éthiopies du monde. Si elle veut être la première en Abyssinie, et même la seule, il faut l'y aider et non pas y mettre obstacle. Eût-elle même l'ambition d'en faire la conquête, c'est son droit ; et la France ne doit pas le contester, fût-elle seule à le reconnaître[5].

---

1 Sur le débat historiographique et la teneur des accords, Pierre Milza, « Le voyage de Pierre Laval à Rome en janvier 1935 », dans Jean-Baptiste Duroselle, Enrico Serra (a cura di), *Italia e Francia dal 1919 al 1939*, Milan, Franco Angeli, 1981, p. 219-243. L'approbation de Laval est défendue par G. Bruce Strang, « Imperial Dreams : the Mussolini-Laval Accords of January 1935 », *The Historical Journal*, vol. 44, n° 3, 2001, p. 799-809.

2 Philippe Erlanger, *La France sans étoile. Souvenirs de l'avant-guerre et du temps de l'occupation*, Paris, Plon, 1974, p. 31.

3 *Ibid.*

4 Marcel Cohen, *L'Abyssinie doit rester indépendante*, Paris, Bureau d'éditions, 1936, p. 4.

5 André Suarès, *op. cit.*, p. 119-120.

Les Israélites, tant ceux animés d'idées progressistes que d'autres convictions, critiquaient ainsi avec amertume la position française, en laquelle ils décelaient une preuve de lâcheté. Le *Droit de Vivre* donnait la parole aux Éthiopiens eux-mêmes et retranscrivait en gros caractères l'appel d'un ministre en visite à Paris au moment du rapprochement entre Laval et Mussolini : « La France ne peut pas être contre nous. Ce serait monstrueux[1] ! ». La Société des Nations, un temps considérée comme le seul rempart possible contre la guerre, s'attira également des critiques, bien que certains émissent l'existence de circonstances atténuantes[2]. Pour autant, il se trouvait un secteur de l'opinion juive pour jeter un regard plus nuancé sur la politique extérieure du Laval, sans toutefois absoudre ce dernier de ses responsabilités ou encore moins manifester quelque bienveillance à l'égard des agissements transalpins[3]. Représentative de cette tendance apparaissait la position de Raymond Aron, qui, dans ses mémoires, revint sur le contexte diplomatique dans lequel la France se trouvait enserrée : « L'expédition entreprise par Mussolini en Éthiopie à la fin de 1935 imposait à la diplomatie française un de ces choix déchirants qui symbolisent la grandeur et la servitude de la politique[4] ». Selon Aron, une alternative décisive se posait à Laval : si la France accordait un *nihil obstat* à Mussolini, elle ruinait les fondements et les principes de sa diplomatie, notamment à Genève ; mais si elle s'opposait trop fermement aux initiatives italiennes, elle mettait fin au front de Stresa né en 1934, et se serait par trop démarquée des options britanniques, ce qu'elle ne pouvait se permettre, à quoi s'ajoutait que, résultat funeste, « c'était pousser le fascisme italien vers le national-socialisme allemand[5] ». Raymond Aron repoussait toutefois la thèse suivant laquelle en s'opposant à Mussolini, la France aurait précipité la guerre européenne, mais l'éminent intellectuel jouissait du recul du temps :

---

1   Charles Ancel, « Ce que nous dit le ministre d'Éthiopie à Paris », *Le Droit de Vivre*, 14 décembre 1935.
2   *Cf.* Charles-Auguste Bontemps, art. cit. ; « Si l'Italie triomphait », *Le Droit de Vivre*, 30 novembre 1935.
3   Notons que parmi les Juifs italiens, l'accord Laval-Mussolini fut accueilli avec enthousiasme car il semblait constituer une alternative à l'entente entre l'Italie et l'Allemagne. *La Nostra Bandiera* s'en fit particulièrement l'écho : voir l'article « L'accordo italo-francese », 17 janvier 1935, cité par Luca Ventura, *Ebrei con il duce. « La nostra bandiera » (1934-1938)*, Turin, Zamorani, 2002, p. 68.
4   Raymond Aron, *Mémoires*, Paris, Julliard, 1983, p. 133.
5   *Ibid.*

L'Italie fasciste – on en eut la preuve pendant la guerre – ne possédait pas les moyens de répliquer à un embargo sur le pétrole ou à l'intervention de la *Royal Navy*. Le fascisme aurait-il survécu à une victoire de la Société des Nations, animée par la Grande-Bretagne et la France ? On en discutait il y a un demi-siècle, la même réponse demeure probable, et non démontrée : le fascisme n'aurait pas résisté à l'humiliation[1].

D'une manière générale ainsi, l'opinion juive française décochait ses flèches avec plus ou moins de discrétion ou de nuance contre l'Italie, mais également contre la diplomatie française. Une troisième cible venait s'y ajouter : l'opinion française, suspecte de sympathie à l'égard de l'annexion italienne de l'Éthiopie. Les Israélites les plus engagés dans la dénonciation de l'agression fasciste réclamaient l'application des sanctions de la SDN contre l'Italie[2] – « pas de paix sans courage » disait à cette occasion René Cassin[3] –, rejoignaient pour certains les cercles d'intellectuels antifascistes[4], et remarquaient qu'une vaste frange de l'opinion française, quand elle n'affichait pas son soutien aux plans mussoliniens, tardait à manifester son opposition. D'aucuns pensaient le pacifisme si fort qu'il amenait à accepter le sacrifice de l'Éthiopie pour le bien de la sécurité collective[5]. L'on notait aussi qu'une grande partie des Français était acquise à l'idée impérialiste de la civilisation apportée aux barbares par les grandes puissances coloniales : selon André Suarès, les vues impérialistes et coloniales étaient profondément ancrées dans l'esprit français et européen[6]. Plus étonnante apparaissait l'attitude de certains intellectuels, eux aussi acquis à l'idée d'une expansion européenne violente contre des peuples jugés inférieurs. Julien Benda, hanté par la question de l'engagement des intellectuels, le nota dans la postface à *La Trahison des clercs*, publiée après la Seconde Guerre mondiale : « On a vu des clercs, il y a dix ans, applaudir à l'écrasement d'un peuple faible par un plus fort parce que celui-ci, disaient-ils, signifiait la civilisation et que, dès lors, cet écrasement était dans l'ordre[7] ». Si le pacifisme intégral pouvait paraître concevable de la part du peuple, celui-ci demeurait incompréhensible chez les intellectuels, qui devaient pourtant jouer le

---

1   *Ibid.*
2   *Cf. Le Droit de Vivre*, 30 novembre 1935.
3   Muriel Pichon, *Les Français juifs, 1914-1950. Récit d'un désenchantement*, Toulouse, Presses universitaires du Mirail, 2009, p. 103.
4   *Cf.* Michel Winock, *Le Siècle des intellectuels*, Paris, Le Seuil, 1997, p. 263-270.
5   Marcel Cohen, *op. cit.*, p. 5.
6   André Suarès, *op. cit.*, p. 120-121.
7   Julien Benda, *La Trahison des clercs*, Paris, Le Livre de Poche, réédition 1977, p. 87.

rôle d'éclaireurs et, de la sorte, en venaient à s'en prendre à la Société des Nations pour s'être opposée à l'Italie, ce qui créa une crise diplomatique : « Si vous n'existiez pas, lançaient-ils plus ou moins nettement au tribunal genevois, la puissante Italie eût tranquillement absorbé la faible Éthiopie et le monde ne serait pas en feu[1] ».

Tout autant que leur regard sur l'Italie se métamorphosa, les modalités des prises de position adoptées par les Juifs de France se modifièrent. Certes, le judaïsme officiel ne critiquait pas ouvertement les agissements italiens et demeurait réservé, mais, de manière générale, ceux qui se prononçaient le faisaient avec une vigueur inédite et ne craignaient pas même d'adresser des critiques à la politique de leur propre pays. L'investissement des intellectuels juifs ne fit qu'appuyer la force des protestations. Il est frappant de remarquer que les contours de l'opinion juive relativement à la question d'Éthiopie ne correspondaient que de très loin à la palette des réactions observées au sein de la société française générale : seuls les secteurs les plus à gauche de l'opinion se retrouvaient parmi la judaïcité française[2], avec une LICA qui rejoignait même les positions de l'extrême gauche[3]. La voix des défenseurs de l'Italie commençait à s'essouffler. Les agissements italiens en Éthiopie ne faisaient qu'accentuer ce phénomène. Les Juifs furent en effet parmi les rares à s'intéresser à une conséquence décisive de la guerre d'Éthiopie : le racisme italien ; preuve que la judéité marquait les réactions plus que jamais.

LE RACISME ITALIEN EN ÉTHIOPIE : ANNONCIATEUR DES TEMPS FUTURS ?

« Le conflit italo-éthiopien attire l'attention sur les Falachas, les Juifs d'Éthiopie, une des branches les plus intéressantes du judaïsme extraeuropéen », notait à la fin 1935 I.O. Lévine[4]. Répondant aux exigences de la presse communautaire, les grands titres juifs se penchèrent sur le sort du judaïsme éthiopien après l'invasion italienne et élargirent leurs

---

1   *Ibid.*, p. 88. Voir aussi Julien Benda, « Le clerc et la guerre d'Éthiopie », *Commune*, décembre 1935. Référence donnée par Michel Winock, *op. cit.*, p. 270.

2   Pour replacer les réactions juives dans l'éventail général, Ralph Schor, « Images françaises de l'empire colonial italien à la veille de la deuxième guerre mondiale », dans Pierre Milza, Romain H. Rainero (a cura di), *Colonialismo e decolonizzazione nelle relazioni italo-francesi*, Florence, Societa Toscana per la Storia del Risorgimento, 2001, p. 225-233 ; Pierre Milza, *L'Italie fasciste devant l'opinion française, 1920-1940*, Paris, Armand Colin, 1967, p. 187-209.

3   *Cf.* à titre de comparaison, Yves Santamaria, « Les deux incendies. Le PCF face à la guerre d'Éthiopie (1935-1936) », *Revue d'Histoire moderne et contemporaine*, n° 49-4, octobre-décembre 2002, p. 37-52.

4   I.O. Lévine, « Les Juifs d'Abyssinie », *L'Univers Israélite*, 20 septembre 1935.

préoccupations au nouveau statut des populations locales, réduites au rang d'inférieures par les autorités fascistes.

Que les Italiens eussent à affronter une population où ils comptaient de nombreux coreligionnaires constitua-t-il un élément décisif dans la sympathie que les Juifs français témoignaient aux Abyssins ? La guerre d'Éthiopie fournit pour les Juifs de France l'occasion de s'intéresser à une communauté sœur frappée par la particularité : les *Falachas* peuplaient d'ailleurs l'Éthiopie en nombre non négligeable ; les estimations oscillaient entre 50 000 et 300 000[1]. Leur pratique du culte juif s'apparentait à celle des temps les plus reculés du judaïsme, à l'époque où le Temple de Jérusalem existait encore. Ce qui apparaissait le plus frappant, c'était la perméabilité au judaïsme de l'ensemble des Éthiopiens, qui s'estimaient les descendants de la reine de Saba, et leur très forte tolérance envers Israël : ils pratiquaient la circoncision, observaient deux jours de repos hebdomadaires appelés petit et grand sabbat, tandis qu'ils espéraient le retour vers Jérusalem. Sur le plan politique remarquait-on, le Ras Tafari Maconnen, devenu empereur sous le nom d'Hailé Sélassié Ier, se montrait le défenseur infatigable des Juifs de son pays et du monde entier, tandis qu'à la SDN, l'Abyssinie manifestait son soutien au peuple juif et au sionisme[2]. Tout se conjuguait donc pour que les Israélites français éprouvassent amitié et attachement à l'égard du peuple éthiopien et, par contraste, rejetassent d'autant plus vigoureusement, même si ce n'était pas le motif principal d'opposition pour une écrasante majorité, l'entreprise italienne, qui risquait de mettre fin à l'harmonie caractérisant l'Éthiopie.

Et cela ne manqua pas de se produire : avec lucidité, l'opinion juive, judaïsme officiel compris, s'inquiéta des bouleversements que voulaient introduire les occupants italiens. G. Bernard, des *Archives Israélites*, rapportait la crainte éthiopienne que les Italiens ne confisquassent les trésors juifs ancestraux comme l'Arche d'Alliance et les Tables de la Loi que les populations locales estimaient originales[3]. Pour sa part, *Samedi* informait qu'une mission italienne, à la tête de laquelle figurait un Israélite, venait de gagner l'Éthiopie « pour y organiser les communautés de Falachas[4] » et tenter de déceler si ces derniers étaient véritablement juifs, ce qui laissait entrevoir un classement et une catégorisation des

---

1   *Ibid.*
2   « Le Ras Tafari », *L'Univers Israélite*, 11 avril 1930.
3   G. Bernard, « Les Juifs d'Éthiopie », *Archives Israélites*, 12 septembre 1935.
4   « Les Falachas sont-ils juifs ? », *Samedi*, 26 septembre 1936. Cette question revenait d'ailleurs régulièrement au sein du judaïsme occidental : *cf.* « Les Falachas sont-ils juifs », *Paix et Droit*, mai 1924.

populations locales par les fascistes. Le plus grave semblait toutefois ailleurs : les Italiens faisaient preuve de racisme envers l'ensemble des populations locales. Depuis la fin du XIXᵉ siècle, s'étaient succédées dans l'imaginaire italien la figure du bon sauvage et celle du barbare cruel, tandis que se développait dans la péninsule, comme dans les colonies, de nombreux préjugés contre les Noirs. Lors de la conquête de l'Éthiopie, les forces armées italiennes se livrèrent à une violence féroce qui se donnait particulièrement à voir dans l'usage du gaz contre les populations locales et dans les multiples massacres perpétrés. Sur le terrain, voisinaient cependant des comportements variés. *Le Droit de Vivre* ironisait sur les moyens italiens de civiliser les populations locales et imaginait une conversation entre le maréchal de Bono, récemment limogé, et Mussolini :

> [De Bono] se fera certainement un plaisir de lui apprendre comment les glorieux soldats du fascisme civilisent les dames éthiopiennes.
> Dans toute la région du Tigré occupé, toutes les femmes indigènes qui n'ont pas dépassé soixante-dix ans ont subi les assauts galants des occupants. Le nombre des viols est devenu tel qu'on ne sévit plus contre les délinquants. Mais les médecins-majors sont sur les dents. Car il y a des accidents.
> Et le fameux mal napolitain de nos pères règne, souverain, parmi les recrues trop ardentes et trop civilisées[1].

Si de tels agissements prouvaient la violence des soldats fascistes, ils montraient en revanche que ces derniers ne manifestaient pas d'appréhensions particulières contre les indigènes et ne ressentaient pas la nécessité de se garder de toute « contamination » par les populations noires, selon la terminologie en vogue à l'époque. Autant dire que la majorité des soldats italiens n'était pas acquise à l'idée de « race pure » qui commençait à émerger lentement en Italie[2]. L'on attribuait cependant un réel racisme aux hiérarques fascistes locaux qui voulaient introduire artificiellement la haine du Noir parmi les Italiens, notamment en luttant contre tout métissage des populations auquel les pratiques susmentionnées risquaient de mener : depuis la conquête de l'Érythrée, il arrivait fréquemment en effet que des Italiens vécussent en concubinage avec des Éthiopiennes,

1 « Comment ils civilisent », *Le Droit de Vivre*, 30 novembre 1935.
2 *Cf.* Nicola Labanca, « Il razzismo coloniale italiano », dans Alberto Burgio (a cura di), *Nel nome della razza. Il razzismo nella storia d'Italia, 1870-1945*, Bologne, Il Mulino, 1999, p. 145 *sqq*. *Cf.* également, Angelo Del Boca, « Le leggi razziali nell'Impero di Mussolini », dans Angelo Del Boca, Massimo Legnani, Mario Rossi (a cura di), *Il regime fascista*, Rome-Bari, Laterza, 1995, p. 329-351.

réputées pour leur charme[1]. Désireux d'appliquer leur nouvelle idéologie, les fascistes interdirent en 1937 de telles pratiques et mirent au point un véritable arsenal pour les restreindre et les réprimer. Par un article nuancé, *Le Droit de Vivre* opposait le peuple italien, tendant vers le métissage, et les autorités fascistes, qui entendaient imposer le racisme. D'où il ressortait une conclusion irréfutable : comme l'avait toujours clamé la LICA, rien ne différenciait sur le plan de la doctrine le fascisme du nazisme. Le texte s'intitulait « Tous racistes » :

> Par un décret de Rome, Mussolini interdit aux Italiens résidant en Éthiopie tous rapports sexuels avec les ressortissants, afin de préserver la race. Ce qui prouve que le Duce, contrairement aux assertions de ses laudateurs français, est aussi bête que son émule Adolf Hitler[2].

Le racisme instauré par les fascistes en Éthiopie frappait ainsi les Juifs au même titre que leurs compatriotes[3]. Il ne ressortait toutefois pas des différentes analyses que le racisme éthiopien dût entraîner l'antisémitisme, lien n'apparaissant d'ailleurs pas nécessaire selon de nombreux historiens[4]. À cela s'ajoutait que les Juifs italiens avaient soutenu l'entreprise éthiopienne[5]. Est-ce à dire toutefois que l'on ne craignait pas une généralisation du racisme à l'endroit de toutes les minorités, y compris dans les frontières de la péninsule ? Bien que cette filiation ne transparût que subrepticement dans les écrits de la LICA, il n'est pas interdit de penser que l'apparition d'un racisme biologique chantant la pureté de la race et prenant place dans des textes législatifs,

---

1   Ce type de concubinage était appelé « madamisme ». Les lois organiques pour l'Érythrée et la Somalie prévoyaient d'ailleurs que les métis pouvaient demander la nationalité italienne. *Cf.* Gianlucca Gabrielli, « Un aspetto della politica razzista nell'Impero : il problema dei "meticci" », *Passato e Presente*, n°41, 1997, p. 77-106.

2   « Tous racistes », *Le Droit de Vivre*, 16 janvier 1937.

3   *Cf.* Ralph Schor, art. cit., p. 227.

4   Comme on le verra, au moment de l'instauration de la législation antisémite de 1938, la propagande fasciste s'employa à montrer que le racisme était une constante du fascisme depuis ses origines. Aussi opéra-t-on un lien entre le racisme en Éthiopie et l'antisémitisme. Or, une observation minutieuse révélait que la transition entre l'un et l'autre n'allait pas de soi : l'idéologie présidant au racisme contre les indigènes d'Éthiopie et celle décidant de l'antisémitisme semblaient loin de se confondre. Tout au plus pouvait-on en dégager un état d'esprit analogue. L'attitude somme toute bienveillante des Italiens à l'égard des Juifs d'Éthiopie, que ne percevaient pas les Israélites français, vient renforcer une telle interprétation. Sur la question de la filiation entre le racisme colonial et l'antisémitisme italiens, Marie-Anne Matard-Bonucci, « D'une persécution l'autre : racisme colonial et antisémitisme dans l'Italie fasciste », *Revue d'Histoire moderne et contemporaine*, n°55-3, juillet-septembre 2008, p. 116-137.

5   *L'Univers Israélite*, 3 janvier 1936.

fit naître des craintes. En 1935-1936, l'image d'un gouvernement fasciste complètement indemne de tout racisme semblait définitivement battue en brèche dans l'opinion juive qui ne pouvait pas dès lors envisager l'avenir des Israélites transalpins autrement qu'avec angoisse, mais sans l'avouer explicitement.

Avec la guerre d'Éthiopie, la fraction des défenseurs de l'Italie dans l'opinion juive française s'affaiblit inexorablement. La judéité n'intervenait cependant que pour une faible part dans ce retournement, d'autant que Mussolini n'avait pas encore orienté sa propagande contre Israël ; l'on ne craignait pas moins les éventuelles répercussions sur la question sioniste, car la Palestine pouvait être touchée par un éventuel affrontement italo-anglais dans la zone de la mer Rouge[1]. Dans l'ensemble toutefois, il fallait plutôt rechercher les causes de la déception des Israélites français dans le détachement de Mussolini vis-à-vis du camp des démocraties, d'où provenait un risque pour l'ensemble de l'Europe. Les dernières désillusions s'envolèrent au moment où l'Italie, considérée jusqu'alors comme un rempart contre le nazisme, s'allia à lui ainsi qu'aux autres dictatures européennes. Pour l'opinion juive, il n'était d'autre choix que de se résigner, mais cela prendrait du temps.

PRUDENCE ET CRAINTES
FACE AU RAPPROCHEMENT ITALO-ALLEMAND

À propos de la nouvelle orientation diplomatique de l'Italie, le consensus apparut moins net que lors de la guerre d'Éthiopie : tandis que d'aucuns voyaient dans cette situation la concrétisation des craintes manifestées depuis plusieurs années, d'autres pouvaient s'interroger sur le caractère éphémère du rapprochement avec l'Allemagne. De plus, le caractère incertain de la stratégie transalpine amenait parfois à réviser son jugement et à se contredire soi-même. La participation italienne à la guerre d'Espagne mit – provisoirement – fin aux hésitations.

---

1   Georges Schneeberger, « Le conflit anglo-italien à propos de l'Éthiopie et la question palestinienne », *L'Univers Israélite*, 1er octobre 1935. *Cf.* « De l'Éthiopie à la Palestine », *Samedi*, 25 avril 1936.

DES RAISONS DE CRAINDRE

Se rendant à l'évidence, la majorité des Israélites français reconnut l'invalidité des opinions adoptées jusqu'alors relativement à la politique extérieure italienne. Étonnamment, les organes modérés et conservateurs – donc les plus favorables à l'Italie jusqu'alors – ne se prononcèrent pas ou que très peu sur la nature de cette réorientation diplomatique : le devoir de réserve ne peut toutefois plus être invoqué car il avait bel et bien été brisé lors de la guerre d'Éthiopie. Voulait-on alors minimiser l'événement, réduit au rang d'incident passager, et conserver malgré tout l'espoir d'une réconciliation ?

Distant des démocraties amies de la SDN depuis la guerre d'Éthiopie, Mussolini tourna rapidement ses regards vers un pays partageant dans l'ensemble une communauté de vue et une situation analogue avec le sien : l'Allemagne nazie. Les signes de complaisance à l'égard d'Hitler se multiplièrent, notamment sur la question autrichienne[1]. André Suarès pressentait ce rapprochement : « Hitler et Mussolini se font la grosse voix en public, et les yeux doux en secret[2] ». Pour *Le Droit de Vivre*, l'assouplissement des vues italiennes sur l'Autriche donnait un clair indice de la convergence des fascismes[3]. À la suite de multiples tractations, Galeazzo Ciano, nouveau ministre des Affaires étrangères qui avait pourtant fait montre par le passé de sentiments hostiles au nazisme[4], signa avec son homologue allemand Constantin von Neurath un protocole germano-italien prévoyant la lutte contre le bolchevisme, le soutien à Franco dans la guerre civile espagnole et la résolution des conflits dans l'ère danubienne ; le 1er novembre 1936, Mussolini désignera cette nouvelle amitié sous le nom d'« axe ». La LICA détint sur ce sujet quasiment le monopole des prises de position. Bernard Lecache, fidèle à la rhétorique de sa ligue, considérait que le rapprochement entre l'Italie et l'Allemagne était autant dicté par l'idéologie que par les intérêts diplomatiques et expansionnistes. Selon lui, l'initiative de la nouvelle

---

1   Après 1935, la position italienne à l'égard de l'indépendance de l'Autriche s'adoucit : le Duce conseilla en juin 1936 au chancelier Schuschnigg d'encourager le lien naturel unissant l'Autriche et le IIIe Reich. Le mois suivant, la signature d'un traité entre l'Autriche et l'Allemagne soutenu par Mussolini invita les nazis à penser que l'Italie se désengageait de sa politique de protection de l'Autriche, tandis que l'on reconnaissait la Méditerranée zone privilégiée et « naturelle » pour les intérêts transalpins.

2   André Suarès, *op. cit.*, p. 49.

3   Geoffroy Fraser, « Le bloc fasciste est constitué », *Le Droit de Vivre*, 18 juillet 1936.

4   *Cf.* Michel Ostenc, *Ciano : un conservateur face à Hitler et Mussolini*, Monaco, Éd. du Rocher, 2007, p. 30 *sqq.*

entente revenait entièrement à Ciano, qui voulait exporter l'« entreprise » fasciste dans l'Europe et le monde : « Ce parfait placier des produits de son beau-père, rendant visite à la succursale berlinoise, félicite les chefs d'entreprise. La firme est prospère. Jamais autant qu'en ce moment, on n'a vendu de fascisme. Tout le monde en veut. On en redemande[1] ». Au fil des jours et des semaines, une certaine circonspection gagna les esprits et plusieurs voix demandèrent si l'entente germano-italienne ne vivait pas ses dernières heures. Giacomo-Abramo Tedesco, délégué international à la propagande de la LICA, sans négliger le ciment idéologique entre les deux pays, remarquait l'extrême prudence de l'Italie qui entendait conserver sa diplomatie traditionnelle :

> Sans doute, le discours de Mussolini ne pêche-t-il pas par excès de timidité. Toutefois, avec un art consommé, question de la SDN mise à part, il passe sous silence tout ce qui pourrait paraître commandé par une doctrine de régime. C'est pourquoi on y cherche en vain une référence au plan italo-allemand en tant que base de croisade antidémocratique. [...]
> Mais le même silence est observé sur les puissances vis-à-vis desquelles le Duce entend prendre une attitude qui ne se soucie guère des intérêts nazis[2].

Absence de diplomatie clairement orientée ? Pragmatisme et prudence de Mussolini ? Fin annoncée de l'entente ? Quelle que fût la réponse, il ne fallait pas baisser la garde et demeurer vigilant face aux fascismes. La dernière hypothèse semblait cependant se vérifier progressivement aux yeux de certains.

DES RAISONS D'ESPÉRER

Alors que l'Italie venait de signer un accord commercial le 6 novembre 1936 avec les Britanniques, qui se poursuivrait par un *gentlemen's agreement* au sujet de la Méditerranée, en janvier 1937[3], Geoffroy Fraser titrait dans *Le Droit de Vivre* : « Que vaut l'entente Hitler-Mussolini ? ». Il listait l'ensemble des points de désaccords et de rivalité entre l'Italie et

---

1   Bernard Lecache, « Un seul fascisme, un seul ennemi », *Le Droit de Vivre*, 24 octobre 1936.
2   G.A. Tedesco, « Deux méthodes, un seul but », *Le Droit de Vivre*, 7 novembre 1936. Une attitude ambiguë était reconnue à l'Italie au sujet de la Petite Entente, de la Hongrie, de la Pologne et de l'Angleterre.
3   Sur la teneur de ces accords et leurs répercussions sur les relations franco-italiennes, Alessandra Giglioli, *Italia e Francia, 1936-1939. Irredentismo e ultranazionalismo nella politica estera di Mussolini*, Rome, Jouvence, 2001, p. 50-56. Pour les replacer dans le jeu des alliances en Méditerranée voir André Nouschi, *La Méditerranée au XXᵉ siècle*, Paris, Armand Colin, 1999, p. 141-142.

l'Allemagne : l'attitude de Mussolini face aux Britanniques, la Hongrie, le Japon, autant de sujets à propos desquels « ils se heurtent sourdement, mais violemment[1] ». Si bien que l'entente entre fascistes et nazis semblait exister, mais seulement dans la propagande allemande :

> Par les soins de l'infatigable Dr Goebbels, on a répandu dans le monde entier l'impression qu'il existe une entente si étroite entre Mussolini et Hitler que si la guerre devait éclater entre la France et l'Allemagne, l'armée italienne se battrait contre nous. Les dirigeants du Reich prennent souvent leurs désirs pour des réalités, mais pas à ce point-là ; ils savent parfaitement bien qu'il n'existe pas d'alliance italo-allemande[2].

« C'est tout un système diplomatique qui s'écroule », pouvait-on affirmer dès la fin de l'année 1936[3]. L'optimisme de pareils propos contrastait brutalement avec le ton ordinairement adopté par la LICA. Voilà pourquoi la prudence doit guider l'analyse. Il semble en effet que si les ligueurs du *Droit de Vivre* croyaient sincèrement que les brèches de l'édifice diplomatique fasciste mèneraient celui-ci à son écroulement définitif, ils forçaient le trait pour les besoins d'une démonstration. De fait, les développements relatifs à l'effritement de l'axe Rome-Berlin paraissaient constituer une réponse aux accusations lancées par l'opinion française : l'idée était en effet profondément ancrée parmi une fraction des Français que le jeu naturel des alliances devait rapprocher l'Italie de la France, non de l'Allemagne[4] ; aussi certaines accusations convergèrent-elles en direction de Léon Blum et du Front populaire, incriminés pour avoir poussé Mussolini dans les bras d'Hitler[5]. En critiquant l'ensemble des

---

1 Geoffroy Fraser, « Que vaut l'entente Hitler-Mussolini ? », *Le Droit de Vivre*, 5 décembre 1936.

2 *Ibid.*

3 Geoffroy Fraser, « Le bloc fasciste s'effondre-t-il ? Mussolini lâche Hitler », *Le Droit de Vivre*, 26 décembre 1936 ; *Id.*, « L'Italie protège mal… », *Le Droit de Vivre*, 27 mars 1937. *Cf.* également Émile Kahn, *Cahiers des Droits de l'Homme*, 2 janvier 1937.

4 Conformément par ailleurs à une affinité culturelle. *Cf.* Ralph Schor, « Identité fasciste et identité européenne : l'opinion des intellectuels français de l'entre-deux-guerres », dans Romain H. Rainero (a cura di), *Aspetti e problemi delle relazioni tra l'Italia e la Francia*, Milan, Unicopli Cuesp, 2005, p. 224.

5 L'Italie elle-même avait accueilli avec défiance le Front populaire qui rappela Charles de Chambrun, l'ambassadeur de France à Rome ; or Mussolini réclama que le nouvel ambassadeur nommé fût accrédité auprès du roi d'Italie qui portait également le titre de roi d'Éthiopie ; Blum refusa, pensant que c'eût été légitimer la conquête italienne. En 1937, Vittorio Cerruti, ambassadeur d'Italie à Paris fut rappelé sans être remplacé. Mussolini laissa d'ailleurs entendre que son alliance avec Hitler provenait de ce que Blum avait repoussé les propositions italiennes, notamment la demande de suppression des sanctions contre l'Italie à Genève. Voir, sur ces débats, Franklin D. Laurens, *France and*

diplomates français, en particulier Alexis Léger, et en soulignant que l'alliance italo-allemande ne représentait pas un véritable danger, la LICA espérait démanteler l'argumentation de ses adversaires selon laquelle le Front populaire poussait la France à la guerre[1]. Dans *Les Cahiers des Droits de l'Homme*, Émile Kahn fustigeait de même l'aveuglement des diplomates français à l'égard de Mussolini et exposait qu'il ne fallait pas espérer un rapprochement avec l'Italie :

> Après Laval, Flandin, après Flandin, Delbos… Quelles expériences cuisantes faudra-t-il faire encore pour voir Mussolini tel qu'il est ? C'est un joueur qui mise sur tous les tableaux. Quel que soit son partenaire, il bluffe, toujours avec aplomb, toujours avec succès. Tout en flattant la France et l'Angleterre, d'espérances évasives […], il donnait à Berlin de secrètes assurances. La muscade enlevée : volte-face subite[2].

L'échec d'un rapprochement des deux sœurs latines n'était imputable qu'à Mussolini.

Cette joute connut ses limites et cessa quand tous purent prendre la mesure de la solidité de l'axe Rome-Berlin[3]. La participation italienne à la guerre d'Espagne montrait que Mussolini avait définitivement choisi son camp.

L'ITALIE DANS LE CAMP DE LA GUERRE : MUSSOLINI AUX CÔTÉS DE FRANCO

La proximité géographique de l'Espagne, les affinités politiques de nombreux Israélites avec les Républicains hostiles à Franco et le déroulement de combats aux portes de la France qui apportaient la confirmation progressive de l'imminence d'une guerre européenne expliquaient que l'opinion juive se sentît émue et captivée par les événements d'outre-Pyrénées. Elle ne réprima souvent pas sa passion,

---

the *Italo-Ethiopian crisis, 1935-1936*, Paris, Mouton, 1967, p. 354 ; Jean-Baptiste Duroselle, *La Décadence, 1932-1939*, Paris, Imprimerie nationale, 1985, p. 130 *sqq.* ; *cf.* également l'appendice III, « Mussolini and Léon Blum », dans Meir Michaelis, *Mussolini and the Jews. German-Italian Relations and the Jewish Question in Italy (1922-1945)*, Oxford, The Clarendon Press, 1978, p. 420-424.

1   Voir Pierre Lazareff, *De Munich à Vichy*, New York, Brentano, 1944, p. 86.
2   Émile Kahn, « Jeu italien », *Cahiers des Droits de l'Homme*, 2 janvier 1937.
3   Geoffroy Fraser, « Contre offensive du fascisme mondial », *Le Droit de Vivre*, 1ᵉʳ mai 1937.

à l'instar d'un vaste segment de la société française[1] mais en des proportions nettement plus importantes car il ne devait se trouver guère d'Israélites pour éprouver de la sympathie à l'égard des nationalistes espagnols. Le soutien de Mussolini à ces derniers provoqua une intense déception ou la confirmation de craintes anciennement établies. C'était la première fois que l'opinion juive exprimait un si fort rejet de l'Italie fasciste car cette dernière ne s'en tenait plus à ses rodomontades coutumières, mais passait violemment à l'acte ; le conflit en Éthiopie, plus éloigné du territoire national, n'avait pas suscité autant de répulsion.

LES JUIFS DE FRANCE, LA GUERRE D'ESPAGNE ET L'ITALIE

Pendant la guerre d'Espagne, toutes les tendances du judaïsme français réagirent à l'unisson ; les progressistes occupèrent toutefois nettement plus le devant de la scène que le reste de leurs coreligionnaires. Nombre d'Israélites de gauche avaient adressé des messages de félicitations aux députés du *Frente Popular*, vainqueur le 16 février 1936[2]. Attachés à leurs idées politiques et hostiles au fascisme, les Juifs progressistes ressentaient comme une nécessité naturelle le soutien à la gauche espagnole après l'éclatement des hostilités. Raymond Aron, pourtant davantage à droite de l'échiquier politique, se souvenait également : « J'étais de cœur avec les Républicains espagnols : autour de moi, le choix allait de soi[3] ». La guerre d'Espagne constitua pour Edgar Morin l'acte de naissance de sa conscience politique ; le sort réservé aux tenants du *Frente Popular* par les nationalistes entraîna en lui « un incroyable déchirement[4] ». Nul ne sous-estimait la dimension symbolique du conflit se déroulant sous le ciel d'Espagne : il s'agissait de la traduction dans les faits de l'affrontement idéologique entre les blocs fasciste et démocratique ; « L'Espagne, en 1936, a été le premier terrain sur lequel s'est engagé la lutte entre le Fascisme et la Démocratie », se rappelait Ilex Beller[5].

Dans le camp des fascismes, quelle part l'Italie tenait-elle véritablement ? La réponse des Israélites français paraissait dictée par

---

1   Émile Temime, « L'écho de la guerre civile espagnole en juillet 1936, amplification ou déformation de l'événement ? », *Matériaux pour l'histoire de notre temps*, n° 7-8, 1986, p. 16.

2   Parmi ces intellectuels juifs qui avaient soutenu l'expérience socialiste, l'on trouvait notamment Victor Basch, Jean-Richard Bloch et Julien Benda. Christophe Prochasson, *Les Intellectuels, le socialisme et la guerre, 1900-1938*, Paris, Le Seuil, 1993, p. 256 *sqq.*

3   Raymond Aron, *op. cit.*, p. 141.

4   Edgar Morin, *Autocritique*, Paris, Julliard, 1959, p. 21. *Cf.* Jean Pierre-Bloch, *Le Temps d'y penser encore*, Paris, Simoën, 1977, p. 12.

5   Ilex Beller, *De mon shtetl à Paris*, Paris, Éd. du Scribe, 1991, p. 101.

l'intransigeance. De fait, dès les années 1920, les régimes de Miguel Primo de Rivera et de Mussolini avaient entretenu de solides et sincères rapports[1]. En Italie, l'installation de la République, en 1931, suscita les craintes : outre l'accroissement du camp des démocraties, le Duce craignait un rapprochement franco-espagnol, obstacle éventuel à la politique méditerranéenne du fascisme. Rome soutint vigoureusement les tentatives des nationalistes pour opérer un coup d'État. Le 31 mars 1934, l'Italie promit dans un accord d'apporter son soutien matériel en cas de conflit armé. Pour autant, les Transalpins n'intervinrent pas lors de l'insurrection nationaliste du 18 juillet 1936 ; ce ne fut que le 24 qu'ils décidèrent d'envoyer des forces aériennes, ce qui ne les empêcha pas de siéger au comité de non-intervention de Londres le 9 septembre[2]. Le double langage devait cesser et Mussolini choisit d'envoyer le CTV (*Corpo truppe volontarie*) de 35 000 puis 70 000 hommes, ainsi que 800 avions et 90 navires, postés à Majorque, investissement qui fit craindre une annexion des Baléares par l'Italie[3]. À son ami le Baron de Meyendorff, Élie Halévy donnait son point de vue sur l'attitude italienne : « Mussolini brûle de voir l'anarchie espagnole dégénérer en un conflit général[4] ». Halévy pouvait d'autant plus tenir cette position qu'en Italie, il avait pu prendre la mesure de l'investissement des fascistes dans la guerre d'Espagne, comme il l'écrivait à Célestin Bouglé :

> J'ai vu, dans le Sud de l'Italie, partir trop de troupes pour l'Espagne, je ne puis être optimiste pour l'avenir des libertés espagnoles. [...] J'apprends à l'instant que l'armée italienne (car c'est l'armée italienne) a pris Malaga[5].

Jean-Richard Bloch insistait lui aussi sur cet aspect : « les antifascistes espagnols succombent écrasés sous les tanks Fiat[6] ». Quand Ilex Beller

---

1   Le 7 août 1926 fut signé un traité d'amitié hispano-italien.

2   En réalité, Mussolini avait trois raisons de soutenir les nationalistes : d'une part, il voulait favoriser l'installation en Espagne d'un régime frère ; d'autre part, il entendait renforcer le tournant belliqueux pris par son pays ; enfin, il ne souhaitait pas laisser Hitler sortir seul vainqueur d'une aide aux nationalistes.

3   Sur ces aspects, voir entre autres Romano Canosa, *Mussolini e Franco. Amici, alleati, rivali : vite parallele di due dittatori*, Milan, Mondadori, 2008, p. 69 *sqq.*

4   Élie Halévy, Lettre au Baron de Meyendorff, de Sucy-en-Brie, le 3 avril 1937, dans *Correspondance, 1891-1937*, textes réunis et présentés par Henriette Guy-Loë et annotés par Monique Canto-Sperber, Vincent Duclert et Henriette Guy-Loë, Paris, Éd. de Fallois, 1996, p. 742.

5   Élie Halévy, Lettre à Célestin Bouglé, de Florence, le 9 février 1937, dans *ibid.*, p. 740.

6   Jean-Richard Bloch, *Espagne, Espagne !*, Paris, Éditions sociales internationales, 1936, p. 210.

faisait allusion au soutien matériel apporté par les fascistes, c'était pour l'opposer à l'inaction des démocraties, au premier rang desquelles figurait la France :

> Le peuple espagnol opposait une résistance héroïque aux divisions fascistes. Mais quels résultats peut-on obtenir quand on se bat les mains nues contre des tanks et des avions à la pointe de la technique de l'armement ?
> Pendant qu'Hitler et Mussolini soutenaient activement le rebelle Franco, les pays démocratiques menaient à l'égard de la jeune République espagnole, la désastreuse politique de la « non-intervention[1].

Expliquer la passion éprouvée par les Israélites à l'aune de leur seul engagement progressiste occulterait toutefois une partie de la réalité de l'époque. L'opinion était en effet largement répandue que si les fascismes remportaient une victoire en Espagne, les Israélites de toute l'Europe auraient à en souffrir. Ce fut lors de la guerre civile espagnole que se dessina plus largement qu'auparavant l'image d'une antinomie entre judaïsme et fascisme, ou plus, celle de la connexion définitive entre fascisme et antisémitisme. Il s'agissait là du troisième acte de la prise de conscience qui gagna l'opinion juive.

VERS UNE RUPTURE ENTRE JUDAÏSME ET FASCISME ?

Pendant la guerre d'Éthiopie, l'Italie s'était adonnée au racisme, mais pas à la haine d'Israël, même s'il fallait faire preuve de vigilance. En se rapprochant de l'Allemagne, Mussolini devenait clairement l'ami d'un antisémite, mais n'imitait pas servilement ses méthodes ; le pas fut donc franchi en Espagne où la forte proximité d'intérêts des fascismes se commua en une convergence idéologique. Pierre Péral se montra très lucide sur ce bond italien vers l'antisémitisme : « L'aventure espagnole rendant solidaire les deux régimes de dictature, a dû, fatalement, orienter l'Italie mussolinienne vers la conception raciste[2] ». Israël se trouva d'ailleurs mêlé à la situation espagnole : Jacques Hirtz ne s'en étonnait pas, acquis à la conviction que « comme chaque fois qu'il se produit en quelque point du globe un bouleversement les Juifs sont parmi les premières victimes[3] ». Les nationalistes espagnols, qui ne faisaient pas

---

1   Ilex Beller, *op. cit.*, p. 101.
2   Pierre Péral, « Le mal hitlérien sévit aussi à Rome », *Le Droit de Vivre*, 26 juin 1937. Telle est d'ailleurs la thèse soutenue par Meir Michaelis, *op. cit.*
3   Jacques Hirtz, « Les Juifs dans la tragédie espagnole », *Samedi*, 5 septembre 1936. *Cf.* S.L. Schneidermann, « Lettre de Barcelone », *L'Univers Israélite*, 29 janvier 1937.

mystère de leur antisémitisme[1] s'en prirent à des Israélites allemands
réfugiés à Saragosse, mais appliquèrent surtout des mesures vexatoires
aux Juifs du Maroc[2]. *L'Univers Israélite* annonça que Franco avait demandé
au Sultan du Maroc de destituer ses sujets juifs de leurs droits civils[3] :
il ajouta d'ailleurs que l'Italie et l'Allemagne se trouvaient à l'origine
de cette demande, mais se rétracta une semaine plus tard[4]. Le nouvel
axe Rome-Berlin interdisait à Mussolini de jouer son traditionnel rôle
de défenseur des Juifs. Bien plus, pensait-on, il encourageait par excès
de zèle ce qu'il avait toujours réprouvé.

Les Israélites ne tinrent néanmoins pas uniquement le rôle de victimes pendant la guerre civile : certains, dont de nombreux Français,
s'engagèrent dans les rangs des Brigades Internationales pour la défense
des Républicains. On estime le contingent total de Juifs combattant
contre Franco entre 4 000 et 6 000 volontaires, parmi lesquels 1 043
en provenance de France[5]. Cet engagement prit l'allure d'une croisade
contre le fascisme[6] ; les immigrés apparaissaient en première ligne de
la bataille, car certains d'entre eux venaient de pays où ils avaient pu
faire l'expérience des désastres engendrés par le fascisme : « Parmi les
trente-cinq mille volontaires des Brigades Internationales, venus de quarante-trois pays différents, la proportion de juifs était particulièrement
importante. Pour eux, le fascisme n'était pas un concept abstrait. Ils
ne le connaissaient que trop bien et en avaient déjà souffert, dans leur
pays d'origine[7] », affirmait l'un d'entre eux. Pour un Juif, lutter contre
le fascisme, porteur d'antisémitisme, revenait à assurer le salut d'Israël ;
Ilex Beller rapportait le mot de son ami Albert Waïtz prononcé avant
de rejoindre l'Espagne, il était dépourvu d'ambiguïté : « Le destin juif

---

1   *Cf.* « Un général qui a de l'imagination », *L'Avenir illustré*, septembre 1937.

2   Jacques Hirtz, art. cit.

3   *L'Univers Israélite*, 25 décembre 1936.

4   Sur le déroulement exact de ces événements, *cf.* Jean-Louis Miège, « Les Italiens au Maroc
    et les rapports franco-italiens (1919-1956) », dans Pierre Milza, Romain H. Rainero (a
    cura di), *op. cit.*, p. 207 *sqq.*

5   Danielle Rozenberg, *L'Espagne contemporaine et la question juive : les fils renoués de la mémoire
    et de l'histoire*, Toulouse, Presses Universitaires du Mirail, 2006, p. 127.

6   En ce sens, les Juifs adhérèrent au discours des antifascistes italiens exilés en France ; voir
    Stéfanie Prezioso, « "Aujourd'hui en Espagne, demain en Italie". L'exil antifasciste italien
    et la prise d'armes révolutionnaires », *Vingtième Siècle*, n° 93, janvier-mars 2007, p. 79-91.
    Notons qu'un contingent de Juifs italiens combattit aux côtés des nationalistes espagnols,
    mais, dans le cas où les Israélites français le savaient, ils n'y firent aucune allusion. *Cf.*
    Michele Sarfatti, *Gli ebrei nell'Italia fascista. Vicende, identità, persecuzione*, Turin, Einaudi,
    2007 (2000 pour l'édition originale), p. 146.

7   Ilex Beller, *op. cit.*, p. 101.

est lié au destin de la République espagnole, il ne faut plus attendre, il faut aider[1]... ». Un dirigeant politique juif immigré tint des propos analogues en yiddish : « Nous allions nous battre contre le fascisme et pour l'honneur du peuple juif[2] ». Les conséquences de la victoire des nationalistes ne fit que confirmer les craintes : comme Franco et Hitler, Mussolini devenait l'ennemi d'Israël[3].

Français et Juif. Les deux appartenances dictaient bien simultanément les comportements. L'opinion juive, même sur des sujets qui, *a priori*, ne plaçaient pas Israël au premier plan, ne perdait jamais le monde israélite des yeux. C'était donc à la fois en tant que membres de la nation et du judaïsme français que les Israélites accusaient de plus en plus l'Italie, qui s'éloignait chaque jour davantage de la fraternité latine pour lui préférer celle qui la placerait aux côtés des ennemis des Juifs. Entre 1935 et 1938 les illusions moururent les unes après les autres : pays expansionniste, se livrant à des exactions racistes dans les zones qu'elle contrôlait, l'Italie devenait l'amie d'Hitler avec qui elle livra combat pour soutenir un dictateur représentant l'opposé des valeurs du judaïsme. L'opinion juive pouvait donc manifester une unité sur certains points, mais seulement quand les convictions profondes que chacun avait du judaïsme n'intervenaient pas. Il n'en demeura pas moins que les Juifs firent part à l'unisson de leur réprobation à l'égard de la nouvelle orientation prise par Mussolini, ce dont le Duce reçut d'ailleurs l'écho. Les craintes gagnaient ainsi tous les esprits quant au sort des minorités italiennes à l'heure de la radicalisation du régime fasciste. La réalité dépasserait cependant tout ce que l'on pouvait redouter.

---

1   *Ibid.*, p. 102.
2   *Ibid.*, p. 104.
3   « Assistance aux Juifs d'Espagne », *L'Univers Israélite*, 18 mars 1938. Sur le lien entre antifascisme et défense des Juifs dans le discours juif, voir Arno Lustiger, « *Shalom Liberdad* ». *Les Juifs dans la guerre d'Espagne, 1936-1939*, Paris, Le Cerf, p. 57 *sqq.*

ANTISÉMITISME D'ÉTAT
ET SÉPARATION DES « SŒURS LATINES » :
LA FIN DE L'EXCEPTION ITALIENNE

> Mes chers collègues,
> Je reviens d'Italie et désire vous faire part sans retard de la pénible impression
> que je ramène de mon voyage. Je visite ce pays chaque année depuis 40 ans, et
> je constate, pour la première fois, une campagne antisémite, qui s'affirme de
> jour en jour plus agressive. Son origine n'est pas douteuse, la presse italienne
> est de plus en plus sous l'influence de l'Allemagne. La propagande allemande
> s'y exerce de toutes les façons [...].

Ainsi s'ouvrait la lettre qu'Edmond Dreyfus, du Comité local de l'Alliance
israélite universelle à La Chaux-de-Fonds, en Suisse, envoyait aux instances parisiennes de l'organisation, le 25 septembre 1936[1]. On ne
saurait imaginer plus claire expression du revirement des Juifs face aux
rapports entre l'Italie fasciste et Israël. Et pourtant. Cette perception
du changement paraissait, surtout à cette date, tout sauf représentative
d'un état d'esprit général prévalant chez les Juifs.

Sur des sujets touchant à la politique extérieure de l'Italie, les Israélites
français avaient réussi tant bien que mal à parler d'une seule voix, ou
du moins sans trop de discordances. Était-il d'ailleurs possible de réagir différemment ? L'attitude des fascistes en Éthiopie et en Espagne,
assortie de leur rapprochement avec l'Allemagne nazie, ne laissait pas
grand espace aux esprits sereins et optimistes. L'image de l'Italie était
bien écornée. Le ton se durcissait à l'égard de ce pays, avec des intensités
variées selon les tendances, groupes et individus.

Alors que la nouvelle orientation diplomatique mussolinienne et
la genèse de l'antisémitisme d'État en Italie étaient concomitantes, la
majorité de l'opinion juive nationale adoptait pourtant une posture assez
différente face à ces deux questions. La politique extérieure d'un pays,
était-il légitime de penser, dépendait d'une combinaison de circonstances

---

1   AIU, France I – C 4. Lettre d'Edmond Dreyfus à l'Alliance israélite universelle, du Comité
    local de La Chaux-de-Fonds, 25 septembre 1936.

appelées à évoluer, mais les aspects intérieurs, découlant directement en Italie de la doctrine des faisceaux, paraissaient révéler de manière aiguë les ressorts d'un système de pensée. L'on se consolait en constatant qu'il ne s'agissait là, comme l'affirme clairement Edmond Dreyfus, que d'une maladroite copie de l'antisémitisme nazi. Les enjeux idéologiques à l'œuvre étaient donc bien trop cruciaux pour que tout pragmatisme de la part de l'opinion juive les occultât. Car l'adoption de l'antisémitisme en Italie risquait de ruiner le modèle chanté – et même façonné en certains points on l'a vu – par une grande fraction des Juifs de France, tandis qu'elle confirmerait la position progressiste selon laquelle le fascisme induit nécessairement le racisme. Les diagnostics ne pouvaient que converger, mais chacun brandissait haut ses convictions traditionnelles.

La dégradation brutale de la condition juive en Italie toucha les Juifs de France au plus profond de leur cœur, à une période où la tragédie qui s'inaugurait pour leurs frères sous le ciel européen les conduisit à opérer un retour sur leur propre condition et à réexplorer l'identité qu'ils partageaient avec ces infortunés. Les Juifs ne scrutaient pas simplement la situation de l'extérieur, ils se sentaient concernés. Le sentiment plus tard éprouvé et décrit par Albert Memmi pourrait parfaitement s'appliquer aux Israélites de ces années : « Que cela me flatte ou m'humilie, mon sort est lié à celui de tous les autres juifs[1] ».

Espérant ardemment un rapide retour à la normale, les sectateurs du modèle italien tardèrent à complètement se résigner. En deux temps – de la campagne de presse antisémite à l'instauration d'une législation antisémite – les Juifs de France se mobilisèrent. Étaient-ils seuls ? L'attitude des Juifs de France face à l'ostracisme dont étaient victimes leurs coreligionnaires d'outre-monts, rencontra-t-elle un écho au sein de l'opinion française en général, voire plus, en Italie, alors que la guerre était proche ?

PROLÉGOMÈNES : LA CAMPAGNE ANTISÉMITE DE LA PRESSE ITALIENNE (1936-1938), UN ACCIDENT DE L'HISTOIRE ?

L'ensemble de cette étude a tenté de le montrer : dès les origines du fascisme, une profonde dichotomie marqua la question juive en Italie.

---

1   Albert Memmi, *Portrait d'un Juif*, Paris, Gallimard, 1969, p. 136.

Dans les années 1920, la dualité était géographique : l'Italie révélait son philosémitisme dans ses frontières, en Europe ainsi qu'en Palestine, et laissait libre cours à des tendances antisémites en Libye et en Tunisie. Après l'avènement d'Hitler, l'antisémitisme s'invita au sein même de la péninsule sans parvenir toutefois à l'emporter sur les soutiens des Israélites. Tout conduit à dire que la sérieuse campagne contre Israël à laquelle se livra la presse transalpine dès 1936 n'émergeait pas *ex nihilo* mais contribuait à amplifier et à unifier les voix éparses des ennemis du judaïsme. Un renversement de tendance se produisait. Il ne s'agit pas ici de revenir en détails sur la manière dont l'antisémitisme entra dans la doctrine et les objectifs du fascisme, ce que de nombreuses études ont retracé souvent très brillamment, d'autant que selon les écoles historiques, les analyses de l'antisémitisme italien divergent. L'interprétation qu'en proposaient les Juifs français semble cependant constituer à nos yeux une pièce de valeur à intégrer dans ce dossier complexe et toujours ouvert. Continuaient-ils à adhérer à l'image des « *Italiani brava gente* », même après la volte-face antijuive de l'Italie ?

LA CAMPAGNE DE PRESSE AU PRISME DE L'OPINION JUIVE

Le caractère brusque et jugé artificiel de la campagne lancée outre-monts contre les Israélites invitait légitimement à s'interroger sur sa durée et sa réelle prise sur l'opinion italienne. Depuis 1922, les Israélites de France s'étaient habitués aux palinodies intempestives de Mussolini. Voilà pourquoi il ne fallait pas réagir séance tenante et conserver un nécessaire recul face aux événements. Avec une ironie désabusée, un éditorial de l'hebdomadaire *Samedi* traduisait cette attitude : « l'observation quotidienne de la politique italienne nous a appris qu'elle est sujette à des fluctuations qui restent souvent incompréhensibles au commun des mortels[1] ».

Or, devant l'alourdissement de la vague d'antisémitisme – « le plus effréné[2] » – en Italie, force était de constater le caractère sérieux des événements, prise de conscience révélée par l'accroissement du nombre d'articles s'y rapportant dans la presse communautaire. Tous notaient que le monopole de l'antisémitisme était pour le moment détenu par la presse, dirigée par quelques hiérarques fascistes. *Paix et Droit* l'affirmait : « Depuis

---

1   « Politique italienne », *Samedi*, 3 juillet 1937.
2   Pierre Péral, « Mussolini livre la patrie de Dante à la barbarie raciste », *Le Droit de Vivre*, 12 juin 1937.

un certain temps, un mouvement antisémite semble se dessiner en Italie. De nombreux journaux, en effet, tels que le *Tevere*, le *Quadrivio*, la *Vita Italiana* ont publié des articles violemment antijuifs. Tout récemment encore, le *Popolo d'Italia* et la *Tribuna* de Rome ont consacré d'importants articles au problème juif en Italie[1] ». Que l'antisémitisme se cantonnât au stade verbal avait de quoi rassurer. Dans un régime totalitaire où la propagande n'était pas un simple soutien mais le moteur de toute action politique, surtout quand elle pouvait avoir des répercussions sur le monde extérieur, la presse était-elle pour autant privée de toute autonomie ? Ne pouvait-elle pas porter la voix des plus hautes autorités ? *Samedi* fut l'un des seuls à s'interroger sur cet élément et concluait à un musèlement de la presse, pour mieux soutenir que l'antisémitisme qu'elle véhiculait ne traduisait en aucun cas le sentiment populaire :

> Il faut dire que les attaques en question se sont produites dans le *Popolo d'Italia*, que l'on regarde comme le porte-parole même de Mussolini et qui est d'ailleurs dirigé par le neveu du Duce, et aussi dans le *Regime fascista*, dirigé par M. Farinacci, l'ancien secrétaire du Parti Fasciste[2].

L'évolution de *Samedi* depuis 1936 était claire. À cette date, Jean Hassid soutenait dans le même journal la thèse inverse : « Mussolini a tenu à déclarer que Farinacci était seul responsable de ses dires et n'exprimait nullement un point de vue officieux[3] ». L'idée d'une action autonome de la presse emportait l'adhésion des grands organes de presse français comme *Le Temps*[4] ; de fait, ceux qui pensaient comme Jean Hassid avaient raison et ce ne fut qu'à l'été 1938, lors du lancement de l'antisémitisme d'État, que la presse reçut des consignes officielles, avant quoi elle semblait jouir d'une relative marge de manœuvre[5]. Faut-il voir dans ces deux positions de *Samedi* des tentatives de minimiser ce qui se déroulait en Italie, en insistant sur l'imperméabilité de l'opinion italienne ? Toujours était-il que la presse juive ne dissimulait à ses lecteurs aucun indice de l'évolution de la situation transalpine. La campagne de presse antisémite dont l'Italie fut le théâtre prit d'ailleurs bientôt les Juifs de

---

1   « Une note officieuse sur l'antisémitisme », *Paix et Droit*, mars 1937.
2   « Politique italienne », *Samedi*, 3 juillet 1937.
3   Jean Hassid, « Verra-t-on l'antisémitisme naître en Italie ? », *Samedi*, 14 novembre 1936.
4   Marie-Anne Matard-Bonucci, *L'Italie fasciste et la persécution des Juifs*, Paris, Perrin, 2007, p. 473. *Le Temps* corrigea son jugement quelque temps plus tard : Nadège Colombier, *La Question juive sous le fascisme et la presse française, 1938-1939*, mémoire de maîtrise sous la direction de Ralph Schor, Université de Nice, 1994, p. 92.
5   Marie-Anne Matard-Bonucci, *op. cit.*, p. 22 et p. 130.

France pour cible. C'était la première fois, relativement à l'Italie, que les Juifs de France, à l'heure où le Front populaire incarnait aux yeux des hiérarques italiens la victoire de l'« antifascisme juif », eurent à juger d'attitudes et déclarations dont ils étaient eux-mêmes l'objet[1]. En janvier 1937, à la suite de la publication quelques jours auparavant dans *Il Popolo d'Italia* d'un article critiquant le nombre, nettement exagéré et avancé sans vérification, de Juifs siégeant au gouvernement Blum, Elia Arié, juif de Trieste, demanda confirmation auprès de l'Alliance israélite universelle. Il revenait également sur le problème des liens entre ce journal et Mussolini :

> Le journal *Il Popolo d'Italia* de Milan du 31 décembre 1936 publie l'article ci-joint sur l'antisémitisme, dans lequel il cite une longue liste de fonctionnaires juifs attachés à divers Ministères français, liste qu'il emprunte au dernier numéro de *Gringoire*. Cet article a été reproduit en gros caractères par plusieurs autres journaux italiens et vu que le journal milanais, fondé par le propre frère de Mussolini passe pour être l'organe personnel du Duce, la tendance de l'article est symptomatique[2].

Sylvain Halff répondit qu'il lui était impossible de répondre exactement à la requête de son correspondant car il ignorait si toutes les personnes citées faisaient effectivement partie de ces ministères ; il était cependant certain que toutes n'étaient pas juives. Quand bien même, ajoutait-il, Léon Blum n'était pas le premier à faire appel à des Juifs[3]. Transparaissent ici clairement le rôle central de la presse dans la diffusion de stéréotypes haineux tout autant que l'implication de certains Israélites français comme cibles de la campagne antisémite italienne.

Phénomène inquiétant, l'antisémitisme s'élargissait au monde de l'édition. Hautement symbolique apparut la réimpression en italien des *Protocoles des Sages de Sion* par Giovanni Preziosi, en 1937. Ceux qui se souvenaient que le Duce avait toujours interdit la publication de cet

---

1 Les attaques contre les Juifs français devenaient courantes ; *cf.* pour la veille de la guerre, Telesio Interlandi, « Un francese piange », *Il Tevere*, 22-23 novembre 1938 ; A. Lancellotti, « La Francia e l'invasione giudaica », *La Difesa della razza*, n° 7-5, février 1939. Cités par Francesco Cassata, *« La Difesa della razza ». Politica, ideologia e immagine del razzismo fascista*, Turin, Einaudi, 2008, p. 145.

2 AIU, Italie, I – C 3. Lettre d'Elia Arié à Sylvain Halff, secrétaire général de l'Alliance israélite universelle, de Trieste, 1er janvier 1937. L'article s'intitulait « Il troppo storpia ».

3 AIU, Italie, I – C 3. Lettre de Sylvain Halff à Elia Arié, de Paris, 4 janvier 1937. Notons que la question des rapports entre judaïsme et Front populaire suscitait une certaine gêne chez une fraction des Juifs : *cf.* Ariel Danan, « Les Français israélites et l'accession au pouvoir de Léon Blum, à travers *L'Univers Israélite* », *Archives Juives*, n° 37-1, 1er semestre 2004, p. 97-110.

ouvrage en Italie et puni les contrevenants, pouvaient prendre la mesure du retournement total qui se profilait. *L'Univers Israélite* rapportait que la préface du livre présentait les *Protocoles* comme un document authentique ; *La Vita Italiana*, quant à elle, critiquait le Professeur Pincherle, un Juif italien qui avait évoqué le caractère fallacieux de l'ouvrage dans l'*Enciclopedia Italiana*[1]. Preuve que l'antisémitisme peinait à imprégner l'opinion, notamment les intellectuels, plusieurs esprits éminents réaffirmèrent haut et fort l'aspect mensonger de l'ouvrage[2]. Malgré cette maigre consolation, les Israélites français devaient constater avec stupeur et déception que l'Italie, en publiant les *Protocoles*, reprenait à son compte les moyens les plus éculés de la propagande antisémite[3]. Les ennemis des Israélites en Italie franchirent un pas supplémentaire en incitant à la haine du Juif dans des discours publics : Roberto Farinacci[4] excellait dans l'exercice, remarquait-on souvent[5]. Ainsi, les Israélites, bien qu'ils fussent gagnés par l'inquiétude, se montraient lucides : l'imprimé, loin de refléter l'état de l'opinion publique, voulait préparer celle-ci à une radicalisation raciste[6].

Deux explications principales de l'antisémitisme se retrouvaient fréquemment dans la presse juive française, sans que l'une fût exclusive de l'autre : l'on évoquait ainsi un alignement de l'Italie sur le modèle nazi pour les besoins de l'axe Rome-Berlin ou, plus gravement, l'expression au grand jour de l'antinomie entre fascisme et judaïsme. Choisir l'un ou l'autre facteur n'était pas anodin : retenir le premier amenait quelque

---

1   « Les Protocoles des Sages de Sion », *L'Univers Israélite*, 19 novembre 1937. *Cf.* Paul Gentizon, « Fascisme et antisémitisme », *Samedi*, 18 avril 1936. La publication des *Protocoles* faisait écho à celle du pamphlet de Paolo Orano, *Gli Ebrei in Italia*, la même année.

2   « Une voix italienne sur les "Protocoles" », *Paix et Droit*, mars 1937.

3   Sur la dimension symbolique revêtue par les *Protocoles* au sein de l'opinion juive d'alors, *cf.* Catherine Nicault, « Le procès des *Protocoles des Sages de Sion* : une tentative de riposte juive à l'antisémitisme dans les années 1930 », *Vingtième Siècle*, n° 53, janvier-mars 1997, p. 68-84.

4   Le nom de Roberto Farinacci revenait très souvent dans la presse juive française : télégraphiste et ancien socialiste réformiste, Farinacci, grâce à sa verve puissante, s'était spécialisé dans les attaques contre les pacifistes, les catholiques ou les socialistes. Fasciste de la première heure, très violent, il devint secrétaire du PNF entre 1925 et 1926 mais sa trop grande intransigeance l'éloigna des sphères du pouvoir. Revenant aux affaires au milieu des années 1930, il se montra favorable à l'Allemagne et fut à la pointe de l'antisémitisme italien. Voir l'ouvrage récent de Romano Canossa, *Farinacci. Il superfascista*, Milan, Mondadori, 2010.

5   *Cf.* par exemple, *Samedi*, 22 mai 1937.

6   Impression confirmée notamment par Enzo Collotti, *Il fascismo e gli ebrei. Le leggi razziali in Italia*, Rome-Bari, Laterza, rééd. 2006, p. 56. Marie-Anne Matard-Bonucci y voit plutôt une phase d'expérimentation de l'antisémitisme en Italie (*op. cit.*, p. 130).

peu à minimiser l'ampleur et la portée de l'antisémitisme italien ; prôner l'autre explication induisait le pessimisme quant à l'avenir des Israélites transalpins. Le choix ne semblait pas dicté par les idées politiques, mais plutôt par les sensibilités de chacun puisque selon les auteurs, l'on retrouvait parfois dans la même revue les deux conjectures. Ceux qui soutenaient davantage la première hypothèse possédaient une vaste gamme d'arguments. Il apparaissait en effet frappant que, bien qu'il eût à plusieurs reprises critiqué les théories et agissements allemands, Mussolini introduisît le racisme en Italie au moment où il tournait le dos aux démocraties et se rapprochait diplomatiquement des nazis. Tandis que se consolidait l'axe Rome-Berlin, cette opinion gagna du champ parmi les Israélites de France : « Depuis quelque temps déjà, on signal[e] en Italie un certain désaxement dû sans doute à une trop rigide conception de ce fameux axe Rome-Berlin », rappelaient les modérés[1]. Dans un article fouillé du *Droit de Vivre*, Pierre Péral expliquait que « l'axe Berlin-Rome passe par l'intolérance », et clamait : « Le Duce sacrifie à Wotan[2] » ; l'auteur ajoutait :

> L'aspirant César, promu Duce et Auguste par la grâce de Volpi-Fiat, abandonne ses muses romaines pour les dieux de la Walhalla germanique. La famille aryenne se trouve ainsi enrichie d'un nouveau membre. Le nouveau membre est tenu de faire ses preuves[3].

De même, pour Jean Hassid, les thèses des antisémites italiens semblaient « calquées sur les textes nazis[4] ». Aux yeux des Israélites français ainsi, la haine du Juif n'était rien d'autre qu'une importation en provenance d'Allemagne et artificiellement inoculée au sein d'un peuple incapable de la produire par lui-même. Cela correspondait-il à la réalité ? Ne menait-on pas, parmi les Juifs de France, une analyse plus subtile ? De fait, comme avait commencé à le percevoir l'opinion juive dès 1934, on l'a vu, l'Internationale fasciste que voulait mettre en place l'Italie induisait nécessairement, à terme, une convergence idéologique[5], mais là où se trompaient les Juifs français, LICA mise à part, c'était quand ils considéraient les récriminations italiennes à l'égard de l'antisémitisme

---

1 « Italie, réveille-toi !… », *Samedi*, 5 juin 1937.
2 Pierre Péral, art. cit.
3 *Ibid.*
4 Jean Hassid, art. cit.
5 Sur ce point, Max Gallo, *Contribution à l'étude des méthodes et des résultats de la propagande et de l'information de l'Italie fasciste dans l'immédiat-avant-guerre, 1933-1939*, Thèse de 3ᵉ cycle d'histoire sous la direction d'André Nouschi, Université de Nice, 1968, p. 91 *sqq.*

allemand comme la marque d'une incompatibilité idéologique. Les points communs entre fascisme et nazisme apparaissent plus nombreux que ce que l'on pensait, un terreau fertile existait sur lequel pouvait lever une forme d'uniformisation doctrinale, y compris sur la question juive. Il est par ailleurs reconnu que l'Allemagne ne fit jamais pression sur l'Italie pour que celle-ci épousât les conceptions raciales nazies. Or, l'Allemagne joua bien un rôle particulier, que seuls quelques Israélites décelèrent : un « transfert culturel » s'était produit entre le nazisme et le fascisme[1]. Alors qu'ils se trouvaient embourbés en Éthiopie, que les résultats intérieurs promis tardaient à apparaître, les Italiens trouvèrent dans le modèle nazi les moyens de surmonter leurs difficultés[2]. Que Mussolini adhérât sincèrement à l'antisémitisme ou se servît plutôt de ce dernier pour donner un élan nouveau à la marche vers la fascisation[3], il comprit que lancer une grande et révolutionnaire campagne contre les Juifs pourrait retarder les difficultés nées de l'effritement du consensus au lendemain de la guerre d'Éthiopie, aggravé par la permanence des difficultés économiques[4]. Seuls certains Israélites progressistes, intéressés par les rouages de l'État fasciste, percevaient cet aspect ; la position de Pierre Péral représentait cette tendance de l'opinion :

> La consécration officielle de l'antisémitisme en Italie [...] est une nécessité politique pour le régime transalpin. On peut déjà l'annoncer sans crainte de se tromper. C'est la solution correcte d'un problème classique. [...] En reprenant les vieilles menées antisémites, les légendes du crime rituel et la conception raciale, Hitler a su unir, dans une seule haine, les éléments les plus hétéroclites de la réaction allemande. En adoptant ses procédés, le Duce tente de rejeter sur une minorité les fautes d'un régime. C'est contre le Juif qu'il s'efforce de refaire l'Union Sacrée des Italiens, qu'il n'a pas pu réaliser dans le fascisme[5].

---

1 Marie-Anne Matard-Bonucci, « L'antisémitisme fasciste, un "transfert culturel" de l'Allemagne vers l'Italie ? », *Relations Internationales*, n° 116, hiver 2003, p. 483-494.

2 Le voyage de Mussolini et Ciano en Allemagne, en 1937, contribua fortement à la naissance de cet état d'esprit favorable à l'expérience allemande. Pierre Milza, *Mussolini*, Paris, Fayard, 1997, p. 697-699.

3 C'est la seconde hypothèse qui emporte l'adhésion de la plupart des historiens. Pierre Milza, *op. cit.*, p. 749-757 ; Marie-Anne Matard-Bonucci, *op. cit.* ; Aaron Gillette, *Racial Theories in Fascist Italy*, Londres, Routledge, 2002.

4 *Cf.* André Nouschi, « Un siècle de croissance économique en Italie (1861-1965) : observations sur un paradoxe », *Mélanges de l'École française de Rome. Moyen-Âge, Temps modernes*, n° 90-1, 1978, p. 155 ; et plus généralement Simona Colarizi, *L'Opinione degli italiani sotto il regime, 1929-1943*, Rome-Bari, Laterza, 2ᵉ édition 2000, p. 274-282.

5 Pierre Péral, art. cit. *Cf.* Georges Gréciano, *Europe, terre instable ?*, Paris, Bossuet, 1937, p. 44.

Loin d'une vision simple des événements, d'aucuns affirmaient ainsi que le fascisme avait repris les méthodes allemandes non pour des besoins diplomatiques, mais bien dans un but interne, répondant au raidissement totalitaire de l'Italie fasciste[1].

Autre interprétation retenue par l'opinion juive pour expliquer la vague d'antisémitisme en Italie : la lutte contre le Juif, bolchevique ou bourgeois libéral, antifasciste dans tous les cas. Les Juifs de France qui insistaient sur cette dimension de l'antisémitisme italien semblaient acquis à la conviction que la campagne menée outre-monts contre les Juifs n'était pas un simple feu de paille. L'argumentation relative à l'identité du judaïsme ne se distinguait pourtant pas par sa clarté dans le discours des antisémites italiens. Dans les pamphlets parus en Italie à partir du milieu des années trente, les Juifs se voyaient reprocher de ne pas avoir de patrie et d'œuvrer à la ruine des pays qui les accueillaient[2], thème alors récurrent dans toute l'Europe, notamment en France comme l'a montré Ralph Schor[3]. L'on notait ainsi que les Italiens reprochaient aux Juifs de participer à une organisation tirant les leviers de la finance internationale – les *Protocoles* n'étaient pas loin – et proche de l'Angleterre, donc hostile à l'Italie. Jean Hassid pointait l'ineptie de telles accusations en remarquant que les antisémites italiens les brandissaient dès que la diplomatie transalpine se trouvait en mauvaise posture : « On a observé ces derniers mois que de semblables campagnes étaient menées en Italie chaque fois que le pays, à Genève ou ailleurs, se trouvait placé dans une situation difficile au point de vue international. On voyait alors réapparaître les vieux clichés, qui en Italie plus qu'ailleurs peut-être sonnaient faux, sur la "puissance occulte juive" ou "la puissance juive internationale"[4] ». Le journaliste de *Samedi* soulignait que c'était particulièrement après 1935 – avec la guerre en Éthiopie et donc avant l'axe Rome-Berlin – que les antisémites développèrent ces idées : « Au moment de la guerre italo-éthiopienne, on accusa ainsi le "Judaïsme mondial" d'avoir déclenché les sanctions contre l'État agresseur. Aujourd'hui, la

---

1   C'est notamment la position d'un important courant historiographique. Voir Franklin Hugh Adler, « Pourquoi Mussolini fit-il volte-face contre les Juifs ? », *Raisons politiques*, n° 22, mai 2006, p. 179.

2   Particulièrement représentatifs de cette tendance : Alfredo Romanini, *Ebrei, cristianesimo, fascismo*, Empoli, Casa editrice Arti grafiche dei comuni Ditta Caprarini, 1936 ; ou encore Paolo Orano, *Gli ebrei in Italia*, Pinciana, Rome, 1937.

3   *Cf.* Ralph Schor, *L'Antisémitisme en France pendant les années trente*, Bruxelles, Complexe, 1992, p. 117-128 (chapitre sur « Le Juif destructeur des États »).

4   Jean Hassid, art. cit.

"finance anglo-juive" mènerait le jeu anti-italien en Méditerranée[1] ». D'où, par un de ces glissements fréquemment observés chez les antisémites de tout pays, l'accusation d'antifascisme adressée à Israël[2]. À ce propos réapparaissaient les oppositions parmi les Juifs de France. Observateur sur place, très écouté parmi les Juifs, dont il n'était pas, Paul Gentizon, invitait à la prudence :

> Le fait que le judaïsme international se dresse en Europe non seulement contre le national-socialisme allemand, mais aussi contre le fascisme italien en tant que dictature à base nationaliste, suscite parfois quelque réaction en Italie. [...] Mais il est possible que, si le judaïsme international agit comme tel contre les intérêts de l'Italie fasciste, son attitude ne sera pas sans conséquence[3].

La LICA quant à elle se félicitait de ce que le fascisme considérât Israël comme son ennemi mais comprenait bien, à la différence des plus modérés, que les Israélites d'Italie eux-mêmes étaient visés[4]. Aussi la campagne antisémite, annonçant les lois de 1938, prit-elle une nouvelle fois comme cible le sionisme des Juifs italiens. D'après les fascistes, « tout appui donné au sionisme est opposé aux intérêts italiens[5] », rapportait *Samedi* en précisant, au sujet du *Popolo d'Italia*, que « le journal fasciste demande aux Juifs italiens, soit de rompre publiquement tous les liens avec le Judaïsme international, soit de renoncer à la citoyenneté et au séjour en Italie[6] » ; en d'autres termes, il fallait « choisir entre Rome et Jérusalem[7] », un thème rebattu depuis la crise antisioniste de 1928-1929 mais nettement renouvelé puisqu'on faisait de plus en plus l'amalgame entre Juif et sioniste, ce qui ne mettait personne à l'abri des foudres de la haine[8]. Très sensible à cette question, comme on a déjà pu le constater, l'opinion juive française réagit pourtant diversement. L'on défendait les Israélites italiens : « Le Sionisme ne saurait avoir aucune tendance anti-italienne », pensait Jean Hassid rendant hommage au judaïsme italien « dont la loyauté pourtant n'a jamais fait aucun doute[9] ». Ironique, la

---

1   *Ibid.* Il n'y avait rien de nouveau dans de telles accusations que l'on retrouve bien avant le fascisme, lors de la conquête de la Libye, Marie-Anne Matard-Bonucci, *op. cit.*, p. 56.
2   *Cf. Samedi*, 22 mai 1937. Nul ne rappelait les accusations du même ordre qu'avaient eu à affronter les Juifs transalpins vers 1934, comme on l'a vu.
3   Paul Gentizon, art. cit.
4   *Cf.* Pierre Péral, « Le mal hitlérien sévit aussi à Rome », *Le Droit de Vivre*, 26 juin 1937.
5   « Italie, réveille-toi !... », art. cit.
6   *Ibid.*
7   *Samedi*, 9 octobre 1937.
8   *Cf.* Enzo Collotti, *op. cit.*, p. 44.
9   Jean Hassid, art. cit.

LICA détournait le débat et se demandait si certains Israélites français pourraient encore, après l'antisémitisme italien, défendre le modèle transalpin et se réclamer du fascisme[1] :

> Nous sommes curieux de connaître [...] l'avis des nobles Israélites bien-nés. Ces Israélites « patriotes », dans le sens exagéré du terme, ces chauvins impénitents de la dernière heure, commencent-ils à voir clair ? Ou bien, réfugiés sous les bannières du PSF et du PPE, croient-ils comme l'autruche de la fable, sauver leur bourse en fermant les yeux et en se reniant ? [...]
>
> Il est temps encore de réfléchir sur ces vérités. Que les Juifs, fascistes parce que fortunés, y pensent de temps à autre. L'exemple de l'Italie va-t-il enfin éclairer[2] ?

De la sorte, la haine des Juifs, en Italie comme ailleurs, se nourrissait d'un agrégat de thèmes épars et artificiellement rassemblés pour les besoins de la cause fasciste. Mais n'y avait-il pas plus ?

Forts de l'ensemble de ces remarques, les observateurs les plus avisés se demandaient si l'antisémitisme des Italiens se cantonnait à des aspects sociaux et politiques ou revêtait au contraire des aspects raciaux proprement dits. Les rares textes s'y intéressant révèlent à ce sujet de précieux indices. « L'idée du racisme intégral, à la mode du national-socialisme, reste totalement absente de la pensée fasciste[3] » : il était encore possible de penser cela en 1936, mais les années suivantes amenèrent à réviser cette impression. Alors que les antisémites européens cherchaient depuis le XIXe siècle à mettre au point une théorie de la race juive[4], l'Italie ne fut pas imprégnée de pareilles idées : seul le monde de la science, préoccupé par les problèmes démographiques italiens et réfléchissant sur les modalités d'une éventuelle révolution anthropologique, fut amené à poser les questions de l'ethnie et de la race, assez tardivement tout de même[5]. Nul ne parvenait à se prononcer définitivement sur un éventuel

---

1   Attitude en tous points identique à celle des antifascistes italiens non juifs exilés en France ; le réflexe de classe pouvait ainsi l'emporter sur la solidarité religieuse, *cf.* Éric Vial, « Les antifascistes italiens en exil en France face aux lois antisémites mussoliniennes de 1938 », *Cahiers de la Méditerranée*, n° 61, décembre 2000, p. 236 *sqq.*

2   Pierre Péral, « Mussolini livre la patrie de Dante à la barbarie raciste », art. cit.

3   Paul Gentizon, art. cit.

4   *Cf.* Pierre-André Taguieff, « L'invention racialiste du Juif », *Raisons politiques*, n° 5, février 2002, p. 29-51.

5   Voir à ce sujet Marie-Anne Matard-Bonucci, *op. cit.*, p. 73-83 ; Sandrine Bertaux, « Démographes français et italiens : la construction du concept de "race juive" des années vingt aux années quarante », dans Marie-Anne Matard-Bonucci (dir.), *Antisémythes. L'Image des juifs entre culture et politique (1848-1939)*, Paris, Nouveau monde, 2005, particulièrement p. 112-115.

tournant racialiste de l'antisémitisme italien. En mars 1937, *Paix et Droit* se fit l'écho d'une conférence du scientifique Nicolo Castellino, président de l'Union des éditeurs de journaux italiens, où celui-ci, opposant sur le problème juif Italie et Allemagne, récusait toute application de la théorie des races outre-monts ; il déclara « que la théorie raciale allemande est sans fondement aucun et que le principe biologique du sang ne peut absolument pas fixer la notion de nation et de communauté des peuples. La théorie raciste allemande, a-t-il dit, est une chimère[1] ». Mais voilà que deux mois plus tard, *Samedi* publia, sans commentaire, un extrait du *Quadrivio* où l'on pouvait lire : « Un Juif restera toujours juif dans le sens ethnique de ce mot[2] ». Prémices d'un racisme biologique ? Il fallait encore attendre pour le savoir.

Sans toujours percevoir les dessous de la campagne antisémite qui éclata dès 1936 en Italie, les Israélites français lui accordèrent une surface éditoriale pour le moins significative. Ils firent preuve de modération mais « le fait seul que de telles discussions s'ouvrent dans la presse italienne, suffit à marquer le danger réel d'une poussée antisémite dans l'État fasciste », pensait-on à juste titre[3]. La campagne de presse pourrait-elle contaminer tout le pays et mettre fin à la paisible condition du judaïsme italien ?

L'ITALIE TOUJOURS IMMUNISÉE ?

Les hésitations du temps se retrouvaient dans les esprits, qui ne savaient plus que penser. Ne percevant pas le tournant qui se profilait, certains s'en tenaient à l'attitude régulièrement observée depuis 1922 : angoissé par la dégradation de sa politique intérieure et extérieure, le fascisme prenait le Juif comme cible afin de détourner l'opinion italienne des problèmes[4] ; comme à l'accoutumée, le calme finirait par reprendre ses droits. On retrouve en somme chez ceux qui soutenaient cette thèse la théorie de l'antisémitisme comme recherche d'un bouc

---

1   « Le fascisme et la théorie des races », *Paix et Droit*, mars 1937. À Nice, le 5 janvier 1934, dans une conférence intitulée « Biologia delle razze ed unità spirituale medterranea », le scientifique Nicola Pende, plus tard signataire du « Manifeste de la race » avait présenté l'existence d'une « race blanche » pure comme une aberration. Marie-Anne Matard-Bonucci, *op. cit.*, p. 458. Voir, d'une façon générale, Giorgio Israel, *Il fascismo e la razza. La scienza italia e le politiche raziali del regime*, Bologne, Il Mulino, 2010.
2   *Samedi*, 8 mai 1937.
3   Jean Hassid, art. cit.
4   *Cf.* Paul Gentizon, art. cit. ; Jean Hassid, « Ce que fut l'an 5696 », *Samedi*, 19 septembre 1936.

émissaire passager[1]. Pour les autres, plus lucides, il devenait évident que le fascisme, nouvellement acquis aux vues nazies, irait plus loin et que la situation se révélerait autrement plus inquiétante que par le passé. De là à en inférer que l'antisémitisme serait érigé en doctrine d'État comme chez l'allié allemand, et que le peuple italien – grand absent à ce moment des propos tenus par les Israélites – se plierait aux ordres d'un Mussolini qui avait « toujours raison », il y avait un pas important, que tous ne franchissaient pas. Selon les tendances de l'opinion juive, l'on se demandait ainsi quels facteurs pesaient en faveur d'un ralentissement ou d'un bond de l'antisémitisme. Il importait de savoir si la violence des attaques contre Israël n'avait pas atteint un seuil de tolérance impossible à dépasser en Italie, ou si, au contraire, il s'agissait d'un prélude à la généralisation de la haine antijuive.

Déceler, comme une décennie auparavant, les moteurs profonds de la politique fasciste hors des frontières de l'Italie amorçait la réflexion. À la charnière entre 1936 et 1937, la Libye fut au cœur des préoccupations. Dans les années 1920, en 1923 particulièrement, l'opinion juive française vit dans les débordements antisémites de Tripoli des actes isolés ne constituant en aucun cas un exemple de la politique juive de l'Italie. Les Israélites français révisèrent-ils leurs positions en prenant acte de la dégradation de la condition juive en Libye ? L'antisémitisme dans une partie de l'Empire colonial italien constituait-il un avant-goût d'une politique sur le point de se réaliser et s'exporterait-il dans la mère-patrie ? La nouvelle situation des Juifs en Italie amenait à

---

1 La vision de l'antisémitisme comme lutte contre un bouc-émissaire fait d'ailleurs l'objet de nombreuses controverses parmi les chercheurs en sciences humaines. *Cf.*, outre René Girard, *Le Bouc émissaire*, Paris, Grasset, 1982, Yves Chevalier, *L'Antisémitisme : le Juif comme bouc émissaire*, Paris, Le Cerf, 1988 ; et pour une déconstruction de cette image, Guillaume Erner, *Expliquer l'antisémitisme. Le bouc émissaire : autopsie d'un modèle explicatif*, Paris, PUF, 2005. Dans le cas de l'Italie comme dans d'autres, il semble que cette théorie, si on l'applique au phénomène général de l'antisémitisme, et non à certains acteurs singuliers de l'antisémitisme, ne résiste pas à l'analyse car, comme cela apparut aux yeux des Juifs de France, l'antisémitisme, qui put parfois être instrumentalisé cependant, apparut plus comme une fin que comme un moyen. En Italie, pour Mussolini, il pouvait être considéré comme une manière d'accélérer la fascisation du pays, mais le Duce ne se révélait pas moins convaincu que le judaïsme, qui représentait la bourgeoisie, le bolchevisme ou l'antifascisme, était l'antinomie du fascisme. À cela s'ajoute que plusieurs fascistes extrémistes, sur lesquels il faudra revenir, adhéraient aux théories du racisme biologique : loin de prôner un simple écartement du Juif de la vie publique, ils croyaient réellement que celui-ci, antinomie de l'italianité et de l'aryanisme, était – et resterait – un inférieur. L'idéologie et les convictions profondes de chacun jouaient un rôle trop important pour que l'antisémitisme en Italie fût considéré comme la simple nécessité de trouver un coupable aux maux de l'Italie.

prendre au sérieux les agissements transalpins en Libye, d'une manière nettement plus marquée qu'en 1923. Les profondes vexations infligées aux Juifs de cette colonie italienne causèrent une profonde émotion parmi les Israélites de France. Étonnante apparut l'interrogation posée par le mensuel *Paix et Droit* qui semblait tenir pour peu les débordements antisémites dont la péninsule italienne fut le théâtre bien avant Tripoli :

> L'antisémitisme commence-t-il à s'infiltrer également en Italie, ce pays qui jusqu'à présent, en était exempt ? La récente loi sur le repos hebdomadaire dominical en Libye et les incidents auxquels elle a donné lieu à Tripoli [...] semblent justifier cette appréhension[1].

Sans doute une telle question traduisait-elle l'impression que le fascisme se livrait à une escalade décisive dans l'antisémitisme, telle que nulle autre auparavant. Le gouverneur de Libye, Italo Balbo, justifiait la décision imposée aux Juifs par le renforcement de l'italianisation que nécessitait la Tripoli moderne ; « Tripoli n'est pas Tel Aviv », lança clairement Balbo[2] ; ceux qui souhaitaient continuer à observer le repos sabbatique s'exposaient à de lourdes poursuites ou devaient s'installer dans les quartiers indigènes. L'ordonnance prévoyant cette interdiction entra en vigueur le samedi 5 décembre 1936 et de nombreux Israélites refusèrent d'obtempérer ; c'est alors qu'éclatèrent les incidents. Les troubles s'étendirent sur plusieurs jours : l'on arrêta des centaines de Juifs, dont plusieurs furent flagellés en place publique, et d'autres incarcérés[3]. La réprobation fut unanime au sein du judaïsme de France ; fait d'importance, les Juifs français soulignaient que l'émotion gagnait même les non-Juifs et la presse française générale accorda une attention particulière à ces événements[4] car la violence avait

---

1   *Paix et Droit*, janvier 1937.

2   Michele Sarfatti, *Gli ebrei nell'Italia fascista. Vicende, identità, persecuzione*, Turin, Einaudi, 2007 (2000 pour l'édition originale), p. 123. Il est intéressant de remarquer qu'Italo Balbo fut l'un de ceux qui, plus tard, manifestèrent le plus leur opposition à la promulgation des lois antisémites en Italie. Renzo De Felice, *Ebrei in un paese arabo. Gli ebrei nella Libia contemporanea tra colonialismo, nazionalismo e fascismo (1835-1970)*, Bologne, Il Mulino, 1978, p. 264-265.

3   « Les incidents de Tripoli », *Samedi*, 2 janvier 1937. Sur le détail de ces journées sanglantes : Renzo De Felice, *op. cit.*, p. 234-237.

4   L'on pouvait lire dans *Paix et Droit* (janvier 1937) que « certains organes de la presse française y voient même l'expression de tendances nettement antijuives ». À l'appui de cette assertion, étaient cités des extraits du *Petit Parisien*, du *Figaro* et de *La Lumière*. De même, Bernard Lecache écrivait : « Si vous ne me croyez pas, croyez le *Petit Parisien* » (« Benito, le père fouettard », *Le Droit de Vivre*, 6 février 1937).

atteint un paroxysme jamais égalé jusque-là. Les Israélites modérés et conservateurs insistaient sur la violation de la liberté religieuse[1]. À l'opposé, les propos des progressistes s'intéressaient à la nature de l'antisémitisme en Libye ; tout comme pour ce qui se passait en Italie même, Bernard Lecache attribuait les événements au rapprochement avec l'Allemagne : « L'axe Berlin-Rome tracé par Goering et Mussolini passe par Tripoli[2] ». L'attitude italienne ne ferait d'ailleurs qu'aliéner Israël, de même que toutes les confessions attachées à la liberté, au fascisme :

> Que cela vous plaise ou non, fascistes et fascisants, votre Mussolini et son Balbo sont des assassins, ce que l'on savait, et des imbéciles ! Car le fouet, lorsqu'il est mis au service d'un régime, risque fort de retomber sur les épaules du fouetteur[3].

La perception que l'on avait des événements libyens variait selon les tendances et les sources d'information : pour Lecache, « les plaintes des suppliciés, les coups de lanière sur la peau déchirée, furent couverts par les applaudissements[4] » ; cela visait à montrer que les fascistes étaient puissants en Libye et que les sympathies entre Juifs et Italiens ne se révélaient pas assez fortes pour éviter l'humiliation des Israélites. Un rapport du comité local de l'Alliance israélite universelle remarquait plus sobrement qu'« une foule nombreuse assistait à la punition infligée à nos deux coreligionnaires[5] », sans plus de précisions. Malgré ces légères divergences, tous reconnaissaient un point essentiel : la situation à Tripoli devait être rapprochée de celle de la péninsule. Il ne s'agissait pas d'actes isolés mais d'une campagne d'antisémitisme virulent, organisée par la presse fasciste :

> Le journal local, à l'exemple de certains organes de la métropole, mène depuis peu une campagne des plus acharnées contre les israélites de Libye[6].
> La presse fasciste de Tripoli est déchaînée contre la population juive, dont la résistance veut faire de « Tripoli, ville deux fois italienne, dit-elle, une ville sioniste, et lui donner l'aspect vulgaire de Tel Aviv[7] ».

---

1   « Les incidents de Tripoli », *Samedi*, 2 janvier 1937.
2   Bernard Lecache, art. cit.
3   *Ibid.*
4   *Ibid.*
5   AIU, Libye I – C 26. Lettre du comité de Tripoli au secrétaire de l'Alliance israélite universelle, 7 décembre 1936.
6   *Ibid.*
7   O. Vallon, « Les Juifs italiens sont brimés à Tripoli », *Le Droit de Vivre*, 2 janvier 1937.

En situation coloniale, les fascistes, qui voulaient montrer par l'exemple qu'ils maîtrisaient l'espace tripolitain d'une main répressive, avaient pourtant intérêt à ce que le calme revînt rapidement. Ce fut chose faite. L'Alliance israélite universelle prônait l'apaisement : « il ne conviendrait peut-être pas d'attribuer à ces faits, sans doute assez troublants en eux-mêmes, mais d'un caractère plutôt local, une portée qui les dépasse », affirmait *Paix et Droit*[1]. Un rapport local soulignait, en contraste avec les éléments fascistes antisémites, le grand philosémitisme de la majorité des Italiens[2]. Quelques mois plus tard, lors du voyage de Mussolini en Libye de mars 1937, sur lequel on reviendra, les Israélites locaux réservèrent un accueil très chaleureux au Duce qui signifia au rabbin de Tripoli l'expression de ses meilleurs sentiments[3], ce à quoi s'ajoutait le revirement de Balbo : « Le maréchal Italo Balbo, gouverneur général de Libye, a prononcé dernièrement, lui aussi, des paroles pleines de sympathie à l'égard de l'élément juif tripolitain[4] ». Si l'Alliance israélite universelle recevait de fréquents échos laissant entrevoir une amélioration de la situation en Libye, les autres tendances de l'opinion quant à elles s'en tenaient à leurs premières impressions : à Tripoli s'était jouée l'avant-première de la nouvelle politique juive de l'Italie. L'on ne pouvait plus réagir comme en 1923 ; l'heure paraissait grave aux Juifs de France. L'antisémitisme s'implantait profondément parmi les fascistes ; rien ne retiendrait Mussolini, pas même ses intérêts en Méditerranée.

C'était en effet sur un autre front extérieur que, à la fin de l'année 1937, l'on pouvait voir plus clair dans l'attitude italienne à l'égard d'Israël : la Palestine. Tant que Mussolini pratiquait encore un double langage, il lui restait possible de jouer en toute sécurité la carte sioniste : le revirement de l'Italie à l'égard des Juifs pouvait-il se concilier avec le maintien de liens privilégiés avec les sionistes et d'intérêts non négligeables en Palestine ? Surpris par l'incohérence de la politique italienne, les Israélites remarquaient que le Duce ne rompait pas le cap de sa politique méditerranéenne dans laquelle la Palestine faisait office de pivot, mais un élément central venait modifier la donne : la nouvelle politique arabe de l'Italie. Mussolini, qui avait pris ombrage des récriminations de nombreux milieux juifs de New York, Londres et Paris au moment

---

1   *Paix et Droit*, janvier 1937.
2   AIU, Libye I – C 26. Lettre du comité de Tripoli au secrétaire de l'Alliance israélite universelle, 6 décembre 1936.
3   AIU, Libye I – C 30. Lettre de l'institution pour l'instruction et le travail au secrétaire de l'Alliance israélite universelle, 19 mars 1937
4   « Une mise au point », *Paix et Droit*, avril 1937.

de la guerre d'Éthiopie, craignait de plus en plus que la présence juive en Palestine nuisît aux intérêts italiens dans la région ; au contraire, les Arabes pourraient l'aider à repousser l'hégémonie anglaise au Proche-Orient. Au Grand Mufti de Jérusalem, Hadj Amin-Al-Husseini, Mussolini affirmait qu'il fallait s'opposer à la naissance d'un État juif en Palestine, déclarations en tout point contraires à celles prononcées à Rome devant les représentants sionistes. L'acte d'officialisation de ce tournant arabe de la politique extérieure italienne se produisit en mars 1937, à Tripoli : Mussolini brandit « l'épée de l'Islam » qui symbolisait la protection offerte par l'Italie à l'ensemble du monde musulman[1]. Les conséquences immédiates de cet acte ne correspondirent pas aux attentes de l'Italie. Aussi se demanda-t-on si la protection accordée au monde musulman nécessitait de rejeter toute alliance avec les sionistes ; à l'occasion de la Foire du Levant, à Bari, *L'Univers Israélite* soutenait le contraire :

> Dans les milieux officiels italiens on ne cache pas l'intérêt que représente pour le commerce italien le marché palestinien. On espère que les commerçants et industriels juifs de Palestine prendront une part active à la Foire du Levant [...] où un pavillon spécial sera réservé à la Palestine.
> Dans les milieux autorisés, on estime que le fait de s'être proclamé « protecteur de l'Islam » ne doit pas empêcher le gouvernement du Duce de favoriser les relations commerciales et culturelles avec les Juifs de Palestine[2].

Le journal ne précisait cependant pas ce qu'il pensait d'une telle acrobatie diplomatique. L'on ne s'encombrait parfois pas de prudence : « il ne semble pas [...] que M. Mussolini ait pu donner aux Arabes l'occasion de penser qu'il porte une trop grande amitié aux Juifs », écrivait *Samedi*[3]. En fait, toutes les tendances de l'opinion juive s'accordaient sur cette question : l'Italie, qui craignait une mainmise de la Grande-Bretagne sur la zone de Suez, avait plus intérêt à défendre les Arabes en lutte contre les Britanniques que les Juifs. Toutefois, ajoutait-on, avec les Arabes, comme avec les sionistes auparavant, Mussolini suivait son propre intérêt : l'idéologie ne favorisait le rapprochement que de très

---

1   Sur l'ensemble de cette politique, Renzo De Felice, *Il fascismo e l'Oriente. Arabi, ebrei e indiani nella politica di Mussolini*, Bologne, Il Mulino, 1988, p. 20 *sqq.* ; Romain H. Rainero, *La Politique arabe de Mussolini pendant la Seconde Guerre mondiale*, Paris, Publisud, 2006, p. 44-49. Sur les fondements antérieurs de la politique arabe italienne, voir Daniel J. Grange, *L'Italie et la Méditerranée (1896-1911) : les fondements d'une politique étrangère*, Rome, École française de Rome, 1994, p. 1469 *sqq.*

2   « La Foire du Levant à Bari », *L'Univers Israélite*, 2 juillet 1937. *Cf.* « Le pavillon palestinien à la Foire de Bari », *L'Univers Israélite*, 1er octobre 1937.

3   « Protecteur de l'Islam et ami des Juifs ? », *Samedi*, 16 octobre 1937.

loin ; si l'Italie défendait les musulmans, c'était moins par amitié que pour obtenir des concessions de la part des Anglais[1]. Ces impressions se confirmèrent lorsque l'on observa que la politique italienne en Palestine prenait un tour nouveau en ce qu'elle s'alignait sur les intérêts allemands ; il ne s'agissait plus tout à fait de la politique méditerranéenne italienne de la décennie précédente : la propagande en arabe émise par les organes italiens[2] levait sur ce point toute ambiguïté[3]. Si bien que les fractions modérées et conservatrices de l'opinion juive rejoignaient tardivement les vues des sionistes et des Juifs d'extrême gauche qui, dès 1936, avaient imputé à l'Italie la responsabilité des troubles survenus en Palestine[4]. Contrairement à ce qui prévalait encore avant le rapprochement entre Rome et Berlin, Mussolini n'avait plus besoin des Juifs pour sa politique méditerranéenne : il ne fallait donc pas espérer qu'elle freinât ou adoucît sa campagne d'antisémitisme à l'intérieur même de la péninsule. Un profond paradoxe disparaissait : Mussolini semblait aligner sa politique juive sur le territoire italien et hors de ses frontières.

C'est avec la plus vive prudence qu'il convient d'analyser, à partir des précédents développements, l'évolution de l'opinion juive en 1936-1937. Il ne se produisit pas encore à cette date et sur cette question de revirement complet à l'égard de l'Italie – mais celui-ci était en bonne voie –, comme pour la guerre d'Éthiopie. Plus qu'à une phase transitoire entre la bienveillance et la sévérité, l'on assista à un éclatement de l'opinion juive face aux sujets transalpins. À l'exception des progressistes de la LICA, chaque tendance n'évoluait pas clairement et il n'était pas rare de trouver, dans un même titre de presse, des positions contradictoires à quelques jours ou articles d'intervalle. Certes, l'Italie, comme toujours, adoptait une attitude chancelante qui pouvait inviter à corriger son jugement, mais cela ne suffit pas à expliquer la fluctuation des réactions. Il semble donc qu'aucun consensus, même au sein des fractions particulières de l'opinion, ne fût trouvé. Est-ce à dire que certains restaient fidèles aux positions qu'ils avaient observées dans les années 1920 et au début des

---

1   *Ibid.* ; ainsi que « M. Mussolini s'intéresse à la Palestine », *L'Univers Israélite*, 8 octobre 1937.

2   *Cf.* Daniel J. Grange, « Structure et techniques d'une propagande : les émissions arabes de Radio Bari », *Relations Internationales*, n° 2, 1974, p. 166 *sqq.*

3   « La propagande italienne et allemande en Palestine et dans les pays de langue arabe », *L'Univers Israélite*, 31 décembre 1937.

4   *Cf.* « L'Italie responsable des troubles en Palestine », *Le Droit de Vivre*, 16 mai 1936 ; « Menées italiennes en Palestine », *Samedi*, 26 septembre 1926.

années 1930 ? Personne ne pouvait ignorer l'émoi qui s'était emparé du judaïsme italien et nier les signes tangibles de la réalité, pas même les Juifs les plus amoureux de l'Italie. Ceux-ci, de plus en plus minoritaires toutefois, minimisaient les événements : les débordements ayant éclaté çà et là ne représentaient pas le sentiment général et n'étaient pas le fait d'une politique solidement établie ; la campagne antisémite se réduisait à la presse et n'avait aucun caractère officiel ; enfin, argument massue, l'Italie était bien loin d'égaler l'Allemagne. Aussi, le clan des optimistes mit-il du temps à se désintégrer et, croyant dans la force profonde du philosémitisme italien qui, *in fine*, l'emporterait, il s'attachait à tout indice positif. Alors même que certains remarquaient l'extrême désorganisation du judaïsme italien face à l'antisémitisme qui le touchait de plein fouet avec une virulence encore inconnue[1], une partie de l'opinion juive française pensait que l'on ne dépasserait pas le stade verbal ; en janvier 1937, donc quelques jours après les incidents de Tripoli, *Samedi* annonçait : « L'Italie ne sera pas antisémite[2] ». De telles déclarations furent publiées également en 1938, à la suite d'un démenti paru dans *L'Informazione Diplomatica* et de la suspension du farouchement antisémite *Giornalissimo* ; selon *Samedi* :

> Le gouvernement fasciste n'a jamais pensé qu'il était nécessaire, – et ne le pense pas à présent non plus, – de prendre des mesures politiques, économiques, ou sociales, dirigées contre les Juifs comme tels ; excepté naturellement le cas d'agissements dirigés contre le régime fasciste[3].

Tandis que les suspicions se confirmaient un peu plus chaque jour, l'on distinguait Italie et Allemagne. Certes, la condition des Israélites transalpins se détériorait, mais « de toute façon, on peut être persuadé qu'une tragédie semblable à celle du problème des juifs d'Allemagne n'éclatera pas en Italie[4] ». Au même moment, les conservateurs se demandaient : « Fin de la campagne de presse antisémite[5] ? » ; l'annonce du soutien du gouvernement fasciste aux Juifs italiens résidant hors de la péninsule ne

---

1   Voir, sur cet aspect, « Installation du grand rabbin Prato », *Samedi*, 27 février 1937, et dans le même journal, un commentaire de la réaction de la revue italienne *Israël* de Florence, le 8 mai 1937. Sur les détails de la crise du judaïsme italien dans les années 1936 et suivantes, *cf.* Michele Sarfatti, *op. cit.*, p. 146 *sqq.* De fait, la division des Juifs italiens, qui se traduisit par un désordre institutionnel, fut le premier effet de la campagne antisémite puisque les sionistes se virent imputer la responsabilité des troubles.
2   « L'Italie ne sera pas antisémite », *Samedi*, 16 janvier 1937.
3   « L'Italie et les Juifs : pas d'antisémitisme officiel », *Samedi*, 26 février 1938.
4   « L'antisémitisme en Italie », *Paix et Droit*, mars 1938.
5   « Fin de la campagne de presse antisémite ? », *L'Univers Israélite*, 4 mars 1938.

fit que rassurer davantage ceux qui prédisaient un retour à la normale[1]. On prend ici la mesure de l'étonnement qui frapperait plus tard les optimistes. Aux antipodes de cette partie des Israélites figurait la LICA, persuadée que l'adoption d'un antisémitisme d'État était inscrite dans le fascisme ; dès 1937, Pierre Péral prophétisait : « La consécration officielle est une affaire de pure forme. [...] L'Italie est contaminée[2] ». Entre ces deux pôles extrêmes figurait un groupe difficilement délimitable qui, sans partager les explications proposées par la LICA, parvenait aux mêmes conclusions.

Le débat vivait ses dernières heures. À l'été 1938, l'Italie finit par donner raison aux plus lucides et aux plus pessimistes, qui avaient la victoire bien triste. Elle mit en place une sévère législation antisémite appuyée par une solide machine administrative. Même les plus critiques vis-à-vis de l'Italie ne s'attendaient sans doute pas à un tournant si radical. Pour l'écrasante majorité de l'opinion juive française, l'antisémitisme d'État signait l'arrêt de mort d'un sincère et profond rêve d'assimilation. Toutes les idées défendues depuis l'avènement des Chemises noires par les Juifs admirateurs de l'Italie, au risque parfois de se mettre à dos une partie de leurs coreligionnaires, se trouvaient brutalement invalidées. La réalité se révélait difficile à affronter ; mais le rêve s'était-il complètement éteint ?

LA LÉGISLATION ANTISÉMITE DE 1938 : LA MORT DU RÊVE D'ASSIMILATION ?

« Depuis dix ans nous avions raison, Mussolini avoue son racisme[3] » ; « la LICA, depuis dix ans, a eu raison de proclamer que le fascisme était un et indivisible, qu'il est porteur, partout où il naît, de racisme et d'antisémitisme[4] ». Si pour les Juifs progressistes le tournant législatif

---

1 « L'Italie sauvegarde les droits de ses nationaux juifs résidant en Allemagne », *L'Univers Israélite*, 3 juin 1938. Dans la réalité, dès cette époque, plusieurs mesures antisémites furent appliquées contre les Juifs : le 15 février 1938, le ministre de l'Intérieur demanda à tous ses préfets de signaler les employés israélites dans l'administration ; le 1er mars, le préfet de Ferrare, sur ordre des hiérarques fascistes, démit de ses fonctions le *podestà* de Ravenne, qui était de confession juive.

2 Pierre Péral, « Le mal hitlérien sévit aussi à Rome », art. cit.

3 « Depuis dix ans nous avions raison, Mussolini avoue son racisme », *Le Droit de Vivre*, 21 juillet 1938.

4 *Ibid.*

de l'antisémitisme italien apparut presque comme une formalité prévue de longue date, le reste de l'opinion juive ressentit la nouvelle comme un choc ; bien que l'on eût perçu la radicalisation fasciste, l'on ne pensait pas sa traduction si brutale. Comment l'opinion juive s'expliquait-elle ce tournant ? Le mettait-elle en regard des débordements observés depuis 1922 ? S'en tenait-elle aux analyses formulées depuis 1936 ou évoluait-elle ? Sous un angle différent, réagissait-elle comme elle l'avait fait face à tous les cas de ce type en Europe (Allemagne, Europe centrale…) ou les liens privilégiés qui unissaient Juifs français et italiens induisaient-ils une attitude particulière ? Dans l'ensemble, des progressistes aux conservateurs, les analyses se rejoignaient en dépit de quelques ponctuelles variantes, ce qui n'empêchait pas l'instrumentalisation de la question juive en Italie à des fins de politique interne.

UNE INDIGNATION TRISTE, SINCÈRE ET UNANIME

Tout commença – ou presque – par la publication d'un « Manifeste des scientifiques racistes » paru le 14 juillet 1938 dans un article d'*Il Giornale d'Italia* portant le titre « Le fascisme et les problèmes de la race » : ce texte, rédigé par « une dizaine d'universitaires obscurs », d'après Sam Lévy[1], était présenté comme une réalisation collective afin de lui donner un cachet scientifique, mais portait surtout l'empreinte de Mussolini et de l'anthropologue Guido Landra[2]. Était clairement affirmée l'existence d'une race italienne pure, d'origine aryenne et raciste, à laquelle Israël, agent de l'antifascisme mondial, n'appartenait pas. Pour soutenir ces idées nouvelles, parut le 5 août 1938 le bimensuel *La Difesa della razza* (« La défense de la race »), tenu par Telesio Interlandi, déjà détenteur du très antisémite *Il Tevere* : une propagande antijuive, s'appuyant sur un magma d'arguments politiques, historiques, religieux et pseudo-scientifiques disparates, remplissait les colonnes de cette revue afin de faire pénétrer les idées antisémites au sein de l'opinion. Cette haine, et

---

1   Anatole Leroy-Beaulieu, Sam Lévy, Benito Mussolini, *L'Antisémitisme. Les Juifs d'Italie*, Paris, Jouve, 1939, p. 36. Cet ouvrage compilait en fait des textes parus ou prononcés à différentes époques et rassemblés pour montrer l'inanité des arguments italiens : l'on y trouvait une conférence prononcée en 1897 à l'Institut catholique de Paris par Anatole Leroy-Beaulieu, mort en 1912 ; à quoi s'ajoutaient des extraits d'allocutions philosémites de Mussolini destinés à montrer l'aspect soudain de son revirement à l'égard des Juifs ; enfin, y figuraient des textes de Sam Lévy consécutifs à la législation de 1938. Cet ouvrage ne fut jamais publié à cause de l'entrée en guerre, mais a pu être consulté sur épreuves à la Bibliothèque Nationale de France (RES-G-1459).

2   Marie-Anne Matard-Bonucci, *op. cit.*, p. 15-19.

ce fut le plus important, se traduisit dans les faits par l'adoption d'une législation discriminatoire. Le 1er septembre, le Conseil des ministres promulgua une première série de lois antisémites : expulsion des Juifs étrangers, retrait de la citoyenneté italienne à ceux l'ayant obtenue après 1918, interdiction aux enfants juifs de suivre leur scolarité dans des établissements d'État. Le Grand Conseil du 6 octobre franchit un nouveau pas, puis, le 10 novembre, les mariages mixtes[1] furent interdits, les Juifs exclus du service militaire, de toutes les charges publiques et ceux-ci virent leur participation limitée dans le domaine économique, malgré quelques régimes d'exception[2]. Approuvée par les sénateurs et députés, puis contre-signée par Victor-Emmanuel III, cette législation pouvait entrer en vigueur[3]. Proportionnellement, la plus importante partie des sources à notre disposition fut naturellement consacrée à cet événement : au total, sur les deux années 1938 et 1939, 177 articles sur les titres retenus l'abordèrent. La presse juive française rapportait souvent en détail les lois susexposées et se faisait l'écho, avec quelques approximations parfois, de l'arsenal juridique mis en place pour les appliquer.

La brutalité de la prise de décision, qui dénotait son caractère artificiel, frappait les esprits. Le caractère de la nouvelle législation confirmait des idées esquissées depuis 1936 : l'on n'insistait plus que sur la volonté de copier le modèle nazi, tandis que l'accusation d'antifascisme adressée à Israël semblait en fait un prétexte pour s'aligner sur Hitler. Il est frappant de remarquer que même les Israélites les plus à gauche concluaient également à l'uniformisation des politiques fascistes ; nul ne conférait avant tout à l'antisémitisme italien des racines purement internes. Prospero, de la LICA, parlait ainsi dès février d'un « antisémitisme *"made in*

---

1   La question de l'appartenance au judaïsme fit l'objet de règles précises : une personne née de parents juifs était juive même si elle ne professait pas le culte de Moïse ; était « aryen », celui qui même en pratiquant le judaïsme descendait de non Juifs ; « aryen » également celui dont un seul parent était juif et qui pratiquait une autre religion ; en cas de père inconnu, l'on était assimilé à la religion de la mère. Enfin, si le père, juif italien, était marié à une étrangère « aryenne », l'enfant était tout de même juif. Voir le beau livre mêlant histoire et mémoire de Giuliana, Marisa et Gabrielle Cardosi, *À la frontière. La question des mariages mixtes durant la persécution antijuive en Italie et en Europe (1935-1945)*, Paris, Les Belles Lettres, 2006, p. 13 *sqq.*

2   Les Juifs blessés pendant la Grande Guerre et ceux inscrits au parti fasciste avant la Marche sur Rome n'étaient pas soumis de la même manière que leurs coreligionnaires à cette législation, notamment sur les questions foncières et économiques.

3   Sur la législation antisémite, *cf.* parmi une littérature foisonnante : Renzo De Felice, *Storia degli ebrei italiani sotto il fascismo*, Turin, Einaudi, 1993 (1961 pour la première édition) ; Michele Sarfatti, *Mussolini contro gli ebrei. Cronaca dell'elaborazione delle leggi del 1938*, Turin, Silvio Zamorani, 1994 ; Marie-Anne Matard-Bonucci, *op. cit.*

Germany"[1] » ; d'où le caractère hâtif de cette législation, selon St Bradu, aux yeux duquel « l'antisémitisme italien fut décrété dans un seul jour[2] ». Certes, de telles déclarations visaient à montrer l'unité des fascismes, mais il n'en demeurait pas moins que la LICA et d'autres niaient qu'il existât un profond germe italien d'antisémitisme[3]. Les conservateurs et les modérés allaient encore plus loin et, dans des raisonnements qui sonnaient presque comme des circonstances atténuantes, estimaient que Mussolini ne jouissait d'aucune marge de manœuvre autonome et n'avait pas choisi lui-même d'officialiser l'antisémitisme, comme le pensait Alfred Berl :

> Mussolini est plus ou moins prisonnier d'Hitler. S'il fait de l'antisémitisme, ce n'est pas par conviction, mais par procuration, et en cette conjoncture, l'Italie semble jouer le rôle de second, sinon de satellite de l'astre germanique. Il fallait à Hitler plus qu'une alliance politique et militaire ; il voulait un gage officiel et visible de solidarité morale dans une question où le Reich était le seul grand État qui eût pris une position contraire au droit, à la justice, à l'humanité. Il a fait de Mussolini son complice. Le Latin a dû céder au Germain, et vendre son âme au Démon. Le voulût-il, pourra-t-il jamais se reprendre ? Et quelle sera la durée de l'antisémitisme italien ? À cette question ne peut répondre qu'une autre question : quelle sera la durée de l'axe Rome-Berlin[4] ?

Cette opinion ne fut jamais remise en question. B. Messino, revenant à la mi-1939 sur la législation, écrivait qu'« elle a été exigée par l'Allemagne [...]. Il est évident que l'antisémitisme italien est calqué, dans sa propagande, dans son argumentation, dans ses lois, sur l'antisémitisme allemand. D'ailleurs le même phénomène apparaît chez toutes les nations qui tombent sous l'influence allemande[5] ». Rien n'y fit, pas même les dénégations de Mussolini : le rôle de l'Allemagne dans la mise en place de la législation antisémite apparaissait comme une vérité

---

1   Prospero, « L'Italie au pas de l'oie : Rome se voue officiellement au racisme », *Le Droit de Vivre*, 19 février 1938.

2   St Bradu, « Le racisme italien à l'œuvre : merci à Mussolini », *Le Droit de Vivre*, 22 octobre 1938. Le titre de cet article peut frapper : en fait, la LICA, selon sa rhétorique habituelle, remerciait les fascistes et les antisémites qui se dévoilaient, car ceux-ci démontraient l'inconséquence des théories qu'il prônaient et servaient en ce sens le combat des Juifs progressistes.

3   On trouve toutefois une brève référence chez Alfred Berl selon lequel « sur le plan intérieur, il est permis de penser que l'économie italienne cause de graves soucis au gouvernement fasciste » (« En Italie : variations antisémites », *Paix et Droit*, octobre 1938).

4   *Ibid.*

5   B. Messino, « La situation des Juifs en Italie », *L'Univers Israélite*, 26 mai 1939. *Cf.* « En Italie : le racisme », *L'Univers Israélite*, 12 août 1938.

absolue. Lorsque, le 18 septembre 1938, le Duce prononça à Trieste, qui abritait la troisième communauté juive d'Italie, son premier discours après la mise en place de l'antisémitisme d'État dans lequel il rappela avec ambiguïté la teneur des lois qu'il venait de promulguer, *L'Univers Israélite* retranscrivait sans y souscrire les propos suivant lesquels l'Italie n'avait pas obéi à une puissance étrangère et avait toujours considéré « l'hébraïsme mondial » comme un « ennemi acharné[1] ». À cette même occasion, la propagande italienne dénonça un complot antifasciste mené par des Juifs : nul parmi les Israélites de France ne crut à une opération autonome de l'Italie ; *Le Droit de Vivre* titra : « Le "complot antifasciste" est de fabrication allemande[2] ».

Si la perplexité l'emportait à ce point dans l'ensemble du judaïsme français, c'était parce que la persécution antisémite paraissait en totale contradiction avec la tradition italienne et même avec la politique jusqu'alors adoptée par le fascisme. Serge Weil-Goudchaux le notait sans ambages : « Ainsi donc le chef de ce pays [...] renie tout un glorieux passé[3] ». Les Israélites français tentaient de démanteler un par un les arguments fascistes destinés à replacer artificiellement l'antisémitisme italien dans une tradition millénaire. Ce fut le cas lorsque les antisé-mites d'outre-monts, en contradiction avec les déclarations de Mussolini prononcées dans les années 1920, affirmèrent par une relecture de la littérature latine que la Rome antique, en voie de restauration disaient les fascistes, rejetait les Juifs, assimilés aux « barbares[4] ». Faisant écho, semble-t-il, à l'article de Cornelio Di Marzio, « La Rome antique et les Juifs », publié dans *La Difesa della razza* en janvier 1938, *L'Univers Israélite* rétorquait dans un long développement historique que certains enfants d'Israël étaient présents en Italie avant même ceux qui avaient engendré une partie des Italiens devenus antisémites : « L'historien ne peut que sourire quand il voit un Italien, dont les ancêtres sont venus des pays du Sud des Alpes dinariques, contester ou vouloir limiter les droits de cité d'un Juif, descendant d'un citoyen romain[5] ». Il apparaissait également

---

1   « M. Mussolini à Trieste », *L'Univers Israélite*, 23 septembre 1938.
2   « Le "complot antifasciste" est de fabrication allemande », *Le Droit de Vivre*, 22 octobre 1938. Voir aussi : « Complot antifasciste à Trieste », *L'Univers Israélite*, 21 octobre 1938.
3   Serge Weil-Goudchaux, « L'Italie adopte une politique raciste », *Samedi*, 30 juillet 1938.
4   Sur ce point, voir par exemple Philippe Foro, « Racisme fasciste et Antiquité : l'exemple de la revue *La Difesa della razza* (1938-1943) », *Vingtième Siècle*, n° 78, avril-juin 2003, p. 121-131. Pour un autre exemple d'utilisation de l'Antiquité en régime fasciste, *cf.* Johann Chapoutot, *Le National-socialisme et l'Antiquité*, Paris, PUF, 2008.
5   « Les Juifs dans la Rome antique », *L'Univers Israélite*, 17 juin 1938. *Cf.* André Suarès, *Vues sur l'Europe*, Paris, Grasset, 1939, p. 56 et 76.

ridicule que Farinacci exhumât une bulle datant de Nicolas V, pape du XVe siècle, pour montrer que l'Église avait toujours condamné les Juifs[1], ou que d'autres fascistes voulussent jeter le discrédit sur l'Ancien Testament pour appuyer leurs thèses qui peinaient à trouver des fondements valables[2]. Mais les Israélites ne s'engageaient que timidement sur le terrain religieux[3]. Quand il s'agissait de l'« aryanisme » des Italiens, les Juifs se montraient nettement plus prolixes ; il y avait dans l'idée de race pure, *a fortiori* pour les Italiens, un contresens invraisemblable, aux yeux des progressistes :

> L'interpénétration est telle qu'il n'y a pas de possibilité de réfuter ceux qui montrent l'inextricable liaison de tous les apports méditerranéens dans la fameuse « race italienne » découverte en juin 1938 par des Herre Docktor allemands. Juifs ou catholiques sont du même berceau, ethniquement ressemblants, psychiquement et psychologiquement identiques[4].

Démonter la thèse de la race pure passait parfois par le sarcasme, tant il semblait aisé de faire la preuve que l'Italien était tout sauf « aryen ». Jules Braunschvig pointait l'inconséquence d'une telle idée : « Les Italiens : de grands aryens blonds, je veux bien, mais…, les exceptions sont très nombreuses[5] ». Selon l'opinion juive, ce vocabulaire et ces nouveaux postulats raciaux, importés d'Allemagne, ne contredisaient pas seulement la tradition de l'Italie libérale, mais également celle de l'Italie fasciste. Aussi mettait-on en regard les propos tenus en 1932 par Mussolini à Emil Ludwig, qui avaient, l'on s'en souvient, marqué les Israélites français, et les déclarations postérieures à 1936 ; *L'Univers Israélite* faisait remarquer qu'un article de *La Difesa della razza* attribué à Mussolini « réfute tout ce que le duce a, naguère, pu dire ou écrire à propos de la race à Emil Ludwig. Argument principal : en 1932 "l'antifascisme hébraïque" (?) n'était pas encore né[6] ! ». Le même journal rapporta la réaction d'Emil

---

1   Sam Lévy, dans Anatole Leroy-Beaulieu, Sam Lévy, Benito Mussolini, *op. cit.*, p. 38.

2   « Attaques contre la Bible », *Le Droit de Vivre*, 3 septembre 1938.

3   En l'absence de documents, il semble que, tandis que Pie XI défendait les Juifs (voir *infra*), les Israélites ne préféraient pas rappeler le passé antisémite de l'Église. Or, dans la propagande fasciste, le thème de l'antijudaïsme chrétien apparut comme un thème de choix ; *cf.* Marie-Anne Matard-Bonucci, « Les mises en scène de l'antisémitisme chrétien dans *La Difesa della razza* », dans Giovanni Miccoli, Catherine Brice (dir.), *Les Racines chrétiennes de l'antisémitisme politique*, Rome, École française de Rome, 2003, p. 347-368.

4   « Depuis dix ans nous avions raison, Mussolini avoue son racisme », art. cit.

5   Jules Braunschvig, « La question juive en Italie », *L'Univers Israélite*, 14 octobre 1938.

6   « En Italie : le racisme », *L'Univers Israélite*, 12 août 1938. Même opinion dans « Mussolini avoue son racisme », *Le Droit de Vivre*, 21 juillet 1938. L'opinion française générale releva

Ludwig en personne face à la législation antisémite : « Ces *Entretiens,* écrit-il, j'avoue aujourd'hui que je ne les aurais pas entrepris si j'avais prévu[1]... » ; mais l'historien allemand tenait à souligner qu'il ne voulait pas juger un homme au prisme de son attitude à l'égard des Juifs ; « Je garde cependant inchangée l'opinion que j'avais pu concevoir de sa personnalité[2] » ; en outre, il fallait bien distinguer Mussolini d'Hitler, ajoutait Ludwig. Combien étaient-ils, ceux qui, parmi les Israélites français, adoptaient une pareille attitude et refusaient de rejeter le fascisme italien et son chef en bloc ?

Qu'ils révisassent complètement ou partiellement leur jugement sur le fascisme italien en général, les Juifs français devaient tirer les conclusions des précédentes observations : la législation nouvellement mise en place rompant avec tout le passé italien, celle-ci contenait approximations, incohérences et contradictions. En d'autres termes, selon l'opinion juive française, ne s'improvisait pas raciste qui voulait. La presse juive n'épargnait à ses lecteurs aucun des hiatus marquant la législation transalpine. Traitant de l'antisémitisme italien, *Samedi* se demandait ainsi « s'il est plus encore ridicule qu'odieux[3] ». Nombre de points restaient en suspens dans la loi, comme la question des biens juifs[4], à quoi s'ajoutaient des absurdités à même de frapper l'opinion. L'application des lois antisémites aux Juifs italiens de l'Empire et des grandes colonies italiennes, ceux-là même qui défendaient les intérêts transalpins en Méditerranée, se révélait, constatait Léon Abastado, contreproductive : « Les mânes de Garibaldi, de Cavour, de Victor-Emmanuel Ier et de tous les grands artisans du *"Risorgimento"* doivent frémir d'indignation à cause de cette atteinte portée à leur idéal de l'*"Italia irredenta"*[5] ». Quand le Duce remit une médaille au lieutenant-colonel Giorgio Morpurgo, mort au combat pendant la guerre d'Espagne et issu d'une ancienne famille juive d'Italie, l'on ironisait : « Faut-il attendre maintenant la publication, dans le Journal Officiel italien, d'un décret nommant feu le lieutenant-colonel *"Aryen d'honneur"*[6] ? ». Un autre acte,

---

elle aussi les contradictions de la nouvelle posture mussolinienne avec les déclarations faites à Emil Ludwig, dont on peut relever la dimension symbolique ; *cf.* Nadège Colombier, *op. cit.*, p. 74-78.

1   « Pour du charbon », *L'Univers Israélite*, 6 janvier 1939.
2   *Ibid.*
3   « Mussolinades », *Samedi*, 11 février 1939.
4   « Le statut définitif des Juifs », *Paix et Droit*, décembre 1938.
5   Léon Abastado, « Fascisme d'exportation », *L'Univers Israélite*, 10 février 1939.
6   « Le Duce décore une Juive », *Samedi*, 3 juin 1939. De même, les anciens militaires juifs furent invités à assister en uniforme à la cérémonie du vingtième anniversaire de

visant précisément des Israélites français, paraissait à lui seul révéler toute l'inconséquence de la politique italienne : l'appel de l'*Istituto nazionale per i cambi con l'estero* adressé à des banques et agences de tourisme parisiennes et les invitant à faire savoir à leurs clients israélites qu'ils pourraient entrer librement en Italie. Cette donnée, tout autant qu'elle met en relief les nécessaires accommodements apportés à l'application de la législation[1], amène à suggérer qu'il était hautement probable que l'Italie s'intéressât à l'image qu'elle renvoyait à l'opinion juive française. *Samedi* interpellait les Juifs de France :

> Donc, les Juifs français sont prévenus : à leur entrée en Italie, ils ne seront ni dépouillés de leur fortune, ni stérilisés, ni même envoyés aux îles Lipari. Ils peuvent donc, en toute tranquillité, aller en Italie.
> Le feront-ils[2] ?

Vraisemblablement pas. Car de dérisoires contradictions juridiques et politiques ne devaient pas masquer la détresse des Israélites d'Italie et l'insigne gravité de la situation. « La nouvelle orientation raciale en Italie a plongé dans la consternation les milieux juifs italiens », remarquait Serge Weil-Goudchaux[3]. La dégradation de la condition juive en Italie était d'autant plus injuste que le judaïsme italien passait pour le plus assimilé de ceux persécutés en Europe[4] : « Inhumaines et lâches quand elles s'en prennent à la collectivité juive, les lois racistes deviennent révoltantes et infâmes quand elles s'appliquent à des hommes qui ont donné le meilleur de leur être à la patrie, qui n'ont vécu que pour elle », se révoltaient certains en ces termes[5]. Malgré un « brevet de latinité que leur conférait un séjour ininterrompu[6] », les Juifs italiens devaient

---

la révolution fasciste, les 23 et 24 mars 1939 (« La situation des juifs en Italie », *Paix et Droit*, mars 1939).

1   Cela fut particulièrement net sur les plans économique et financier ; afin d'éviter de trop lourdes conséquences de ce type, les banques italiennes trouvèrent de nombreux compromis pour conserver les liens qu'elles entretenaient notamment avec les Juifs étrangers : Roberto Di Quirico, « La Banca e la razza. Riflessioni sulle conseguenze del varo delle leggi razziali sull'attività delle banche italiane all'estero », dans Ilaria Pavan, Guri Schwarz (a cura di), *Gli ebrei in Italia tra persecuzione fascista e reintegrazione postbellica*, Florence, Giuntina, 2001, p. 69.

2   « Bienvenu, le touriste ! », *Samedi*, 12 novembre 1938.

3   Serge Weil-Goudchaux, art. cit.

4   Opinion d'ailleurs reprise par l'historiographie ; voir notamment Asher Cohen, « La politique antijuive en Europe (Allemagne exclue) de 1938 à 1941 », *Guerres mondiales et conflits contemporains*, n° 150, avril 1988, p. 46.

5   « Drames du racisme en Italie », *Paix et Droit*, mars 1939.

6   Anatole Leroy-Beaulieu, Sam Lévy, Benito Mussolini, *op. cit.*, p. 35.

souffrir de leur naissance. Alfred Berl, après avoir rappelé la dette que l'Italie devait à Israël, s'indignait : « Après de telles preuves, les Juifs n'étaient-ils pas autorisés à croire qu'ils avaient bien et définitivement conquis l'*italianité*[1] ? ». Des flots de lignes, rappelant les bienfaits que les Juifs avaient rendu à leur nation, se déversèrent sur la presse israélite : parmi tant d'autres exemples, Robert Hayem, un capitaine de réserve d'artillerie, prit la plume pour rappeler à Mussolini, dans les colonnes de *L'Univers Israélite*, la bravoure des soldats italiens nés d'Israël pendant la Grande Guerre[2]. En un sens, le judaïsme français, qui défendait l'assimilation comme meilleur remède contre l'antisémitisme devait constater l'invalidité du paradigme qu'il ne cessait d'afficher.

Les lois antisémites semblaient parfois plus dures que celles promulguées par les nazis[3], et réduisaient les Juifs, dont certains avaient dirigé l'Italie, au rang de persécutés au ban de leur terre. Certains, ne supportant pas cette dégradation, ne trouvaient d'autre issue que la mort : « Beaucoup ne peuvent survivre à l'outrage fait à leur honneur et à leur conscience. Les cas de suicides de personnalités israélites des plus éminentes sont fréquents[4] » ; l'on pensait à l'éditeur Formiggini ou à l'amiral Ascoli, déchus de leurs fonctions. Qu'adviendrait-il en outre des Juifs étrangers devant quitter la péninsule avant le 12 mars 1939 ? « Où pourront-ils aller ? C'est la question qu'ils se posent avec angoisse. Tous les pays leur sont fermés[5] ». Angoisse qui gagnait également la petite et tranquille communauté de Rhodes[6]. En mai 1939, l'on signalait que 3 720 Juifs d'origine étrangère avaient quitté l'Italie ; 933 avaient reçu l'autorisation de demeurer en Italie, tandis que 128 demandes de prolongation temporaire de séjour sur 3 190 furent satisfaites[7]. En réalité, ces départs furent contrebalancés par des arrivées nombreuses ; 7 000 Juifs étrangers peuplaient l'Italie[8]. L'on crut un temps à un « adoucissement[9] » de la législation, mais la réalité étouffait l'espoir : en mars

1   Alfred Berl, « En Italie : variations antisémites », *Paix et Droit*, octobre 1938.
2   Robert Hayem, « Avant le Congrès fasciste », *L'Univers Israélite*, 30 septembre 1938.
3   *Cf.* B. Messino, art. cit.
4   « Drames du racisme en Italie », *Paix et Droit*, mars 1939. *Cf.* « Mussolinades », art. cit. ; « Un colonel italien », *Samedi*, 29 avril 1939.
5   « La situation des juifs en Italie », *Paix et Droit*, mars 1939. René Lamy, « Le chantage au racisme italien », *Le Droit de Vivre*, 15 octobre 1938.
6   « Une poignée de Juifs sur une île... », *Le Droit de Vivre*, 7 janvier 1939. *Cf.* « Expulsion des Juifs de Rhodes », *L'Univers Israélite*, 20 janvier 1939.
7   « De nouvelles restrictions antijuives », *Paix et Droit*, mai 1939.
8   Renzo De Felice, *Storia degli ebrei...*, *op. cit.*, p. 367 *sqq.*
9   « L'antisémitisme en Italie », *Paix et Droit*, novembre 1938.

1939, *Paix et Droit* annonçait à ses lecteurs que les fascistes édifiaient un camp de concentration sur une île du sud pour les Juifs étrangers n'ayant pas quitté le pays avant le délai fixé par les lois[1].

Les Juifs de France réagissaient-ils à l'antisémitisme en Italie sur le même mode que lorsque ce fléau frappait d'autres pays ? Assurément non. La sœur latine demeurait unique. Quand il s'agissait de l'Italie, l'opinion juive parlait sur un ton différent de celui qu'elle avait adopté relativement à l'antisémitisme nazi par exemple[2]. Une tristesse sincère et profonde s'emparait des Juifs à l'idée que ce pays qu'ils aimaient tant et dans lequel ils fondaient tant d'espoir tombât dans l'obscurantisme ; les propos de Jules Braunschvig le laissaient percevoir :

> Cette législation mensongère et révoltante est également sotte.
> Je le dis avec une peine accrue parce qu'il s'agit de l'Italie, qui était pour beaucoup comme une seconde patrie européenne ; de l'Italie universelle de l'humanisme et de la Renaissance dont nous sommes imprégnés, que nous aimons passionnément et qui nous attirait souvent, naguère[3].

L'on refusait d'assimiler l'antisémitisme à l'esprit italien. En juin 1939, *L'Univers Israélite*, afin de rappeler la véritable opinion qu'il avait de l'Italie, publiait un article de Margherita Sarfatti sur Amedeo Modigliani, afin de montrer que, outre-monts, la culture, qu'avaient contribué à forger beaucoup de Juifs, l'emporterait sur une éphémère politique : « Nous qui restons obstinément fidèles à la fois à la culture gréco-latine qui nous a nourris et à l'héritage sacré d'Israël que nous prétendons maintenir intact, ne pouvons concevoir que le racisme germanique paraisse conforme au génie italien[4] ». Il n'était pas jusqu'au *Droit de Vivre* qui ne partageât une telle conviction : ne comprenant pas comment l'antisémitisme avait pu s'insinuer dans la péninsule, affirmait le journal, « bien des gens [...] gardent au cœur (et ils ont raison), une grande tendresse pour l'Italie[5] ». Même si des récupérations politiques avaient cours, les Israélites français ressentaient une peine profonde devant les événements d'Italie : il fallait s'unir, car l'on avait la chance de vivre en pays démocratique, et

---

1   « La situation des Juifs en Italie », *Paix et Droit*, mars 1939.
2   *Cf.* à titre de comparaison, Diane Afoumado, *Conscience, attitudes et comportement des Juifs en France entre 1936 et 1944*, thèse d'histoire sous la direction de Jean-Jacques Becker, Université Paris-X, 1997, p. 43 *sqq.*
3   Jules Braunschvig, art. cit.
4   *L'Univers Israélite*, juin 1939.
5   *Le Droit de Vivre*, 17 septembre 1938.

si le judaïsme italien avait pu être frappé, son pendant français n'était pas à l'abri[1].

Fallait-il renoncer au rêve d'assimilation symbolisé jusqu'alors par l'« israélitisme » transalpin ? Certes, la fusion totale avec la nation ne semblait pas pouvoir épargner définitivement une dégradation de la condition juive. Mais, le fascisme, ce n'était pas les Italiens[2]. Ces derniers restaient fidèles à leur tradition philosémite. Comme pour adoucir sa peine, l'on se faisait bruyamment l'écho des réactions de toutes sortes à l'antisémitisme fasciste.

L'ITALIE RACISTE AU BAN DES JUIFS ET PHILOSÉMITES DU MONDE

Au premier rang des réactions étudiées figurait celle du peuple italien. S'était-il laissé aller lui aussi à la mode allemande, selon la terminologie d'alors ? Les Juifs de France étaient heureux et rassurés de pouvoir affirmer le contraire. En l'absence de toute liberté en Italie, il fallait se fier à des actes isolés, des anecdotes parfois qui, placés bout à bout, étayaient la thèse de l'immunité de l'opinion italienne. Certes, une poignée de hiérarques fascistes semblaient adhérer mollement au nouveau régime d'exception prononcé contre les Juifs[3], comme Italo Balbo ou Nicola Pende, un des instigateurs du racisme qui fit machine arrière en constatant les exagérations dans son application[4], mais dans l'ensemble les fascistes patentés se rangeaient aux idées du Duce. Il n'en allait pas de même, ajoutait-on de la population qui, restée fidèle à son ouverture d'esprit ancestrale, ressentait le Juif comme un semblable[5]. Ce sentiment apparaissait partagé par tous et en tout lieu ; préfaçant l'ouvrage de Giuseppe Gaddi, *Le Racisme en Italie*, Bernard Lecache décrivait son impression :

> Gisueppe Gaddi, qui n'est pas Juif, qui est simplement un homme d'esprit libre, la [la législation italienne] dénonce, la flétrit, non seulement en son nom, mais au nom de tout un peuple, le sien, le malheureux et vaillant peuple italien. Il en a le droit. Le peuple italien est avec lui, en dépit des apparences, et point avec le tyran.

---

1   B. Messino, art. cit.
2   Cette idée avait d'ailleurs été agitée dès l'origine par les antifascistes : *cf.* Pierre Milza, « L'image de l'Italie et des Italiens en France du XIXe siècle à nos jours », dans Maurizio Antonioli, Angelo Moioli (a cura di), *Saggi storici in onore di Romain H. Rainero*, Milan, Franco Angeli, 2005, p. 185.
3   *Cf. Samedi*, 15 août 1938.
4   « Un homme courageux… en Italie », *Samedi*, 12 novembre 1938.
5   *Cf.* sur cette assertion, Simona Colarizi, *op. cit.*, p. 242-250.

Le peuple italien ne cesse de protester, de s'indigner, et ce que j'aime dans cet ouvrage, c'est qu'on n'y rencontre à peu près point l'auteur, qui s'efface volontairement, mais, à tout instant, l'homme de Milan, de Florence ou de Palerme, *celui qui est innombrable*, si j'ose ainsi écrire, celui qui refuse la confiance au fascisme, qui bafoue le racisme, qui est des nôtres et reste des nôtres[1].

Les Italiens semblaient totalement imperméables à la propagande antisémite, raison sans doute du renforcement de celle-ci au vu des effets médiocres qu'elle entraînait ; à la LICA, Geoffroy Fraser, de retour d'Italie, rapportait qu'« on ne peut trouver la moindre trace de sentiment antisémite dans la population italienne[2] ». Opinion identique à celle de l'Alliance israélite : « Malgré la propagande antisémite très intense par la presse et la radio, les couches profondes du peuple italien semblent ne pas être touchées pas le virus antijuif[3] ». Les exceptions n'étaient pour autant pas passées sous silence : il semblait que dans les petites villes, le racisme gagnât certains esprits ; des écriteaux antijuifs y fleurissaient à l'entrée des commerces et édifices publics. Plus gravement, à Ancône, les Juifs n'étaient plus admis dans les cinémas et ils furent rejetés des cercles culturels de Venise[4]. Edmond Dreyfus, dont les observations tranchaient avec celles de ses coreligionnaires français était inquiet et avait pris lui-même dès 1936 la mesure de l'infiltration antisémite ; de fait, la situation pouvait prendre des traits différents selon les régions :

Les Italiens sont très influençables, vous le savez certainement aussi bien que moi. Il ne s'est pas passé un seul jour, sans que j'entende dans les trains, dans les trams, les plus grandes absurdités recueillies dans la presse et inspirées par l'Allemagne et admises le plus souvent avec la plus grande naïveté, ou la plus grande ignorance. L'Italien est crédule, d'ailleurs la doctrine fasciste le lui ordonne, mais on lui présente les juifs comme les adversaires ou les ennemis du fascisme, et il n'en faut pas davantage pour déclencher un mouvement d'aversion qui dégénèrera en haine si on ne le combat pas énergiquement. L'origine de la campagne se trahit puisqu'elle va de pair avec la campagne antifrançaise, campagne à laquelle le Gouvernement français n'accorde pas toute l'attention qu'elle mérite[5].

Ces manifestations jugées sporadiques par la majorité semblaient toutefois

---

1   Bernard Lecache, préface à Giuseppe Gaddi, *Le Racisme en Italie*, Paris, Le droit de vivre, 1939, p. 2.
2   Geoffroy Fraser, « Ce que j'ai vu à Rome », *Le Droit de Vivre*, 14 mai 1938.
3   « La politique raciste », *Paix et Droit*, janvier 1939.
4   *Ibid.*
5   AIU, France I – C 4. Lettre d'Edmond Dreyfus à l'Alliance israélite universelle, du Comité local de La Chaux-de-Fonds, 25 septembre 1936.

se noyer dans le flot du philosémitisme quotidien exprimé par les Italiens. Lors d'une représentation musicale, un chef d'orchestre juif reçut une ovation qui sonnait comme un soutien aux souffrances du peuple juif[1]. Un autre exemple paraissait sincère, éloquent et représentatif : un mécanicien de l'express Rome-Paris rapporta que l'administration des *Ferrovie dello Stato* avait demandé à ses employés s'ils avaient des ancêtres juifs ; or, l'une des personnes interrogées répondit : « Oui : Adam et Ève[2] ». Ces manifestations de soutien ne faisaient que répondre à l'attitude observée au plus haut échelon : le roi d'Italie, Victor-Emmanuel III, qui avait pourtant contre-signé la législation antisémite, fit parvenir à la communauté juive de Rome un message de soutien[3]. Les intellectuels n'étaient pas en reste, ajoutait-on : dans la *Camicia Rossa*, Ezio Garibaldi, neveu du héros des deux mondes, n'eut pas de mots assez forts pour critiquer le tournant raciste du régime[4]. Faisait avec lui chorus, outre Croce, Marinetti, dont se réclamaient pourtant les fascistes, qui publia un article où il critiquait la législation antisémite ; « Chaque Italien aujourd'hui se demande quelle faute ont bien pu commettre les Juifs[5] », affirma-t-il, propos qui « ont produit sur l'opinion publique une impression considérable[6] » ; l'on regrettait toutefois le silence de Papini, qui s'était élevé avec force contre l'antisémitisme allemand en 1933. Un éminent professeur, membre de la *Dante Alighieri* mais resté anonyme, envoya à Sam Lévy un message dans lequel il faisait part de l'indignation de tous les intellectuels en Italie[7] ; il ajoutait cependant que leur marge de manœuvre demeurait réduite :

> Vous avez parfaitement raison. Tout ce que vous dites, les intellectuels italiens, nous le pensons comme vous et avec vous. [...] Qu'il me suffise de vous dire que les esprits libres en Italie demeurent dans une impuissance totale[8]

Les Israélites français restaient en revanche généralement silencieux sur

---

1   « Le chef d'orchestre juif et les Italiens », *Samedi*, 10 septembre 1938.
2   « Histoire italienne », *Samedi*, 28 janvier 1939.
3   « Un beau geste du roi d'Italie », *Samedi*, 24 décembre 1938.
4   « En Italie, le racisme soulève des protestations », *L'Univers Israélite*, 25 novembre 1938.
5   « Marinetti et Papini », *L'Univers Israélite*, 21 avril 1939.
6   *Ibid.*
7   La réaction des intellectuels et hommes de culture italiens fait débat. La question se pose de savoir si les réprobations de noms illustres ne cachait pas une forme de consensus de la part du plus grand nombre : voir la mise au point récente de Roberto Finzi, « La cultura italiana e le leggi antiebraiche del 1938 », *Studi Storici*, vol. 49, n°4, octobre 2008, p. 895 *sqq.*
8   Anatole Leroy-Beaulieu, Sam Lévy, Benito Mussolini, *op. cit.*, p. 29.

les réactions des Italiens exilés, sans doute parce qu'elles n'étaient pas marquées par un philosémitisme semblable à celui en vigueur dans les frontières de la péninsule[1].

Il n'en demeurait pas moins qu'à l'étranger, l'on critiqua avec force la nouvelle législation. Les Juifs français, qui entendaient montrer qu'ils ne constituaient pas la seule communauté solidaire des Israélites italiens, se faisaient régulièrement l'écho de la manière dont le monde juif accueillait les lois raciales. Les archives du Centre de documentation juive contemporaine conservent deux témoignages d'éminentes figures nées d'Israël qui firent part directement à Mussolini de leur réprobation. D'Aix-les-Bains, Arthur Rubinstein, israélite d'origine polonaise, qui avait annulé ses concerts italiens renvoya au Duce la croix de Commandeur que ce dernier lui avait remise et signa « Arthur Rubinstein, pianiste juif[2] ». Cela faisait écho à d'autres lettres envoyées à Mussolini, comme celle d'Henry Bernstein, dramaturge français qui avait été décoré de la distinction d'officier de l'ordre de Maurice et Lazare, et la restitua à Mussolini : « Je ne regarderais plus comme un honneur de la porter alors que Vous persécutez au nom d'un racisme d'invention toute récente des citoyens italiens sans reproche », écrivit-il[3]. Autant de gestes salués par la presse juive[4]. Ce qui retint toutefois le plus l'attention de l'opinion juive française fut la fronde d'Israël à l'égard du projet de colonisation juive en Abyssinie proposé par Mussolini : à la suite de l'officialisation

---

1   Pour la réception de la législation antisémite parmi les Italiens des États-Unis : Stefano Luconi, « "The Venom of Racial Intolerance" : Italian Americans and Jews in the United States in the Aftermath of Fascist Racial Laws », *Revue française d'études américaines*, n° 107, mars 2006, p. 107-109. On a vu que les antifascistes italiens en France, tout en rejetant l'antisémitisme, n'étaient pas dénués d'ambiguïté : Éric Vial, « Les antifascistes italiens en exil en France face aux lois antisémites mussoliniennes de 1938 », *Cahiers de la Méditerranée*, n° 61, décembre 2000, p. 227-245. *Cf.* également Mino Chamla, « "La persecuzione antiebraica vista da vicino" : la stampa degli italiani liberi in Francia », *Rassegna mensile di Israel*, vol. 54, n° 1-2, 1988 : l'auteur donne (p. 378-396) une recension de tous les articles de la presse antifasciste italienne en France qui donne une idée de la variété et de l'ampleur des thèmes abordés relativement à cette question. En 2002, Marie-Anne-Matard-Bonucci remarquait que l'on ignorait presque tout de la réception des lois antisémites par les Italiens vivant hors de leur pays natal. Ce constat reste parfaitement valable. Dans « Enjeux de la diplomatie culturelle fasciste : de l'Italien à l'étranger à l'Italien nouveau », *Mélanges de l'École française de Rome. Italie et Méditerranée*, n° 114-1, 2002, p. 178.

2   Archives du Centre de documentation juive contemporaine (CDJC), *Archivio centrale dello Stato*, CDL XXIV-20, Lettre d'Arthur Rubinstein à Mussolini, d'Aix-les-Bains, le 9 septembre 1938.

3   *Ibid.* Lettre d'Henry Bernstein à Mussolini, de Paris, le 5 septembre 1938.

4   Voir par exemple, *Samedi*, 10 septembre 1938.

de cet objectif dans l'*Informazione Diplomatica*, la perplexité gagna le monde juif[1] ; les Israélites français purent à cette occasion prendre la mesure de l'opposition du Congrès juif mondial à l'Italie ; on peut lire dans un compte-rendu de la réunion du 16 janvier 1939 :

> Le Congrès Juif Mondial *rejette résolument l'idée de la création d'une colonie juive en Abyssinie*. On ne saurait procéder à une œuvre de colonisation juive sur le territoire d'un gouvernement antisémite tel que le gouvernement italien[2].

Plus loin, le même rapport ajoutait que « le véritable objet de cette proposition est de détourner l'immigration juive de la Palestine et de procurer des appuis financiers à l'édifice vacillant du crédit italien[3] ». Les Juifs de divers pays sanctionnaient très nettement, mais sur le plan verbal, l'Italie.

Ce n'était pas parce qu'Israël se trouvait la principale victime qu'il était le seul à vilipender le pays de Mussolini, remarquait l'opinion juive. Tous les hommes épris de justice et de liberté amplifiaient le bruit de la contestation. Il n'était donc pas étonnant que le christianisme condamnât également les agissements italiens, et ce au plus haut niveau. Pie XI, malgré les accords de Latran, avait critiqué en juin 1931 la volonté d'embrigadement de la jeunesse par les fascistes dans une encyclique intitulée *Non abbiamo bisogno*, qui s'érigeait contre la « statolâtrie païenne », inconciliable avec les préceptes de l'Église ; en 1937, il fit lire dans toutes les églises allemandes l'encyclique *Mit brennender Sorge*, où il blâmait le racisme nazi. Constatant l'imprégnation de telles valeurs en Italie, le pape quitta le Vatican le 8 mai 1938, quand Mussolini reçut avec faste l'allié nazi ; par la suite, Pie XI multiplia les messages de protestation contre la législation antisémite italienne. Ces ripostes remplirent de joie les Israélites français qui virent en Pie XI l'un des plus farouches ennemis du fascisme, à telle enseigne qu'en août 1938, *Le Droit de Vivre* demanda : « Mussolini va-t-il exiler le pape[4] ? » ; le Congrès juif mondial tint d'ailleurs à rendre hommage à l'action philosémite du pape[5] et l'on

---

1   « Colonisations et chimères », *Paix et Droit*, mars 1938 ; « L'Abyssinie sera-t-elle une nouvelle Palestine ? », *Samedi*, 5 mars 1938.
2   AIU, CDV, Ms 650, dossier 16. Session du comité administratif du Congrès juif mondial, 16 janvier 1939.
3   *Ibid.*
4   « Mussolini va-t-il exiler le pape ? », *Le Droit de Vivre*, 20 août 1938. *Cf.* Serge Weil-Goudchaux, art. cit.
5   AIU, CDV, Ms 650, dossier 16. Session du comité administratif du Congrès juif mondial, annexes (« Hommage au pape »), 16 janvier 1939

sait depuis lors que ce dernier préparait l'encyclique *Humani Generis Unitas*, nouvelle condamnation de l'antisémitisme[1]. Les déclarations du souverain pontife contre l'antisémitisme italien retentirent dans l'ensemble du monde catholique où elles produisirent un vif effet[2]. Les Israélites s'en réjouirent et y virent la consécration du rapprochement judéo-chrétien : *L'Univers Israélite*, ainsi que *Paix et Droit*, publièrent un sermon du cardinal Schuster, archevêque de Milan, qui lors d'une de ses homélies dominicales critiqua les théories racistes allemandes, ce que tous comprirent comme une réprobation de la situation italienne également[3]. Les catholiques français n'étaient pas en reste : entre bien d'autres, les cardinaux Verdier, Liénart et Maurin, le Père Bonsirven, l'abbé Violet, Mgr Chaptal, Mgr Ruch, Mgr Saliège, Mgr Rémond[4], Marc Sangnier ou encore Jacques Maritain condamnèrent l'antisémitisme en Allemagne et en Italie[5]. Les forces religieuses s'unissaient contre le rejet des Juifs en Italie.

Parmi les laïcs français en revanche, remarquait l'opinion juive, l'on ne retrouvait pas une aussi vibrante unanimité[6]. À un moment où la fièvre intérieure atteignait son paroxysme, la majeure partie de l'opinion juive n'abordait que peu les réactions françaises à l'antisémitisme italien, en dehors du monde catholique. Les conservateurs et les modérés traitaient

---

1   Il y a toutefois polémique sur cette question ; *cf.* Georges Passelecq, Bernard Suchecky, *L'Encyclique cachée de Pie XI : une occasion manquée de l'Église face à l'antisémitisme*, Paris, La Découverte, 1995, p. 43 *sqq.* On pourra mesurer l'ampleur de l'action menée officiellement et en coulisse par Pie XI en lisant Emma Fattorini, *Pio XI, Hitler e Mussolini : la solitudine di un papa*, Turin, Einaudi, 2007, p. 170-199.

2   *Cf.* Marc Agostino, *Le Pape Pie XI et l'opinion (1922-1939)*, Rome, École française de Rome, 1991, p. 732.

3   « En Italie, le racisme soulève des protestations », *L'Univers Israélite*, 25 novembre 1938 ; « Les dignitaires de l'Église et le racisme », *Paix et Droit*, décembre 1938.

4   « Une lettre de Mgr Paul Rémond, évêque de Nice », *L'Univers Israélite*, 23 juin 1939. Il s'agissait d'un courrier envoyé par l'évêque niçois à Théo Kahn, président de l'Union et sauvegarde juives. Mgr Rémond avait déjà condamné l'antisémitisme nazi. *Cf.* Ralph Schor, *Monseigneur Paul Rémond, un évêque dans le siècle*, Nice, Serre, rééd., 2001, p. 91.

5   Sur la réaction de la presse catholique à l'antisémitisme italien, voir Ralph Schor, « La presse catholique et les Juifs dans les années 1930 », dans Annette Becker, Danielle Delmaire, Frédéric Gugelot (dir.), *Chrétiens et juifs : entre ignorance, hostilité et rapprochement (1898-1998)*, Villeneuve d'Ascq, Éditions de l'Université Charles-de-Gaulle – Lille 3, 2002.

6   Les réactions furent nombreuses dans les pays étrangers, particulièrement parmi les Juifs. *Cf.* pour les États-Unis, un article très fouillé de Joshua Starr, « Italy's antisemites », *Jewish Social Studies*, vol. 1, n° 1 ? janvier 1939, p. 105-124. Les Juifs, du moins leurs institutions, accordèrent un intérêt certain à la perception de l'antisémitisme fasciste par la presse française et européenne ; on trouve dans les archives de l'Alliance israélite universelle (AIU, CDV, Boîte 11), une revue de presse très intéressante.

souvent indirectement cette question en citant dans leurs colonnes des extraits de la presse nationale[1]. Tout en s'adonnant à des pratiques analogues, les Israélites les plus à gauche ne passaient cependant pas sous silence ceux qui applaudissaient à l'ostracisme des Juifs en Italie[2]. Dans l'ensemble, les mouvements français favorables au nazisme appréciaient l'alignement des fascistes sur Hitler tandis que les antisémites se réjouissaient de ce que la patrie du philosémitisme découvrît enfin les méfaits causés par Israël, selon un vocabulaire coutumier[3] : aux yeux des antisémites, les Juifs italiens, malgré ce que proclamait une vulgate largement diffusée, ne s'étaient jamais assimilés ; cela n'empêchait pas que certains comprissent mal l'importation du racisme biologique et de l'idée d'aryanisme au sein d'un peuple latin et méditerranéen. Mais, surtout, si les Israélites français n'abordaient que timidement l'attitude de l'opinion française devant la nouvelle législation raciste en Italie, cela provenait du fait que se poserait inévitablement la question de l'immigration des réfugiés juifs transalpins ; adoptant un ton provocateur, les progressistes interpellaient ceux qui restaient sourds à la misère des Israélites d'Italie : « Encore des réfugiés ! s'écrieront d'aucuns. Eh ! oui, encore des réfugiés ! Faut-il les tuer tout de suite pour que l'on n'en parle plus[4] ? ». Prenant très à cœur cette question, Bernard Lecache partit plaider la cause des réfugiés italiens auprès d'Albert Sarraut, ministre de l'Intérieur, qui lui fit une réponse en demi-teinte :

> En dépit de sa lucide générosité, le ministre de l'Intérieur, Albert Sarraut, ne dissimule pas les difficultés supplémentaires que va rencontrer l'Administration devant ce problème lamentable.
> Il faut aider la France en apportant votre aide aux proscrits[5].

Le Droit de Vivre consacra un important article à l'arrivée des réfugiés italiens dans le Sud-Est de la France et en appela au devoir d'humanité et

---

1   *Cf.* pour une étude des réactions de la presse, Nadège Colombier, *op. cit.* ; et Gabriele Fasan, « La presse française et l'antisémitisme en 1938 », dans Jean-William Dereymez (dir.), *Le Refuge et le piège. Les Juifs dans les Alpes (1938-1945)*, Paris, L'Harmattan, 2008, p. 41-53.

2   Par exemple, « Un qui applaudit le Duce », *Samedi*, 5 novembre 1938.

3   *Cf.* Sandrine Diallo, *Le Judaïsme à travers l'Action Française de 1933 à 1939*, Mémoire de maîtrise sous la direction de Ralph Schor, Université de Nice, 1989, p. 103 *sqq.* L'*Action Française* ne prêtait cependant pas foi à une conception biologique du racisme.

4   « Une poignée de Juifs sur une île », *Le Droit de Vivre*, 7 janvier 1939.

5   « Pour les réfugiés italiens, la LICA intervient auprès du gouvernement », *Le Droit de Vivre*, 18 mars 1939.

de solidarité[1]. Si les nouveaux arrivants ne bénéficièrent d'aucun soutien politique à une époque où l'on voulait fermer les frontières, ils purent compter sur l'aide des populations locales, souvent hostiles au fascisme, lequel voyait en Nice une terre irrédente, ainsi que sur le soutien de la communauté juive niçoise[2]. L'Italie n'était plus le paradis des Juifs.

Pour la première fois depuis 1922, la question italienne constituait la première préoccupation de l'opinion juive française. L'explosion de la production écrite relative à l'Italie, qui élargit significativement le cercle de ceux qui se prononçaient habituellement sur la situation transalpine, permet de valider les analyses précédemment établies : même quand l'Italie adoptait une législation antisémite, l'on réagissait de manière particulière, parfois indulgente, quand on reprenait le slogan : « discriminer, non persécuter » ; l'Italie n'était pas un pays comme les autres. Est-ce à dire pour autant que l'attitude juive française restait inchangée face au pays d'outre-monts ? Cette idée a parfois cours, mais nul ne pourrait valablement répondre par l'affirmative[3]. De fait, avec la promulgation de la législation antisémite se concrétisait un revirement de l'opinion juive esquissé depuis 1935, et même depuis le début des années 1930 pour certains de ses membres. Pour autant, si l'heure n'était plus à l'espoir ou

---

1   « Voici les réfugiés italiens », *Le Droit de Vivre*, 18 mars 1939. *Cf.* également, « Des Juifs fuyant l'Italie arrivent à la frontière française », *L'Univers Israélite*, 17 mars 1939.
2   Sur leur départ, et la place de la France dans l'émigration juive en 1938, Mario Toscano, « L'emigrazione ebraica italiana dopo il 1938 », dans *Id.*, *Ebraismo e antisemitismo in Italia dal 1848 alla guerra dei sei giorni*, Milan, Franco Angeli, 2003, p. 193. Sur leur accueil, Ralph Schor, « L'arrivée des Juifs d'Italie dans les Alpes-Maritimes (1938-1940) », dans Jean-Baptiste Duroselle, Enrico Serra (a cura di), *Italia, Francia e Mediterraneo*, Milan, Franco Angeli, 1990, p. 104 *sqq.* ; Jean-Louis Panicacci, « Les Juifs et la question juive dans les Alpes-Maritimes de 1939 à 1945 », *Recherches Régionales*, n° 4, 1983, p. 241 *sqq.* ; Vicki Caron, *L'Asile incertain. La crise des réfugiés juifs en France, 1933-1942*, Paris, Tallandier, 2008, p. 260-261.
3   L'ensemble des documents rassemblés permet de discuter l'interprétation proposée par David Weinberg, par ailleurs l'auteur d'un excellent et incontournable ouvrage sur le judaïsme. Celui-ci affirme en effet dans une note de son ouvrage que « l'attitude des Juifs envers l'Italie ne changea pas même après l'adoption d'une législation anti-juive par Mussolini à la fin de 1938 » (*Les Juifs à Paris de 1933 à 1939*, Paris, Calmann-Lévy, 1974, p. 125). D. Weinberg se fonde sur un article d'Afred Berl (*Paix et Droit*, octobre 1938) qui souligne que Mussolini ne versait dans l'antisémitisme que par nécessité politique. Cette idée fut certes répandue dans l'opinion juive mais elle apparaissait souvent sous des formes plus nuancées, comme l'opposition entre les modalités des antisémitismes fasciste et nazi, l'idée que la législation ne serait pas appliquée ou les réactions philosémites du peuple italien. Cela ne signifie pas que l'opinion juive ne changea pas face à l'Italie. Loin s'en fallait. Le fait que même les plus ardents défenseurs de l'Italie – et du fascisme parfois – prissent la parole pour s'opposer aux agissements transalpins prouve le contraire.

aux louanges, le rêve d'assimilation ne fut pas réduit à néant : la totale fusion des Juifs avec la nation entraîna un sincère élan de soutien parmi les Italiens insensibles aux thèmes agités par la propagande fasciste. Paradoxalement, plus que jamais le modèle italien gardait sa valeur et, dans le tableau du judaïsme persécuté, l'exception transalpine demeurait. Une certaine candeur se dégageait ainsi d'une partie de l'opinion juive, ce que critiquait la LICA. Tous sans distinction éprouvaient cependant la même peine à l'égard des frères italiens, mais l'espoir était permis. Tandis que le judaïsme français se sentait lui aussi de plus en plus menacé, le pessimisme lui était interdit. De la sorte, émergeait l'idée que sitôt refermée la parenthèse du fascisme, le judaïsme transalpin brillerait de nouveau. Mais pouvait-on espérer la chute de Mussolini ? Dans quel état d'esprit l'opinion juive française se dirigea-t-elle vers une guerre contre l'Italie tant aimée ? L'union pouvait-elle s'établir autour de l'antifascisme, déjà engagé par les Juifs progressistes depuis le début de la décennie ? L'Italie semait l'antisémitisme et la guerre hors de ses frontières, nul ne pouvait faire le choix de l'apaisement ou de l'attentisme.

CONTAGION ANTISÉMITE
ET MARCHE À LA GUERRE : LA RÉSIGNATION

L'épilogue de la relation entre les Juifs de France et l'Italie s'articula autour de la perspective d'une guerre fratricide entre les deux sœurs latines et sur le problème de l'éventuel combat à mener contre le fascisme. La paralysie et la division s'emparèrent du judaïsme français. Les progressistes se trouvaient une nouvelle fois en première ligne de l'action.

MUNICH, L'AFRIQUE DU NORD... :
LA FORMATION DES CAMPS ANTAGONISTES

Après l'invasion de l'Éthiopie, la création de l'axe Rome-Berlin, le soutien à Franco et, surtout, l'anathème lancé contre Israël, il n'était plus possible à l'opinion juive française de prêter quelque bonne intention à l'Italie. Mais les Juifs de France se révélaient tiraillés entre un puissant pacifisme et une volonté de dénoncer les agressions transalpines. Ces contradictions éclatèrent au grand jour au moment de Munich.

L'année 1938 apparut décisive et critique pour la diplomatie italienne : après l'Anschluss, en mars, de nombreux hiérarques fascistes remirent en question la politique allemande de l'Italie ; mécontent malgré ce qu'il voulait bien affirmer, Mussolini émit en privé la possibilité d'une guerre avec l'Allemagne si cette dernière violait la frontière du Brenner et signa au mois d'avril les « accords de Pâques » avec la Grande-Bretagne, dernière tentative de rapprochement avec les démocraties, ce qui n'empêcha pas l'Italie de défendre les revendications allemandes dans les Sudètes. Lors des pourparlers de Munich, à la fin du mois de septembre, Mussolini, tout en soutenant l'Allemagne, joua le rôle de médiateur ; de fait, en jouant une double carte, l'Italie sortit auréolée des accords[1]. Comment les Juifs de France perçurent-ils le rôle transalpin lors de ces débats ?

Face à Munich, deux claires tendances se distinguaient au sein du judaïsme français : ceux qui, par « pacifisme idéologique[2] », acceptaient l'idée d'une conciliation avec les dictatures et ne voulaient en rien entraver la diplomatie française[3], et ceux, les plus progressistes souvent, qui dénonçaient toute compromission avec le fascisme et entendaient s'opposer à lui pour sauver la France et les Juifs de toute l'Europe. Proportionnellement, la judaïcité était moins pacifiste que l'opinion française prise en général. Ceux qui acceptaient Munich le faisaient à contrecœur : Pierre Lazareff, qui se souvenait que les munichois convaincus accusaient leurs adversaires d'être à la solde d'Israël[4], avait éprouvé un sentiment de lâcheté[5] – qui fait écho au « lâche soulagement » éprouvé par Léon Blum. Plus que l'espoir, l'attentisme prévalait : il valait mieux se rapprocher des fascismes, pensait-on, qu'engager le pays dans un sanglant conflit[6]. Daniel Halévy parlait toutefois d'une « vacillation des esprits[7] ». Joseph Rovan se souvenait en ces termes du conflit intérieur qui le torturait : « Moi, aussi, je souhaitais ardemment éviter la guerre, mais je me sentais en moi-même profondément solidaire de ceux qui,

1   Serge Berstein, Pierre Milza, *L'Italie contemporaine du Risorgimento à la chute du fascisme*, Paris, Armand Colin, 1995, p. 331.

2   Ariel Danan, *Les Réactions pacifistes des Français israélites durant la crise des Sudètes (septembre 1938)*, mémoire de maîtrise sous la direction d'Anne Grynberg et André Kaspi, Université Paris-I, 2003, p. 112.

3   *Cf.* les déclarations du grand rabbin de Paris Julien Weil au journal *Le Matin*, le 19 novembre 1938, et les acerbes polémiques qui s'en suivirent. Paula Hyman, *De Dreyfus à Vichy. L'évolution de la communauté juive en France, 1906-1939*, Paris, Fayard, 1985, p. 343 *sqq.*

4   Pierre Lazareff, *De Munich à Vichy*, New York, Brentano, 1944, p. 81.

5   *Ibid.*, p. 73. *Cf.* Jéhouda Tchernoff, *Dans le creuset des civilisations*. T. 4 : *Des prodromes du bolchevisme à une Société des Nations*, Paris, Rieder, 1936-1938, p. 348.

6   *L'Univers Israélite*, 7 octobre 1938.

7   Daniel Halévy, *1938 : une année d'histoire*, Paris, Grasset, 1938, p. 51.

à partir de quelque idéologie que ce fût, voulaient s'opposer à Hitler, au fascisme[1] ». Puis, l'on trouvait les autres progressistes et ennemis du fascisme, qui eux aussi ne souhaitaient pas la guerre, mais critiquaient toute discussion entreprise avec des régimes hostiles à la paix et à la démocratie. Parmi eux, figurait André Suarès, selon lequel il ne fallait pas répondre à la guerre par la guerre : « On ne mettra pas l'Europe en feu ni pour punir les Allemands de leur fureur barbare contre les autres races, ni pour ramener à la raison et au sens du ridicule les Italiens qui délirent de Rome et d'empire romain[2] ». Pour autant, il ne fallait pas montrer à ses ennemis que l'on n'avait pas les moyens de faire la guerre et, de surcroît, soutenir leur politique expansionniste :

> J'affirme qu'en octobre 1935 il fallait couper l'Italie de l'Afrique, fermer le canal de Suez et enfumer au besoin trois cent mille Italiens dans le guêpier de la mer Rouge. [...] Le Mussolin[3] s'effondrait ; l'Italie cessait d'être l'esclave à tout faire de la Nazie[4].

Telle était également la position de la LICA, ulcérée par l'attitude du gouvernement français et des Juifs conservateurs et modérés. Les ligueurs n'avaient pas attendu Munich pour manifester leur opposition à la politique menée par les démocraties : Giacomo-Abramo Tedesco, en mars 1938, vitupéra l'attitude de Chamberlain et en appela à l'opinion publique britannique afin de ne pas abandonner l'avenir de l'Europe aux « mégalomanes de Rome et de Berlin[5] ». La LICA conserva sa ligne après Munich et interpella les Français : Daladier venait de donner un blanc-seing aux appétits fascistes et hitlériens ; Mussolini, loin de se rapprocher de la France, mènerait aux côtés d'Hitler sa conquête de l'Europe avec la bénédiction des démocraties :

> Le jour même où se signe à Paris le chiffon de papier, les manifestations irré-dentistes les plus violentes se déclenchent devant le Palais Farnèse. Imagine-t-on un seul instant que le Duce pousse son air de bravoure sans l'accompagnement en sourdine des maîtres-chanteurs de Berlin[6] ?

1   Joseph Rovan, *Mémoires d'un Français qui se souvient d'avoir été allemand*, Paris, Le Seuil, 1999, p. 112.
2   André Suarès, *Vues sur l'Europe*, Paris, Grasset, 1939, p. 11.
3   Manière récurrente par laquelle Suarès nommait Mussolini.
4   André Suarès, *op. cit.*, p. 7. *Cf.* Raymond Aron, *Mémoires*, Paris, Julliard, 1983, p. 133.
5   Giacomo-Abramo Tedesco, « Il faut précéder Rome et Berlin », *Le Droit de Vivre*, 16 avril 1938.
6   Giacomo-Abramo Tedesco, « Berlin et Rome d'accord », *Le Droit de Vivre*, 10 décembre 1938.

En définitive, concluait-on à la LICA, Munich n'avait fait qu'aggraver les choses : « Les faits crèvent les yeux. Rien de ce que nous avons prédit, avant et après Munich, ne s'est volatilisé, évanoui en fumées, de parlotes et de Congrès. Tout, au contraire, s'est précisé, gravé sur l'horizon européen. On a cru éloigner le cauchemar. Le voici revenu[1] ». Mécontent de la politique italienne de la France, Bernard Lecache, dans un article intitulé « Munich, école de la servitude », jeta le discrédit sur Paul Baudouin, grand financier et sorte d'ambassadeur officieux du gouvernement français dépêché à Rome en février 1939 pour discuter avec Ciano, notamment d'éventuels accords sur Djibouti[2]. Lecache dénonçait les intérêts qui forçaient Baudouin à agir et fustigeait la tenue de négociations, qui plus est clandestines, avec l'Italie[3]. Aux yeux des progressistes ainsi, Munich revenait à mettre sciemment en péril l'avenir de la France et celui des Juifs. Les menées italiennes en Afrique du Nord le prouvaient.

La présence de fascistes extrémistes et d'une forte communauté juive – ces deux entités se heurtant de plus en plus fréquemment – faisait de l'Afrique du Nord, plus particulièrement la Tunisie, l'Algérie et la Libye, un terrain privilégié pour l'observation de la politique fasciste après Munich.

Ces questions passionnaient les Juifs français. Daniel Halévy ironisait sur la dimension théâtrale de l'attitude italienne :

> À Rome, [...], on mit en scène, [...] une insultante parade : le comte Ciano évoquerait à la Chambre les aspirations légitimes de l'Italie en Méditerranée, et les députés aussitôt préciseraient sa pensée par des cris arrêtés d'avance : *Nice, Corse, Tunisie !* La parade italienne se développa comme une pièce bien jouée, le discours fut bien dit, les cris bien poussés[4].

Bernard Lecache remarquait quant à lui combien les revendications irrédentistes de Mussolini avaient frappé l'opinion publique[5]. Les Juifs de France furent particulièrement touchés par les prétentions transalpines

---

1   Bernard Lecache, « Le "Parti de la guerre siège à Rome" », *Le Droit de Vivre*, 14 janvier 1939. Yvon Lacaze a cependant montré qu'une grande frange de l'opinion publique a vu dans la réconciliation et l'alliance franco-italienne un gage d'espoir (*L'Opinion publique française et la crise de Munich*, Berne, Peter Lang, 1991, p. 155).
2   *Cf.* Jean-Baptiste Duroselle, « La mission Baudouin à Rome », dans Jean-Baptiste Duroselle, Enrico Serra (a cura di), *Italia e Francia dal 1919 al 1939*, Milan, Franco Angeli, 1981, p. 357 *sqq.*
3   Bernard Lecache, « Munich, école de la servitude », *Le Droit de Vivre*, 18 mars 1939.
4   Daniel Halévy, *op. cit.*, p. 57-58.
5   Bernard Lecache, art. cit.

sur la Tunisie. Ils liaient la promulgation de l'antisémitisme en Italie à la donne irrédentiste : la presse italienne affirmait en effet à l'envi que les Juifs italiens de Tunisie exploitaient l'ensemble de la colonie italienne, situation intolérable qui gonfla la propagande antisémite dans la péninsule, où l'on se montrait de plus en plus sensible aux affaires coloniales[1]. De fait, remarquait-on, le ralliement de nombreux juifs italiens à la France, par la naturalisation notamment, agaçait les fascistes, d'autant que, comme le rapportait *Samedi*, les Juifs « indigènes » se montraient attachés au protectorat français :

> En somme, s'il fallait en croire le jeune comte Ciano, tout s'arrangerait très bien si ces maudits Juifs ne s'en mêlaient pas !
> Mais au fait : est-ce que M. Mussolini s'étonne vraiment que les Juifs tunisiens aiment mieux leur régime actuel que le racisme germanique en vigueur ? Et que les Juifs tunisiens soient prêts à défendre la Tunisie et la France contre ses ridicules prétentions, – n'était-ce pas tout à fait naturel en temps normal ? À plus forte raison[2]…

De la sorte, si la France acceptait d'accorder en masse la naturalisation aux Italiens de Tunisie, elle infligerait un cinglant coup d'arrêt aux prétentions mussoliniennes, en amputant la colonie italienne locale de sa force ; c'était en ce sens que plaidait Marcel Gozland : « en privant la colonie italienne de Tunisie d'une bonne partie d'éléments de qualités qu'elle aura tôt fait d'assimiler et de rallier à sa propre cause, elle aura, par un geste intelligent, affaibli singulièrement la cause de l'"italianité" dans ce pays et consolidé d'autant la force et le prestige français[3] ». Inéluctablement, les Juifs italiens de Tunisie prenaient donc la voie de l'antifascisme[4] et pouvaient constituer un soutien de poids dans le combat contre l'irrédentisme en Tunisie. L'Alliance israélite universelle pouvait jouer un rôle, comme l'affirmait Jacques Tahar, à la tête des écoles de Tunisie :

> L'Alliance rendrait certainement un signalé service aussi bien à nos coreligionnaires qu'à la France en obtenant du Ministère des Affaires Étrangères l'examen rapide des dossiers de naturalisation déposés par les juifs italiens de

---

1   *Cf.* Giacomo-Abramo Tedesco, « Berlin et Rome d'accord », art. cit.
2   « Les Juifs et la Tunisie », *Samedi*, 31 décembre 1938.
3   Marcel Gozland, « Comment résoudre le problème italien », *Le Droit de Vivre*, 3 juin 1939.
4   *Cf.* Juliette Bessis, *La Méditerranée fasciste : l'Italie mussolinienne et la Tunisie*, Paris, Karthala, 1981, p. 192 ; ainsi que son article, « La question tunisienne dans l'évolution des relations franco-italiennes de 1935 au 10 juin 1940 », dans Jean-Baptiste Duroselle, Enrico Serra (a cura di), *op. cit.*, p. 252 *sqq.*

Tunisie ; la France y gagnerait dans la mesure exacte où l'Italie y perdrait ; c'est pourquoi [...] L'Italie n'[a] aucun intérêt à détacher d'elle ses ressortissants juifs de Tunisie.

La naturalisation des juifs italiens ferait pencher chaque jour davantage, en faveur de la France, la balance du nombre de nationaux de chacun des deux pays installés en Tunisie, et diminuerait du même coup la valeur du principal argument sur lequel reposent les prétentions italiennes[1].

L'Italie entendait faire régner le désordre : constatant que les Juifs italiens, comme une grande partie de la colonie italienne locale, souhaitaient que la Tunisie restât un protectorat français, les fascistes cherchèrent à faire naître les divisions entre Juifs et Musulmans, afin que ces derniers gagnassent le camp de l'Italie. Dans un article intitulé « En Tunisie, l'Italie se croit déjà chez elle… », Serge Moati alertait l'opinion sur les manigances italiennes en Tunisie, en total irrespect de la puissance administrante : « Alors que Juifs et musulmans vivent en Tunisie étroitement, fraternellement unis, cette presse fasciste exploite quotidiennement et tendancieusement les douloureux événements de Palestine pour amener si possible des événements sanglants dont le protectorat serait ensuite rendu responsable[2] ». C'est que les fascistes déployèrent une intense propagande, à travers le journal *L'Unione*, Radio-Bari et les services consulaires italiens sur place : Mussolini, parlant en protecteur de l'Islam, voulait montrer aux populations musulmanes locales, particulièrement les nationalistes parmi elles, que les Juifs de Tunisie soutenaient activement la domination française et que leurs coreligionnaires du Moyen-Orient travaillaient, aux côtés des Britanniques, à ravir la Palestine aux Arabes[3]. Aux yeux de l'opinion juive, il apparaissait inconcevable et scandaleux que l'Italie ne se pliât pas aux règles françaises en Tunisie et cherchât à s'ingérer dans les affaires intérieures du pays en instaurant le désordre entre des communautés vivant en bonne intelligence. C'est pourquoi la LICA, qui n'ignorait pas les conséquences funestes que pourrait entraîner une guerre fratricide entre musulmans et juifs[4] accueillit avec enthousiasme le voyage d'Édouard Daladier en Tunisie en janvier 1939 : par ce geste, la France, qui semblait abandonner ses espoirs de rapprochement avec

---

1 AIU, France XIV – A 91 I. Lettre de Jacques Tahar au Président de l'Alliance israélite universelle, de Tunis, le 8 février 1939.

2 Serge Moati, « En Tunisie, l'Italie se croit déjà chez elle… », *Le Droit de Vivre*, 7 janvier 1939.

3 Michel Abitbol, *Les Juifs d'Afrique du Nord sous Vichy*, Paris, rééd. Riveneuve éditions, 2008, p. 56.

4 Ces derniers considéraient d'ailleurs de plus en plus favorablement le sionisme.

l'Italie, manifestait sa fermeté face aux réclamations fascistes ; tandis que les revendications des nationalistes tunisiens s'accroissaient, Daladier devait mettre fin au climat de tension qui risquait de remettre en question les fondements du protectorat français. Avec soulagement, *Le Droit de Vivre* salua l'initiative du gouvernement français et pensait l'Italie définitivement éloignée de l'horizon tunisien : « Tunis, c'est la France. Mussolini a perdu la partie », clamait Maurice Uzan[1]. Italiens et Tunisiens, juifs, chrétiens et musulmans, avaient compris que l'Italie ne pouvait offrir que la guerre ; seule la France pouvait assurer le calme : « Il n'existe pas un Tunisien aujourd'hui qui ne s'indigne et ne proteste, devant les intolérables revendications de l'Italie mussolinienne[2] ». Si bien que le conflit entre France et Italie s'était engagé en Tunisie bien avant l'Europe. La démocratie avait remporté une première bataille sur le fascisme.

Il ne fallait toutefois pas crier victoire ; l'Italie devait être désarmée sur d'autres fronts. Même si les Israélites progressistes se révélaient moins prolixes sur les menées italiennes dans les autres pays du Maghreb, ils les passaient également au crible de leur analyse. Là encore la question juive apparaissait au cœur des relations franco-italiennes. D'une manière assez similaire à celle observée en Tunisie, les fascistes publièrent en août 1938 dans *Il Regime fascista* un article sur les Juifs d'Algérie, dont *Le Droit de Vivre* se fit l'écho. Ces derniers, affirmait le journal italien, détenaient tous les pouvoirs du pays, 65 % du commerce, 60 % des capitaux en banque, l'ensemble de l'industrie, contrôlaient l'opinion publique grâce à la possession de nombreux titres de presse et incitaient les musulmans à la dépravation[3]. Que l'Italie attaquât des Juifs français ne pouvait qu'accroître l'antipathie éprouvée à l'égard de la sœur latine qui entendait lancer une croisade contre toute la judaïcité européenne[4]. C'était la seconde fois que les Israélites de France étaient attaqués frontalement par les fascistes italiens : cela prépara les premiers à la perspective croissante d'une entrée en guerre contre l'Italie. Les Juifs français n'étaient cependant pas dupes des considérations qui sous-tendaient les attaques et les regardaient en réalité moins comme une véritable haine du judaïsme que comme la volonté de rallier les peuples arabes,

---

1   Maurice Uzan, « Tunis c'est la France. Mussolini a perdu la partie », *Le Droit de Vivre*, 11 février 1939.

2   *Ibid.*

3   « Le racisme italien est dirigé contre la paix française en Afrique du Nord », *Le Droit de Vivre*, 17 septembre 1938.

4   *Ibid.*

notamment contre les Britanniques en Palestine. Mais les musulmans succomberaient-ils à la propagande italienne et entreraient-ils dans une lutte fratricide avec les juifs, se demandait-on ? Les musulmans auraient tôt fait de se retourner contre l'Italie : n'avaient-ils pas l'exemple des juifs pour comprendre que Mussolini pouvait rejeter brutalement ceux qu'il avait ostensiblement courtisés ? Élie Gozlan, juif d'Algérie profondément attaché aux valeurs de la République française et ardent défenseur de la fraternité judéo-musulmane[1], le pensait sincèrement au vu des relations entre Arabes et Italiens en Libye : tout semblait prouver que l'Italie voulait entreprendre une vaste colonisation du pays, ce que n'acceptaient pas les autochtones ; « Les nouvelles qui nous parviennent de tout le Nord de l'Afrique française nous dépeignent la profonde émotion qu'éprouvent les milieux musulmans du fait de l'envoi de 20 000 colons italiens[2] ». Aucune compensation n'était d'ailleurs offerte aux peuples musulmans, remarquait Gozlan. L'avertissement était clair : les musulmans devaient rester liés à la France, ce que les récentes manifestations dans l'Empire colonial laissaient espérer[3] ; en cas de conflit avec l'Italie, ils devaient assister leur mère-patrie. Le coup de force de l'Italie en Albanie ne faisait que lever le voile sur la véritable politique du Duce :

> On sait que près de la moitié de la population albanaise, quatre cent mille personnes environ, sont d'origine musulmane. Mussolini, le grand « tuteur de l'Islam » n'en a pris cure : les musulmans albanais ont été attaqués, bombardés, et réduits à l'esclavage exactement au même titre que leurs compatriotes chrétiens. Le monde musulman s'en est ému[4].

Les Israélites français restaient ainsi confiants dans la puissance française, mais suivaient avec attention les agressions mussoliniennes. L'Afrique du Nord prouvait selon eux que l'Italie poursuivait une politique bancale, dans laquelle les effets de voix masquaient en fait une criante faiblesse. Mais le consensus était loin d'être atteint.

Au sein de l'opinion juive, les uns croyaient fermement en la force du pacifisme et les autres concluaient à l'imminence de la guerre, bien qu'ils la craignissent. Espérer la paix nécessitait-il de s'emmurer dans l'attentisme ? Ne devait-on pas précéder l'Italie et faire obstacle à son

---

1   Informations tirées de Benjamin Stora, *Les trois exils. Juifs d'Algérie*, Paris, Stock, 2006, p. 67.
2   Élie Gozlan, « Les Italiens en Libye », *Samedi*, 7 janvier 1939.
3   *Ibid.*
4   « Émotion chez les Musulmans », *Samedi*, 15 avril 1939.

bellicisme ? Trop sensible, ce sujet entraîna la crispation parmi les Juifs, atteints par une incurable désorganisation.

SI VIS PACEM, PARA BELLUM : L'INTROUVABLE UNION DES JUIFS CONTRE L'ITALIE

C'est un motif éculé d'antisémitisme : les Juifs poussaient la France à la guerre. Qu'en était-il réellement ? En quoi l'attitude face à l'Italie permet-elle de comprendre l'état d'esprit caractérisant les Juifs français dans les mois précédant une guerre qui décimerait le judaïsme français et européen ?

Si vis pacem, para bellum. Cet adage aurait assurément pu faire office de devise pour une partie des Juifs de France, ceux les plus à gauche. Quels résultats leur action entraîna-t-elle ? À la veille de la guerre, les antifascistes juifs français redoublèrent d'efforts dans le combat qu'ils avaient engagé dès 1933. Un événement les incita à poursuive dans cette voie : l'assassinat des frères Nello et Carlo Rosselli, de confession juive, le 9 juin 1937, qui marqua profondément les Juifs progressistes comme tous leurs compatriotes de même tendance[1]. Luigi Campolonghi, président de la Ligue italienne des Droits de l'Homme publia un hommage aux deux frères dans *Le Droit de Vivre*[2]. Hanns-Erich Kaminski, juif antinazi allemand exilé en France, dédia à Carlo son ouvrage sur le fascisme et l'antisémitisme, *Céline en chemise brune ou le mal du présent* : « Au souvenir de Carlo Rosselli. Révolutionnaire en Italie, soldat de la liberté en Espagne, assassiné par le fascisme international[3] ». Les antifascistes israélites perdirent deux frères avec qui ils partageaient les idées et la foi. Sans qu'il s'agisse de vengeance, les Juifs progressistes, qui pouvaient prendre la mesure de la menace fasciste italienne, même sur le territoire français, se mobilisèrent contre l'Italie. Il fallait s'unir ; ainsi que le disait Bernard Lecache au sujet de Mussolini et d'Hitler, « ils ne sont pas éternels[4] », il était possible de les défaire. Les peuples assoiffés de démocratie devaient se rassembler[5], et surtout les Juifs parmi eux. Or, sur ce point, l'objectif semblait loin d'être atteint : « Nous nous demandons comment des juifs peuvent vivre tranquilles et vaquer

---

1   *Cf.* Nicolas Violle, « La réception de l'assassinat des frères Rosselli dans la presse populaire parisienne », *Matériaux pour l'histoire de notre temps*, nº 57, 2000, p. 47.

2   Luigi Campolonghi, « Hommage aux Rosselli », *Le Droit de Vivre*, 19 juin 1937.

3   Hanns-Erich Kaminski, *Céline en chemise brune ou le mal du présent*, Paris, Excelsior, 1938, p. 7.

4   Bernard Lecache, « Ils ne sont pas éternels », *Le Droit de Vivre*, 7 août 1937.

5   *Cf.* G.A. Tedesco, « Il faut précéder Rome et Berlin », art. cit.

à leurs affaires comme si de rien n'était quand ils savent [...] ce que prépare Mussolini[1] », lançait un ligueur juif. La propagande battit son plein : *Samedi* publia à la une du 21 janvier 1939 un appel lancé par le parti républicain et social qui accomplit une tournée dans vingt-trois départements pour sensibiliser l'opinion sur le péril fasciste ; le journal enjoignait ses lecteurs à « condamner l'agitation fasciste » :

> En présence de l'agitation totalitaire et raciste de certaines dictatures, les auditeurs affirment la volonté qu'ont tous les bons Français, catholiques, protestants, israélites ou musulmans, de maintenir les traditions morales et les principes qui ont fait la grandeur séculaire de la France[2].

De même, la LICA demanda au gouvernement français de fermer tous les *fasci* qu'abritait le pays[3]. En juin 1939, *Le Droit de Vivre* fut distribué gratuitement ; il présentait le « bilan des horreurs » perpétrées par l'Italie et l'Allemagne[4] et ajoutait « partout où passent l'hitlérisme et le fascisme, c'est la ruine, la misère, la prison, les tortures, l'angoisse, la mort[5] ». Les ligueurs juifs diffusèrent en outre des tracts incitant au boycott des produits italiens, allemands et japonais[6].

Il semble que les résultats de l'action entreprise par les ligueurs fussent nettement plus probants que lors des années précédentes, notamment à l'intérieur de la judaïcité. Quelques jours après les propos tenus par le rabbin Julien Weil au *Matin*, qui suscitèrent la polémique, le rabbin Jacob Kaplan, désireux de défendre celui qui fut son maître, apporta le commentaire suivant : « Cette condamnation mondiale du fascisme ne se contente pas d'être platonique. Elle entend être agissante[7] ». Sans doute ne faut-il pas y voir la claire imprégnation des idées de la LICA, mais l'usage par un rabbin conservateur du vocabulaire coutumier des progressistes, loin de la timidité ordinairement observée, ne manque pas d'étonner. Cette convergence de façade ne doit cependant pas occulter les profonds antagonismes qui déchiraient le judaïsme[8]. Selon les tendances

1   I.S, « Pour combattre le racisme, plus d'esprit de capitulation ! Les Juifs prenant conscience de leur force, doivent rendre les coups ! », *Le Droit de Vivre*, 25 juin 1938.
2   « Condamner l'agitation fasciste ! », *Samedi*, 21 janvier 1939.
3   « Pour l'ordre, la paix et l'union des Français, nous demandons une loi contre le racisme », *Le Droit de Vivre*, 7 mai 1938.
4   « Bilan des horreurs », *Le Droit de Vivre*, juin 1939.
5   *Ibid.*
6   *Cf.* Diane Afoumado, *op. cit.*, p. 400 *sqq.*
7   Jacob Kaplan, « Lève-toi, ô Éternel », *L'Univers Israélite*, 2 décembre 1938.
8   Pour une vue générale de tous les motifs de dissensions, David H. Weinberg, *op. cit.*, p. 253 *sqq.*

et les sensibilités, l'on abordait la guerre diversement. Comment les Juifs de France percevaient-ils la séparation des sœurs latines ?

Le dernier acte de la relation des Juifs avec le pays d'outre-monts avait commencé. L'Italie devenait une ennemie au sens propre cette fois, et non plus au figuré. Était-ce un étonnement pour les Juifs de France ? La volte-face de Mussolini avait-elle laissé entrevoir une issue aussi funeste ? Tous les Juifs se révélèrent frappés par l'entrée en guerre. Les multiples appels à la paix lancés pendant les dernières heures précédant le conflit témoignaient de l'espoir, largement partagé, d'éviter le pire[1]. Philippe Erlanger reçut la nouvelle comme un intense déchirement[2]. Le moment de la guerre constitua pour certains l'occasion d'une redéfinition de leur propre identité. Le bien des Juifs et celui de la France étaient-ils conciliables ? Fils d'immigrés de Salonique, Edgar Morin choisissait le salut de la patrie qui avait accueilli sa famille : « J'étais même prêt à accepter l'immolation des juifs si le salut des autres Français était à ce prix – si la fatalité de l'Histoire l'exigeait », écrivait-il[3]. De fait, pour les Juifs, la guerre entraînerait un conflit des identités.

Si l'on ne réagissait pas « en juif[4] », quels étaient les moteurs de la réaction et de l'analyse ? Parlait-on d'une guerre contre le fascisme[5] ? Il faut ici se garder de toute généralisation. Les uns se révélaient pragmatiques, les autres emportés par la passion, mais cela se concrétisait différemment chez chacun. Raymon Aron rappelait que les considérations matérielles, relativement à l'Italie notamment, se trouvaient noyées par l'idéologie chez les plus engagés : « Les adversaires les plus résolus des régimes de Mussolini et de Hitler risquaient de négliger la donnée capitale, en temps de guerre : le rapport de forces[6] ». Pour beaucoup, la France ne faisait pas le poids militairement face aux capacités conjointes de l'Italie et de l'Allemagne. Qu'importait. La guerre fournissait à certains, qui s'attendaient à la confrontation armée depuis 1933[7], l'occasion d'abattre le fascisme[8]. Pour ce faire, la LICA entendait s'allier avec les immigrés

1   *L'Univers Israélite*, 1ᵉʳ septembre 1939. *Cf.* Ariel Danan, *op. cit.*, p. 44.

2   Philippe Erlanger, *La France sans étoile. Souvenirs de l'avant-guerre et du temps de l'occupation*, Paris, Plon, 1974, p. 77. Voir aussi, sous un autre angle, le témoignage d'André Chouraqui, *L'Amour fort comme la mort*, Paris, Robert Laffont, 1990, p. 169.

3   Edgar Morin, *Autocritique*, Paris, Julliard, 1959, p. 28.

4   *Ibid.*

5   *Cf.* à ce sujet, les réflexions de Maurice Sachs, *Le Sabbat. Souvenirs d'une jeunesse orageuse*, Paris, Corrêa, 1946, p. 270.

6   Raymond Aron, *op. cit.*, p. 103.

7   *La Terre Retrouvée*, 10 septembre 1939.

8   Ilex Beller, *De mon shtetl à Paris*, Paris, Éd. du Scribe, 1991, p. 155.

italiens antifascistes présents en France et appelait au rassemblement des antifascistes de toute confession[1]. Mais tous les adversaires juifs du fascisme n'envisageaient pas pour autant la guerre avec enthousiasme, si bien que le lien entre antifascisme et bellicisme apparaissait loin d'être nécessaire parmi les Israélites français progressistes ; Hanns-Erich Kaminski opposait radicalement ces deux notions :

> Qui nous dit que la fatigue, la détresse et le désordre, qui naissent fatalement des guerres, n'amèneraient pas un régime fasciste dans d'autres pays, même vainqueurs ? Il serait beau de payer la guerre contre le fascisme au prix du fascisme[2] !

À ceux qui objecteraient que de nombreux antifascistes désiraient ardemment la guerre pour faire tomber les régimes qu'ils abhorraient, il rétorquait que cela n'avait pas valeur d'exemple :

> Ceci n'empêche pas qu'un antifasciste digne de son nom soit l'ennemi le plus acharné de la guerre. Qui associe antifascisme et guerre peut être tout ce que l'on veut – le plus souvent il sera un réactionnaire ou un calomniateur – mais jamais un véritable antifasciste. L'antifascisme et la guerre s'excluent ; ils sont en contradiction absolue[3].

Contrairement à l'idée en vogue à l'époque, et véhiculée par des enfants d'Israël parfois, les Israélites français étaient des pacifistes. Une ligne de partage, visible seulement de l'intérieur, séparait cependant des pacifistes intransigeants et d'autres, plus résignés à l'idée de guerre. Quand le bruit des canons se fit entendre, l'ensemble de la judaïcité française, autochtones et immigrés confondus[4], accomplit massivement son devoir de patriotisme. Ces observations montrent que seule une poignée de Juifs souhaitait le combat contre l'Italie ; et ceux qui parlaient de guerre contre le fascisme semblaient d'ailleurs plus faire référence à Hitler qu'à Mussolini. Il n'existait donc aucune corrélation entre les discours favorables ou hostiles à l'Italie en temps de paix et la perception que l'on avait de l'entrée en guerre de ce pays contre la France : l'échelle et la nature des rapports entre les Juifs de France et l'Italie s'étaient modifiées. À de rares exceptions, l'on cessait de s'intéresser à l'Italie

---

1   « Solidarité totale. 300 000 immigrés au service de la France », *Le Droit de Vivre*, septembre 1939.
2   Hanns-Erich Kaminski, *op. cit.*, p. 62.
3   *Ibid.*, p. 63.
4   *Cf.* Alfred Berl, « Le devoir présent d'Israël », *Paix et Droit*, juillet 1939.

nommément et on l'englobait dans le camp plus vaste des ennemis : la relation privilégiée du judaïsme français avec l'Italie, désormais pays ennemi, s'était délitée.

La question italienne constituait un excellent révélateur des mécanismes, de l'état d'esprit et des conflits caractérisant l'opinion juive. Avant 1938, seuls les ligueurs progressistes voulaient s'opposer à l'Italie ; l'on aurait pu mettre l'absence d'unité d'action au compte de la bienveillance d'une majorité du judaïsme. Or, après cette date, un retournement massif de l'opinion juive s'opéra, qui n'ouvrit sur aucune action tangible à l'encontre du pays d'outre-monts. L'on pourrait objecter que l'Italie ne constituait pas le principal danger même à la veille de la guerre, mais l'écart béant séparant les réprobations des mesures concrètes pour s'opposer à l'Italie ne manque pas de frapper. Même quand elle se disait active face à un pays qui menaçait ouvertement la France, sur le sol tunisien par exemple, l'opinion juive française se révélait en réalité passive. Les inquiétudes justifiées qui gagnaient le judaïsme privèrent celui-ci de la capacité d'influer sur la politique extérieure de la France, à l'égard de l'Italie comme de n'importe quel autre ennemi. L'opinion juive n'avait que des mots pour armes.

CONCLUSION DE LA QUATRIÈME PARTIE

Pas même les ennemis les plus farouches du fascisme italien ne s'étaient attendus à une si brutale dégradation des rapports entre l'Italie et la France, entre l'Italie et le monde juif. À un double titre donc, les Israélites français devaient rompre avec l'horizon transalpin, y compris ceux qui avaient porté haut l'exemple italien. Sauf pour la LICA, aux idées déjà fixées depuis les années 1920, le retournement des Juifs français s'effectua en plusieurs étapes, chaque fois plus douloureuses. S'ils apparaissaient aussi touchés, c'est parce que ce qui se jouait de l'autre côté des Alpes constituait, en plus grave, l'image même de la dégradation du judaïsme français. L'admirateur souffrait avec son modèle. Les critiques de plus en plus vives et nombreuses semblaient traduire, en creux, un certain désenchantement à l'égard d'une vision du judaïsme inadaptée au monde nouveau qui se dessinait dans les années 1930.

L'attitude des Juifs de France face à l'Italie fasciste retrace l'histoire d'un groupe humain en perte et en quête de repères, qui semblait chercher ailleurs la satisfaction qu'il peinait à éprouver en son pays. Comprenait-il, avec le cas italien, qu'il ne pourrait jamais faire l'expérience de cet épanouissement ? Sans complètement se l'avouer, le judaïsme français entrait dans la voie du renoncement. Son attitude à l'égard de l'antisémitisme d'État italien le laisse percevoir : contrairement au passé, nul ne cherchait à taire ou minimiser la situation ; tout au plus des circonstances atténuantes résonnant comme des bribes d'espoir pouvaient apaiser la peine ressentie face à la chute d'un symbole.

Plus largement, c'étaient toutes les valeurs auxquelles étaient attachés les Juifs français qui volaient en éclat en Italie : la paix, la démocratie, la culture, l'ouverture à l'Autre... L'idée de latinité, synonyme de concorde et d'assimilation, perdait elle aussi tout son sens. Il n'était pas aisé de prendre acte de la désunion de la Méditerranée au moment de la guerre. « Une sœur merveilleuse, [...] ? Mais quoi de plus funeste et de plus injuste qu'une sœur ennemie[1] ? ». Tel était, devant l'Italie, le cri d'Israël.

---

1   André Suarès, *Vues sur l'Europe*, Paris, Grasset, 1939, p. 231.

CONCLUSION

L'intégration des Juifs avait demandé des siècles. Il n'avait fallu qu'une quinzaine d'années pour la battre en brèche. L'histoire de l'attitude des Juifs français face à l'Italie est un exemple de plus des nombreux chemins qui formaient cet amer voyage vers la désillusion. L'Italie avait constitué un miroir à la fois fidèle et déformé de la condition des Juifs qui à travers les jours et les siècles ne poursuivaient pas d'autre but qu'exister. Ceux qui étaient las de ce combat incessant pouvaient penser légitimement en scrutant l'Italie, qu'ils finiraient par trouver le repos.

Le modèle italien avait pourtant rapidement sombré de la grandeur à la misère. Mussolini avait fini par donner raison aux Cassandre. Mais le chemin de la lucidité s'avéra long et semé de perpétuels obstacles. Si bien que l'Italie apparut en un sens comme un fil rouge – un miroir – des considérations, espoirs et déconvenues des Juifs de France par rapport à leur situation et à leur identité. Car l'exemple extérieur de l'Italie était importé, intériorisé par une partie de la judaïcité française. Voilà qui conduit à s'interroger sur l'usage, l'utilisation et, partant, l'instrumentalisation, ainsi que sur la fonction et l'ancrage social des représentations. Le paradigme italien passé au prisme de l'opinion juive française rassemblait de fait toutes les fonctions jouées par les représentations, telles que les a établies l'historien Pierre Laborie : une fonction de « révélateur », relativement à la question de l'assimilation, à la nature du fascisme, à la dégradation de la condition juive, une fonction « probatoire », qui fournissait, par l'exemple, la certitude de la légitimité de son engagement (juif, antifasciste, progressiste, partisan de l'assimilation et de la réserve ou au contraire de l'action…), et venait justifier des théories ou l'adoption d'une ligne de conduite, une fonction « de légitimation » pour ceux qui défendaient l'Italie et n'en retenaient, jusqu'en 1938, que les manifestations philosémites ou antisémites pour ceux qui la couvraient de critiques. Et enfin, une fonction « d'anticipation » : anticipation, au début de la période, d'un aboutissement complet et serein de l'assimilation se traduisant par une parfaite fusion avec la nation et l'anéantissement des derniers sédiments de haine ; anticipation, avec le milieu des années trente, de la détérioration de la condition juive, à l'heure où l'on comprit qu'il n'existait aucun lien de cause à effet entre l'assimilation et l'absence d'antisémitisme[1].

En se délestant de tout *a priori*, préjugé historique ou vision rétrospective, l'on peut ainsi établir que la tendance majoritaire de l'opinion juive française de l'entre-deux-guerres se montrait favorable à l'Italie, interprétation qui amène à mieux saisir les contours de l'imaginaire collectif et de l'identité des Juifs d'alors.

L'attitude des Juifs de France à l'égard de la sœur latine ne se caractérisait pourtant pas par une morne continuité interrompue en 1938. L'appréhension de la question italienne constituait en fait l'exemple parfait des troubles, allant du léger spasme au grave bouleversement, qui traversaient l'ensemble de la judaïcité française, atteinte face à l'Italie par les incertitudes, les ambiguïtés et les divisions.

Fin observateur du fait politique et des mécanismes de l'opinion, Massimo Rocca, parlementaire italien, estimait que le fascisme pouvait susciter soit l'enthousiasme le plus débordant, soit le rejet le plus net :

> Il est impossible, même aux étrangers qui écrivent sur l'Italie actuelle, sur place ou de loin, de se soustraire à un parti pris qui, avant toute enquête impartiale, approuve ou condamne sans appel.
> Le résultat est que dans le monde il n'y a que deux opinions nettement contradictoires, mais cristallisées, à propos du phénomène fasciste : ou mieux deux thèses où la vérité a sans doute sa part, mais qui ont le tort de prétendre d'être chacune toute la vérité, et qui, en attendant, empêchent tout observateur sérieux et sincère de se faire tout bonnement, mais personnellement une opinion[2].

À coup sûr, cela ne s'appliquait pas aux Juifs de France, ou plutôt, serait-il plus juste de dire, pas à tous. C'est que l'opinion juive apparaissait double : aux plus critiques, la plupart progressistes qui ne s'embarrassaient parfois guère de nuances et n'étaient pas en proie au doute quand il était question de l'Italie, condamnable car fasciste, s'opposait la majorité de leurs coreligionnaires, admiratifs du pays de Dante, mais noyés dans un faisceau d'incertitudes.

Les plus à gauche en effet étaient acquis à une puissante idéologie antifasciste qui fit très tôt de l'Italie une ennemie ; en ce sens, ils

---

1   Pierre Laborie, *Les Français des années troubles. De la guerre d'Espagne à la Libération*, Paris, Desclée de Brouwer, 2001, p. 102-107.

2   Massimo Rocca, *Le Fascisme et l'antifascisme en Italie*, Paris, Félix Alcan, 1930, p. ii.

correspondaient à la description livrée par Massimo Rocca. Or ce n'était pas le cas des autres qui, refusant officiellement de s'engager sur le terrain politique, s'intéressaient avant tout aux questions religieuses : mais comment analyser par exemple la politique extérieure de l'Italie à l'aune de considérations spirituelles ? Il semble que les Israélites conservateurs et modérés partissent du postulat d'une Italie philosémite pour examiner toutes les actions de la sœur latine. Si bien que l'on tentait, par des détours parfois acrobatiques, de tout rattacher à la question juive. Quand il s'agissait de l'immigration italienne en France, l'on dressait un parallèle avec l'immigration juive ; si l'on s'intéressait à l'essence du fascisme, il fallait se demander comment les Juifs italiens l'avaient accueilli ; ou encore, parmi tant d'exemples, porter son regard sur la guerre d'Éthiopie passait nécessairement par l'examen des relations entre Italiens et Juifs éthiopiens... Cette façon de voir l'Italie s'explique aussi par la nature de la documentation disponible pour la présente étude. Pour prendre le seul exemple de la presse, les lecteurs s'attendaient à y trouver les nouvelles du monde présentées à travers le prisme juif. Pour autant, s'intéresser la question italienne n'impliquait pas nécessairement d'interpréter l'actualité en fonction des intérêts d'Israël. Le poids de la judéité n'en était pas moins net, dans les sources écrites comme dans l'espace public, semble-t-il.

Les hésitations de la majorité de l'opinion juive provenaient-elles cependant tout entières de cette volonté de ne pas prendre ouvertement parti sur des questions politiques ? Il n'était pas rare que l'on imputât ses propres doutes à l'Italie elle-même, dont la politique trop ondoyante amenait perpétuellement à corriger son jugement. Alfred Berl le notait, et cela valait particulièrement pour la question juive : « L'Italien est peu porté vers les théories ; il demeure le fils de Machiavel et profondément réaliste. Quand il adopte une doctrine, c'est *a posteriori*, pour justifier son action ; la doctrine n'en est jamais la génératrice[1] ». Les flottements de la politique transalpine ne sauraient cependant expliquer à eux seuls les doutes et équivoques des Juifs de France.

Mis bout à bout, le *corpus* documentaire révèle en effet d'étranges incohérences et contradictions, ainsi que des amnésies frappantes, tant diachroniques que synchroniques. Que l'opinion juive pensât différemment en 1922 et en 1935, quoi de plus classique et normal ? Il ne faudrait pas voir de l'inconséquence là où il n'y en a pas. En revanche,

---

1   Alfred Berl, *Paix et Droit*, octobre 1938.

que les Israélites français ne missent jamais en relation des événements contradictoires entre eux interroge l'observateur du passé : les incidents de Tunis en 1926 ne furent pas rapprochés de ceux de Tripoli, en 1923 ; presque personne ne mit clairement en regard les attaques antisionistes de la presse italienne en 1928-1929 et la politique sioniste de Mussolini, événements pourtant concomitants. Tout se passait comme si chaque conjoncture était indépendante des autres et considérée séparément. Il fallut attendre seulement 1935 pour que l'on commençât, timidement, à connecter les divers pans de la politique italienne entre eux : le racisme italien en Éthiopie constituait l'écho de la campagne antisémite naissant en Italie ; la politique transalpine en Afrique du Nord était mise en relation avec l'adoption d'une législation antisémite en Italie. Mais, là encore, comment comprendre qu'à partir de 1937, *a fortiori* de 1938, il ne se trouva pas une voix pour rappeler les traces, même légères, d'antisémitisme italien par le passé, alors même que la presse juive s'en était chaque fois préoccupée ? De telles palinodies, plus qu'à une conclusion, doivent en réalité mener à de nouvelles interrogations. Et si les silences et les contradictions participaient d'une ambiguïté, dans laquelle une fraction des Israélites français se complaisait ?

Il pouvait parfois apparaître délicat de pointer des éléments qui contredisaient ses propres certitudes, sa propre idéologie. Dénoncer les actes antisémites italiens aurait infligé un camouflet à l'idée que l'assimilation induisait le philosémitisme. Attirer l'attention sur les dérives du fascisme italien aurait pu laisser entrevoir aux plus pessimistes un éventuel retournement contre Israël, souvent cible privilégiée en cas de crise. Plus que des sympathies cachées à l'égard du modèle fasciste, qui pouvaient toutefois être réelles chez les Israélites les plus à droite, l'ambiguïté traduisait la prudence : en cas de geste philosémite de la part du Duce, il était possible de louer le modèle d'intégration italien sans que l'on sût si cela induisait ou non un éloge du fascisme ; en cas de dérive, nul ne pouvait accuser les Israélites français d'être les soutiens actifs du fascisme italien.

L'ambiguïté apparaissait d'ailleurs plus profonde et révélait la différence entre le discours des Juifs partisans intégraux de l'assimilation et leur action. La judéité parlait au moins autant que la francité. Malgré le slogan « Français d'abord », le paradoxe était grand. Tandis que les valeurs traditionnelles de la République (la liberté, la démocratie…) étaient bafouées en Italie, les instances et organes du judaïsme officiel préféraient se concentrer sur la qualité de la condition juive outre-monts.

Que de nombreux coreligionnaires transalpins acceptassent cette mise à mort des libertés et participassent parfois aux plus hautes instances du fascisme n'était pas considéré comme regrettable mais au contraire, en filigrane, comme notable car participer à l'œuvre fasciste traduisait leur profonde assimilation. Une sorte d'aveuglement, provoqué par la peur et des espoirs toujours déçus, saisissait une partie de l'opinion juive : les considérations liées à l'identité religieuse pesaient inexorablement, malgré ce que les Juifs disaient et pensaient sans doute sincèrement.

Paradoxalement, les Juifs les plus à gauche de l'échiquier politique, ceux qui, souvent, revendiquaient sans la moindre gêne la primauté de l'appartenance juive et réclamaient une « politique juive » érigée comme moteur de toute action contre le fascisme, étaient ceux qui semblaient le moins réagir en fonction de leur judéité ; l'exemple de la LICA étant le plus éclatant. La solidarité politique semblait en fait, mais les exceptions restent nombreuses, décider de leur comportement. Bien qu'ils dissent lutter contre le fascisme car la défense de la liberté entraînerait le salut d'Israël, ils semblaient plus agir en hommes de gauche qu'« en Juifs », comme disait Edgar Morin, même si dans leur esprit les valeurs du judaïsme et celles du progressisme se confondaient. À ce titre, l'opinion des intellectuels juifs apparaissait éloquente. Comment comprendre sinon qu'au moment de la législation antisémite italienne, plusieurs Juifs, de la LICA notamment, critiquèrent leurs coreligionnaires transalpins participant au fascisme et considérèrent parfois avec ironie leur nouvelle condition ? La solidarité juive paraissait toute relative : le frère était avant tout le progressiste.

Ces deux visions, ces deux modes de relation à l'Italie non clairement perçus mais fermement opposés, expliquaient que la question transalpine introduisît d'acerbes et supplémentaires divisions au sein de la judaïcité française.

Une remarque préalable s'impose : tout n'était pas que division quand il s'agissait de l'Italie. Il faut distinguer quatre cas de figure : quand la question juive était au cœur des débats, les divisions étaient les plus importantes (par exemple, lorsque l'on évoquait le rapport entre fascisme et antisémitisme) ; si l'on parlait d'un événement qui pouvait, indirectement mais pas nécessairement, avoir des répercussions sur les Juifs, l'on parvenait à une opinion quasi-consensuelle, avec des degrés différents toutefois (c'était le cas au moment de la création d'une réelle ou mythique « Internationale fasciste ») ; quand la question juive n'intervenait pas ou quasiment pas, le consensus était souvent atteint (relativement à la politique étrangère italienne dans les années 1920 ou à la guerre d'Éthiopie, entre autres) ; enfin, dernier cas de figure, il arrivait quelquefois que toute l'opinion juive ne se mobilisât pas sur certains sujets, comme au moment de la réorganisation du judaïsme italien, après 1929. La mise en sourdine d'une partie de l'opinion juive donnait l'impression d'un consensus, alors qu'en fait, seule une tendance prenait la parole.

De cette variété de cas, il ressort toutefois que les luttes intestines et les divisions l'emportaient nettement. La question d'Italie était parfois instrumentalisée : tout était bon pour alimenter les polémiques, fratricides. Les clivages paraissaient profonds. Sur un sujet n'impliquant pas de calculs liés aux intérêts intérieurs, l'opinion juive se libérait. Les disputes qui la torturaient traduisaient en fait deux visions du monde, mais surtout deux visions de soi : qu'est-ce qu'un Juif pouvait faire pour agir en France et dans le monde ? Ainsi se résumait l'interrogation qui se posait à l'occasion des affaires d'Italie et à laquelle chacun apportait une réponse différente, par la parole, l'action ou le silence.

Ces discordes face à l'Italie confèrent un exemple supplémentaire de l'impréparation du judaïsme français à la guerre. Un groupe humain craignant pour sa sécurité, ne sachant pas lui-même ce qu'il était, pouvait-il affronter des ennemis puissants et organisés ? S'attendait-il à ce que la France, dans laquelle il plaçait tous ses espoirs, le rejetât plus tard de son sein ? Contre toute attente, l'Italie, ce pays qui avait divisé tant de Juifs, assurera, dans sa zone d'occupation en France, le salut de beaucoup d'entre eux, contre les lois françaises, au cœur de la tourmente.

Par ce dernier élément, on comprend pourquoi l'étude des rapports entre les Juifs français et l'Italie, les travaux se focalisant uniquement sur la période de la guerre, demeura longtemps confisquée par l'idéologie. Les Juifs français sauvés par les Italiens lors de la guerre eurent tendance à dénier à la sœur latine tout véritable antisémitisme. Ceux qui voyaient la situation de loin furent amenés, par le jeu des comparaisons, à minimiser l'antisémitisme fasciste par contraste avec son équivalent nazi. En Italie même, le mythe du « bon Italien » domina longtemps le débat public[1]. Partout l'on a absous l'ensemble du peuple italien, sans grande distinction, de tout antisémitisme. En France, en 1962, un intellectuel pouvait écrire : « De tous les pays d'Europe, l'Italie est

---

1   *Cf.* Paola Bertilotti, *Mémoires et représentations des persécutions antisémites en Italie sous le fascisme et pendant l'occupation allemande dans la presse communautaire juive entre 1944 et 1961*, Mémoire de DEA d'histoire sous la direction de Marc Lazar, IEP Paris, 2003, p. 11.

celui où l'antisémitisme n'a jamais réussi à s'implanter, à empoisonner l'opinion publique[1] ».

Depuis plusieurs décennies, des historiens révisent les termes du débat et disculpent beaucoup moins qu'auparavant les Italiens de tout soupçon, tout en abandonnant les clichés relatifs aux causes de l'antisémitisme d'État. Il ne saurait s'agir ici de prendre parti, mais, à l'appui des conclusions de la présente étude, l'on peut faire valoir que l'image du philosémitisme italien émergea dès les débuts du fascisme dont on notait qu'il n'avait pas mis fin à la tradition libérale italienne sur ce plan. Même en 1938, les Juifs ne croyaient pas que l'antisémitisme pût trouver ses racines en Italie. Il ne s'agissait de rien d'autre que d'un « article d'importation » remarquait-on, pour l'une des rares fois, à l'unanimité. Peu importe si les Juifs avaient raison ou tort ; comme dit Jean-Noël Jeanneney, « une idée fausse est un fait vrai[2] ». L'on peut donc modestement espérer que l'histoire des idées, des représentations et de leur traduction ou ancrage sociaux apporte quelque nouvel élément à ce débat. L'exemple des Juifs montre comment des interprétations tenaces, sautant du débat public au domaine historique, se forgent et il serait regrettable d'évacuer l'histoire des représentations du débat sur l'antisémitisme italien. Si les Israélites français se trompaient, cela signifie que l'opinion publique se nourrissait d'illusions et que l'histoire présente une réalité que ne percevaient pas nécessairement les acteurs de l'époque. S'ils avaient raison, il convient alors de souligner que l'opinion juive de l'entre-deux-guerres, malgré toutes les difficultés qui la rongeaient, constitue un référent incontournable pour les études historiques sur cette question.

L'on ne peut que souhaiter que des études à venir s'intéressent au pendant du présent sujet, la vision que les Juifs italiens avaient de la France et de leurs coreligionnaires français, ou mènent une enquête systématique sur les traces mémorielles de l'Italie fasciste parmi les Juifs français, en apportant ainsi une pierre à la connaissance du « zakhor », la mémoire, si importante dans la tradition juive.

À travers la question épineuse abordée dans cet ouvrage, il ne s'est jamais agi de distribuer de bons ou mauvais points aux Juifs de l'époque. Mais de comprendre. Comprendre les ressorts de leur imaginaire et de leur action. Louant l'assimilation et réclamant le droit de parler comme des Français sans adjectif, ils s'exprimaient souvent comme juifs, pris

---

1   K. Jelensky, « Le fascisme italien et les Juifs », *Évidences*, n° 92, mars-avril 1962, p. 36.
2   Jean-Noël Jeanneney (dir.), *Une Idée fausse est un fait vrai*, Paris, Odile Jacob, 2000.

entre le collectif et le groupe, enserrés entre un désir d'universalité et les contingences du particularisme. La contradiction n'est aujourd'hui encore pas dépassée, elle est le fait de toute minorité. Jamais cependant, en dépit des immenses difficultés et peines qu'ils éprouvèrent, les Juifs de l'entre-deux-guerres ne furent tentés par les prémices d'un quelconque communautarisme.

BIBLIOGRAPHIE

SOURCES MANUSCRITES

ARCHIVES DE L'ALLIANCE ISRAÉLITE UNIVERSELLE

Archives des comités d'Italie et de Libye

Italie	I B 05	Ancône, 1868-1931
	II B 06	Florence, 1872-1923
	III B 21	Livourne, 1860-1927
	IV B 26	Naples, 1869-1932
	VI B 32	Rome, 1873-1933
	VII B 36	Turin, 1937
Libye	I C 26	Incidents entre Juifs et fascistes, 1923-1936
	I C 27	Essai de colonisation agricole juive en Tripolitaine, rapport juridique, 1930-1933
	I C 28	Désordres antijuifs à Tripoli, 1933
	I C 29	Expulsion du Grand-rabbin ; colonisation par les Italiens en Libye, 1935
	I C 30	Visite de Mussolini au quartier juif de Tripoli, 1937

Centre de documentation et de vigilance (CDV), Ms 650

Dossier 16	Associations juives
Dossier 24	LICA
Dossier 42	Réfugiés non-allemands

Archives du Centre de documentation juive contemporaine (CDJC)

CDL XXIV-20   *Archivio centrale dello Stato*, 1938

SOURCES IMPRIMÉES

PÉRIODIQUES DÉPOUILLÉS INTÉGRALEMENT

Archives Israélites	1919-1935
Le Droit de Vivre	1932-1939
Paix et Droit	1919-1939
Samedi	1935-1939
L'Univers Israélite	1919-1939

PÉRIODIQUES DÉPOUILLÉS PARTIELLEMENT

L'Avenir illustré
Les Cahiers des droits de l'homme
Le Journal juif
La Terre retrouvée
Le Volontaire juif

OUVRAGES À VALEUR DE SOURCE

AUTEURS FRANÇAIS JUIFS OU PHILOSÉMITES

BASCH, Victor, *Coup de main fasciste. Riposte républicaine.* Précédé de : *Le Fascisme ne passera pas !*, Paris, Bibliothèque des droits de l'homme, 1935.

BENDA, Julien, *La Trahison des clercs*, Paris, Grasset, 1927, rééd. Paris, Le Livre de Poche, 1977.

BENDA, Julien, *Discours à la nation européenne*, Paris, Gallimard, 1933.

BERR, Henri, *Le Germanisme contre l'esprit français*, Paris, Albin Michel, 1919.

BEZARD, Julien, *Israël et la pensée latine*, Paris, Vuibert, 1925.

BLOCH, Jean-Richard, *Carnaval est mort. Premiers essais pour mieux comprendre mon temps*, Paris, Éditions de la Nouvelle revue française, 1920.

BLOCH, Jean-Richard, *Destin du siècle. Seconds essais pour mieux comprendre mon temps*, Paris, Rieder, 1931.

BLOCH, Jean-Richard, *Offrande à la politique. Troisièmes essais pour mieux comprendre mon temps*, Paris, Rieder, 1933.

BLOCH, Jean-Richard, *Espagne, Espagne !*, Paris, Éditions sociales internationales, 1936.

CAHEN, Edmond, *Juif, non !... Israélite*, Paris, Librairie de France, 1930.

COHEN, Marcel, *L'Abyssinie doit rester indépendante*, Paris, 1936.

COMITÉ FRANÇAIS POUR LA PROTECTION DES INTELLECTUELS JUIFS PERSÉCUTÉS, *La Protestation de la France contre les persécutions antisémites*, Paris, Lipschutz, 1933.

CRÉMIEUX, Benjamin, *Le Premier de la classe*, 1921, rééd. Grasset, 1945.

CRÉMIEUX, Benjamin, *L'Esprit des récentes élections italiennes et les grands courants politiques et sociaux*, Paris, Comité national d'études politiques et sociales, 1921.

CRÉMIEUX, Benjamin, *Essai sur l'évolution littéraire de l'Italie de 1870 à nos jours*, Paris, Kra, 1928.

CRÉMIEUX, Benjamin, *L'Émigration politique italienne en France sous la Monarchie de juillet*, Paris, Société des Études italiennes, 1936.

DARMON, Raoul, *La Situation des cultes en Tunisie*, Thèse de droit, Paris, 1928.

DIAMANT-BERGER, Marcel, *Mon évasion d'Allemagne avec le commandant de Goys*, Paris, Imprimerie Busson, 1934.

DURKHEIM, Émile, *L'Allemagne au-dessus de tout : la mentalité allemande et la guerre*, Paris, Armand Colin, 1915, rééd. 1991.

ÉBERLIN, Élie, *Les Juifs d'aujourd'hui*, Paris, Rieder, 1927.

GENTIZON, Paul, *Rome sous le faisceau*, Paris, Fasquelle, 1933.

GENTIZON, Paul, *La Conquête de l'Éthiopie*, Paris, Berger-Levrault, 1936.

GENTIZON, Paul, *La Revanche d'Adoua*, Paris, Berger-Levrault, 1936.

GOEMARE, Pierre, *Quand Israël rentre chez soi*, Paris, Denoël et Steele, 1935.

GRECIANO, Georges, *Europe, terre instable ?*, Paris, Bossuet, 1937.

HALÉVY, Daniel, *Courrier d'Europe*, Paris, Grasset, 1933.

HALÉVY, Daniel, *1938 : Une Année d'histoire*, Paris, Grasset, 1938.

HALÉVY, Élie, *L'Ère des tyrannies*, Paris, Gallimard, 1938, rééd., Paris, Gallimard, 1990.

HALÉVY, Élie, *Correspondance, 1891-1937*, Paris, Éditions de Fallois, 1996.

KAMINISKI, Hanns Erich, *Céline en chemise brune ou le mal du présent*, Paris, Excelsior, 1938.

LECACHE, Bernard, *Au pays des pogromes : quand Israël meurt*, Paris, Éditions du Progrès civique, 1927.

LEROY-BEAULIEU, Anatole, LÉVY Sam, MUSSOLINI Benito, *L'Antisémitisme. Les Juifs d'Italie*, Paris, Jouve, 1939.

MARBO, Camille, *Flammes juives*, Paris, 1936, rééd. Paris, Les Belles Lettres, 1999.

MAUROIS, André, *Dialogues sur le commandement*, Paris, Les Cahiers Verts, 1924.

OUALID, William, *L'Immigration ouvrière en France*, Paris, Éditions de la SAPE, 1927.

PALLIÈRE, Aimé, *Le Sanctuaire inconnu : Ma « conversion » au judaïsme*, Paris, Rieder, 1926.

PARAF, Pierre, *Israël 1931*, Paris, Valois, 1931.

Pour tuer l'antisémitisme, Paris, Éditions de la LICA, 1931.

SUARÈS, André, *Voyage du condottiere*, Paris, Émile-Paul Frères, 1910, rééd. 1927.

SUARÈS, André, *Présences*, Paris, Émile-Paul Frères, 1926.

SUARÈS, André, *Vues sur l'Europe*, Paris, Grasset, 1939.

TCHERNOFF, Jéhouda, *Dans le creuset des civilisations. 4, Des prodromes du bolchevisme à une Société des Nations*, Paris, Rieder, 1936-1938.

WALDEMAR-GEORGE, *L'Humanisme et l'idée de patrie*, Paris, Fasquelle, 1936.

AUTEURS FRANÇAIS NON JUIFS D'EXTRÊME DROITE

LA ROCQUE, François de, *Service public*, Paris, Grasset, 1934.

VALOIS, Georges, *D'un siècle à l'autre : chronique d'une génération (1855-1920)*, Paris, Nouvelle Librairie nationale, 1924.

VALOIS, Georges, *Le Fascisme*, Paris, Nouvelle Librairie Nationale, 1927.

VALOIS, Georges, *L'Homme contre l'argent*, Paris, Librairie Valois, 1928.

AUTEURS JUIFS EUROPÉENS

L'Avenir de l'esprit européen, SDN, Institut de coopération intellectuelle, Paris, Stock, 1934.

LUDWIG, Emil, *Entretiens avec Mussolini*, Paris, Albin Michel, 1932.

LUDWIG, Emil, *Les Dirigeants de l'Europe. Portraits d'après nature*, Paris, Gallimard, 1936.

RUBIN, Eli (Sozius), *Mussolini, raciste et antisémite*, Paris, Éditions européennes, 1937.

AUTEURS ITALIENS JUIFS ET CHRÉTIENS

BERNERI, Camillo, *Le Juif antisémite*, Paris, Vita, 1935.

CAMPOLONGHI, Luigi, *Avec l'Italie ? oui ! Avec le Fascisme ? non !*, Paris, Ligue des Droits de l'homme, 1930.

CIANO, Galeazzo, *Diario, 1937-1943*, a cura di Renzo De Felice. Edizione integrale, nouvelle édition 2006.

FERRERO, Guglielmo, *Le Génie latin et le monde moderne*, Paris, Grasset, 1917.

GADDI, Giuseppe, *Le Racisme en Italie*, préface de Bernard Lecache, Paris, Le droit de vivre, 1939.

GORGOLINI, Pietro, *La Révolution fasciste*, préface de Georges Valois, Paris, Nouvelle Librairie nationale, 1924.

GRAVELLI, Asvero, *Verso l'Internazionale fascista*, Rome, Nuova Europa, 1932.

MALAPARTE, Curzio, *L'Italie contre l'Europe*, préface de Benjamin Crémieux, Paris, Félix Alcan, 1927.

MUSSOLINI, Benito, *Opera omnia*, a cura di Edoardo e Duilio Susmel, Florence, La Fenice, 1951 et années suivantes pour les différents volumes.

PREZZOLINI, Giuseppe, *La Culture italienne*, préface de Benjamin Crémieux, Paris, Félix Alcan, 1925.

ROCCA, Massimo, *Le Fascisme et l'antifascisme en Italie*, Paris, Félix Alcan, 1930.

SARFATTI, Margherita, *Mussolini. L'Homme et le Chef*, Paris, Albin Michel, 1927.

TÉMOIGNAGES POSTÉRIEURS ET SOUVENIRS

AUTEURS FRANÇAIS

ARON, Raymond, *Mémoires*, Paris, Julliard, 1983.

BELLER, Ilex, *De mon shtetl à Paris*, Paris, Éd. du Scribe, 1991.

CHIKLY, Gilbert, *Tunis, Goulette, Marsa : aux yeux du souvenir*, Montmorency, Éditions Gilbert Chikly, 1999.

CHOURAQUI, André, *L'Amour fort comme la mort*, Paris, Robert Laffont, 1990.

COHEN-HADRIA, Élie, *Du protectorat français à l'indépendance tunisienne*, Nice, Centre de la Méditerranée moderne et contemporaine, 1976.

ERLANGER, Philippe, *La France sans étoile. Souvenirs de l'avant-guerre et du temps de l'occupation*, Paris, Plon, 1974.

KAHN, Émile, *Au temps de la République. Propos d'un Républicain*, Paris, Ligue des droits de l'homme, 1966.

KAPLAN, Jacob, *Racisme et judaïsme*, Paris, Éditions F. Sorlot, 1940.

KAPLAN, Jacob, *Les Temps d'épreuve : sermons et allocutions*, Paris, Éditions de Minuit, 1952.

KOËSTLER, Arthur, *La Lie de la Terre*, Paris, Charlot, 1947.

LAZAREFF, Pierre, *De Munich à Vichy*, New York, Brentano, 1944.

MAUROIS, André, *Mémoires*, Paris, Flammarion, 1970.

MORIN, Edgar, *Autocritique*, Paris, Julliard, 1959.

PIERRE-BLOCH, Jean, *Le Temps d'y penser encore*, Paris, Simoën, 1977.

PIERRE-BLOCH, Jean, *Jusqu'au dernier jour*, Paris, Albin Michel, 1983.

POLIAKOV, Léon, *Mémoires*, Paris, Grancher, 1999.

ROVAN, Joseph, *Mémoires d'un Français qui se souvient d'avoir été allemand*, Paris, Le Seuil, 1999.

SACHS, Maurice, *Le Sabbat. Souvenirs d'une jeunesse orageuse*, Paris, Corrêa, 1946.

SPIRE, André, *Souvenirs à bâtons rompus*, Paris, Albin Michel, 1961.
WEISS, Louise, *Mémoires d'une Européenne*, Paris, Payot, 1969.

AUTEURS ITALIENS

MALAPARTE, Curzio, *Ces chers italiens*, Paris, Stock, 1962.
MALAPARTE, Curzio, *Journal d'un étranger à Paris*, Paris, Denoël, 1967.
MOMIGLIANO, Arnaldo, *Contributions à l'histoire du judaïsme*, Paris, L'Éclat, 2002.
NAVARRA, Quinto, *Memorie del cameriere di Mussolini*, Milan, Longanesi, 1946.
SEGRE, Vittorio, *Storia di un ebreo fortunato*, Milan, Bompiani, 1985.

INSTRUMENTS DE TRAVAIL

MÉTHODOLOGIE HISTORIQUE ET HISTORIOGRAPHIE

BECHELLONI, Antonio, « Le débat historiographique italien autour du fascisme et de l'antifascisme », *Matériaux pour l'histoire de notre temps*, n° 68, 2002, p. 35-41.
COUTROT, Aline, « Religion et politique », dans RÉMOND, René (dir.), *Pour une Histoire politique*, Paris, Le Seuil, 1988, p. 287-314.
GILI, Jean A., « État des travaux en histoire », *Mélanges de l'École française de Rome. Moyen-Âge, Temps modernes*, n° 90-1, 1978, p. 35-41.
LAGRÉE, Michel, « Histoire religieuse, histoire culturelle », dans RIOUX, Jean-Pierre, SIRINELLI, Jean-François (dir.), *Pour une Histoire culturelle*, Paris, Le Seuil, 1997, p. 387-406.
LEFF, Lisa M., « L'histoire des Juifs de France vue des États-Unis », *Archives Juives*, n° 43/1, 1er semestre 2010, p. 126-136.
LEVILLAIN, Philippe, « État des travaux en histoire religieuse », *Mélanges de l'École française de Rome. Moyen-Âge, Temps modernes*, n° 90-1, 1978, p. 43-45.
SIMON-NAHUM, Perrine, « Dix ans d'historiographie du judaïsme français. Bilans et perspectives », *Annales HSS*, vol. 49, n° 5, septembre-octobre 1994, p. 1 171-1 182.
ZIMMERMAN, Bénédicte, WERNER Michael (dir.), *De la comparaison à l'histoire croisée*, Paris, Le Seuil, 2004.

PRESSE GÉNÉRALE, ÉTUDES SUR L'OPINION

BECKER, Jean-Jacques, « L'opinion », dans RÉMOND, René (dir.), *Pour une Histoire politique*, Paris, Le Seuil, 1988, p. 161-183.
BECKER, Jean-Jacques, « L'opinion publique : un populisme ? », dans RIOUX, Jean-Pierre (dir.), *Les Populismes*, Paris, Perrin, 2007, p. 155-166.
BELLANGER, Claude, GODECHOT, Jacques, GUIRAL, Pierre, TERROU, Fernand, *Histoire générale de la presse française*. T. III : *De 1871 à 1940*, Paris, PUF, 1972.
DUROSELLE, Jean-Baptiste, « Opinion, attitude, mentalité, mythe, idéologie : essai de clarification », *Relations Internationales*, n° 2, novembre 1974, p. 3-23.
FERRO, Marc, *Les Individus face aux crises du XXe siècle. L'histoire anonyme*, Paris, Odile Jacob, 2005.
FRANK, Robert, « Qu'est-ce qu'un stéréotype ? », dans JEANNENEY, Jean-Noël (dir.), *Une Idée fausse est un fait vrai. Les stéréotypes nationaux en Europe*, Paris, Odile Jacob, 2000, p. 17-26.

Gaïti, Brigitte, « L'opinion publique dans l'histoire politique : impasses et bifurcations », *Le Mouvement Social*, n° 221, octobre-décembre 2007, p. 95-104.

Gaïti, Brigitte, « Comment écrire une histoire qui tient ? À propos de l'opinion publique », *Le Mouvement Social*, n° 230, janvier-mars 2010, p. 145-150.

Galvez-Behar, Gabriel, « Le constructivisme de l'historien : retour sur un texte de Brigitte Gaïti », *Le Mouvement Social*, n° 229, octobre-décembre 2009, p. 103-113.

Guillen, Pierre, « Opinion publique et politique extérieure en France – 1914-1940 », dans *Opinion publique et politique extérieure*, t. II : *1915-1940*, Rome, École française de Rome, 1984, p. 37-56.

Guiral, Pierre, « Problèmes d'histoire de la presse », *Revue d'histoire moderne et contemporaine*, octobre-décembre 1971, p. 481-488.

Julliard, Jacques, *La Reine du monde. Essai sur la démocratie d'opinion*, Paris, Flammarion, 2008.

Kayser, Jacques, « Presse et opinion », dans Berger G. (dir.), *L'Opinion publique*, Paris, PUF, 1957, p. 229-241.

Kayser, Jacques, *Le Quotidien français*, Paris, Cahiers de la Fondation Nationale des Sciences Politiques, Armand Colin, 1963.

Laborie, Pierre, « De l'opinion publique à l'imaginaire social », *Vingtième Siècle*, n° 18, avril-juin 1988, p. 101-11.

Reynié, Dominique, *Le Triomphe de l'opinion publique. L'espace public français du XVIe au XXe siècle*, Paris, Odile Jacob, 1998.

Vermès, Geneviève, « Quelques étapes de la Psychologie des peuples (de la fin du XIXe siècle aux années 1950) : esquisse pour une histoire de la psychologie interculturelle », *L'Homme et la Société*, n° 167-169, janvier 2008, p. 149-161.

LA PRESSE JUIVE

Knörzer, Heidi, « Hippolyte Prague, rédacteur en chef des *Archives Israélites* », *Archives Juives*, n° 43/1, 1er semestre 2010, p. 140-143.

Kuperminc, Jean-Claude, *Un journal juif français dans l'avant-guerre : « Samedi », 1938-1939*, Mémoire de maîtrise sous la direction de Serge Berstein, Université Paris-X, 1981.

Kuperminc, Jean-Claude, « La presse juive en France », dans Becker, Jean-Jacques, Wieviorka, Annette (dir.), *Les Juifs en France de la Révolution française à nos jours*, Paris, Liana-Levi, 1998, p. 140-142.

Landau, Philippe-E., « La presse des anciens combattants juifs face aux défis des années trente », *Archives Juives*, n° 36/1, 1er semestre 2003, p. 10-24.

Nicault, Catherine, « Aspects de la presse juive entre les deux guerres », *Archives Juives*, n° 36/1, 1er semestre 2003, p. 4-9.

Tencer, Claude, *L'Univers Israélite : une vision de la communauté juive de France, 1932-1936*, Mémoire de maîtrise sous la direction de Béatrice Philippe, INALCO, 2000.

L'EUROPE ET LES RELATIONS INTERNATIONALES

Berstein, Serge, *Démocraties, régimes autoritaires et totalitarismes au XXe siècle*, Paris, Hachette, 1982.

Duroselle, Jean-Baptiste, *La Décadence, 1932-1939*, Paris, Imprimerie nationale, 1985.

Duroselle, Jean-Baptiste, Kaspi, André, *Histoire des relations internationales de 1919 à 1945*, Paris, Armand Colin, nouvelle édition 2000.

LATIL, Loredana, *Le Festival de Cannes, écho des relations internationales ? (de 1939 aux années 1980)*, Thèse d'histoire sous la direction de Ralph Schor, Université de Nice, 2002, 4 vol.

MILZA, Pierre, « Culture et relations internationales », *Relations Internationales*, n° 24, hiver 1980, p. 361-379.

ORY, Pascal, DULPHY, Anne, MATARD-BONUCCI, Marie-Anne (dir.), *Les Relations culturelles internationales au XXᵉ siècle*, Berne, Peter Lang, 2010.

PREZIOSO, Stéfanie, JOST, Hans-Ulrich (dir.), *Relations internationales, échanges culturels et réseaux intellectuels*, Lausanne, Éd. Antipodes, 2002.

SCHOR, Ralph, *Crises et dictatures dans l'Europe de l'entre-deux-guerres*, Paris, Nathan, 1993.

LA MÉDITERRANÉE, LA FRANCE ET L'ITALIE

LA MÉDITERRANÉE

BONO, Salvatore, « La Libia nella storia del Mediterraneo », *Africa*, vol. 63, n° 2, juin 2008, p. 145-153.

DARNIS, Jean-Pierre, « Le mythe de la Méditerranée dans le discours politique italien contemporain », *Mélanges de l'École française de Rome. Italie et Méditerranée*, n° 110-2, 1998, p. 805-832.

GRANGE, Daniel J., « La Méditerranée, berceau ou frontière ? », *Relations Internationales*, n° 33, printemps 1983, p. 243-259.

GRANGE, Daniel J., *L'Italie et la Méditerranée (1896-1911) : les fondements d'une politique étrangère*, Rome, École française de Rome, 1994.

NOUSCHI, André, *La Méditerranée au XXᵉ siècle*, Paris, Armand Colin, 1999.

LA FRANCE DE L'ENTRE-DEUX-GUERRES

AZÉMA, Jean-Pierre, WINOCK, Michel, *La IIIᵉ République : 1870-1940*, Paris, Calmann-Lévy, 1970.

LACAZE, Yvon, *L'Opinion publique française et la crise de Munich*, Berne, Peter Lang, 1991.

NAQUET, Emmanuel, *La Ligue des droits de l'homme : une association en politique (1898-1940)*, Thèse de doctorat d'histoire sous la direction de Serge Berstein, IEP Paris, 2005.

ORY, Pascal, SIRINELLI, Jean-François, *Les Intellectuels en France de l'affaire Dreyfus à nos jours*, Paris, Armand Colin, 3ᵉ édition 2002.

PROST, Antoine, *Les Anciens Combattants, 1914-1940*, Paris, Gallimard/Julliard, 1977.

RÉMOND, René, *Les Droites en France*, Paris, Aubier, 1982.

SCHOR, Ralph, *L'Opinion française et les étrangers, 1919-1939*, Paris, Publications de la Sorbonne, 1985.

SCHOR, Ralph, « L'image des Allemands dans la France de l'entre-deux-guerres », *Recherches Régionales*, n° 185, janvier-mars 2007, p. 91-101.

TEMIME, Émile, « L'écho de la guerre civile espagnole en juillet 1936, amplification ou déformation de l'événement », *Matériaux pour l'histoire de notre temps*, n° 7-8, 1986, p. 13-17.

L'ITALIE FASCISTE

Études générales

BERSTEIN, Serge, MILZA, Pierre, *L'Italie contemporaine du Risorgimento à la chute du fascisme*, Paris, Armand Colin, 1995.

DE FELICE, Renzo, *Mussolini, il Duce. Gli anni del consenso (1929-1936)*, Turin, Einaudi, 1974.

DE FELICE, Renzo, *Le interpretazioni del fascismo*, Rome-Bari, Laterza, 1983.

DE FELICE, Renzo, *Le Fascisme. Un totalitarisme à l'italienne*, Paris, Presses de la FNSP, 1988.

DE FELICE, Renzo, *Intervista sul fascismo*, Rome-Bari, Laterza, 1997.

FORO, Philippe, *L'Italie fasciste*, Paris, Armand Colin, 2006.

GALLO, Max, *L'Italie de Mussolini. Vingt ans d'ère fasciste*, Paris, Perrin, 1964.

GALLO, Max, *Contribution à l'étude des méthodes et des résultats de la propagande et de l'information de l'Italie fasciste dans l'immédiat-avant-guerre, 1933-1939*, Thèse de 3e cycle d'histoire sous la direction d'André Nouschi, Université de Nice, 1968.

GENTILE, Emilio, *Il mito dello Stato nuovo*, Rome-Bari, Laterza, 1999.

GENTILE, Emilio, *La Religion fasciste*, Paris, Perrin, 2002.

GENTILE, Emilio, *Il fascismo : storia e interpretazione*, Rome-Bari, Laterza, 2002.

GENTILE, Emilio, *La Voie italienne au totalitarisme*, Monaco, Éditions du Rocher, 2004.

MILZA, Pierre, « Penser le fascisme », dans VERSAILLE, André (dir.), *Penser le XXe siècle*, Bruxelles, Complexe, 1990, p. 57-95.

MILZA, Pierre, *Mussolini*, Paris, Fayard, 1997.

MILZA, Pierre, BERSTEIN, Serge, *Le Fascisme italien*, Paris, Le Seuil, 1997.

MOSSE, Georges L., *La Révolution fasciste*, Paris, Le Seuil, 2003.

MUSIEDLAK, Didier, *Mussolini*, Paris, Presses de la FNSP, 2005.

NOLTE, Ernst, *Le Fascisme dans son époque*. T. 2 : *Le Fascisme italien*, Paris, Julliard, 1970.

PAXTON, Robert O., *Le Fascisme en action*, Paris, Le Seuil, 2004.

ROMANO, Sergio, *Histoire de l'Italie du Risorgimento à nos jours*, Paris, Le Seuil, 1977.

SALVATORELLI, Luigi, MIRA, Giovanni, *Storia d'Italia nel periodo fascista*, Turin, Einaudi, 1964.

VIAL, Éric, *Guerres, société et mentalités : l'Italie au premier XXe siècle*, Paris, Seli Arslan, 2003.

Études spécialisées

ALFASSIO, GRIMALDI Ugo, *Farinacci il più fascista*, Milan, Bompiani, 1975.

CANOSSA, Romano, *Mussolini e Franco. Amici, alleati, rivali : vite parallele di due dittatori*, Milan, Mondadori, 2008.

CANOSSA, Romano, *Farinacci. Il superfascista*, Milan, Mondadori, 2010.

CORNER, Paul, « La mémoire de la guerre et le fascisme italien », *Vingtième Siècle*, n° 41, janvier-mars 1994, p. 60-66.

CUZZI, Marco, *L'Internazionale delle camicie nere. I CAUR (1933-1939)*, Milan, Mursia, 2005.

D'ALMEIDA Fabrice, « Les métamorphoses de l'imagier mussolinien », *Matériaux pour l'histoire de notre temps*, n° 28, juillet-septembre 1992, p. 36-39.

DEL BOCA, Angelo, *Gli italiani in Africa orientale*, t. II : *La conquista dell'Impero*, Milan, Mondadori, 1992.

DEL BOCA, Angelo, *Italiani brava gente ? Un mito duro a morire*, Vicenza, Neri Pozza, 2005.

DIGGINS, John P., *Mussolini and Fascism. The View from America*, Princeton, Princeton University Press, 1972.

GABRIELLI, Gianlucca, « Un aspetto della politica razzista nell'Impero : il problema dei "metecci" », *Passato e Presente*, n° 41, 1997, p. 77-106.

GALLO, Max, *L'Affaire d'Éthiopie : aux origines de la guerre mondiale*, Paris, Centurion, 1967.

GUERRI, Giordano Bruno, *D'Annunzio : l'amante guerriero*, Milan, Mondadori, 2008.

MALVANO-BECHELLONI, Laura, « Le mythe de la romanité dans la politique de l'image de l'Italie fasciste », *Vingtième Siècle*, n° 78, avril-juin 2003, p. 111-120.

MAMMARELLA, Giuseppe, CACACE, Paolo, *La Politica estera dell'Italia dallo Stato unitario ai giorni nostri*, Rome-Bari, Laterza, 2006.

MATARD-BONUCCI, Marie-Anne, MILZA, Pierre (dir.), *L'Homme nouveau dans l'Europe fasciste : 1922-1945. Entre dictature et totalitarisme*, Paris, Fayard, 2004.

MIÈGE, Jean-Louis, *L'Impérialisme colonial italien de 1870 à nos jours*, Paris, SEDES, 1968.

MILZA, Pierre, « Le fascisme italien et la vision du futur », *Vingtième Siècle*, n° 1, janvier 1984, p. 47-56.

MINERBI, Sergio I., *L'Italie et la Palestine, 1914-1920*, Paris, PUF, 1970

MONTANARI, Arianna, « Fascisme et nazisme », dans JEANNENEY, Jean-Noël (dir.), *Une Idée fausse est un fait vrai. Les stéréotypes nationaux en Europe*, Paris, Odile Jacob, 2000, p. 87-101.

NOUSCHI, André, « Un siècle de croissance économique en Italie (1861-1965) : observations sur un paradoxe », *Mélanges de l'École française de Rome. Moyen-Âge, Temps modernes*, n° 90-1, 1978, p. 149-170.

OSTENC, Michel, *L'Éducation en Italie pendant le fascisme*, Paris, Publications de la Sorbonne, 1980.

OSTENC, Michel, *Intellectuels italiens et fascisme, 1915-1929*, Paris, Payot, 1983.

OSTENC, Michel, *Ciano : un conservateur face à Hitler et Musssolini*, Monaco, Éd. du Rocher, 2007.

RAINERO, Romain H., *La Politique arabe de Mussolini pendant la Seconde Guerre mondiale*, Paris, Publisud, 2005.

RAINERO, Romain H. (a cura di), *L'Italia e la « Grande Vigilia » : Gabriele d'Annunzio nella politica italiana prima del fascismo*, Milan, Franco Angeli, 2007.

RIZZO, Giovanni, *D'Annunzio e Mussolini. La verità sui loro rapporti*, Bologne, Cappelli, 1960.

SCHIEDER, Wolfgang, « Fascismo e nazionalsocialismo nei primi anni trenta », dans DEL BOCA, Angelo, LEGNANI, Massimo (a cura di), *Il Regime fascista : storia e storiografia*, Rome-Bari, Laterza, 1995, p. 45-56.

SPINOSA, Antonio, *D'Annunzio : il poeta armato*, Milan, Mondadori, 2005 (1987 pour l'édition originale).

PERSPECTIVES CROISÉES

La France et l'Italie

BERTRAND, Gilles, *Le Grand Tour revisité. Pour une archéologie du tourisme : le voyage des Français en Italie, milieu XVIIIe siècle-début XIXe siècle*, Rome, École française de Rome, 2008.

BOSETTI, Gilbert, « Les lettres françaises sous le fascisme : le culte de la "N.R.F." dans l'entre-deux-guerres face à la francophobie fasciste », *Mélanges de l'École française de Rome. Moyen-Âge, Temps modernes*, n° 98-1, 1986, p. 383-432.

CHARZAT, Michel, « Georges Sorel et le fascisme : éléments d'explication d'une légende tenace », *Mil neuf cent*, n° 1, 1983, p. 37-51.

DECLEVA, Enrico, « Relazioni culturali e propaganda negli anni 1930 : i comitati "France-Italie" e "Italia-Francia" », dans DUROSELLE, Jean-Baptiste, SERRA, Enrico (a cura di), *Il vincolo culturale tra Italia e Francia negli anni trenta e quaranta*, Milan, ISPI, 1986, p. 108-157.

DEL VECCHIO, Edoardo, « Le relazioni commerciali italo-francesi (1919-1939) », dans RAINERO, Romain H. (a cura di), *Aspetti e problemi delle relazioni tra l'Italia e la Francia*, Milan, Unicopli Cuesp, 2005, p. 167-176.

DUROSELLE, Jean-Baptiste, « La mission Baudouin à Rome », dans DUROSELLE, Jean-Baptiste, SERRA, Enrico (a cura di), *Italia e Francia dal 1919 al 1939*, Milan, ISPI, 1981, p. 353-366.

FERNANDEZ, Dominique, *Le Voyage d'Italie*, Paris, Perrin, 2007.

GARELLI, François, *Histoire des relations franco-italiennes*, Paris, Éditions Rive Droite, 1999.

Giglioli, Alessandra, *Italia e Francia, 1936-1939. Irredentismo e ultranazionalismo nella politica estera di Mussolini*, Rome, Jouvence, 2001.

Goyet, Bruno, « La "Marche sur Rome" : version originale sous-titrée. La réception du fascisme en France dans les années 1920 », dans Dobry, Michel (dir.), *Le Mythe de l'allergie française au fascisme*, Paris, Albin Michel, 2003, p. 69-105.

Grange, Daniel J., « L'image de l'Italie fasciste chez les "Catholiques de gauche" français durant les années 1930 », dans Duroselle, Jean-Baptiste, Serra, Enrico (a cura di), *Il vincolo culturale tra Italia e Francia negli anni trenti e quaranta*, Milan, ISPI, 1986, p. 50-82.

Grange, Daniel J., « Le nationalisme français vu d'Italie avant 1914 », dans Decleva, Enrico, Milza, Pierre (a cura di), *Italia e Francia. I nazionalismi a confronto*, Milan, ISPI, 1993, p. 101-112.

Grange, Daniel J., « Un homme politique "italophile" pendant les années 1930 : Anatole de Monzie », dans Rainero, Romain H. (a cura di), *Aspetti e problemi delle relazioni tra l'Italia e la Francia*, Milan, Unicopli Cuesp, 2005, p. 183-198.

Guillen, Pierre, « L'échec des tentatives d'entente économique avec l'Italie (1922-1929) », *Relations Internationales*, n° 13, printemps 1978, p. 51-69.

Guillen, Pierre, « La politique culturelle de la France en Italie dans les années 1918-1922 », *Relations Internationales*, n° 25, printemps 1981, p. 67-85.

Guillen, Pierre, « La question des "*fuorusciti*" et les relations franco-italiennes (1925-1935) », dans Duroselle, Jean-Baptiste, Serra, Enrico (a cura di), *Italia e Francia dal 1919 al 1939*, Milan, ISPI, 1981, p. 21-38.

Guillen, Pierre, « Les relations économiques entre la France et l'Italie de 1936 à 1939 », dans Duroselle, Jean-Baptiste, Serra, Enrico (a cura di), *Italia e Francia dal 1919 al 1939*, Milan, ISPI, 1981, p. 367-384.

Guillen, Pierre, « Le Comité de l'Afrique Française et la présence italienne en Afrique dans les années précédant la Deuxième Guerre mondiale (1936-1939) », dans Milza, Pierre, Rainero, Romain H. (a cura di), *Colonialismo e decolonizzazione nelle relazioni italo-francesi*, Florence, Società Toscana per la Storia del Risorgimento, 2001, p. 135-145.

Guillen, Pierre, « La revue l'*Europe nouvelle* et l'établissement du régime fasciste en Italie », *Recherches Régionales*, n° 187, juillet-septembre 2007, p. 39-46.

Guiral, Pierre, « Les écrivains français et le Sud de l'Italie », dans Duroselle, Jean-Baptiste, Serra, Enrico (a cura di), *Il vincolo culturale tra Italia e Francia negli anni trenta e quaranta*, Milan, ISPI, 1986, p. 158-169.

Guiral, Pierre, « André Suarès, amoureux de l'Italie, ennemi du fascisme », dans Duroselle, Jean-Baptiste, Serra, Enrico (a cura di), *Il vincolo culturale tra Italia e Francia negli anni trenta e quaranta*, Milan, ISPI, 1986, p. 205-219.

Guiral, Pierre, « Charles Maurras et l'idée de races latines », dans Duroselle, Jean-Baptiste, Serra, Enrico (a cura di), *Italia, Francia e Mediterraneo*, Milan, ISPI, 1990, p. 171-183.

Hermon, Eliezer, *Les Relations entre la France et l'Italie de 1922 à 1927*, Thèse d'histoire, Université de Paris IV, 1977.

Laurens, Franklin D., *France and the Italo-Ethiopian crisis, 1935-1936*, Paris, Mouton, 1967.

Mastellone, Salvo, « L'idea di latinità (1914-1922) », dans Duroselle, Jean-Baptiste, Serra, Enrico (a cura di), *Italia e Francia dal 1919 al 1939*, Milan, ISPI, 1981, p. 13-19.

Matard-Bonucci, Marie-Anne, « Intellectuels français en Italie fasciste », dans Dulphy, Anne, Léonard, Yves, Matard-Bonucci, Marie-Anne (dir.), *Intellectuels, artistes et militants. Le Voyage comme expérience de l'étranger*, Berne, Peter Lang, 2009, p. 29-47.

Milza, Pierre, *Français et Italiens à la fin du XIXe siècle : aux origines du rapprochement franco-italien de 1900-1902*, Rome, École française de Rome, 1981.

Milza, Pierre, « Le voyage de Pierre Laval à Rome en janvier 1935 », dans Duroselle, Jean-Baptiste, Serra, Enrico (a cura di), *Italia e Francia dal 1919 al 1939*, Milan, Franco Angeli, 1981, p. 219-243.

MILZA, Pierre, « L'image de l'Italie dans la France des années 1936-1939 », dans DUROSELLE, Jean-Baptiste, SERRA, Enrico (a cura di), *Italia e Francia dal 1919 al 1939*, Milan, Franco Angeli, 1981, p. 271-302.

MILZA, Pierre, « Les cultures de l'immigration italienne dans la France des années 1930 », dans DUROSELLE, Jean-Baptiste, SERRA, Enrico (a cura di), *Il vincolo culturale tra Italia e Francia negli anni trenta e quaranta*, Milan, Franco Angeli, 1986, p. 181-196.

MILZA Pierre, *Le Fascisme italien et la presse française, 1920-1940*, Bruxelles, Complexe, 1987. (réed. de *L'Italie fasciste devant l'opinion française, 1920-1940*, Paris, Armand Colin, 1967).

MILZA, Pierre, « Une crise internationale dans l'aire méditerranéenne : l'affaire de Corfou vue de France », dans DUROSELLE, Jean-Baptiste, SERRA, Enrico (a cura di), *Italia, Francia e Mediterraneo*, Milan, Franco Angeli, 1990, p. 86-95.

MILZA, Pierre, « L'image de l'Italie et des Italiens du XIXᵉ siècle à nos jours », *Cahiers de l'IHTP*, nᵒ 28, juin 1994, p. 71-82.

MILZA, Pierre, « Georges Valois et l'Italie », dans DECLEVA, Enrico, MILZA, Pierre (a cura di), *La Francia e l'Italia negli anni venti : tra politica e cultura*, Milan, Franco Angeli, 1996, p. 178-191.

MOURLANE, Stéphane, « De l'ultimatum à l'annexion, l'intervention italienne en Tripolitaine à travers la presse française (septembre-novembre 1911) », dans RAINERO, Romain H. (a cura di), *Aspetti e problemi delle relazioni tra l'Italia e la Francia*, Milan, Unicopli Cuesp, 2005, p. 113-136.

MUSIEDLAK, Didier, « Charles Maurras et l'Italie : histoire d'une passion contrariée », dans DARD, Olivier, GRUNEWALD, Michel (dir.), *Charles Maurras et l'étranger, l'étranger et Charles Maurras*, Berne, Peter Lang, 2009, p. 155-167.

PEDRONCINI, Guy, « La stratégie française et l'Italie de 1932 à 1939 », dans DUROSELLE, Jean-Baptiste, SERRA, Enrico (a cura di), *Italia e Francia dal 1919 al 1939*, Milan, Franco Angeli, 1981, p. 341-352.

POUPAULT, Christophe, « Les voyages d'hommes de lettres en Italie fasciste : espoir de rapprochement franco-italien et culture de la latinité », *Vingtième Siècle*, nᵒ 104, octobre-décembre 2009, p. 67-79.

POUTHIER, Jean-Luc, *Les Catholiques sociaux et les Démocrates-Chrétiens français devant l'Italie fasciste, 1922-1935*, Thèse de doctorat d'histoire sous la direction de Jean-Marie Mayeur, IEP Paris, 1981.

RENARD, Isabelle, *L'Institut français de Florence (1900-1920) : un épisode des relations franco-italiennes au début du XXᵉ siècle*, Rome, École française de Rome, 2001.

SANTAMARIA, Yves, « Les deux incendies. Le PCF face à la guerre d'Éthiopie (1935-1936) », *Revue d'histoire moderne et contemporaine*, nᵒ 49-4, octobre-décembre 2002, p. 37-52.

SCHOR, Ralph, « L'image de l'Italien dans la France de l'entre-deux-guerres », dans MILZA, Pierre (dir.), *Les Italiens en France*, Rome, École française de Rome, 1986, p. 89-109.

SCHOR, Ralph, « Le nationalisme italien : la psychosociologie à la française au XXᵉ siècle », dans DECLEVA, Enrico, MILZA, Pierre (a cura di), *Italia e Francia. I nazionalismi a confronto*, Milan, Franco Angeli, 1993, p. 224, 233.

SCHOR, Ralph, « L'Idée Latine : une revue du rapprochement franco-italien dans les années trente », dans DUROSELLE, Jean-Baptiste, SERRA, Enrico (a cura di), *Italie, Francia e Mediterraneo*, Milan, Franco Angeli, 1990, p. 144-159.

SCHOR, Ralph, « L'Italie de 1920 devant l'opinion française » dans DECLEVA, Enrico, MILZA, Pierre (a cura di), *La Francia e l'Italia negli anni venti : tra politica e cultura*, Milan, Franco Angeli, 1996, p. 14-32.

SCHOR, Ralph, « Images françaises de l'empire colonial italien à la veille de la Deuxième Guerre mondiale », dans MILZA, Pierre, RAINERO, Romain H. (a cura di), *Colonialismo e decolonizzazione nelle relazioni italo-francesi*, Florence, Società Toscana per la Storia del Risorgimento, 2001, p. 225-233.

SCHOR, Ralph, « Identité fasciste et identité européenne : l'opinion des intellectuels français de l'entre-deux-guerres », dans RAINERO, Romain H. (a cura di), *Aspetti e problemi delle relazioni tra l'Italia e la Francia*, Milan, Unicopli Cuesp, 2005, p. 219-226.

VAÏSSE, Maurice, « La mission de Jouvenel à Rome (janvier-juillet 1933) », dans DUROSELLE, Jean-Baptiste, SERRA, Enrico (a cura di), *Italia e Francia dal 1919 al 1939*, Milan, Franco Angeli, 1981, p. 85-99.

VAÏSSE, Maurice, « Les œuvres françaises en Italie dans les années 1930 », dans DUROSELLE, Jean-Baptiste, SERRA, Enrico (a cura di), *Il vincolo culturale tra Italia e Francia negli anni trenti e quaranta*, Milan, Franco Angeli, 1986, p. 93-107.

VIALLET, Jean-Pierre, « Statistiques et histoire des relations culturelles franco-italiennes : l'exemple des traductions (1932-1939) », dans DUROSELLE, Jean-Baptiste, SERRA, Enrico (a cura di), *Il vincolo culturale tra Italia e Francia negli anni trenta e quaranta*, Milan, Franco Angeli, 1986, p. 246-294.

VIALLET, Jean-Pierre, « L'Italie des années vingt dans les revues de la droite française », dans DECLEVA, Enrico, MILZA, Pierre (a cura di), *La Francia e l'Italia negli anni venti : tra politica e cultura*, Milan, Franco Angeli, 1996, p. 134-177.

Les Italiens, le fascisme et l'antifascisme en France et en Europe

BERSTEIN, Serge, *Le 6 février 1934*, Paris, Gallimard, 1975.

BERSTEIN, Serge, « La France des années trente allergique au fascisme. À propos d'un livre de Zeev Sternhell », *Vingtième Siècle*, n° 2, 1984, p. 83-94.

CUZZI, Marco, « I Comitati d'azione per l'universalità di Roma (CAUR) e la Francia », dans RAINERO, Romain H. (a cura di), *Aspetti e problemi delle relazioni tra l'Italia e la Francia*, Milan, Unicopli Cuesp, 2005, p. 227-240.

GIRARDET, Raoul, « Notes sur l'esprit d'un fascisme français, 1934-1939 », *Revue française de science politique*, vol. 5, n° 3, 1955, p. 529-546.

GROPPO, Bruno, « Entre immigration et exil : les réfugiés politiques italiens dans la France de l'entre-deux-guerres », *Matériaux pour l'histoire de notre temps*, n° 44, octobre-décembre 1996, p. 27-35.

KÉCHICHIAN, Albert, *Les Croix de Feu à l'âge des fascismes. Travail, famille, patrie*, Paris, Champ Vallon, 2006.

MAYAFFRE, Damon, « La construction du sens en politique : le cas de *"fascisme"* dans le discours politique français des années 30 », *Cahiers de la Méditerranée*, n° 61, décembre 2000, p. 197-207.

MATARD-BONUCCI, Marie-Anne, « Enejeux de la diplomatie culturelle fasciste : de l'Italien à l'étranger à l'Italien nouveau », *Mélanges de l'École française de Rome. Italie et Méditerranée*, n° 114-1, 2002, p. 163-178.

MILZA, Pierre, *Le Fascisme français. Passé et présent*, Paris, Flammarion, 1987.

PREZIOSO, Stéfanie, « "Aujourd'hui en Espagne, demain en Italie". L'exil antifasciste italien et la prise d'armes révolutionnaires », *Vingtième Siècle*, n° 93, janvier-mars 2007, p. 79-91.

RAINERO, Romain H., « Le gouvernement français et les Italiens de Tunisie (1938-1945) », dans MILZA, Pierre, PESCHANSKI, Denis (dir.), *Exils et migration. Italiens et Espagnols en France, 1938-1946*, Paris, L'Harmattan, 1994, p. 163-173.

RAINERO, Romain H., « De "l'émigrant" à "l'Italien" à "l'étranger" : un problème politique », *Cahiers de la Méditerranée*, n° 54, juin 1997, p. 61-68.

SOUCY, Robert J, *Le Fascisme français, 1924-1933*, Paris, PUF, 1989.

SOUCY, Robert J. (dir.), *Fascismes français ? 1933-1939 : mouvements antidémocratiques*, Paris, Autrement, 2004.

STERNHELL, Zeev, *La Droite révolutionnaire, 1885-1915 (les origines françaises du fascisme)*, Paris, Le Seuil, 1978.

STERNHELL, Zeev, *Ni droite, ni gauche : l'idéologie fasciste en France*, Paris, Le Seuil, 1983.

VIAL, Éric, *LIDU 23-34 : une organisation antifasciste en exil : la Ligue italienne des droits de l'homme de sa fondation à la veille des fronts populaires*, thèse d'histoire sous la direction de Madeleine Rebérioux, EHESS, 1986.

VIAL, Éric, « Les antifascistes italiens en exil en France face aux lois antisémites mussoliniennes de 1938 », *Cahiers de la Méditerranée*, nº 61, décembre 2000, p. 227-245.

Les Italiens, le fascisme et l'antifascisme en Afrique du Nord

BESSIS, Juliette, *La Méditerranée fasciste : l'Italie mussolinienne et la Tunisie*, Paris, Karthala, 1981.

BESSIS, Juliette, « La question tunisienne dans l'évolution des relations franco-italiennes de 1935 au 10 juin 1940 », dans DUROSELLE, Jean-Baptiste, SERRA Enrico (a cura di), *Italia e Francia dal 1919 al 1939*, Milan, Franco Angeli, 1981, p. 245-255.

DUMASY, François, *Ordonner et bâtir. Construction de l'espace urbain et ordre colonial à Tripoli pendant la colonisation italienne, 1911-1940*, Thèse d'Histoire sous la direction de Robert Ilbert, Université d'Aix-Marseille I, 2006, 2 vol.

DUMASY, François, « Le fascisme est-il un "article d'exportation" ? Idéologie et enjeux sociaux du Parti National Fasciste en Libye pendant la colonisation italienne », *Revue d'Histoire moderne et contemporaine*, nº 55-3, juillet-septembre 2008, p. 85-115.

MARTEL, André, « Question libyenne et fascisme (1919-1939) », dans NOUSCHI, André (dir.), *La Méditerranée de 1919 à 1939*, Nice, Publications de la Faculté des Lettres et Sciences humaines de Nice, 1969, p. 57-66.

MIÈGE, Jean-Louis, « Les Italiens au Maroc et les rapports franco-italiens (1919-1956) », dans MILZA, Pierre, RAINERO, Romain H. (a cura di), *Colonialismo e decolonizzazione nelle relazioni italo-francesi*, Florence, Società Toscana per la Storia del Risorgimento, 2001, p. 199-224.

RAINERO, Romain H., *Les Italiens dans la Tunisie contemporaine*, Paris, Publisud, 2002.

TLILI, Béchir, *L'Antifascisme en Tunisie*, Tunis, Société tunisienne des arts graphiques, 1981.

FAIT RELIGIEUX, JUDAÏSME ET JUIFS

CHRÉTIENS, JUIFS, FASCISME

AGOSTINO, Marc, *Le Pape Pie XI et l'opinion (1922-1939)*, Rome, École française de Rome, 1991.

DEFFAYET, Laurence, « *Amici Israël* : les raisons d'un échec », *Mélanges de l'École française de Rome. Italie et Méditerranée*, nº 117-2, 2005, p. 831-851.

LEVILLAIN, Philippe (dir.), *Dictionnaire historique de la Papauté*, Paris, Fayard, 1994.

MACINA, Menahem, « Causes de la dissolution d'*Amici Israël* (1926-1928) », dans BECKER, Annette, DELMAIRE, Danielle, GUGELOT, Frédéric (dir.), *Juifs et chrétiens : entre ignorance, hostilité et rapprochement (1898-1998)*, Villeneuve d'Ascq, Éditions de l'Université Charles-de-Gaulle – Lille 3, 2002, p. 87-110.

PASSELECQ, Georges, SUCHECKY, Bernard, *L'Encyclique cachée de Pie XI (1939) : une occasion manquée de l'Église face à l'antisémitisme*, Paris, La Découverte, 1995.

RÉMOND, René, « Les Églises et la politique extérieure », dans *Opinion publique et politique extérieure*, t. II : *1915-1940*, Rome, École française de Rome, 1984, p. 313-326.

SCHOR, Ralph, *Monseigneur Paul Rémond, un évêque dans le siècle*, Nice, Serre, 1984.

SCHOR, Ralph, *L'Église catholique au XXᵉ siècle*, Paris, Armand Colin, 1999.

SCHOR, Ralph, « La presse catholique et les juifs dans les années 1930 », dans BECKER, Annette, DELMAIRE, Danielle, GUGELOT, Frédéric (dir.), *Juifs et chrétiens : entre ignorance, hostilité et rapprochement (1898-1998)*, Villeneuve d'Ascq, Éditions de l'Université Charles-de-Gaulle – Lille 3, 2002, p. 111-120.

LES JUIFS EN EUROPE ET DANS LE MONDE

CARDOSI, Giuliana, Marisa et Gabriella, *À la frontière. La Question des mariages mixtes durant la persécution antijuive en Italie et en Europe (1935-1945)*, Paris, Les Belles Lettres, 2006.

COHEN, Asher, « La politique antijuive en Europe (Allemagne exclue) de 1938 à 1941 », *Guerres mondiales et conflits contemporains*, n° 150, avril 1988, p. 45-59.

GREILSAMMER, Alain, « Le Juif et la Cité : quatre approches théoriques », *Archives des Sciences sociales des Religions*, n° 46/1, juillet-septembre 1978, p. 135-151.

KASPI, André, *Les Juifs américains*, Paris, Plon, 2008.

LEBZELTER, Gisela C., *Political Anti-Semitism in England (1918-1939)*, Londres, Macmillan Press Ltd, 1978.

LEWIS, Bernard, *Juifs en terre d'Islam*, Paris, Calmann-Lévy, 1986.

LUSTIGER, Arno, « *Shalom libertad !* ». *Les Juifs dans la guerre civile espagnole*, Paris, Le Cerf, 1991.

MANDLE, William F., *Anti-Semitism and the British Union of Fascists*, Londres, Longmans, 1968.

MARRUS, Michael R., « European Jewry and the Politics of Assimilation : Assessment and Reassessment », *The Journal of Modern History*, vol. 49, n° 1, mars 1977, p. 89-109.

MENDELSOHN, Ezra, *On Modern Jewish Politics*, Oxford, Oxford University Press, 1993.

ROZENBERG, Danielle, *L'Espagne contemporaine et la question juive : les fils renoués de la mémoire et de l'histoire*, Toulouse, Presses universitaires du Mirail, 2006.

WEILL, Georges, « L'Alliance israélite universelle et l'émancipation sociale et culturelle des communautés méditerranéennes », dans MIÈGE, Jean-Louis (dir.), *Les Relations intercommunautaires juives en Méditerranée occidentale, XIIIᵉ-XXᵉ siècles*, Paris, Éditions du CNRS, 1984, p. 243-257.

LES JUIFS EN FRANCE ET DANS LES COLONIES

Études diachroniques

BENSIMON, Doris, DELLA PERGOLA, Sergio, *La Population juive en France : socio-démographie et identiité*, Paris et Jérusalem, Éditions du CNRS et Hebrew University of Jerusalem, 1986.

BIRNBAUM, Pierre, « Les Juifs d'État dans les guerres franco-françaises du Boulangisme au Front populaire », *Vingtième Siècle*, n° 33, 1992, p. 26-44.

BIRNBAUM, Pierre, *Prier pour l'État. Les Juifs, l'alliance royale et la démocratie*, Paris, Calmann-Lévy, 2005.

BLUMENKRANZ, Bernhard (dir.), *Histoire des Juifs en France*, Toulouse, Privat, 1972.

CALIMANI, Riccardo, *Destins et aventures de l'intellectuel juif en France, 1650-1945*, Toulouse, Privat, 2002.

CALIMANI, Riccardo, *Ebrei eterni inquieti. Intellettuali e scrittori del XX secolo in Francia e Ungheria*, Milan, Mondadori, 2007.

CHOURAQUI, André, *L'Alliance israélite universelle et la renaissance juive contemporaine : 1860-1960*, Paris, PUF, 1965.

COHEN ALBERT, Phyllis, « L'intégration et la persistance de l'ethnicité chez les Juifs dans la France moderne », dans BIRNBAUM Pierre (dir.), *Histoire politique des juifs de France*, Paris, Presses de la Fondation Nationale des Sciences Politiques, 1990, p. 221-243.

DIECKHOFF, Alain, « Les logiques de l'émancipation et le sionisme », dans BIRNBAUM, Pierre (dir.), *Histoire politique des Juifs de France*, Paris, Presses de la Fondation Nationale des Sciences Politiques, 1990, p. 163-180.

HAGÈGE, Claude, ZARCA, Bernard, « Les Juifs et la France en Tunisie : les bénéfices d'une relation triangulaire », *Le Mouvement Social*, n° 197, 2001, p. 9-28.

HYMAN, Paula, *De Dreyfus à Vichy. L'évolution de la communauté juive en France, 1906-1939*, Paris, Fayard, 1985.

KASPI, André (dir.), *Histoire de l'Alliance israélite universelle de 1860 à nos jours*, Paris, Armand Colin, 2010.

NICAULT, Catherine, *La France et le sionisme, 1897-1948. Une rencontre manquée ?*, Paris, Calmann-Lévy, 1992.

NOIRIEL, Gérard, *Immigration, antisémitisme et racisme en France (XIXᵉ-XXᵉ siècle). Discours publics, humiliations privées*, Paris, Fayard, 2007.

PHILIPPE, Béatrice, *Être juif dans la société française*, Bruxelles, Complexe, 1999.

PICHON, Muriel, *Les Français juifs, 1914-1950. Récit d'un désenchantement*, Toulouse, Presses universitaires du Mirail, 2009.

PIERRARRD, Pierre, *Juifs et catholiques français de Drumont à Jules Isaac*, Paris, Fayard, 1970.

RABI, Wladimir, *Anatomie du judaïsme français*, Paris, Éditions de Minuit, 1962.

SEBAG, Paul, *Histoire des Juifs de Tunisie*, Paris, L'Harmattan, 1991.

STORA, Benjamin, « Les Juifs du Maghreb, entre passion d'Occident et désirs d'Orient », *Archives Juives*, n° 38/2, 2ᵉ semestre 2005, p. 4-6.

STORA, Benjamin, *Les trois exils. Juifs d'Algérie*, Paris, Stock, 2006.

TAGUIEFF, Pierre-André, « L'invention racialiste du Juif », *Raisons politiques*, n° 5, février 2002, p. 29-51.

VALENSI, Lucette, WACHTEL, Nathan, *Mémoires juives*, Paris, Gallimard-Julliard, 1986.

WINOCK, Michel, « Les affaires Dreyfus », *Vingtième Siècle*, n° 2, avril 1984, p. 19-38.

WINOCK, Michel, *La France et les Juifs de 1789 à nos jours*, Paris, Le Seuil, 2004.

WORMSER, Georges, *Français israélites. Une doctrine, une tradition, une époque*, Paris, Éditions de Minuit, 1963.

Études synchroniques

ABITBOL, Michel, *Les Juifs d'Afrique du Nord sous Vichy*, Paris, rééd. Riveneuve éditions, 2008.

AFOUMADO, Diane, *Conscience, attitudes et comportement des Juifs en France entre 1936 et 1944*, thèse d'histoire sous la direction de Jean-Jacques Becker, Université Paris-X, 1997.

AGERON, Charles-Robert, « Une émeute antijuive à Constantine », *Revue de l'Occident musulman et de la Méditerranée*, n° 13-14, 1ᵉʳ semestre 1973, p. 23-40.

« Années trente : l'emprise sociale de l'antisémitisme », dossier coordonné par Emmanuel Debono, *Archives Juives*, n° 43/1, 1ᵉʳ semestre 2010, p. 4-95.

AOUATE, Yves, *Un pogrome en Algérie française : les émeutes antijuives d'août 1934. Contribution à l'histoire des Juifs d'Algérie*, mémoire de maîtrise d'histoire sous la direction d'André Nouschi et Alain Sainte-Marie, Université de Nice, 1980.

BOHNEKAMP, Dorothea, *Une Expérience dialectique de la République ? Intégration politique et identités juives dans l'entre-deux-guerres. Paris et Berlin, 1918-1933*, thèse d'histoire sous la direction de Serge Berstein et Julius Schoeps, IEP Paris, 2005.

CARON, Vicki, *L'Asile incertain. La crise des réfugiés juifs en France, 1933-1942*, Paris, Tallandier, 2008.

COHEN, David, « Une souscription des Juifs de France en faveur des Chrétiens d'Orient en 1860 », *Revue d'Histoire moderne et contemporaine*, n° 24, juillet-septembre 1977, p. 439-454.

COLE, Joshua, « Antisémitisme et situation coloniale pendant l'entre-deux-guerres en Algérie : les émeutes antijuives de Constantine (août 1934) », *Vingtième Siècle*, n° 108, octobre-décembre 2010, p. 3-23.

DANAN, Ariel, *Les Réactions pacifistes des Français israélites durant la crise des Sudètes (septembre 1938)*, mémoire de maîtrise d'histoire sous la direction d'Anne Grynberg et André Kaspi, Université Paris-I, 2003.

DEBONO, Emmanuel, *Militer contre l'antisémitisme en France dans les années 1930 : l'exemple de la Ligue internationale contre l'antisémitisme, 1927-1940*, mémoire de DEA d'histoire sous la direction de Serge Berstein, IEP Paris, 2000.

DIALLO, Sandrine, *Le Judaïsme à travers l'Action Française de 1933 à 1939*, mémoire de maîtrise d'histoire sous la direction de Ralph Schor, Université de Nice, 1989.

DRAÏ, Raphaël, « Juifs et autres », dans BADIE, Bertrand, SADOUN Marc (dir.), *L'Autre. Études réunies pour Alfred Grosser*, Paris, Presses de Sciences Po, 1996, p. 23-39.

DUCLERT, Vincent, « "Il y a de l'or dans cette poussière". L'intellectuel démocratique et la résistance aux tyrannies », *Archives Juives*, n° 38/1, 1er semestre 2005, p. 11-42.

EPSTEIN, Simon, *Les Institutions israélites françaises de 1929 à 1939 : solidarité juive et lutte contre l'antisémitisme*, Thèse de doctorat de sciences politiques sous la direction de Pierre Birnbaum, Université Paris-I, 1990.

FHIMA, Catherine, « Au cœur de la "renaissance juive" des années 1920 : littérature et judéité », *Archives Juives*, n° 39/1, 1er semestre 2006, p. 29-45.

GUEDJ, Jérémy, « La place des Juifs à Nice au XIXe siècle : aspects d'une histoire paradoxale », *Recherches Régionales*, n° 193, janvier-juin 2009, p. 27-47.

JOLY, Laurent, « *L'Ami du Peuple* contre les "financiers qui mènent le monde" : la première campagne antisémite des années 1930 », *Archives Juives*, n° 39/2, 2e semestre 2006, p. 96-109.

KASPI, André, *Les Juifs pendant l'Occupation*, Paris, Seuil, 1991.

LANDAU, Philippe-E., « Juifs français et allemands dans la Grande Guerre », *Vingtième Siècle*, n° 47, juillet-septembre 1995, p. 70-76.

LANDAU, Philippe-E., *L'Opinion juive et l'Affaire Dreyfus*, Paris, Albin Michel, 1995.

LANDAU, Philippe-E., *Les Juifs de France et la Grande Guerre : un patriotisme républicain, 1914-1941*, Paris, Éditions du CNRS, 1999.

LÖWY, Michael, « Les intellectuels juifs », dans TREBITSCH, Michel, GRANJON, Marie-Christine (dir.), *Pour une histoire comparée des intellectuels*, Bruxelles, Complexe, 1998, p. 125-139.

MALINOVICH, Nadia, *French and Jewish. Culture and the Politics of Identity in Early Twentieth Century France*, Oxford, Littman Library of Jewish Civilization, 2008.

MARRUS, Michael R., *Les Juifs de France à l'époque de l'affaire Dreyfus*, Paris, Calmann-Lévy, 1972.

MILLMAN, Richard, *La Question juive entre les deux guerres. Ligues de droite et antisémitisme en France*, Paris, Armand Colin, 1992.

NEHER, André, *L'Identité juive*, [1977], rééd. Paris, Payot, 2007.

NICAULT, Catherine, « Les "Français israélites" et la ligue d'Action française des années 1900 à 1940 », dans LEYMARIE, Michel, PRÉVOTAT, Jacques (dir.), *L'Action française : culture, société, politique*, Villeneuve d'Ascq, Presses Universitaires du Septentrion, 2008, p. 185-202.

PANICACCI, Jean-Louis, « Les Juifs et la question juive dans les Alpes-Maritimes de 1939 à 1945 », *Recherches Régionales*, n° 4, 1983, p. 239-331.

PICHON, Muriel, « Les Français israélites dans la crise des années trente : mémoires et usages de l'affaire Dreyfus. Autour de quelques exemples biographiques », dans CHOURAQUI, Jean-Marc, DORIVAL, Gilles, ZYTNICKI Colette (dir.), *Enjeux d'histoire, jeux de mémoire. Les usages du passé juif*, Paris, Maisonneuve et Larose, 2006, p. 63-73.

RAJSFUS, Maurice, *Sois juif et tais-toi ! 1930-1940. Les Français « israélites » face au nazisme*, Paris, EDI, 1981.

SCHOR, Ralph, « Xénophobie et extrême droite : l'exemple de l'*Ami du Peuple* (1928-1937) », *Revue d'Histoire moderne et contemporaine*, janvier-mars 1976, 117-145.

SCHOR, Ralph, *L'Antisémitisme en France pendant les années trente*, Bruxelles, Complexe, 1992.

SIMON-NAHUM, Perrine, *La Cité investie. La « Science du Judaïsme » français et la République*, Paris, Le Cerf, 1991.

SIMON-NAHUM, Perrine, « Les intellectuels juifs français et la philologie allemande : un débat scientifique et idéologique (1860-1914) », *Romantisme*, n° 73, 1991, p. 69-80.

SIMON-NAHUM, Perrine, « Nous tâcherons d'armer la sagesse », *Archives Juives*, 38/1, 1er semestre 2005, p. 4-10.

TOLEDANO-ATTIAS, Ruth, « L'image des Juifs séfarades en France au XIXe siècle », *Archives Juives*, n° 42/2, 2e semestre 2009, p. 10-24.

TREBITSCH, Michel, « Les écrivains juifs français de l'affaire Dreyfus à la Seconde Guerre mondiale », dans BECKER, Jean-Jacques, WIEVIORKA, Annette (dir.), *Les Juifs de France de la Révolution française à nos jours*, Paris, Liana-Levi, 1998.

WEIL, Patrick, « De l'affaire Dreyfus à l'Occupation », dans BECKER, Jean-Jacques, WIEVIORKA, Annette (dir.), *Les Juifs de France de la Révolution française à nos jours*, Paris, Liana-Levi, 1998.

WEINBERG, David H., *Les Juifs à Paris de 1933 à 1939*, Paris, Calmann-Lévy, 1974.

Figures célèbres

BASCH, Françoise, *Victor Basch. De l'affaire Dreyfus au crime de la Milice*, Paris, Plon, 1994.

BERSTEIN, Serge, *Léon Blum*, Paris, Fayard, 2006.

CHEVREFILS DESBIOLLES, Yves, « Le critique d'art Waldemar-George : les paradoxes d'un non-conformiste », *Archives Juives*, n° 41/2, 2e semestre 2008, p. 101-117.

GREILSAMMER, Ilan, *Blum*, Paris, Flammarion, 1996.

JULLIARD, Jacques, « Élie Halévy, le témoin engagé », *Mil neuf cent*, n° 17, 1999, p. 45-65.

LAURENT, Sébastien, *Daniel Halévy, du libéralisme au traditionalisme*, Paris, Grasset, 2001.

PARIENTÉ, Robert, *André Suarès l'insurgé*, Paris, Robert Laffont, 1999.

POUJOL, Catherine, *Aimé Pallière, 1898-1949 : itinéraire d'un chrétien dans le judaïsme*, Paris, Desclée de Brouwer, 2003.

REEVAH, Louis-Albert, *Julien Benda : un misanthrope juif dans la France de Maurras*, Paris, Plon, 1991.

SHAPIRA, David, *Jacob Kaplan : un rabbin témoin du XXe siècle*, Paris, Albin Michel, 2007.

TREBITSCH, Michel, « "De la situation faite à l'écrivain juif dans le monde moderne" : Jean-Richard Bloch entre identité, littérature et engagement », *Archives Juives*, n° 36/2, 2e semestre 2003, p. 43-67.

LES JUIFS EN ITALIE ET DANS LES COLONIES

ADLER, Franklin Hugh, « Pourquoi Mussolini fit-il volte-face contre les Juifs ? », *Raisons politiques*, n° 22, mai 2006, p. 175-194.

BERTILOTTI, Paola, *Mémoires et représentations des persécutions antisémites en Italie sous le fascisme et pendant l'occupation allemande dans la presse communautaire juive entre 1944 et 1961*, Mémoire de DEA d'histoire sous la direction de Marc Lazar, IEP Paris, 2003.

BERTRAND, Nicolas, *La Communauté juive italienne face au fascisme, 1922-1945*, Mémoire de maîtrise d'histoire sous la direction de Jean Chélini, IEP d'Aix-en-Provence-Université d'Aix-Marseille III, 1984.

BONAVITA, Riccardo, « L'image des juifs dans la littérature italienne du romantisme au fascisme », dans MATARD-BONUCCI, Marie-Anne (dir.), *Antisémythes. L'Image des juifs entre culture et politique (1848-1939)*, Nouveau monde, 2005, p. 363-371.

BURGIO, Alberto (a cura di), *Nel nome della razza. Il razzismo nella storia d'Italia : 1870-1945*, Bologne, Il Mulino, 2000.

CALO, Anselmo, « La genesi della legge del 1930 », *Rassegna mensile di Israel*, vol. 51, n° 3, septembre-décembre 1985, p. 334-402.

CANNISTRARO, Ph. V., SULLIVAN, Brian R., *Margherita Sarfatti. L'altra donna del Duce*, Milan, Mondadori, 1993.

CAPRISTO, Annalisa, *L'espulsione degli ebrei dalle academie italiane*, Turin, Zamorani, 2002.

CASSATA, Francesco, *« La Difesa della razza ». Politica, ideologia e immagine del razzismo fascista*, Turin, Einaudi, 2008.

CAVAGLION, Alberto, « Tendenze nazionali e albori sionistici », dans VIVANTI, Corrado (a cura di), *Storia d'Italia. Annali 11 : Gli ebrei in Italia*, t. II, Turin, Einaudi, 1997, p. 1293-1390.

COLLOTTI, Enzo, *Il fascismi e gli ebrei : le leggi razziali in Italia*, Rome-Bari, Laerza, 2003.

DE FELICE, Renzo, *Ebrei in un paese arabo. Gli ebrei nella Libia contemporanea tra colonialismo, nazionalismo e fascismo (1835-1970)*, Bologne, Il Mulino, 1978.

DE FELICE, Renzo, *Storia degli ebrei italiani sotto il fascismo*, Turin, Einaudi, rééd. 1993.

DEL BOCA, Angelo, « Le leggi razziali nell'impero di Mussolini » dans *Id.* (dir.), *Il regime fascista*, Rome, Laterza, 1995, p. 337-351.

FORO, Philippe, « Régime fasciste et antiquité : l'exemple de la revue *La Difesa della Razza* (1938-1943) », *Vingtième Siècle*, n° 78, avril-juin 2003, p. 121-131.

FRÉTIGNÉ, Jean-Yves, « Entre fascination et répulsion : la place du discours sur les Juifs dans les débats autour de l'anthropologie criminelle italienne (1880-1900) », dans MATARD-BONUCCI, Marie-Anne (dir.), *Antisémythes. L'image des juifs entre culture et politique (1848-1939)*, Paris, Nouveau monde, 2005, p. 95-106.

GERMINARIO, Francesco, « Latinità, antimeridionalismo e antisemitismo negli scritti giovanili di Paolo Orano (1895-1911) » dans BURGIO, Alberto (a cura di), *Nel nome della razza. Il razzismo nella storia d'Italia, 1870-1945*, Bologne, Il Mulino, 1999, p. 105-114.

GILLETTE, Aaron, *Racial Theories in Fascist Italy*, Londres, Routledge, 2002.

LABANCA Nicola, « Il razzismo coloniale italiano », dans BURGIO Alberto (a cura di), *Nel nome della razza. Il razzismo nella storia d'Italia, 1870-1945*, Bologne, Il Mulino, 1999, p. 145-164.

LIFFRAN, Françoise, *Margherita Sarfatti. L'égérie du Duce*, Paris, Le Seuil, 2009.

LUZZATTO, Amos, « Autocoscienza e identità ebraica », dans VIVANTI, Corrado (a cura di), *Storia d'Italia. Annali 11 : Gli ebrei in Italia*, t. II, Turin, Einaudi, 1997, p. 1 831-1 900.

LUZZATTO VOGHERA, Gadi, « L'israélitisme en Italie aux XIXe et XXe siècles », dans CABANEL, Patrick, BORDES-BENAYOUN, Chantal (dir.), *Un modèle d'intégration : juifs et israélites en France et en Europe, XIXe-XXe siècles*, Paris, Berg International, 2004, p. 197-207.

MATARD-BONUCCI, Marie-Anne, « L'antisémitisme en Italie : les discordances entre la mémoire et l'histoire », *Hérodote*, n° 89, avril 1998, p. 217-238.

MATARD-BONUCCI, Marie-Anne, « Les mises en scène de l'antisémitisme chrétien dans *La Difesa della Razza* », dans MICCOLI, Giovanni, BRICE, Catherine (dir.), *Les Racines chrétiennes de l'antisémitisme politique*, Rome, École française de Rome, 2003, p. 347-368.

MATARD-BONUCCI, Marie-Anne, « L'Italie à la fin du XIXe siècle : un Éden pour des Juifs de religion italienne ? », dans ZINGUER, Ilana Y., BLOOM, Samuel W. (dir.), *L'Antisémitisme éclairé. Inclusion et exclusion depuis l'époque des Lumières jusqu'à l'Affaire Dreyfus*, Leiden, Brill, 2003, p. 397-420.

MATARD-BONUCCI, Marie-Anne, *L'Italie fasciste et la persécution des Juifs*, Paris, Perrin, 2007.

MATARD-BONUCCI, Marie-Anne, « D'une persécution l'autre : racisme colonial et antisémitisme dans l'Italie fasciste », *Revue d'Histoire moderne et contemporaine*, n° 55-3, juillet-septembre 2008, p. 116-137.

MICCOLI, Giovanni, « Santa Sede, questione ebraica e antisemitismo fra Otto e Novocento », dans VIVANTI, Corrado (a cura di), *Storia d'Italia. Annali 11 : Gli ebrei in Italia*, t. II, Turin, Einaudi, 1997, p. 1 371-1 574.

MICCOLI, Giovanni, « Antiebraismo, antisemitismo : un nesso fluttuante » in BRICE, Catherine, MICCOLI, Giovanni (dir.), *Les Racines chrétiennes de l'antisémitisme politique*, Rome, École française de Rome, p. 3-23.

MICHAELIS, Meir, *Mussolini and the Jews : German-Italian relations and the Jewish question*, Oxford, Clarendon, 1978.

MINIATI, Monica, *Les Émancipées. Les femmes juives italiennes aux XIXe et XXe siècles (1848-1924)*, Paris, Honoré Champion, 2003.

MOLA, Aldo A. (a cura di), *Isacco Artom e gli ebrei italiani dai risorgimento al fascismo*, Foggia, Bastogi, 2002

NAHON, Umberto, « La polemica antisionista del "Popolo di Roma" nel 1928 », dans CARPI, Daniel, MILANO, Attilio, NAHON, Umberto (a cura di), *Scritti in Memoria di Enzo Sereni. Saggi sull'ebraismo romano*, Jérusalem, Fondation Sally Mayer, 1970, p. 216-253.

NEZRI-DUFOUR, Sophie, « L'enjeu historique et identitaire du mythe du *Risorgimento* dans la mémoire des Juifs italiens », dans CHOURAQUI, Jean-Marc, DORIVAL, Gilles, ZYTNICKI, Colette (dir.), *Enjeux d'histoire, jeux de mémoire. Les usages du passé juif*, Paris, Maisonneuve et Larose, 2006, p. 53-62.

SARFATTI, Michele, *Gli ebrei nell'Italia fascista. Vicende, identità, persecuzione*, Turin, Einaudi, 2007 (2000 pour l'édition originale).

SPINOZA, Antonio, *Mussolini razzista riluttante*, Rome, Bonacci, 1994.

STILLE, Alexander, « The Double Bind of Italian Jews : Acceptance and Assimilation », dans ZIMMERMAN Joshua D. (dir.), *Jews in Italy Under Fascist and Nazi Rule (1922-1945)*, Cambridge, Cambdridge University Press, 2005, p. 19-34.

SZAJKOWSKI, Zosa, « La fondazione del Comitato dell'"Alliance israélite universelle" a Roma nel maggio 1873 », *Rassegna mensile di Israel*, vol. XXII, 1956, p. 27-33.

TAÏEB, Jacques, « Les Juifs livournais et la modernité occidentale », dans COHEN-TANNOUDJI, Denis (dir.), *Entre Orient et Occident : Juifs et Musulmans en Tunisie*, Paris, Éditions de l'éclat, 2007, p. 217-227.

TOSCANO, Mario, *Ebraismo e antisemitismo in Italia dal 1848 alla guerra dei sei giorni*, Milan, Franco Angeli, 2003.

VENTURA, Luca, *Ebrei con il duce. « La nostra bandiera » (1934-1938)*, Turin, Zamorani, 2002.

ZIMMERMANN, Joshua D. (dir.), *Jews in Italy Under Fascist and Nazi Rule (1922-1945)*, Cambridge, Cambridge University Press, 2005.

PERSPECTIVES CROISÉES

BERTAUX, Sandrine, « Démographes français et italiens : la construction du concept de "race juive" des années vingt aux années quarante », dans MATARD-BONUCCI, Marie-Anne (dir.), *Antisémythes. L'Image des juifs entre culture et politique (1848-1939)*, Nouveau monde, 2005, p. 107-127.

BIANCO, Alberto, « Les sionistes révisionnistes et l'Italie : histoire d'une amitié très discrète (1932-1938) », *Bulletin du Centre de recherche français de Jérusalem*, n° 13, automne 2003, p. 22-45.

CATALAN, Tullia, « Le reazioni dell'ebraismo italiano all'antisemitismo europeo (1880-1914) », dans BRICE, Catherine, MICCOLI, Giovanni (dir.), *Les Racines chrétiennes de l'antisémitisme politique (fin XIXe-XXe siècle)*, Rome, École française de Rome, 2003, p. 137-162.

CHAMLA, Mino, « "La persecuzione antiebraica vista da vicino" : la stampa degli italiani liberi in Francia », *Rassegna mensile di Israel*, vol. 54, n° 1-2, 1988, p. 365-407.

COLOMBIER, Nadège, *La Question juive sous le fascisme et la presse française, 1938-1939*, mémoire de maîtrise d'histoire sous la direction de Ralph Schor, Université de Nice, 1994.

FASAN, Gabriele, « La presse française et l'antisémitisme en 1938 », dans DEREYMEZ, Jean-William (dir.), *Le Refuge et le piège. Les Juifs dans les Alpes (1938-1945)*, Paris, L'Harmattan, 2008, p. 41-53.

GENTILE, Emilio, « The Struggle for Modernity : Echoes of the Dreyfus Affair in Italian Political Culture, 1898-1912 », *Journal of Contemporary History*, vol. 33, n° 4, octobre 1998, p. 497-511.

GUEDJ, Jérémy, « Les Juifs de France, l'Italie fasciste et la "question juive", 1922-1939 », *Archives Juives*, n° 43/1, 1er septembre 2010, p. 114-125.

LA PUMA, Leonardo, « L'Affaire Dreyfus en Italie », dans DENIS, Michel, LAGRÉE, Michel, VEILLARD Jean-Yves (dir.), *L'Affaire Dreyfus et l'opinion publique en France et à l'étranger*, Rennes, Presses universitaires de Rennes, 1995, p. 149-160.

LUCONI, Stefano, « "The Venom of Racial Intolerance" : Italian Americans and Jews in the United States in the aftermath of fascist racial laws », *Revue française d'études américaines*, nº 107, mars 2006, p. 107-119.

PROCACCIA, Angelina, « Solidarietà e riflessione : la stampa ebraica italiana nei confronti dell'*affaire* Dreyfus », dans MILZA, Pierre, BALZANI, Roberto, ZEVI, Tullia (a cura di), *Dreyfus, l'Affaire e la Parigi « fin de siècle » nelle carte di un diplomatico italiano*, Rome, Lavoro, 1994.

SEGRE, Dan V., « L'emigrazione ebraica sarà stata una emigrazione politica ? », dans *L'Émigration politique en Europe aux XIXᵉ et XXᵉ siècles*, Rome, École française de Rome, 1991, p. 95-103.

SCHOR, Ralph, « L'arrivée des Juifs d'Italie dans les Alpes-Maritimes (1938-1940) », dans DUROSELLE, Jean-Baptiste, SERRA, Enrico (a cura di), *Italia, Francia e Mediterraneo*, Milan, Franco Angeli, 1990, p. 96-111.

SZAJKOWSKI, Zosa, « L'attività di Armand Lévy in Italia a favore degli ebrei di Rumenia nel 1879 », *Rassegna mensile di Israel*, vol. XXII, nº 6, juin 1956, p. 245-251.

INDEX DES NOMS DE PERSONNES

TABLE DES MATIÈRES

DEUXIÈME PARTIE

FACE AU JANUS ITALIEN

L'INQUIÈTE SÉRÉNITÉ DE L'OPINION JUIVE DANS LES ANNÉES 1920

TROISIÈME PARTIE

LES TROIS DÉCISIVES

LE TOURNANT INCONSCIENT
DES ANNÉES 1933-1935

QUATRIÈME PARTIE

LA VOLTE-FACE ITALIENNE

LE TEMPS DES DÉSILLUSIONS (1935-1939)